Helmut Lang

Kärntner Seen

Wanderungen um die Seen und auf die Berge

60 ausgewählte Touren

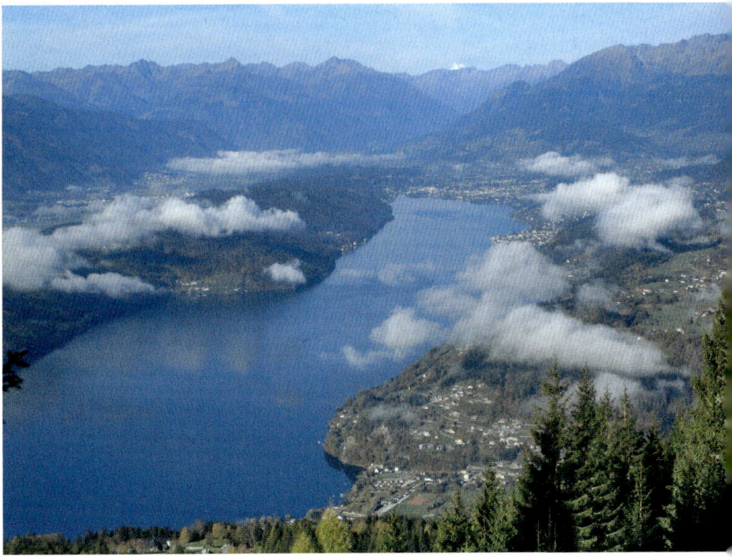

ROTHER
BERGVERLAG

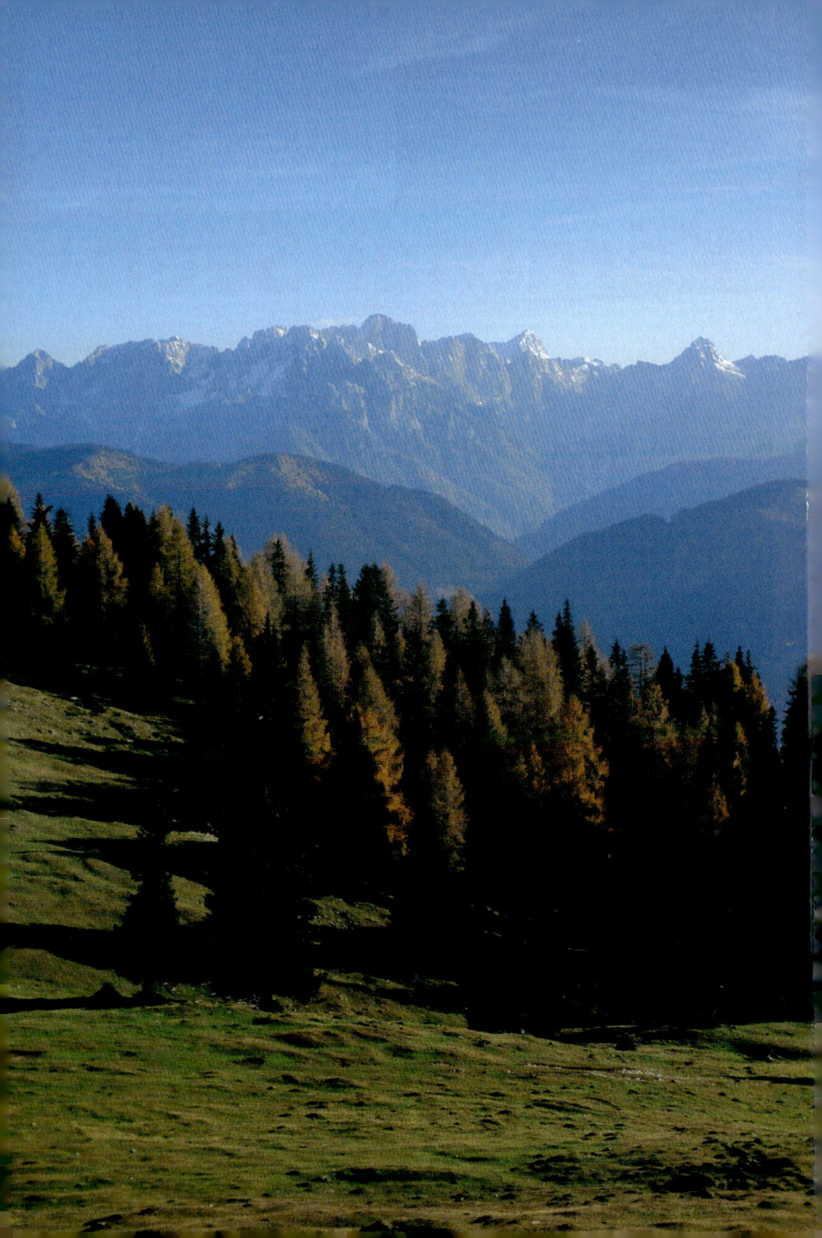

VORWORT

Kärnten, das südlichste österreichische Bundesland, bietet den Einheimischen wie den Gästen eine besondere Vielfalt an Möglichkeiten, die Freizeit erlebnisreich zu gestalten. Als Beispiele dafür möchte ich – ohne Anspruch auf Vollständigkeit – nennen: Die Bergwelt, die vom Eis der Hohen Tauern und den eher sanften Nockbergen im Norden bis zu den schroffen Karnischen Alpen und den Karawanken im Süden reicht. Das Wetter auf der Südseite der Alpen, meist wärmer und schöner als nördlich von ihnen. Die Gastfreundschaft mit einigen kulinarischen Besonderheiten im Dreiländereck Österreich, Italien und Slowenien. Die Kunstschätze, an denen das Land besonders reich ist. Doch die Hauptattraktion sind sicher die Kärntner Seen, von denen es einschließlich der Hochgebirgsseen weit über 1000 gibt. Die größten und wichtigsten von ihnen liegen in den Tälern Oberkärntens und im Klagenfurter Becken: Weißensee, Pressegger See, Millstätter See, Ossiacher See, Brennsee (Feldsee), Afritzer See, Faaker See, Wörthersee, Keutschacher See, Klopeiner See und Längsee. Weil Kärnten von schützenden Gebirgen umgeben ist, die kalte Winde weitgehend abhalten, können sich die Seen im Sommer auf 22 bis 28 Grad erwärmen – ideal also für einen Badeurlaub! Da man aber von jedem See aus bewaldete Hügel, runde Grasberge oder steile Felsflanken erblickt, liegt es nahe, von den Seen in deren Umgebung zu wandern. Dies können ganz kurze, leichte Ausflüge in das ruhige Hinterland, aber auch mehrtägige Touren um die Seen oder in das Gebirge sein.
Die Gemeinden, die Tourismusverbände und die alpinen Vereine stellen dafür ein meist hervorragend gepflegtes Wegenetz bereit. Schutzhütten, Ausflugsgasthäuser oder bewirtschaftete Almhütten bieten willkommene Einkehrmöglichkeiten, die auch von Wanderern ohne Gipfelambitionen gerne aufgesucht werden; dies gilt vor allem für Familien mit Kindern oder für Senioren, die kürzere Touren bevorzugen. Zu den schon seit einigen Jahrzehnten bestehenden Weitwanderwegen gibt es immer mehr Themenwege, die besonders beliebt geworden sind.
Die 10. Auflage, die Sie nun in Händen halten, habe ich völlig neu bearbeitet; für ihre wertvolle Hilfe danke ich vor allem Alois Aichholzer und Heiner Zechmann. Ich hoffe, dass Sie mit den 60 Vorschlägen einen guten Eindruck von der abwechslungsreichen Landschaft in der näheren und weiteren Umgebung unserer Kärntner Seen gewinnen können.

Villach, im Frühling 2024 — Helmut Lang

Vom Aufstieg zum Gipfel der Villacher Alpe grüßen im Süden die Julischen Alpen (Tour 29).

INHALTSVERZEICHNIS

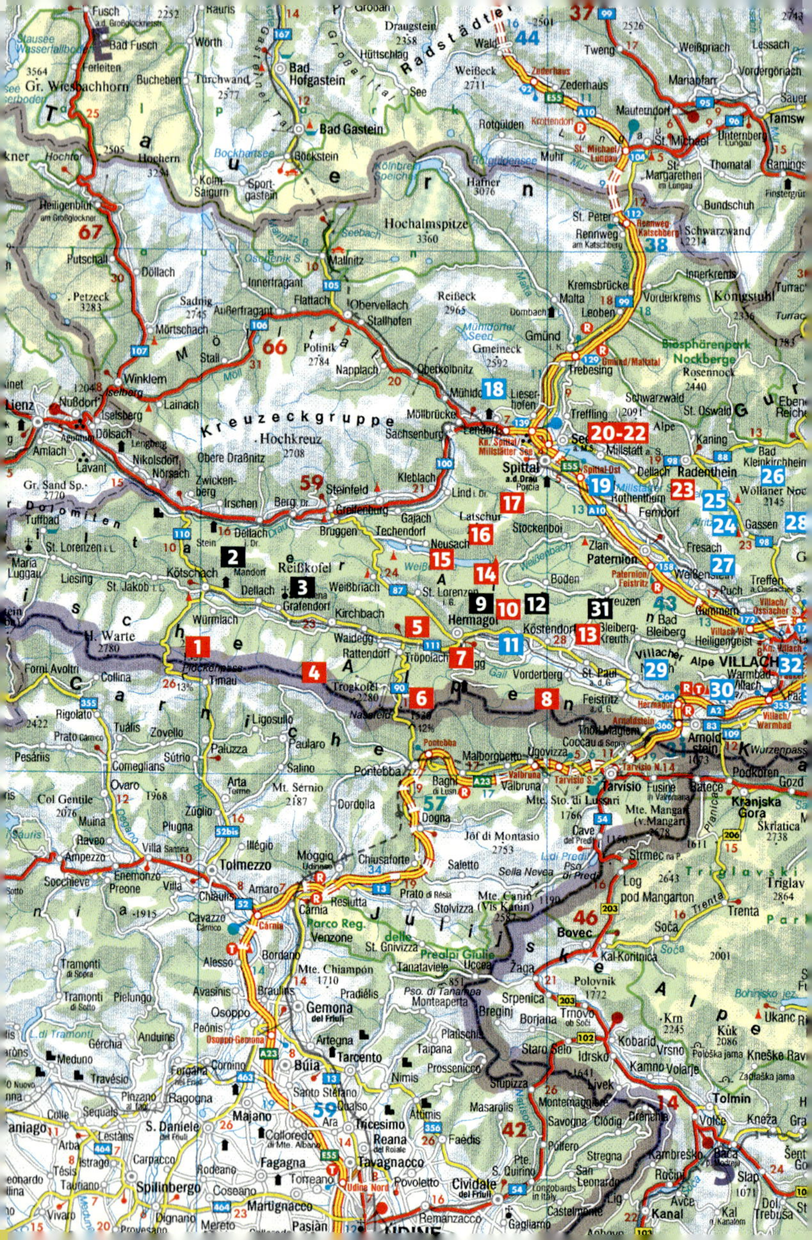

Fusch
Bad Fusch
Ferleiten
Gr. Wiesbachhorn
Wörth
Bucheben
Bad Hofgastein
Bad Gastein
Böckstein
Sportgastein
Kolm Saigurn
Radstädter
Draugstein
Hüttschlag
Weißeck
Zederhaus
Tweng
Weißpriach
Lessach
Mariapfarr
Vordergöriach
Mauterndorf
St. Michael
Unternberg
Tamsweg
Ramingstein
Thomatal
St. Margarethen im Lungau
Bundschuh
Schwarzwand
Rotgülden
Muhr
Hafner
Hochalmspitze
St. Peter
Rennweg am Katschberg
Heiligenblut am Großglockner
Hochtor
Hochern
Putschall
Döllach
Petzeck
Mallnitz
Innerfragant
Sadnig
Außerfragant
Flattach
Obervellach
Stallhofen
Reißeck
Kremsbrücke
Malta
Leoben
Vorderkrems
Innerkrems
Königstuhl
Dombach
Gmünd
Trebesing
Biosphärenpark Nockberge
Rosennock
Mörtschach
Stall
Polinik
Gmeineck
Napplach
Oberkolbnitz
Mühldorf
Lieserhofen
Winklern
Iselsberg
Lainach
Nußdorf
Lienz
Dölsach
Amlach
Lavant
Kreuzeckgruppe
Hochkreuz
Obere Draßnitz
Nikolsdorf
Nörsach
Möllbrücke
Sachsenburg
Lendorf
Seeboden
Millstatt
Spittal a. d. Drau
Treffling
Schwarzwald
St. Oswald
Kaning
Bad Kleinkirchheim
Radenthein
Dellach
Rothenthurn
Ferndorf
Wöllaner Nock
Gassen
Fresach
Paternion
Weißenstein
Puch
Treffen
Gr. Sand Sp.
Tuffbad
Dolomiten
St. Lorenzen i. L.
Maria Luggau
Liesing
St. Jakob i. L.
Kötschach
Mauthen
Dellach i. Dr.
Zwickenberg
Irschen
Berg i. Dr.
Steinfeld
Greifenburg
Kleblach
Lind i. Dr.
Latschur
Stockenboi
Zlan
Bruggen
Techendorf
Gajach
Neusach
Weißensee
Reißkofel
Weißbriach
St. Lorenzen i. G.
Hermagor
Boden
Kreuzen
Bad Bleiberg
Bleiberg-Kreuth
Heiligengeist
Villach
Villacher Alpe
Gummern
Würmlach
Grafendorf
Kirchbach
Waidegg
Rattendorf
Tröpolach
Köstendorf
Vorderberg
St. Paul a. d. G.
Feistritz a. d. G.
Warmbad Villach
H. Warte
Plöckenpass
Timau
Forni Avoltri
Collina
Trogkofel
Nassfeld
Rigolato
Prato Carnico
Tualis
Zovello
Ligosullo
Paularo
Paluzza
Pesariis
Comeglians
Sutrio
Salino
Pontebba
Malborghetto
Ugovizza
Valbruna
Tarvisio
Fusine in Valromana
Arnoldstein
Thörl-Maglern
Coccau di Sopra
Wurzenpass
Podkoren
Rateče
Kranjska Gora
Gozd
Škratica
Ovaro
Col Gentile
Arta Terme
Mt. Sernio
Dordolla
Bagni di Lusnizza
Mte. Sto. di Lussari
Mte. Mangart
Muina
Zuglio
Dogna
Jôf di Montasio
Cave del Predil
Lago del Predil
Sella Nevea
Raveo
Piugna
Illegio
Villa Santina
Ampezzo
Enemonzo
Socchieve
Preone
Tolmezzo
Moggio Udinese
Chiusaforte
Saletto
Strmec na P.
Log pod Mangartom
Triglav
Trenta
Amaro
Villa
Chiaulis
Cavazzo Carnico
Carnia
Resiutta
Prato di Resia
Stolvizza
Mte. Canin
Bovec
Soča
Parco Reg. delle Prealpi Giulie
Venzone
St. Gnivizza
Kal-Koritnica
Bordano
Alesso
Tramonti di Sopra
Tramonti di Sotto
Mte. Chiampon
Tanataviele
Uccea
Žaga
Polovnik
Avasinis
Braulins
Pradielis
Monteaperta
Srpenica
Pielungo
Osoppo
Gemona del Friuli
Breginj
Borjana
Trnovo ob Soči
Krn
Kuk
Ukanc
Peonis
Artegna
Platischis
Kobarid
Vrsno
Anduins
Gerchia
Meduno
Tarcento
Taipana
Staro Selo
Idrsko
Kamno
Volarje
Travesio
Forgaria nel Friuli
Cornino
Buia
Nimis
Prossenicco
Stupizza
Livek
Pinzano al T.
Ragogna
Santo Stefano
Qualso
Attimis
Masarolis
Montemaggiore
Savogna
Clodig
Drenchia
Tolmin
Volče
Kneža
Sequals
S. Daniele del Friuli
Majano
Tricesimo
Reana del Roiale
Faedis
Pulfero
Colloredo di Mte. Albano
Fagagna
Tavagnacco
Spilimbergo
Rodeano
Torreano
Povoletto
Cividale del Friuli
S. Quirino
Stregna
San Leonardo
Kambreško
Ročinj
Slap
Dol. Trebuša
Coseano
Martignacco
Dignano
Pasian
Mereto
Udine
Remanzacco
Gagliano
Castelmonte
Kanal
Avče
Kal

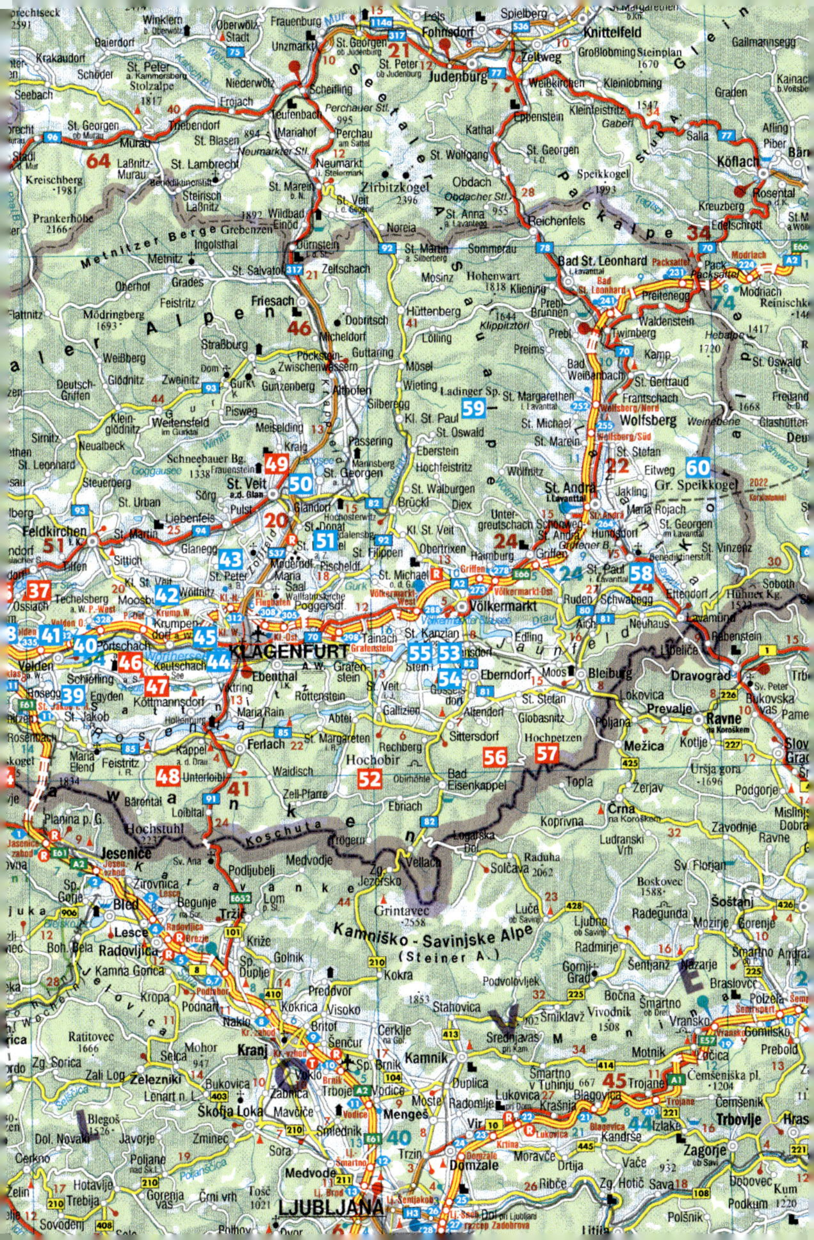

Frauenburg
St. Georgen ob Judenburg
Fohnsdorf
Spielberg
Knittelfeld
Judenburg
Zeltweg
Murau
St. Lambrecht
Neumarkt i. Steiermark
Zirbitzkogel 2396
Obdach
Köflach
Rosental
Metnitzer Berge
Grebenzen
Friesach
Bad St. Leonhard
Packsattel
Wolfsberg
Hüttenberg
Saualpe
Gurk
Althofen
St. Veit a.d. Glan
St. Andrä
Feldkirchen
Klagenfurt
Völkermarkt
Velden
Wörthersee
Bleiburg
Dravograd
Ravne na Koroškem
Ferlach
Hochobir
Bad Eisenkappel
Koschuta
Karawanken
Jesenice
Bled
Radovljica
Tržič
Kranj
Kamniško - Savinjske Alpe
(Steiner A.)
Grintavec 2558
Kamnik
Škofja Loka
Domžale
Ljubljana
Trojane
Trbovlje
Zagorje ob Savi
Vransko
Mozirje
Šoštanj
Litija

TOP-TOUREN

Gartnerkofel
Botanisch und geologisch äußerst interessante Rundtour im Bereich der Sonnenalpe Nassfeld, samt einem Gipfel mit weiter Aussicht *(Tour 6, 5 Std.)*.

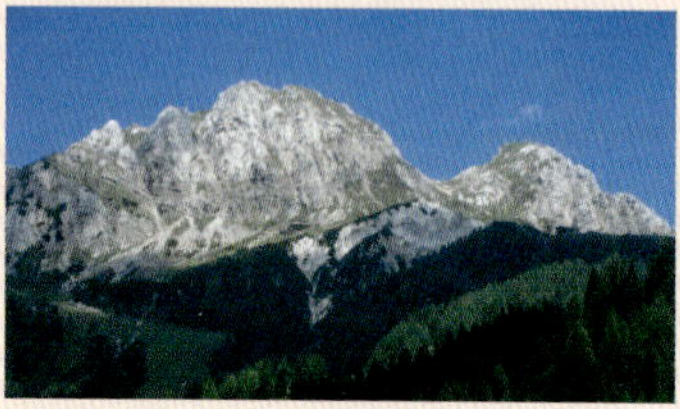

Weißensee Nordufer
Beliebte Familienwanderung am Ufer des höchstgelegenen Badesees Kärntens – samt Rückfahrt mit dem Schiff *(Tour 15, 2.30 Std.)*.

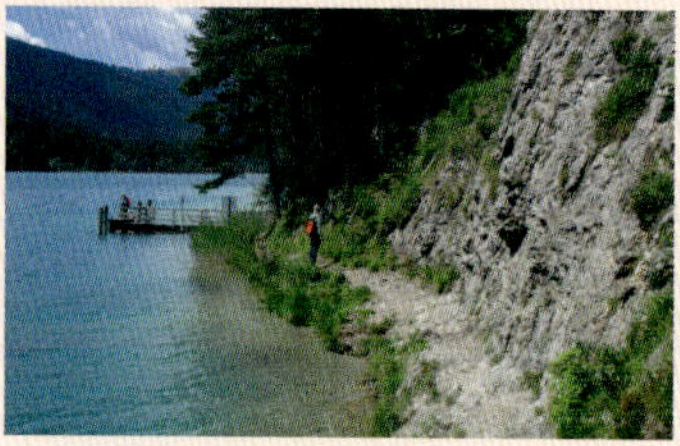

Kamplnock – Millstätter Alpe
Panoramawanderung auf einem breiten Rücken hoch über dem Millstätter See – mit der Gelegenheit, Halbedelsteine zu sammeln *(Tour 20, 4.45 Std.)*.

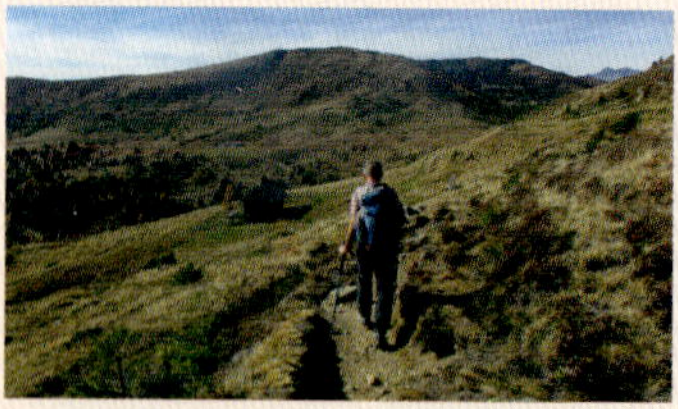

Wöllaner Nock
Leichte Rundwanderung auf der etwas ruhigeren Seite eines viel besuchten Gipfels im Süden der Nockberge *(Tour 26, 3.30 Std.)*.

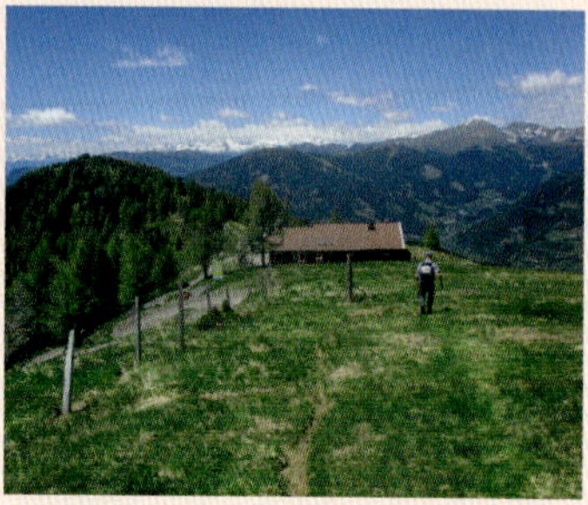

Villacher Alpe (Dobratsch) – der Rigi Kärntens
Grenzenlose Rundsicht vom wohl berühmtesten Aussichtsberg Kärntens *(Tour 29, 2.45 Std.)*.

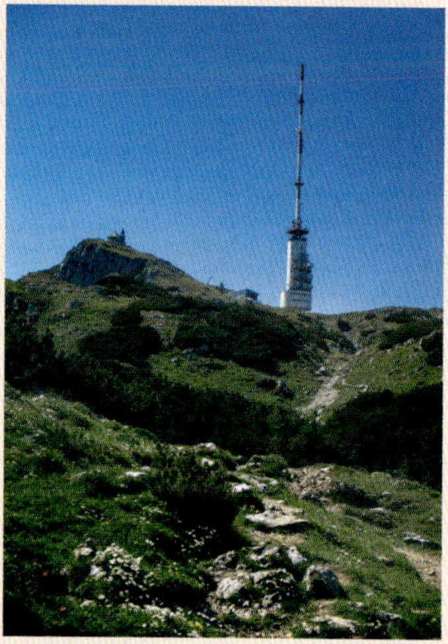

Mittagskogel
Auf einen der bekanntesten Gipfel Kärntens – hoch über dem Faaker See *(Tour 34, 5 Std.)*.

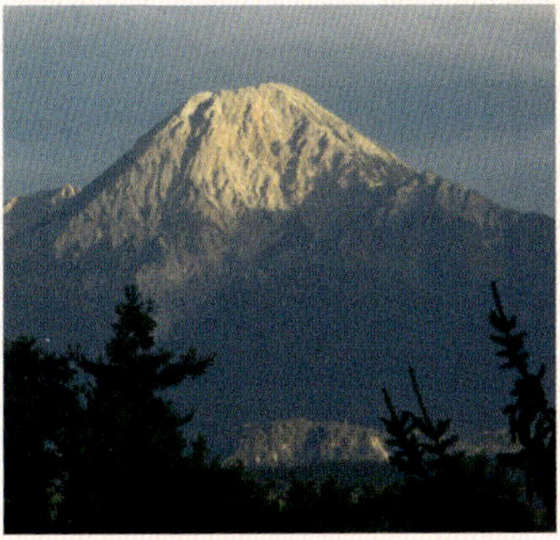

Pyramidenkogel
Über die ruhigere Seite auf einen kleinen Gipfel mit einem großen Aussichtsturm *(Tour 46, 2.45 Std.)*.

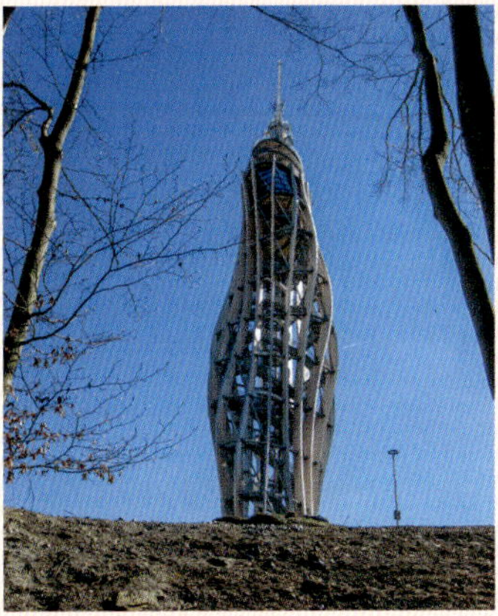

Hochobir
Einzigartige Blumenwelt auf dem schönsten Aussichtsberg Unterkärntens *(Tour 52, 2.45 Std.)*.

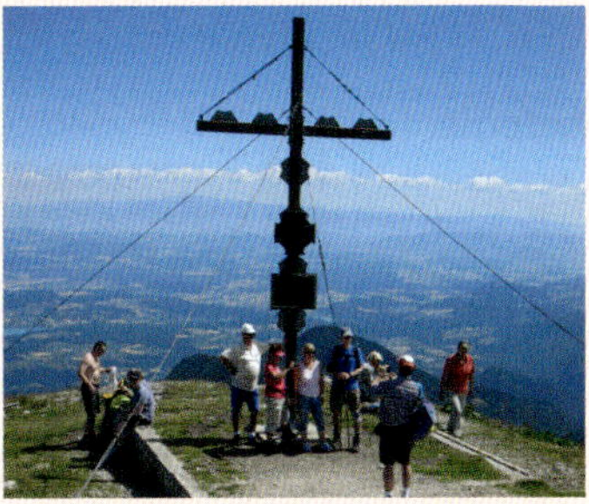

Feistritzer Spitze (Hochpetzen)
Nach bequemer Auffahrt mit der Kabinenbahn – aussichtsreiche Rundwanderung auf den östlichsten Zweitausender der Karawanken *(Tour 57, 3.30 Std.)*.

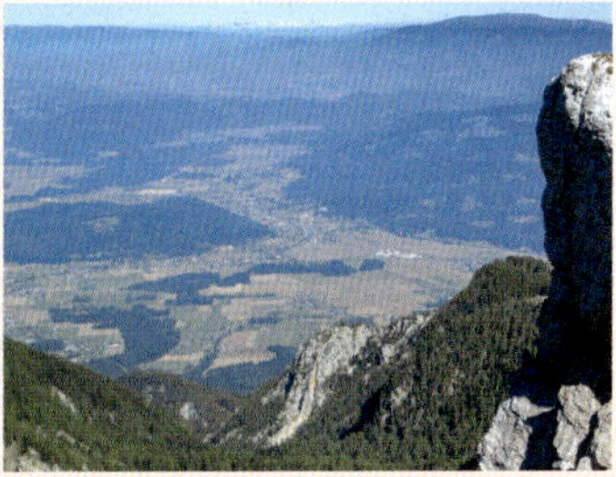

Ladinger Spitze (Saualm)
Abwechslungsreiche Wanderung zu gar nicht heißen »Öfen« – mit umfassender Sicht über ganz Kärnten *(Tour 59, 3.45 Std.)*.

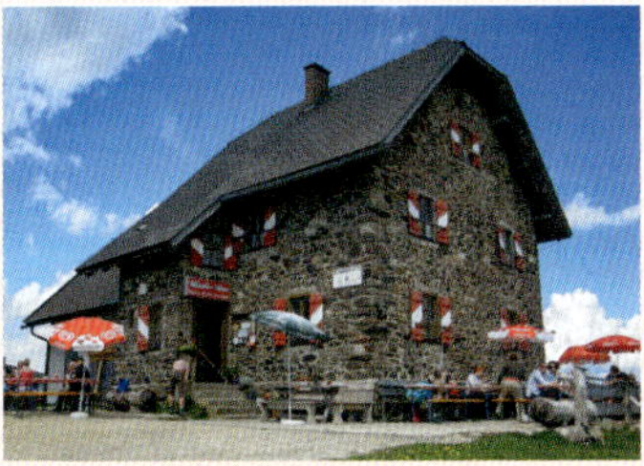

WICHTIGE HINWEISE FÜR UNTERWEGS

Anforderungen

Für ein Gebiet, das von der meist sanften Seenlandschaft über das Hügelland bis in gebirgige Regionen reicht, sind die Anforderungen an den Wanderer natürlich sehr unterschiedlich. Um diese Anforderungen schon auf den ersten Blick bestmöglich einschätzen zu können, sind die Tournummern mit Farben hinterlegt; die dadurch vermittelten und nachfolgend beschriebenen Schwierigkeitsbewertungen gelten nur für die technischen, nicht aber für die zeitlichen Anforderungen und darüber hinaus nur unter normalen Bedingungen; Schneelage, Nässe oder Vereisung können die Schwierigkeit erheblich steigern! Außerdem ist es kaum möglich, bei der Bewertung objektiv »richtige« Angaben zu machen. Was dem einen als zu leicht eingestuft erscheint, kann dem anderen schon zu schwierig sein!

Manche Wanderungen sind ernste Bergtouren, die dem geübten Bergsteiger vorbehalten bleiben müssen; andere wiederum sind ganz gemütliche Wanderungen, die auch für Familien und Senioren bestens geeignet

SCHWIERIGKEITSKATEGORIEN

■ = Leicht

Wanderungen auf überwiegend breiten, markierten oder von der Orientierung her unproblematischen Wegen, flach bis mäßig steil und wenig anstrengend. Oft für Kinder und Senioren, in vielen Fällen auch für Wanderer mit geringer Kondition geeignet. Falls ausnahmsweise exponierte Stellen vorkommen, sind sie durch Geländer gesichert.

■ = Mittel

Anspruchsvollere Wanderungen und leichte Bergtouren, teilweise auf steilen, exponierten Steigen und Pfaden. Obwohl sie meist auf markierten Wegen verlaufen, erfordern sie eine gute Kondition, Ausdauer, Trittsicherheit, Schwindelfreiheit und Orientierungsvermögen, vor allem bei Nebel und Schneelage. Einzelne kurze Wegabschnitte können durch Seile, Leitern oder Eisenklammern gesichert sein.

■ = Schwierig

Bergtouren auf meist markierten, oft aber schmalen, steilen und ausgesetzten Steigen, die streckenweise gesichert sein können. Die Touren dürfen nur von alpin erfahrenen, absolut trittsicheren und schwindelfreien Bergsteigern mit ausgezeichneter Kondition unternommen werden.

Im Felsgelände kann leichte Kletterei bis zum Schwierigkeitsgrad I oder knapp darüber vorkommen. Auf harten Firnfeldern und in nordseitig gelegenen Schneerinnen sind oft bis weit in den Sommer hinein Pickel und Steigeisen oder Grödel erforderlich.

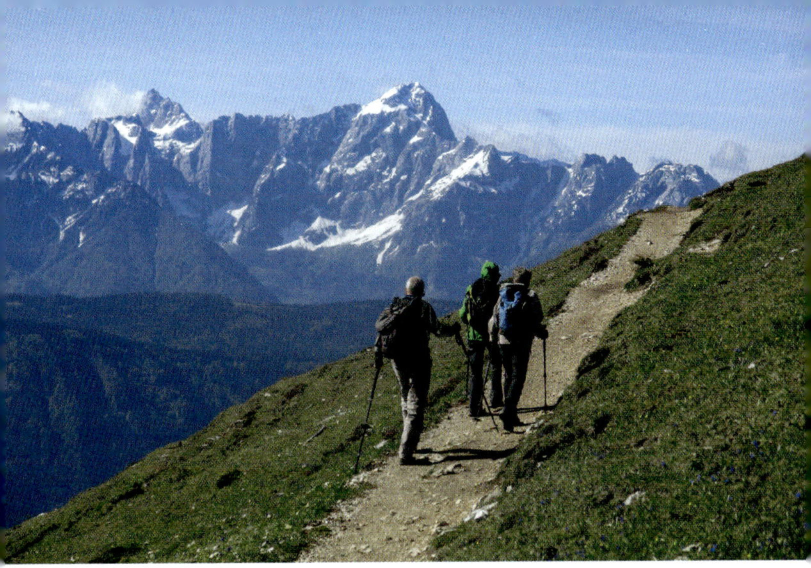

Villacher Alpe, auf dem Weg zum Gams- und Gipfelblick (Tour 29).

sind. Bereits an dieser Stelle ist darauf hinzuweisen, dass viele Teilstrecken von Touren, die eigentlich als anspruchsvollere Wanderungen und leichte Bergtouren (»rot«) oder als schwierigere Bergtouren (»schwarz«) eingestuft sind, ganz leicht und daher auch für ungeübte Wanderer oder Familien problemlos zu bewältigen sind; dies gilt vor allem für die Anstiege bis in den Almbereich oder zu den Hütten.

Die meisten Wege und Steige im Bereich der Kärntner Seen sind gut markiert und beschildert. Falls Markierungen oder Wegweiser fehlen, weise ich ausdrücklich darauf hin.

Bei den einzelnen Tourenbeschreibungen werden in der Hauptüberschrift die Tournummer, das Wanderziel, die Gehzeit und zusätzlich die Höhenunterschiede im Auf- und Abstieg (einschließlich allfälliger Zwischenauf- und -abstiege) sowie die Länge der Tour angegeben. Symbole informieren ferner darüber, ob der Ausgangs-/Endpunkt mit öffentlichen Verkehrsmitteln erreichbar ist, ob es unterwegs Einkehrmöglichkeiten gibt und ob die Tour familienfreundlich und für Kinder geeignet ist. Der ausführlichen Wegbeschreibung sind eine Kurzcharakteristik und die wichtigsten Informationen als »Tourensteckbrief« vorangestellt. Die Tourenbeschreibung wird durch einen Kartenausschnitt mit eingezeichneter Route und ein Höhenprofil mit Etappenzielen, Zeitangaben, Hütten, Einkehrmöglichkeiten etc. ergänzt. Alle vorkommenden Symbole und Abkürzungen sind im Kasten auf Seite 13 erläutert.

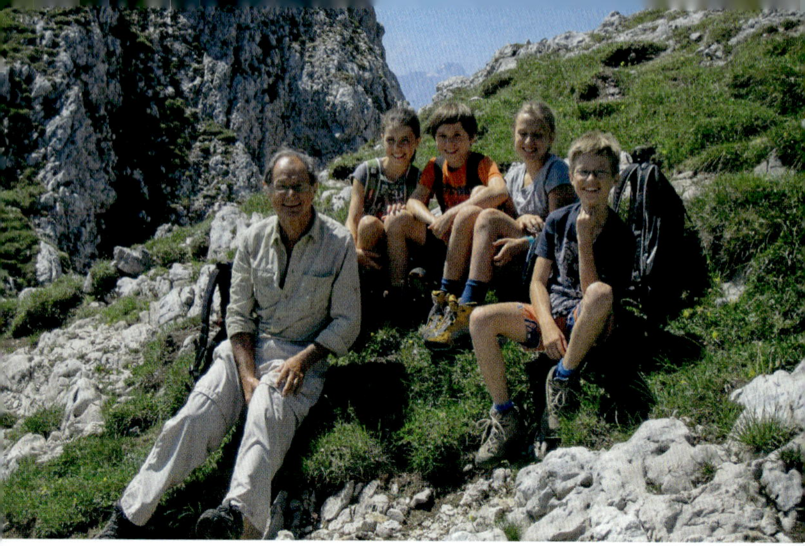

Fröhliche Rast beim Aufstieg auf die Villacher Alpen (Tour 29, Variante 1).

Gehzeiten

Es ist kaum möglich, in einem Wanderführer eine »richtige« Gehzeit anzugeben. Einige Wanderer werden die genannten Gehzeiten als zu kurz empfinden, andere als zu lang. Die in diesem Führer ausgewiesenen Gesamtgehzeiten stellen Durchschnittswerte für Wanderer mit guter Kondition dar; sie enthalten keine Pausen für Rast, Fotografieren oder Ähnliches. Neben der Gesamtgehzeit sind aus dem Höhenprofil auch die Gehzeiten bis zu den wichtigsten Etappenpunkten zu ersehen; die Zeiten können fallweise von den Angaben auf den Wegweisern abweichen. Vor allem im Sommer ist bei längeren Wanderungen und Bergtouren wegen der Hitze und der häufigen Gewitter ein möglichst frühzeitiger Aufbruch ratsam.

Wandern mit Kindern

Viele Wanderungen und leichte Bergtouren in diesem Buch sind auch für Kinder sehr gut geeignet. Das Symbol neben der Hauptüberschrift weist auf Wanderungen hin, die aus der Sicht von Familien oder Gruppen mit Kindern lohnend sind, weil sie Erlebnis- und Spielmöglichkeiten, spannende Wegstrecken oder Einblicke in die Tier- und Pflanzenwelt gewähren. In Ausnahmefällen sind auch rot gekennzeichnete Touren als kinderfreundlich eingestuft; dabei ist jedoch zu beachten, dass Kinder an Stellen, die für sie gefährlich werden können, zu sichern sind (z. B. bei Absturzgefahr). Beim Wandern mit Kindern ist auf deren besondere Bedürfnisse zu achten, also ausreichend Pausen für die Erholung, das Essen und Trinken und das Spielen einplanen!

Wegenetz und Markierungen

Das in diesem Führer beschriebene Wandergebiet ist durch ein dichtes Wegenetz erschlossen, das von den Seen und den Tälern bis zu den Gipfeln reicht. Im Talbereich und um die Seen haben die örtlichen Tourismusverbände und die Gemeinden bequeme Wanderwege angelegt, die von jedermann ohne große Anstrengung zu begehen sind; dasselbe gilt für die alten Almwege, die leider zunehmend durch Fahrstraßen ersetzt werden. Ins Gebirge führen Wege und Steige, die fast ausschließlich von den alpinen Vereinen betreut werden.

Die meisten Wege sind in sehr gutem Zustand. In den weißen Feldern der überwiegend rot-weiß-roten Markierungen ist manchmal die Wegnummer angegeben. Die Wegweiser sind in den letzten Jahren auf ein einheitliches System umgestellt worden: gelbe Tafeln, auf denen in schwarzer Schrift Ziele, Wegnummern und Gehzeiten angegeben sind; die Schwierigkeiten sind – wie in diesem Führer – durch Punkte in den Farben Blau, Rot und Schwarz angezeigt. Zusätzlich informieren fallweise Schilder oder Aufkleber über den Standort der Wegweiser (Name, Höhe, evtl. Koordinaten).

Ausrüstung

Mit Ausnahme von vielen als »blau« gekennzeichneten Wanderungen sind feste Berg- oder Wanderschuhe mit Profilsohle unerlässlich. Zur zweckmäßigen Bekleidung gehören Pullover, Wind- und Regenschutz sowie – vor allem bei längeren Wanderungen und bei unsicherer Wetterlage – Kleidung zum Wechseln. Den Tourenproviant muss jeder Wanderer je nach Länge der Tour, persönlichem Bedarf und Einkehrmöglichkeiten selbst zusam-

SYMBOLE UND ABKÜRZUNGEN

	Symbole im Tourenkopf		Schiffsanlegestelle
	mit Bahn/Bus erreichbar		Schiffsfahrt
	Einkehrmöglichkeit		Gipfel / Kirche, Kapelle
	für Kinder geeignet		Burg, Schloss, Ruine
	Symbole im Höhenprofil		Aussichtsturm / Aussichtsplatz
	Ort mit Einkehrmöglichkeit		Joch, Passübergang
	Einkehrmöglichkeit		Brücke
	Alm, Biwak		Campingplatz
P	Parkplatz		Quelle / Wasserfall
	Bushaltestelle		Bademöglichkeit
	Bahnhof		markanter Baum
	Seilbahnstation	WW	Wegweiser
	Seilbahnfahrt	B. / L.	Betten / Lager

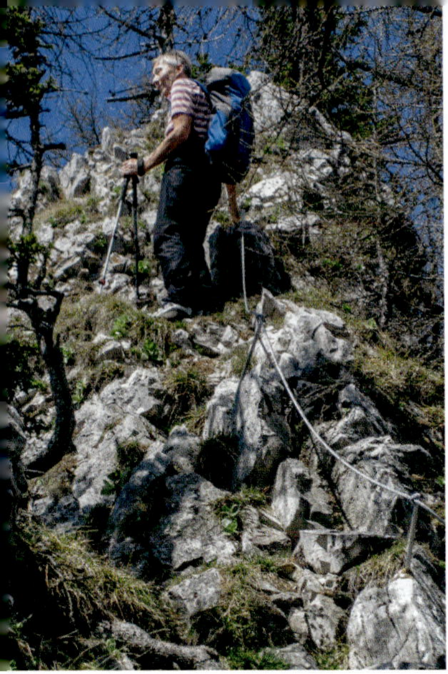

Gesicherte Steilstufe beim Aufstieg auf den Kobesnock (Tour 31).

menstellen. Bei denjenigen Wanderungen, die auf Berge der Karnischen Alpen oder der Karawanken führen, gibt es unterwegs nur selten Brunnen oder Quellen. Vor allem für Kinder sind daher ausreichende Getränkevorräte mitzunehmen.

Dass eine Rucksackapotheke nicht fehlen darf, ist selbstverständlich. In hohen Lagen und/oder auf schattseitigen Wegen kann oft bis weit in das Frühjahr hinein Schnee liegen. Für solche Touren empfehle ich Wanderstöcke, eventuell auch Grödel. Schwächere Teilnehmer oder Kinder sollen an Gefahrenstellen durch ein kurzes Seil gesichert werden. Klettersteigausrüstung benötigt man für die Touren in diesem Führer nicht, obwohl es auf einzelnen Touren auch durch Seile gesicherte Abschnitte gibt (z. B. Reißkofel, Garnitzenklamm, Kobesnock). Wanderstöcke sind beliebt und häufig auch zweckmäßig.

Gefahren

Fast alle Vorschläge für Wanderungen und Bergtouren folgen gebahnten Wegen oder Steigen. Dennoch ist vor allem im alpinen Gelände, an abrutschgefährdeten Stellen, bei der Querung steiler Hänge oder harter Altschneefelder und in steinschlaggefährdeten Bereichen besondere Vorsicht geboten. Nässe, Schnee und Vereisung können auch leichte Wanderungen zu schwierigen Touren werden lassen! Nicht zu unterschätzen ist die Gewittergefahr im Sommer; gesicherte Wege, aber auch Gipfel und Grate sind bei aufziehendem Gewitter so schnell wie möglich zu verlassen. Starkregen bei Gewittern oder im Herbst machen kleine Rinnsale innerhalb kurzer Zeit zu reißenden Wildbächen, die sogar Wege im Tal- und Almbereich zerstören können; dies betrifft vor allem das Gailtal und die Karawanken.

Von Giftschlangen droht nur eine geringe Gefahr, weil sie nur beißen, wenn sie keine Gelegenheit zur Flucht mehr haben. Bei einzelnen Touren weise ich ausdrücklich auf mögliche Gefahren hin.

Notfall/Bergrettung

- Allgemeiner Notruf (Europa-Notruf) 112
- Notruf Polizei 133, Notruf Rettung 144, Notruf Bergrettung 140

Tipps für Weitwanderer

Zahlreiche überregionale oder regionale Weitwanderwege durchziehen oder berühren unser Wandergebiet. Ohne den Anspruch auf Vollständigkeit erheben zu wollen, seien genannt:

- **Österreichischer Weitwanderweg 03** (Südalpenweg vom oststeirischen Weinland zu den Dolomiten): Wir treffen in den Karawanken und in den Karnischen Alpen auf ihn. Für die Strecke von Bleiburg bis zur Valentinalm bei Kötschach-Mauthen, die erst mit 603, dann mit 403 bezeichnet ist, muss man etwa 14 Tage veranschlagen. Die Anforderungen reichen von leicht bis mäßig schwierig.
- **Österreichischer Weitwanderweg 06** (Pilgerwege nach Mariazell, in unserem Führer von der Landeshauptstadt Klagenfurt am Wörthersee zum Gnadenort Mariazell): Wir begegnen diesem Weg im Raum Klagenfurt/Magdalensberg sowie im Mostland von St. Paul im Lavanttal.
- **Österreichischer Weitwanderweg 08** (Eisenwurzenweg von Rottal im Waldviertel zum Seebergsattel in den Karawanken): Er führt über zwei unserer Ziele in diesem Wanderführer, über die Saualm und über den Hochobir.
- **Österreichischer Weitwanderweg 09** (Salzsteigweg vom Sternstein im Mühviertel nach Arnoldstein): Wir treffen ihn auf dem Wöllaner Nock sowie auf dem Arriacher Hofwanderweg.
- **Österreichischer Weitwanderweg 10** (Rupertiweg vom Bärenstein im Böhmerwald zum Nassfeld in den Karnischen Alpen): Diesen Weg berühren oder kreuzen wir im Bereich Staff/Latschur, Weißensee sowie Garnitzenklamm/Gartnerkofel.
- **Kärntner Grenzweg:** Dieser streckenweise recht anspruchsvolle Weg umrundet Kärnten möglichst nahe entlang der Landesgrenze in insgesamt 45 Etappen. Für die gesamte Strecke im Bereich unseres Führers, also vom Plöckenpass in den Karnischen Alpen über die Karawanken bis zur Koralm, benötigt man etwa 16 Tage.
- **Panoramaweg Südalpen:** Der 2013 eröffnete und 2019 Richtung Westen verlängerte Weg führt von Thörl-Maglern überwiegend entlang der Staatsgrenze, auf kurzen Strecken auch in Slowenien, nach Lavamünd, wo er nach Norden zur Saualm schwenkt. Wir treffen auf ihn am Mittagskogel, am Hochobir, auf der Oistra, der Petzen, der Mostwanderung um St. Paul im Lavanttal und auf der Saualm. Die einzelnen Etappen sind zum Teil recht anspruchsvoll.
- **Via Alpina, Violetter Weg:** Er erreicht, aus dem Savetal in Slowenien kommend, die Karawanken und führt vom Rosenbachsattel, wo er auf die alpine Variante des Österreichischen Weitwanderweges 03 trifft, über den Hochstuhl, den Seebergsattel, Trögern, die Eisenkappler Hütte am Hochobir, die Petzen und Bleiburg nach Lavamünd und von hier über die Koralm nach Norden. In unserem Führer treffen wir bei vier Wanderungen auf diesen Weg. Er ist streckenweise mäßig schwierig.

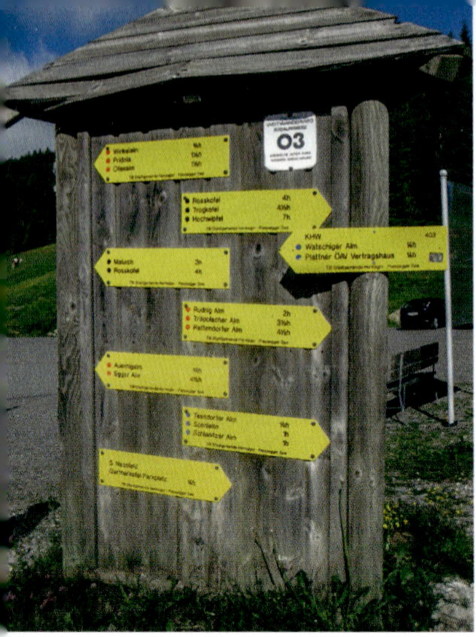

Schilderwald am Nassfeld-Pass (Tour 6).

- **Via Alpina, Roter Weg:** Von dieser längsten Route der Via Alpina führt der Abschnitt vom Wurzenpass über Thörl-Maglern und die östlichen Karnischen Alpen bis zur Plöckenpass-Straße durch unser Führergebiet. Dafür benötigt man etwa sechs Tage.
- **Gailtaler Höhenweg:** Er verläuft als streckenweise durchaus anspruchsvoller Höhenweg vom Gailbergsattel (nördlich von Kötschach-Mauthen) über die Gailtaler Alpen bis Warmbad Villach. Je nach Kondition sind dafür 6 (lange) bis 12 (kürzere) Etappen zu veranschlagen.
- **Alpe Adria Trail** (von der Pasterze am Fuße des Großglockners bis Muggia bei Triest): Wir begegnen ihm wiederholt auf unseren Wanderungen, etwa im Raum Spittal an der Drau/Millstätter See, vom Wöllaner Nock über die Gerlitzen zum Ossiacher See, am Ossiacher Tauern, zwischen Velden am Wörthersee und dem Faaker See sowie im Unteren Gailtal und in den westlichen Karawanken.
- **Julius Kugy Alpine Trail:** Von den alpinen Vereinen Kärntens, Sloweniens und Friaul-Julisch Venetiens in den Jahren 2019/2020 neu eingerichteter, zum Teil recht anspruchsvoller Fernwanderweg, der auf bestehenden Wegen in 30 Etappen durch die Bergwelt im Süden Kärntens, im Nordwesten Sloweniens und im Nordosten Friauls führt. Wir treffen diesen Weg auf zahlreichen Touren unseres Führers. Einzelheiten siehe unter julius-kugy-alpine-trail.eu.
- **Weg des Buches:** Dieser Weg folgt den Spuren von Bibelschmugglern und Geheimprotestanten. Seine Teilstrecke im Bereich unseres Wandergebiets beginnt am Wöllaner Nock und führt über Arriach, Afritz, Feld am See und den Rindernock nach Fresach. Von hier geht es entweder über Stockenboi, den Weißensee, den Raum Hermagor und Nötsch im Gailtal nach Bad Bleiberg; oder von Fresach über den Erzberg (Bleiberg) nach Bad Bleiberg. Dann führt der Weg über Warmbad Villach und die Schütt nach Agoritschach bei Arnoldstein. Für die gesamte Wegstrecke benötigt man ungefähr 4–5 Tage.
- **Hemma-Pilgerweg:** Verschiedene Routen führen aus Kärnten, Slowenien und der Steiermark zum Grab der Heiligen Hemma in Gurk. In unserem Wandergebiet treffen wir zwischen Millstatt und Bad Kleinkirchheim auf die gelben Hinweistafeln, die diesen Weg kennzeichnen.

LAND UND LEUTE

Abgrenzung, Landschaften

Die Touren in diesem Wanderführer liegen im Bereich der großen und mittleren Kärntner (Bade-)Seen samt ihrer näheren und weiteren Umgebung. Das Gebiet wird wie folgt umgrenzt: Plöckenpass – Gailbergsattel – Oberes Drautal – Spittal an der Drau – Millstätter Alm – Wöllaner Nock – Gerlitzen – St. Veit an der Glan – Saualm – Koralm – St. Paul im Lavanttal – Karawanken – Karnische Alpen – Plöckenpass. Die Touren sind, wie es das Inhaltsverzeichnis sowie die Übersichtskarten auf den Seiten 6/7 und auf der Umschlagrückseite zeigen, gebietsweise wie folgt zusammengefasst:

- **Pressegger See und Gailtal:** Die Gail als einer der Hauptflüsse Kärntens entspringt in 1525 m Seehöhe am Kartischer Sattel in Osttirol. Sie durchfließt in nahezu gerader Linie das Tiroler Gailtal und das Lesachtal, bevor sie ab Kötschach-Mauthen in das breite Gailtal eintritt. Auf halbem Wege zwischen Kötschach-Mauthen und Villach liegt etwas nördlich der Gail der 0,55 km² große Pressegger See (Tour 11), der im Sommer eine Temperatur von 28 °C erreichen kann und somit einen der wärmsten Badeseen der Alpen darstellt. Im Süden des Gailtals erhebt sich der Karnische Hauptkamm, der zugleich die Staatsgrenze gegen Italien bildet. Die zum Teil recht felsigen Karnischen Alpen sind wegen ihrer geologischen Vergangenheit und wegen der üppigen Blumenpracht bekannt. Im Norden des Gailtals liegen die Gailtaler Alpen, die man in mehrere einzelne Gruppen gliedern kann. Wichtigster Ost des Gailtales ist die westlich des Pressegger Sees gelegene Bezirkshauptstadt Hermagor. Mit dem Pressegger See und mit der »Sonnenalpe Nassfeld« besitzt das Gailtal zwei bedeutende Tourismuszentren. Erwähnenswert ist auch der Gailtaler Almkäse, der auf den Almen der Karnischen Alpen hergestellt wird.

Oberes Gailtal vom Aufstieg auf den Torkofel (Jauken, Tour 2).

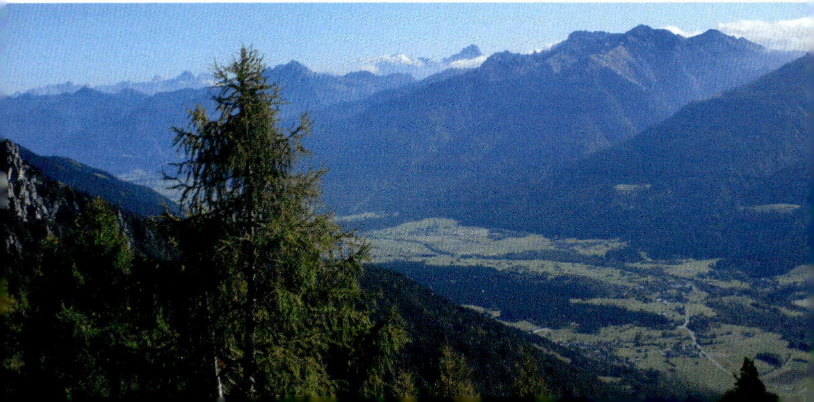

- **Weißensee:** Der allseits von Bergen umschlossene, auf 929 m Seehöhe in einem Hochtal gelegene, fast 12 km lange, 6,5 km² große und bis zu 99 m tiefe Weißensee (Tour 15) wird gerne als »höchstgelegene Badewanne Kärntens« bezeichnet. Er erstreckt sich mit einer Breite von durchschnittlich nur 500 bis 600 m von West nach Ost. Im Sommer erreicht das Wasser eine Oberflächentemperatur von bis zu 23 °C, in den Uferbereichen noch etwas mehr. Charakteristisch für den Weißensee sind seine türkisblaue Farbe und die mit feinem Kalkschlamm bedeckten Uferbereiche, die als »Weiße« bezeichnet werden und dem See seinen Namen gegeben haben. Wegen seines geringen Nährstoff- und Algengehaltes zählt der Weißensee zu den saubersten Seen Kärntens. Im Winter friert der See – beginnend im flacheren Westteil – regelmäßig zu. Er bietet dann eine bis zu 50 cm dicke, hervorragende Eislauffläche. Die Berghänge zu beiden Seiten des Sees sind stark bewaldet und streckenweise sehr steil. Das Ufer unterhalb der Laka (Tour 14) ist überhaupt ungangbar.
- **Millstätter See:** Mit 141 m ist der Millstätter See der tiefste See Kärntens (wenn man von dem in den Hohen Tauern auf 2394 m gelegenen, künstlich aufgestauten Oscheniksee absieht, der bis zu 172 m tief ist). Mit seiner Fläche von 13,3 km² steht er nach dem Wörthersee an zweiter Stelle der Kärntner Seen. Er wird im Nordosten von der mächtigen Millstätter Alm, einem Ausläufer der Nockberge, um 1500 m überragt. Fünf Gipfel der Millstätter Alm sind in diesen Führer aufgenommen (Touren 20 und 22). Im Südwesten trennt ein sanfter, 2 km breiter und lang gestreckter, stark bewaldeter Hügelzug den Millstätter See vom Drautal. Hier liegt inmitten eines Moores der Egelsee (Tour 19). Millstatt mit seiner alten ehemaligen Benediktinerabtei samt Stiftskirche und Kreuzgang sowie Seeboden sind bekannte Tourismusorte.

Ein Linienschiff auf dem Weißensee (Touren 16, 17).

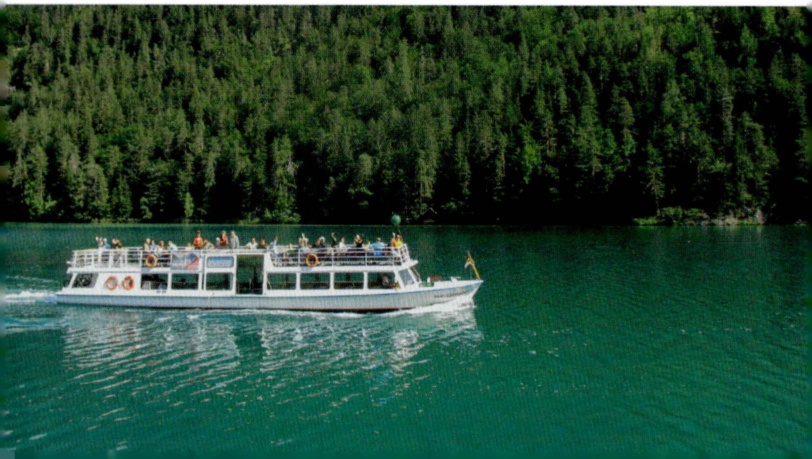

GPS-TRACKS UND KOORDINATEN DER AUSGANGSPUNKTE

Auf **gps.rother.de** stehen zu diesem Wanderführer GPS-Tracks und die Koordinaten der Ausgangspunkte zum kostenlosen Download bereit. Dieser QR-Code führt direkt zum Download.
10. Auflage, Passwort: **418710mkd**
Die GPS-Tracks können in die **Rother App** importiert werden. In der App kann man unterwegs stets sehen, wo man gerade ist und wo es langgeht. **Anleitungen dazu: rother.de/gps**
Trotz sorgfältiger Prüfung können wir Fehler und zwischenzeitliche Veränderungen nicht ausschließen. Verlassen Sie sich für die Orientierung niemals einzig und allein auf die GPS-Daten, sondern beurteilen Sie die Verhältnisse vor Ort.

- **Feldsee, Afritzer See und Gegendtal:** Das Gegendtal oder kurz »Die Gegend«, wie wir Kärntner sagen, erstreckt sich von Radenthein bis Treffen am Ossiacher See. Das überwiegend von Nordwest nach Südost verlaufende Tal wird im Westen von den stark bewaldeten Hängen des Mirnockzugs mit dem Palnock (Tour 27) und im Osten von den ebenso bewaldeten Hängen des Wöllaner Nocks (Tour 26) und der Gerlitzen begleitet. Im Gegendtal liegen auf etwa 750 m Seehöhe der 0,41 km² große Feldsee (auch Brennsee genannt; Tour 25) und südlich von ihm der mit 0,49 m² etwas größere Afritzer See (Tour 24). Ihre Tiefe beträgt etwas mehr als 20 m. Wegen ihrer Höhenlage erwärmen sie sich nicht so stark wie die beiden nahe gelegenen großen Seen (Millstätter See und Ossiacher See). In der sogenannten Klamm zwischen Afritz und Treffen mündet ein Quertal, das über Arriach und eine Talwasserscheide beim Klösterle bis Himmelberg im Gurktal reicht.
- **Faaker See, Unteres Gailtal und Villach:** An der Mündung des Drautales und des Gailtales in das Klagenfurter Becken liegt die Stadt Villach (Tour 32), mit mehr als 65.000 Einwohnern die zweitgrößte Stadt Kärntens. Villach ist ein bedeutender Verkehrsknotenpunkt, vor allem durch die Eisenbahnstrecken, die seit der zweiten Hälfte des 19. Jahrhunderts hier zusammentreffen; seit der zweiten Hälfte des 20. Jahrhunderts ist die Stadt auch ein wichtiger Autobahnknoten. Schon zur Römerzeit war Villach bekannt als Handels- und Verkehrsstadt. Westlich der Stadt erhebt sich die Villacher Alpe (auch Dobratsch genannt, Tour 29), von der 1348 bei einem Erdbeben ein gewaltiger Bergsturz in das Untere Gailtal niederging (Tour 30). Und im Südosten finden wir mit dem türkisblauen Faaker See einen sehr beliebten, im Sommer recht warmen Badesee; er ist 2,2 km² groß und fast 30 m tief. Über ihm erhebt sich mit dem Mittagskogel das Motiv des Umschlagfotos (Tour 34).

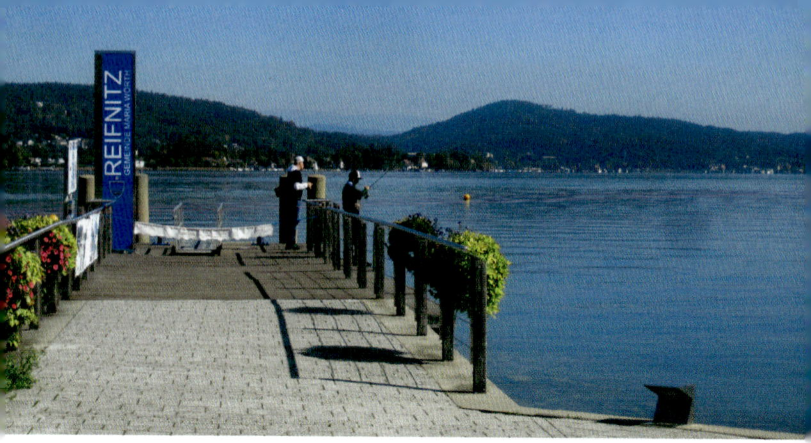

Die Schiffsanlegestelle Reifnitz (Tour 40).

- **Ossiacher See:** Mit einer Fläche von 10,8 km² ist der Ossiacher See der drittgrößte See Kärntens; mit seiner Tiefe von 52 m liegt er an vierter Stelle der Kärntner Badeseen. Über seinem Nordufer erhebt sich die mächtige, 1909 m hohe Gerlitzen und im Süden erstrecken sich die bewaldeten Hänge der Ossiacher Tauern (Touren 36 und 37). Benannt ist der See nach Ossiach, einer kleinen Gemeinde am Südufer, die durch ihr ehemaliges, im Jahre 1028 gegründetes Benediktinerstift bekannt ist; seit 1969 ist die frühere Klosterkirche eine Spielstätte des »Carinthischen Sommers«. Die Gerlitzen (Tour 35) ist von Annenheim aus im Sommer für die Wanderer durch eine Seilbahn und einen Sessellift erschlossen; von Treffen, Bodensdorf und Arriach führen Mautstraßen auf diesen Berg, der auch im Winter ein beliebtes Ausflugsziel darstellt.
- **Wörthersee und Klagenfurt:** Der 19,4 km² große Wörthersee ist der größte und bekannteste See Kärntens. Er erstreckt sich von Velden im Westen über rund 16,5 km bis Klagenfurt im Osten. Mit seiner Tiefe von 85 m liegt er an dritter Stelle der Kärntner Seen. Der Name des Wörthersees leitet sich vom mittelhochdeutschen »Werd« her, was »Insel« bedeutete. Bevor der Spiegel des Wörthersees gegen Ende des 18. Jahrhunderts abgesenkt wurde, war die heutige Halbinsel mit dem Ort Maria Wörth nämlich eine richtige Insel. Am Wörthersee liegen außer Maria Wörth noch weitere wichtige Tourismusorte wie Velden, Pörtschach, Krumpendorf und Reifnitz. Wer dem Trubel am See entkommen will, kann zum Wandern in das sanfte Hügelland im Süden und im Norden ausweichen (Touren 38–43 und 45). Am östlichen Ende des Wörthersees liegt in einer weiten Ebene die Landeshauptstadt Klagenfurt (Tour 44) mit bedeutenden Sehenswürdigkeiten, dem Sitz der Landesregierung und der Diözese Gurk sowie einer Universität.

- **Keutschacher See und Rosental:** Zwischen dem Wörthersee im Norden und dem Rosental im Süden liegt in einer Talfurche des Hügelzuges der Sattnitz (Touren 46 und 47) das Keutschacher Seental. In ihm finden wir von West nach Ost den Hafnersee, den Keutschacher See, den Bassgeigensee, den Rauschelesee und die Treimischer Teiche. Der Keutschacher See übertrifft mit seiner Fläche von 1,33 km² alle anderen genannten Gewässer bei weitem; sie sind alle kleiner als 0,2 km². Das breite Tal südlich der Sattnitz ist das Rosental; es wird von der Drau durchflossen, die hier zur Energiegewinnung aufgestaut wird. Im Süden des Rosentals erheben sich die Karawanken mit dem Hochstuhl, 2237 m, als höchstem und dem Mittagskogel, 2145 m, als markantestem Berg (Tour 34).
- **Längsee und um St. Veit an der Glan:** Etwa in der Mitte Kärntens und 16 km nördlich von Klagenfurt liegt die frühere Landeshauptstadt St. Veit an der Glan. Gegen Süden öffnet sich das Zollfeld, in dem sich die Römerstadt Virunum befand. Später verlegten die Römer ihre Stadt auf den Magdalensberg (Tour 51). In einer flachen Mulde nordöstlich von St. Veit liegt der 0,75 km² große Längsee, der vom kurz nach dem Jahre 1000 gegründeten und 1783 aufgehobenen Stift St. Georgen überragt wird (Tour 50).
- **Klopeiner See und Unterkärnten:** An das Rosental schließt im Osten das breite, ebenfalls von der Drau durchflossene Jauntal an, das noch zum Klagenfurter Becken gezählt wird. Es erstreckt sich von der Drau im Norden bis zu den Karawanken im Süden, ist über weite Strecken stark bewaldet und besitzt mit dem 1,10 km² großen Klopeiner See (Touren 53–55) eines der wärmsten und beliebtesten Badegewässer Kärntens. Weitere Badeseen sind der Turnersee und der Gösselsdorfer See. Im Norden des Jauntals erblickt man von fast allen Orten die mächtige Saualm, der wir ebenso eine Wanderung widmen (Tour 59) wie der im Nordosten gelegenen Koralm (Tour 60).

Zu Füßen des Kitzelbergs liegt der Klopeiner See (Tour 55).

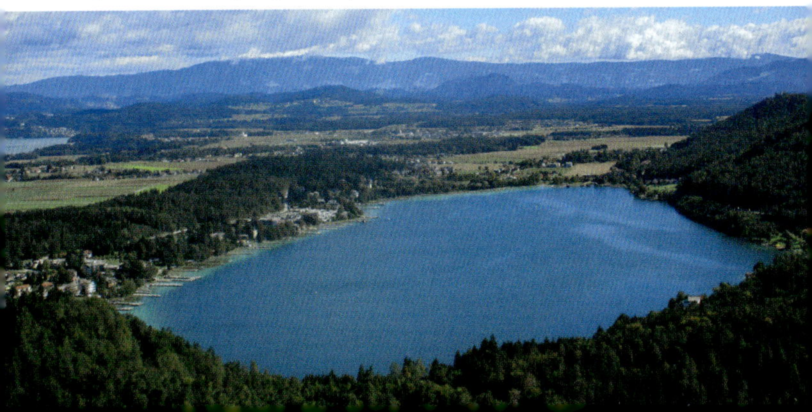

Geologie und Landschaftsformen

Der geologische Aufbau Kärntens ist verhältnismäßig kompliziert; wer sich näher dafür interessiert, findet dazu eine umfangreiche Fachliteratur. Für den vorliegenden Führer seien daher die wesentlichen geologischen Merkmale, die letztlich auch die Landschaftsformen bestimmen, kurz zusammengefasst:

In geologischer Hinsicht bestimmt die Periadriatische Naht (auch Periadriatisches Lineament genannt) als bedeutendste Störungszone der Ostalpen den Aufbau Kärntens. Die Periadriatische Naht durchschneidet den Süden unseres Führers von West nach Ost. Sie verläuft, vom Lesachtal (wie das Gailtal oberhalb von Kötschach-Mauthen heißt) kommend, durch das gesamte Gailtal und östlich von Villach durch die Karawanken, die sie in eine Nord- und in eine Südkette trennt. Die Periadriatische Naht scheidet also geologisch die nördlich von ihr gelegenen ostalpinen Baueinheiten vom Südalpin; der Hochobir und die Petzen zählen demnach zu den Ostalpen, der Mittagskogel und der Hochstuhl hingegen zu den Südalpen. Wenn wir im Westen beginnen, liegen südlich der Periadriatischen Naht die Karnischen Alpen. Sie sind geologisch sehr gut erforscht, weil sie in einigen Bereichen Einblick in die rund 500 Millionen Jahre dauernde Erdgeschichte ermöglichen. Die Gesteine der Karnischen Alpen stammen größtenteils aus Meeresablagerungen; an manchen Stellen findet man sehr schöne Fossilien. Die östlich anschließenden Karawanken bestehen vorwiegend aus Kalken und Dolomiten, zu denen sich auch noch Sandsteine und Konglomerate des Erdmittelalters und auch ältere Gesteine gesellen.

Garnitzenklamm und großer Findling (Tour 7).

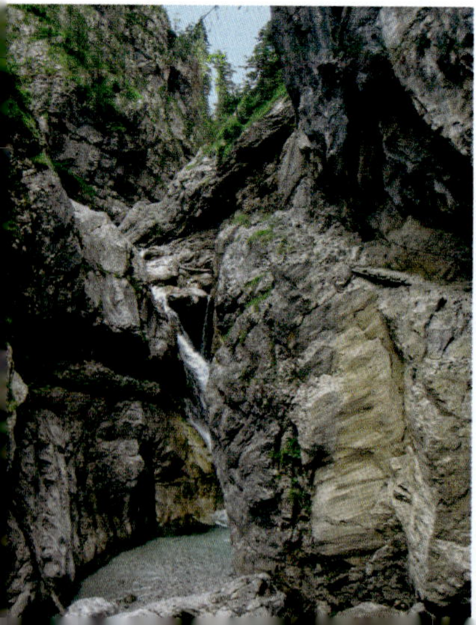

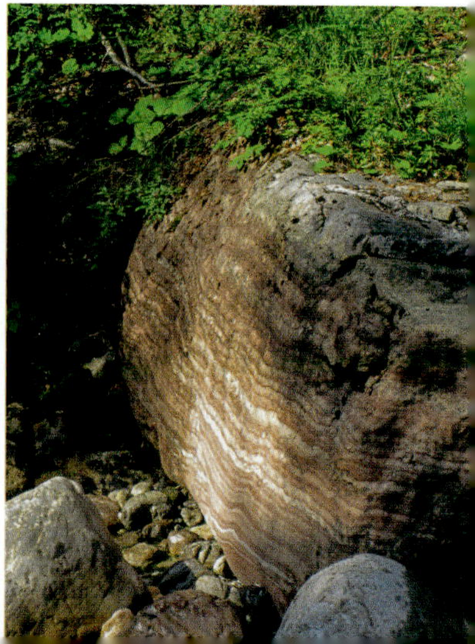

Nördlich der Periadriatischen Naht erheben sich – ebenfalls von Westen kommend – die Gailtaler Alpen. Sie sind überwiegend aus Kalken des jüngeren Paläozoikums, also des jüngeren Erdaltertums (Perm) und des Erdmittelalters (Mesozoikum) aufgebaut. Zu den Gailtaler Alpen zählt auch die in ihrem Nordosten gelegenen Gruppe von Goldeck und Latschur, die aus Gesteinen des Altpaläozoikums, aus Kalken des Erdmittelalters und aus Altkristallin aufgebaut ist. Gegen Osten folgen jenseits des Drautales die Nockberge, die zu den Gurktaler Alpen zählen; sie bestehen überwiegend aus Altkristallin. Die östlich anschließenden niedrigen Gurktaler Alpen (auch als Gurktaler Decke bezeichnet) bestehen aus Phylliten, Grünschiefern und Karbonatgesteinen des Altpaläozoikums. Diese Gesteine finden wir auch noch weiter östlich, etwa von Klagenfurt über Völkermarkt bis Lavamünd. Die Saualm und die Koralm sind wiederum aus altkristallinen Gesteinen aufgebaut. Das Klagenfurter Becken als größte inneralpine Beckenlandschaft ist geologisch verhältnismäßig jung. Die großen Seen entstanden erst nach dem Ende der letzten Eiszeit nach dem Rückzug der großen Gletscher.
Im Gebiet unseres Führers gibt es die unterschiedlichsten Landschaftsformen: Ausgesprochen gebirgig sind die Karnischen Alpen, die Gailtaler Alpen und die Karawanken; etwas sanfter zeigen sich die südlichen Nockberge. Eher als Hügellandschaften zu bezeichnen sind die zwischen dem Ossiacher See und dem Wörthersee gelegenen Ossiacher Tauern, der lang gestreckte Zug der Sattnitz südlich des Wörthersees, die kleinen Berge um St. Veit an der Glan und das St. Pauler Bergland ganz im Osten. Das alles bestimmende Landschaftselement sind jedoch die großen Kärntner Seen, die ich bereits im Kapitel »Abgrenzung, Landschaften« (S. 17 ff.) genannt habe. Dass Kärnten zu Recht auch als »Land der Seen« bezeichnet wird, sei ganz kurz erläutert: Kärnten zählt nahezu 1300 stehende Gewässer, die eine Fläche von rund 60 km^2 bedecken; dies sind etwas mehr als 0,6 % der Landesfläche. Bemerkenswert sind auch die großen Täler, von denen besonders das Drautal, das nahezu geradlinig verlaufende Gailtal und das Lavanttal zu nennen sind. Im Bereich des Klagenfurter Beckens bezeichnet man das Drautal als Rosental, und östlich der Gurkmündung begrenzt die Drau das Jauntal im Norden.

Flora und Fauna

Von allen Bundesländern Österreichs wird Kärnten am stärksten vom Mittelmeerklima beeinflusst. Dies wirkt sich auch auf das vermehrte Vorkommen südlicher, wärmeliebender Pflanzen aus. So kommen zum Beispiel auf dem Rabensteiner Berg bei St. Paul (Tour 58) die Hopfenbuche, die Flaumeiche und die Manna-Esche vor. In die ursprüngliche Vegetation der Täler hat der Mensch stark eingegriffen, daher gibt es hier vor allem Kulturpflanzen (wie überdurchschnittlich viel Mais). Auch die früher weit verbreiteten Streuobstwiesen gibt es nur noch im Lavanttal und im Granitztal (westlich von St. Paul im Lavanttal). Ursprüngliche Flusslandschaften samt

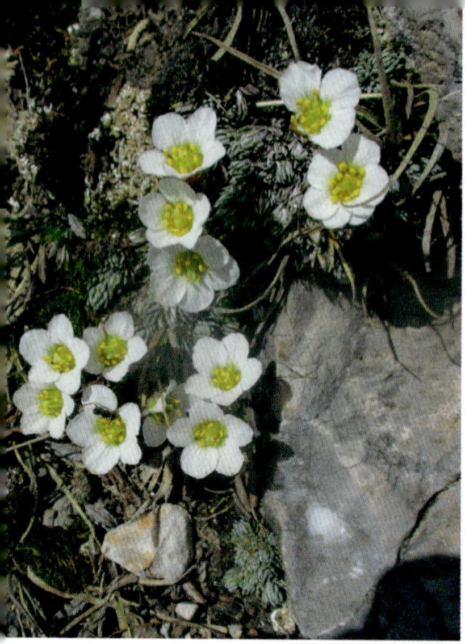

Bursers Steinbrech (Villacher Alpe, Tour 29).

Auwäldern finden wir kaum mehr, nur etwa im Mündungsbereich der Gurk in die Drau oder am Lurnfeld bei Spittal an der Drau. An den großen Kärntner Seen sind die naturbelassenen Flächen zu stark durch den Fremdenverkehr beeinflusst worden. Größere Schilfbestände finden wir noch um den Pressegger See (Tour 11) oder an einigen kleineren Seen in der Umgebung von Eberndorf. Ein schönes Beispiel für eine schwimmende Pflanzendecke bietet der Egelsee bei Spittal an der Drau (Tour 19). Hochmoore gibt es auch noch am Ossiacher Tauern (Tour 36). In den Karnischen Alpen, in den Gailtaler Alpen und in den Karawanken treffen wir noch auf den alten Buchen-Tannenwald, dem sich aber immer öfter Fichten zugesellen. Gegen die Waldgrenze treten vermehrt Lärchen, noch höher oben Latschen (Legföhren) auf. In den Nockbergen sowie auf der Saualm und auf der Koralm überwiegen Wirtschaftswälder, meist aus Fichten.

An dieser Stelle sind noch einige bemerkenswerte Pflanzen Kärntens zu nennen: Am bekanntesten ist wohl die Kärntner Wulfenie, die um den Gartnerkofel in den Karnischen Alpen vorkommt (Tour 6). Eine prachtvolle Blüte zeigt die Weiße Trichterlilie, auch Paradieslilie genannt; sie kommt vereinzelt auch in den Gailtaler Alpen östlich des Gailbergsattels vor. Die »Wunderblume von Lendorf«, eine gelb blühende Alpenrose, besuchen wir auf unserer Tour 18. Auf der Wanderung durch das Bergsturzgebiet der Schütt (Tour 30) lohnt im Frühsommer der kurze Abstecher zur Gladiolenwiese bei Oberschütt, wo wir zahlreiche Exemplare der Illyrischen Gladiole bewundern können. Am Südhang der Gerlitzen blüht in klimatischer Gunstlage manchmal bereits Ende Dezember (!) die Frühlings-Lichtblume, die mit der Herbst-Zeitlose verwandt ist; von ihr ist kein anderer Standort in den Ostalpen bekannt. Die zierliche Zois-Glockenblume habe ich auch schon etwas abseits des Normalweges auf den Mittagskogel entdeckt (Tour 34); sie kommt vereinzelt auch an anderen Standorten in den Karawanken vor, ebenso wie die durch ihre feuerroten Blüten auffallende Krainer Lilie. Als Blumenberg seit langer Zeit bekannt und berühmt ist der Hochobir (Tour 52): Auf ihm können wir beispielsweise das Steineralpen-Kohlröschen, den Karawanken-Enzian, das Obir-Steinkraut oder Kerners Alpen-Mohn

entdecken. Schließlich möchte ich noch die Wassernuss erwähnen, eine wärmeliebende Pflanze Eurasiens, die wir im Bereich der Hallegger Teiche westlich von Klagenfurt antreffen.
Für die Tierwelt stellen vor allem die Wälder der Gebirge und des Hügellandes die wichtigsten Lebensräume für große Säugetiere dar. Braunbär, Luchs und – von den Bauern wegen der Schafrisse verfolgt – der Wolf hinterlassen ihre Fährten oder Spuren. Wildschweine durchwühlen auf der Suche nach Wurzeln die Böden. Gämsen treffen wir nicht nur in den Karawanken, den Karnischen und Gailtaler Alpen sowie den Nockbergen an, sondern auch auf der viel besuchten Villacher Alpe, wo es einen eigens eingerichteten »Gams- und Gipfelblick« gibt (Tour 29).
Aus der Vogelwelt seien die Raufußhühner genannt, von denen man das Auerhuhn, das Birkhuhn, das Schneehuhn und das Haselhuhn mit etwas Glück noch beobachten kann. Sehr selten sieht man den Eisvogel, der in der Drauschleife von Wernberg nistet, oder den Weißrückenspecht, den Habichtskauz oder den bunten Mauerläufer, der in den östlichen Karawanken vorkommt. Auch Großgreifer wie den Adler kann man fallweise beobachten.
In warmen Gebieten wie der Schütt (unterhalb der Villacher Alpe, Tour 30) trifft man nicht selten auf Giftschlangen wie die Kreuzotter oder die Hornviper; sie ergreifen aber meist die Flucht, wenn sie das Nahen eines Menschen spüren. In der soeben genannten Schütt und in weiteren klimatisch bevorzugten Gebieten wie um St. Paul im Lavanttal (Tour 58) kommen zudem mehrere Arten von Käfern, Spinnen, Schmetterlingen, Eidech-

Schneehühner warten auf den Frühling (Villacher Alpe, Tour 29).

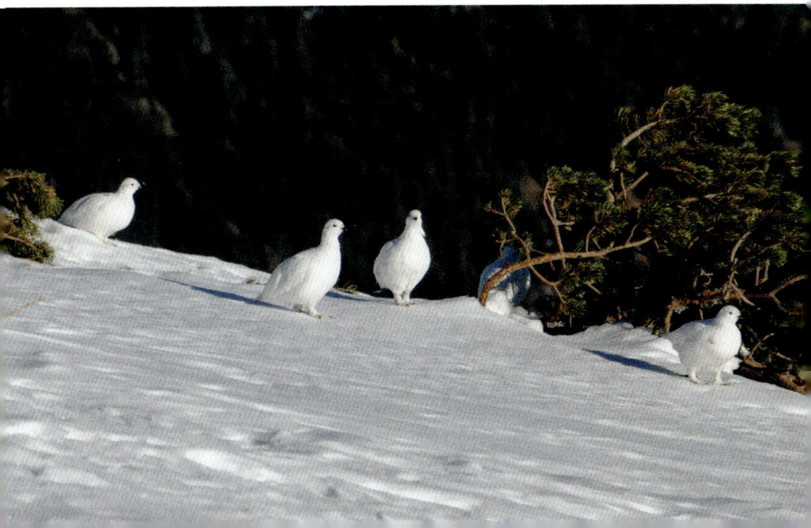

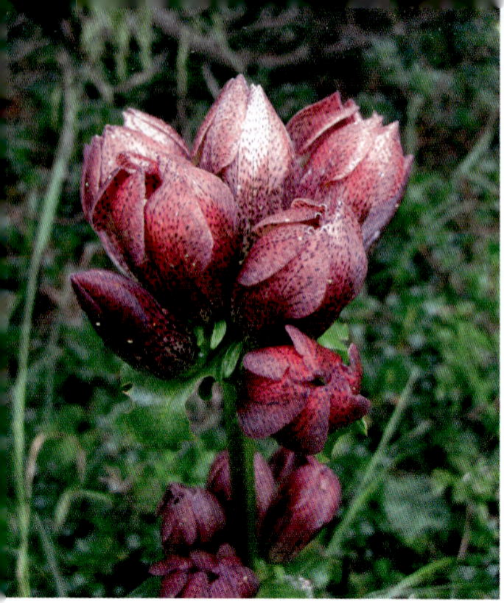

Pannonischer Enzian (Tour 57, Feistritzer Spitze).

sen, Wanzen und Skorpionen vor, von denen einige aus dem Süden eingewandert sind. Im Sablatnigmoor bei Eberndorf zeigt sich der seltene Balkan-Moorfrosch, der in der Paarungszeit himmelblau gefärbt ist.

Schutzgebiete

Im Bereich unseres Wanderführers gib es eine Reihe meist kleiner Naturschutzgebiete und zahlreiche Landschaftsschutzgebiete. Viele von ihnen fallen zugleich auch in die Kategorien »Natura 2000 Europaschutzgebiet« und/oder »Ramsar-Gebiet«. Das größte, älteste und bedeutendste Naturschutzgebiet ist das »Naturschutzgebiet Dobratsch-Schütt«, das in ein großes Landschaftsschutzgebiet eingebettet ist und zugleich Kärntens ersten Naturpark bildet (Tour 30). Auch der Weißensee samt seiner Umgebung ist Landschaftsschutzgebiet und Naturpark (Touren 14–17). Auf vielen unserer Wanderungen begegnen wir weiteren Natur- und Landschaftsschutzgebieten; beispielhaft seien als Naturschutzgebiete erwähnt das Drobollacher Moos, auch Finkensteiner Moor genannt (Tour 33), die Hallegger Teiche (in der Nähe der Tour 40), das Sablatnigmoor oder das Koralm-Kar (von der Tour 60 leicht zu erreichen). Größere Landschaftsschutzgebiete gibt es im Westen der Landeshauptstadt Klagenfurt (Kreuzbergl, Tour 45), im Keutschacher Seental (Tour 47) oder am Ossiacher See (Tour 36).

Geschichte und bedeutende Orte

Für diesen Führer sei die ereignisreiche Geschichte Kärntens nur kurz zusammengefasst, weil es dazu eine umfangreiche Literatur gibt. Nehmen wir als Beginn das erste vorchristliche Jahrtausend an, so begegnen uns Zeugnisse einer illyrisch-hallstattzeitlichen Besiedelung. Ab etwa 300 v. Chr. wandern Kelten ein, deren Siedlungsreste man im mittleren Klagenfurter Becken, im Gailtal (Gurina), im Drautal oberhalb von Spittal an der Drau (Teurnia), auf dem Hemmaberg, auf der Gracarca, auf dem Ulrichsberg und auf dem Magdalensberg als Zentrum des »Regnum Noricum« fand; viele dieser Orte sind auch Ziele dieses Führers. 15 v. Chr. besetzten die Römer Noricum, das 45 n. Chr. zur gleichnamigen römischen Provinz wurde. Gegen Ende des 6. Jh. wanderten Slawen von Osten ein. Sie errichteten ein Fürstentum, das

Der Umwelt zuliebe ...

Auch beim Wandern hinterlassen wir einen ökologischen Fußabdruck, aber im Einklang mit der Natur unterwegs zu sein, ist gar nicht so schwer!

VORBEREITUNG UND ANFAHRT

- Sich vorab informieren, worauf in Bezug auf Natur und Umwelt in der jeweiligen Wanderregion besonders zu achten ist.
- Soweit möglich mit Bahn und Bus anreisen, Wander- und Rufbusse nutzen.
- Ist eine Anfahrt mit dem Auto nötig, Fahrgemeinschaften bilden.
- Bei weiten Anfahrten Mehrtagestouren planen oder von einem Quartier vor Ort aus mehrere Touren absolvieren.
- Flugreisen möglichst reduzieren und durch Beiträge zu Klimaschutzprojekten kompensieren.

KLEIDUNG UND AUSRÜSTUNG

- Beim Kauf von Outdoor-Kleidung auf umweltfreundliche und faire Herstellung achten und Kleidungsstücke möglichst viele Jahre nutzen.
- Ausrüstung kann man eventuell auch gebraucht kaufen oder ausleihen.
- Reparieren statt neu kaufen.

VERPFLEGUNG

- Beim Einkauf Bio-Ware, regionale und saisonale Erzeugnisse bevorzugen.
- Hütten und Gasthäuser auswählen, die regionale Produkte verwenden.
- Auf Einwegflaschen und Plastikverpackungen verzichten, stattdessen wiederverwendbare Trinkflaschen und Brotzeitboxen benutzen.

ÜBERNACHTUNG

- Bei lokalen Anbietern buchen, damit Menschen vor Ort profitieren.
- Auf Hütten und in anderen Unterkünften Strom und Wasser sparen.

UNTERWEGS

- Wege benutzen und Abkürzer vermeiden.
- Sperrungen von Wegen und Schutzgebieten respektieren.
- Keine Blumen pflücken und keine Pflanzen entnehmen.
- Waldbrandgefahr beachten.
- Müll wieder mit nach Hause nehmen und dort entsorgen.
- Toilettengänge in freier Natur möglichst vermeiden.
- Lärm vermeiden.
- Hunde an die Leine nehmen.

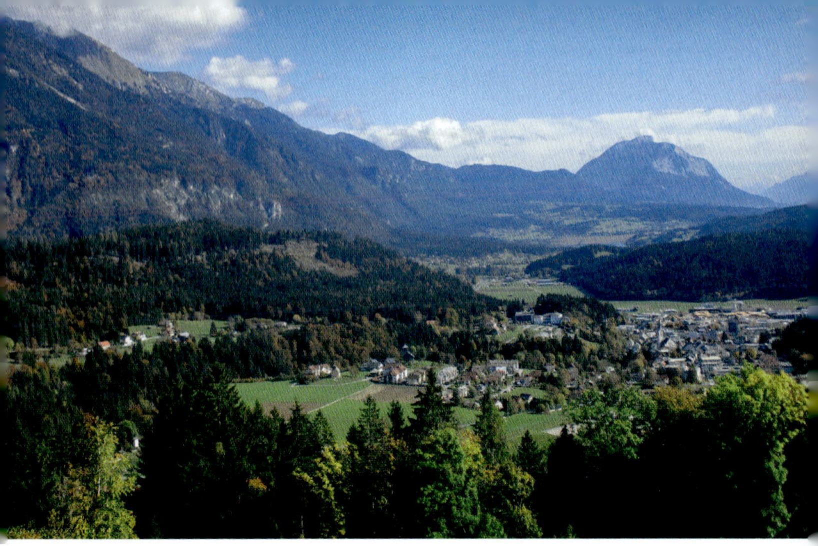

Abstieg vom Guggenberg, Blick talaus zur Villacher Alpe (Tour 5).

unter dem wahrscheinlich aus kelto-illyrischer Zeit stammenden Namen Karantanien (daher unser heutiger Name »Kärnten«) bekannt wurde. 788 kam Karantanien unter fränkische Herrschaft. 811 bestimmte Karl der Große die Drau zur Grenze zwischen dem Erzbistum Salzburg und dem Patriarchat Aquileia. 876 erhielt Arnulf, der Sohn des Frankenkönigs Karlmann, Baiern und Kärnten. Hier baute er auf dem Zollfeld einen Hof zur Karnburg aus. 976 trennte Kaiser Otto II. Kärnten von Baiern; Karantanien wurde somit ein selbstständiges Herzogtum.

Im 11. Jh. gründete das Erzbistum Salzburg erste Klöster: St. Georgen am Längsee, Ossiach, Millstatt und St. Paul im Lavanttal, um nur einige zu nennen; vielen dieser Klöster begegnen wir auf unseren Wanderungen. 1007 erhielt das Bistum Bamberg um Villach und Wolfsberg Grundbesitz in Kärnten. Ende des 13. Jh. fällt Kärnten – mit Ausnahme des kirchlichen Besitzes – an die Habsburger. Im 14. Jh. suchte die Pest Kärnten heim, und im 15. Jh. überfielen die Türken Kärnten. Im 16. Jh. zog der Geist der Renaissance in das Land ein, wofür die planmäßige Anlage von Klagenfurt als Landeshauptstadt ein bemerkenswertes Zeugnis darstellt. Reformation und Gegenreformation wirkten sich in vielfacher Hinsicht aus und nach Niederwerfung des protestantischen Adels bildete sich ein landesfürstlicher Absolutismus aus, der bis in die Zeit der Reformen der Kaiserin Maria Theresia und ihres Sohnes Josef II. maßgebend blieb. 1759 kaufte Österreich die bambergischen Besitzungen in Kärnten. Nach einigen Jahren französischer Besatzung wurde Kärnten Teil des österreichischen Königreichs Illyrien und ab 1849 selbstständiges Kronland der k. u. k. Monarchie. Nach deren Zusammenbruch am Ende des Ersten Weltkriegs beanspruchte das neue Königreich der Serben, Kroaten und Slowenien große Teile Südkärntens. Dagegen erhob sich bewaffneter Widerstand (»Kärntner Abwehrkampf«). Im Friedensvertrag von St. Germain wird unter anderem festgelegt, dass in Südkärnten eine Volksabstimmung über die staatliche Zugehörigkeit durchzuführen ist. Am 10. Oktober 1920 entschied sich eine deutliche Mehrheit im Abstimmungsgebiet für den Verbleib bei Österreich. 1938 wurde Österreich und somit auch Kärnten Teil des Deutschen Reiches. Im Zweiten Weltkrieg war vor allem Villach als bedeutender Verkehrsknoten Ziel schwerer Bombenangriffe der Alliierten. Nach dem Ende des Zweiten Weltkrieges lehnten die Siegermächte neuerliche Gebietsansprüche Jugoslawiens auf Südkärnten ab. 1955 erhielt Österreich durch den Staatsvertrag wieder seine Unabhängigkeit. In einem Artikel dieses Staatsvertrages waren auch die Beziehungen zur slowenischen Volksgruppe in Kärnten geregelt, unter anderem die Verpflichtung, in Gebieten mit wesentlichen Anteilen slowenischer Bevölkerung zweisprachige Ortstafeln aufzustellen. Nach jahrelangem Streit konnte dieses Problem erst 2011 gelöst werden.

Wenn ich – unabhängig von ihrer Größe oder Einwohnerzahl – einige ausgewählte bedeutende Orte erwähne, so mache ich dies am besten alphabetisch, um im Lande keine Eifersucht zu wecken:

- **Arriach** ist eine kleine Gemeinde, die in einer sonnigen Mulde im Süden des Wöllaner Nocks liegt. In ihr finden wir den »Geografischen Mittelpunkt Kärntens« und einige typische Bergbauernhöfe.
- **Bad Bleiberg** war durch Jahrhunderte bis 1993 Zentrum eines bedeutenden Bergbaus (Blei und Zink). Nach dem Niedergang des Bergbaus versucht man, durch das Thermalbad und das Schaubergwerk »Terra Mystica« Gäste zu gewinnen.
- **Bleiburg**, das Zentrum des Jauntals, ist eine der ältesten Städte Kärntens. Die Stadt wird vom Schloss überragt. Am ersten Septemberwochenende findet seit dem Jahre 1393 der »Bleiburger Wiesenmarkt« statt.
- **Eisenkappel-Vellach** ist die südlichste Gemeinde Österreichs. Sie liegt an den Straßen, die über den Seebergsattel und über den Paulitschsattel nach Slowenien führen. Mit einer Fläche von nahezu 200 km^2 ist sie eine der größten Gemeinden Kärntens. Bekannt sind die für den Besucher erschlossenen Obir-Tropfsteinhöhlen und die Mineralquellen samt Kurhotel.
- **Feldkirchen** in Kärnten liegt am nördlichen Rand des Klagenfurter Beckens in einer weiten Geländemulde. 1176 als Markt genannt, war Feldkirchen bis 1759 wie Villach im Besitz den Bistums Bamberg. In der Umgebung findet man zahlreiche zum Teil recht alte Kirchen.
- **Hermagor** ist Zentrum einer großen Gemeinde, die von den Gailtaler Alpen im Norden über den Pressegger See und das Gailtal bis zum Karnischen Hauptkamm mit dem Nassfeld als bedeutendem Wintersportgebiet reicht.

- **Klagenfurt am Wörthersee**, die Landeshauptstadt Kärntens, ist mit rund 105.000 Einwohnern die größte Stadt Kärntens. Im Jahre 1514 verheerte ein Brand die gegen Ende des 12. Jh. erstmals urkundlich erwähnt Stadt. 1518 überließ Kaiser Maximilian I. die Stadt durch Schenkung den Landständen (an Stelle von St. Veit) als Regierungssitz, die sie bis 1848 in ihrem Besitz hielten. Die Altstadt war von einer Wehranlage als Stadtbefestigung umschlossen. Innerhalb ihrer Mauern entstand der historische Stadtkern, der heute durch vier Ringstraßen umgrenzt wird. Auf unserer Altstadtwanderung (Tour 44) besuchen wir die bedeutendsten Sehenswürdigkeiten. Die 1970 im Westen der Stadt und ursprünglich als Universität für Bildungswissenschaften gegründete Hochschule entwickelte sich mittlerweile zu einer Universität mit vier Fakultäten.
- **Kötschach-Mauthen** erstreckt sich mit seinem Gemeindegebiet von den Gailtaler Alpen bis zum Karnischen Hauptkamm. Die Marktgemeinde ist wegen der besonders gut erforschten geologischen Vergangenheit rund um den Plöckenpass und wegen des im Ersten Weltkrieg hart umkämpften Plöckenpasses bekannt. Im Rathaus gibt es ein sehenswertes Museum der Gebirgsfront 1915–1918.
- **Maria Saal** ist aus historischer Warte das Zentrum Kärntens. Der große zweitürmige Dom überragt den Ort im Osten, und im Westen steht in der Ortschaft Karnburg eine der ältesten Kirchen des Landes. Aus römischer Zeit finden sich im Zollfeld Siedlungsreste von Virunum, der Hauptstadt der römischen Provinz Noricum. Sehenswert ist auch der Herzogstuhl als Denkmal der Rechtsgeschichte Kärntens.
- **Maria Wörth** ist eine kleine Gemeinde am Südufer des Wörthersees. Auf der in den See vorspringenden Halbinsel stehen die Pfarrkirche und die etwas tiefer gelegene frühmittelalterliche Winterkirche. Im Süden erhebt sich der Pyramidenkogel mit seinem großen Aussichtsturm.
- **Millstatt** liegt am Ufer des Millstätter Sees und zugleich am Fuße der Millstätter Alm. Große kunsthistorische Bedeutung hat das in der zweiten Hälfte des 11. Jh. gegründete Kloster mit seinem romanisch-gotischen Kreuzgang. Im Stift kann man die Konzerte der »Musikwochen Millstatt« besuchen.
- **Moosburg** ist umgeben von einer zum Landschaftsschutzgebiet erklärten Teichlandschaft. Oberhalb des Ortes liegt das im 16. Jh. erbaute Schloss Moosburg. Die Wallfahrtskirche Maria Sieben Schmerzen auf dem Freudenberg beherbergt die älteste Glocke Kärntens.
- **Ossiach** ist eine kleine Gemeinde am Südufer des Ossiacher Sees. Das ehemalige Benediktinerstift wurde zu Beginn des 11. Jh. gegründet und 1783 durch Kaiser Josef II. aufgehoben.
- **Pörtschach** am Wörthersee ist vor allem durch den Sommertourismus bekannt, der nach dem Bau der Südbahn im 19. Jh. einen bedeutenden Aufschwung nahm. In den Jahren 1877 und 1878 verbrachte Johannes Brahms seinen Sommerurlaub in Pörtschach; hier entstand unter anderem seine heitere 2. Sinfonie.

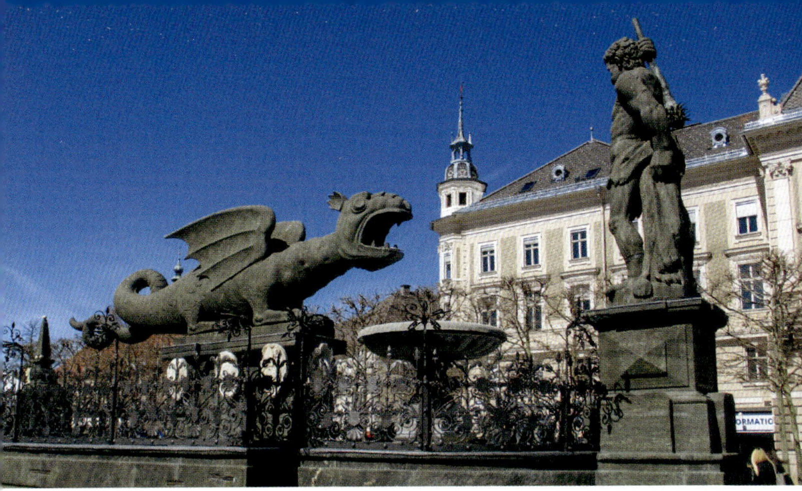

Der Lindwurmbrunnen in Klagenfurt (Tour 44).

- **Radenthein** ist ein wichtiger Industriestandort in den Nockbergen. Der im Untertagebau in der Millstätter Alm gewonnene Magnesit wird in Radenthein zu Feuerfestprodukten verarbeitet. Das Gebiet der Stadtgemeinde erstreckt sich vom Millstätter See, 588 m, bis zum Rosennock, 2440 m.
- **Sankt Kanzian** am Klopeiner See ist vor allem bekannt durch den Klopeiner See, den wärmsten der größeren Badeseen Kärntens. Die Gemeinde weist im Sommertourismus die höchsten Übernachtungszahlen Kärntens auf.
- **St. Paul im Lavanttal** ist vor allem durch sein großes Stift bekannt, das auf einem Hügel oberhalb des Ortes 1091 gegründet wurde. Nachdem Josef II. das Stift aufgehoben hatte, erfolgte 1809 eine Wiederbesiedlung durch den Orden der Benediktiner. Sowohl im Stift als auch in der Stiftskirche sind wertvolle Kunstschätze aufbewahrt.
- **St. Veit an der Glan** war ab der zweiten Hälfte des 12. Jh. bis 1518 Sitz des Kärntner Herzogshofes, also Hauptstadt Kärntens. Bemerkenswert ist der mittelalterliche, noch fast zur Gänze von einer Mauer und von einem früheren Wassergraben umgebene Stadtkern. In seiner Mitte liegt der längliche Hauptplatz mit dem großen Rathaus und weiteren schönen Bauten.
- **Spittal an der Drau** ist Hauptort eines der größten Bezirke Österreichs. Wahrzeichen der Stadt ist das am Rande eines schönen Parks gelegene Renaissanceschloss Porcia im Stadzentrum. Im Hof dieses Schlosses finden in den Sommermonaten die weithin bekannten Komödienspiele statt.
- **Velden am Wörthersee** ist eine große Marktgemeinde im Westen des Wörthersees und als solche wohl der bedeutendste Tourismusort am Wörthersee. Neben zahlreichen Hotels aller Kategorien gibt es ein modernes Casino.

- **Villach** liegt an der Einmündung dreier Täler (Drau-, Gail- und Gegendtal) in das Klagenfurter Becken. Mit rund 65.000 Einwohnern ist Villach die zweitgrößte Stadt Kärntens und ein bedeutender Verkehrsknoten (mit Eisenbahn und Autobahn). Von einer früheren Handelsstadt entwickelte sich Villach in den letzten Jahrzehnten zu einer wichtigen Industriestadt. Villach hat Anteil am Ossiacher See und am Faaker See; auch mehrere kleine Seen liegen im Stadtgebiet. Die Villacher Alpenstraße führt auf den Hausberg, den Dobratsch. Das seit der Römerzeit bekannte und genutzte Warmbad Villach liegt ebenfalls im Stadtbereich.
- **Völkermarkt** ist als Bezirkshauptstadt das Zentrum des Kärntner Unterlandes; das mit nahezu 130 km² sehr große Gebiet der Gemeinde umfasst rund 80 Ortschaften; es erstreckt sich vom Südhang der Saualm bis zum Stausee der Drau. In der Umgebung findet man zahlreiche Burgen und Schlösser.
- **Weißensee** heißt die Gemeinde, die den größten Anteil am gleichnamigen See hat. Hauptort ist das am Nordufer gelegene Techendorf. Bekannt ist der Weißensee als höchstgelegener Badesee der Alpen und zugleich als Paradies für den Eislauf im Winter.
- **Wolfsberg** ist sowohl Bezirkshauptstadt als auch mit nahezu 280 km² die größte Gemeinde Kärntens. Wie Villach und Feldkirchen war Wolfsberg samt dem Oberen Lavanttal von 1328 bis 1759 bambergischer Besitz. Eine mittelalterliche Burg, die im 16. Jh. zum Schloss ausgebaut und Mitte des 19. Jh. erneuert wurde, überragt die Stadt.

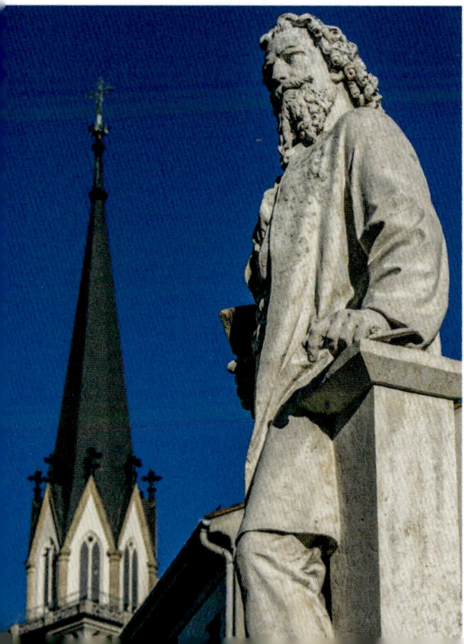

Wirtschaft

Betrachtet man die Wertschöpfung, so beträgt der Anteil des primären Sektors (Land- und Forstwirtschaft) etwa 2,5 %, derjenige des sekundären Sektors (Bergbau, Erzeugung von Waren, Energieversorgung) rund 33 % und der Anteil des tertiären Sektors (z. B. Handel, Verkehr, Beherbergung, Gastronomie, Dienstleistungen, Unterricht) 64,5 %. Während die Forstwirtschaft landesweit bedeutend ist, sind die landwirtschaftlichen Gunstflächen auf den Zentralraum beschränkt. Die traditionelle Almwirtschaft ist seit Jahrzehnten im Rückgang begriffen.

Villach, Stadtpfarrturm und Denkmal für Hans Gasser (Tour 32).

Vom Bergbau, der durch Jahrhunderte die Wirtschaft Kärntens prägte, verblieb, z. B. nach der Einstellung des Abbaus von Blei und Zink am Erzberg (auch Bleiberg genannt) oder von Eisenerz in den Nockbergen und um Hüttenberg, nur mehr der Magnesitbergbau auf der Millstätter Alm. Die Energieversorgung beruht auf der Wasserkraft, sei es durch Speicher im Hochgebirge oder durch Laufkraftwerke an der Drau und an der Möll. Den größten Anteil am sekundären Sektor trägt wohl die Sparte Elektronik (z. B. mit »Infineon« in Villach, dem größten Industriebetrieb Kärntens), aber auch das Filterwerk Mahle in St. Michael ob Bleiburg ist ein wichtiger Arbeitgeber, vor allem im Kärntner Unterland. Ebenfalls zu erwähnen sind die Holzindustrie, die metallverarbeitende Industrie oder die Zementindustrie. Spittal an der Drau ist Sitz eines der größten Bauunternehmen Europas. Mit der Abnahme der Beschäftigtenzahlen im primären Sektor ging eine Zunahme im tertiären Sektor einher. Handel, Tourismus, Gastronomie und Verwaltung prägen diese Sparte der Wirtschaft. An dieser Stelle ist die Alpen-Adria-Universität Klagenfurt zu erwähnen, die sich aus einer früheren Universität für Bildungswissenschaften zu einer Universität mit vier großen Fakultäten entwickelte.

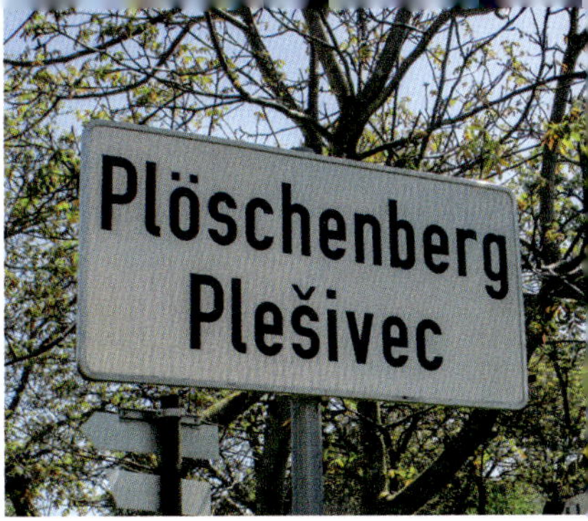

Im gemischtsprachigen Gebiet (Tour 47).

Sprache und Tradition

In Kärnten wird neben der Landessprache Deutsch in einigen Südkärntner Gemeinden auch Slowenisch (als staatlich anerkannte Sprache der slowenischen Volksgruppe) gesprochen. Überwiegend von Slowenen bewohnt ist die Gemeinde Zell-Sele, und hohe Bevölkerungsanteile mit slowenischer Umgangssprache gibt es in den Gemeinden Eisenkappel-Vellach, Globasnitz, Feistritz ob Bleiburg sowie Bleiburg. In insgesamt 164 Orten Südkärntens gibt es zweisprachige Ortstafeln.

Als Traditionen zu erwähnen sind viele kirchliche Feste, zum Beispiel Wallfahrten zu bestimmten Kirchen oder Anlässen. Der Vierbergelauf ist eine Wallfahrt, die seit mehr als 500 Jahren am Dreinagelfreitag (das ist der zweite Freitag nach Ostern) über rund 50 km vom Magdalensberg über den Ulrichsberg und den Veitsberg auf den Lorenziberg führt. Auch die Kirchtage werden nach wie vor gefeiert, sei es im Tal oder auf der Alm. Die wohl bekannteste Veranstaltung dieser Art ist der Villacher Kirchtag Anfang August. Am Pfingstmontag findet in Feistritz an der Gail das Kufenstechen statt, bei dem Reiter versuchen müssen, während des Rittes ein Holzfass zu zerschlagen. An großen Märkten sind der St. Veiter und der Bleiburger

Wiesenmarkt zu nennen; beide gibt es schon seit vielen Jahrhunderten.

Der Süden Kärntens ist kulturell geprägt durch das Zusammentreffen der drei großen europäischen Völker, der Germanen, Romanen und Slawen. Somit finden wir in Kärnten kulturelle Einflüsse aller drei Kulturkreise. Dies zeigt sich bei manchen, vor allem kirchlichen, Festen und Bräuchen, von denen ich oben bereits einige erwähnt habe.

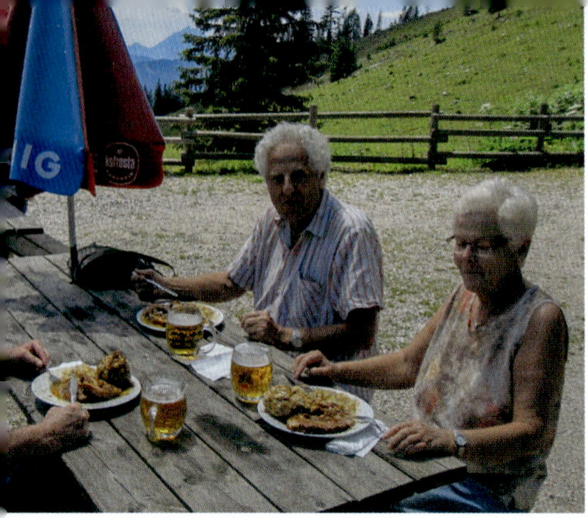

Mahlzeit! (Eisenkappler Hütte, Tour 52).

Essen und Trinken

Viele Speisen, die man in Landgasthäusern, Berggasthöfen oder auf Schutzhütten erhält, haben ihren Ursprung in der bäuerlichen Kärntner Küche. Die über viele Jahrhunderte hinweg meist recht armen Bauern aßen das, was Hof, Garten und Acker je nach Jahreszeit hergaben, also vor allem Gerichte aus Getreide, Milch und Milchprodukten, Obst, Gemüse und – selten – auch Fleisch. Diese Umstände erklären u. a. die Vielfalt der Kärntner Nudeln: Teigtaschen, die mit Kas (= Käse, Quark, Topfen), Selchfleisch oder auch Kletzen (= Dörrbirnen) gefüllt sind. Das (oder auch der) Ritschert ist ein Eintopfgericht aus Bohnen und Rollgerste, häufig auch mit Selchfleisch, und mit verschiedenen Gewürzen. Die herrschaftliche und auch die bürgerliche Küche waren etwas reichhaltiger; hier standen Wild-, Fisch- und besondere Fleischgerichte auf dem Speiseplan. Alle erwähnten Gerichte sind im Laufe der Zeit verfeinert oder abgewandelt worden. Daher fällt die Wahl aus der mehr oder weniger reichhaltigen Speisekarte oft recht schwer. Als Vorspeisen oder auch zur Jause erhält man Würste, Schinken oder Käse, vielfach als »Brettljause«. Suppen werden häufig auch als Eintopf serviert. Als Nachspeisen wählt man gerne eine der vielen verschiedenen Mehlspeisen, z. B. Strudel verschiedener Arten oder einen Reindling (in einer Rein – einem größeren, flachen Kochtopf – gebackener und gefüllter Germ-, also Hefeteig).

Beliebte heimische Getränke sind Bier, Most und zunehmend auch Säfte, aber auch frisches Quellwasser schmeckt hervorragend; und nach einem üppigen Essen kann ein Stamperl (Zirben-)Schnaps nicht schaden.

Sehr gut und preiswert isst man in den Schutzhüten und Berggasthäusern. In den Tourismusorten an den Seen und in den Städten ist die Speisekarte natürlich wesentlich vielfältiger – und Essen und Trinken können auch viel teurer sein als am Land oder in den Bergen.

Klagenfurt und in den Osten der Karawanken. Aus dem Raum Graz mit dem Intercity-Bus der ÖBB (zum Bahntarif) nach Klagenfurt, ab Dezember 2025 mit der neuen Koralmbahn. Aus Nord- und Ostösterreich über Leoben oder Graz nach Kärnten (Klagenfurt oder Villach). Informationen über die Fahrpläne erhält man in Österreich unter oebb.at oder über die nationalen Bahnen in Deutschland und in der Schweiz.
Mit dem Flugzeug: Der Flughafen Klagenfurt-Wörthersee bemüht sich, aus einem gewissen Dornröschen-Dasein erweckt zu werden.

Verkehrsinfrastruktur im Gebiet

Straßen: Von den Anschlussstellen der auf Seite 36 erwähnen Autobahnen gelangt man über das nachgeordnete Straßennetz in das Führergebiet. Die Bundes- und Landesstraßen sind durchwegs in gutem Zustand, aber in den Zufahrten ins Gebirge teilweise recht steil oder in engen Tälern kurvenreich und manchmal ziemlich schmal. Einige Straßen und/oder Parkplätze sind gebührenpflichtig, z. B. die Villacher Alpenstraße oder die Straße von Ebriach zur Eisenkappler Hütte auf dem Hochobir. Unbedingt zu beachten sind die gekennzeichneten Fahrverbote auf Forststraßen oder Almwegen; die Strafen bei Übertretung des Fahrverbotes sind sehr hoch!
Eisenbahn: Von der Hauptstrecke Villach–Klagenfurt zweigen in Villach Strecken Richtung Arnoldstein/Hermagor, Feldkirchen in Kärnten und Rosenbach, in Klagenfurt Richtung St. Veit an der Glan/Friesach, Bleiburg/Wolfsberg und nach Weizelsdorf ab. Informationen über die Fahrpläne erhält man unter oebb.at oder kaerntner-linien.at.
Autobus: Während sich die Eisenbahn nur in einigen Fällen für die Anreise zu den Talorten eignet, lassen sich doch fast alle Talorte und manche Ausgangspunkte der Touren mit dem Autobus erreichen; wo dies sinnvoll möglich ist, weise ich im Steckbrief darauf hin (Stand 2024). Das Busnetz ist im Kärntner Zentralraum und im Vorland der Karawanken recht dicht, auch im Umland von Klagenfurt. Der Busverkehr in einige Täler ist zumeist abgestimmt auf den Schüler- und Berufspendlerverkehr, also am Morgen talaus, am Nachmittag talein. Auskünfte erhält man unter oebb.at, postbus.at oder kaerntner-linien.at. Einige Buslinien (z. B. auf den Pyramidenkogel) verkehren nur im Sommer; Auskünfte erhält man unter kaerntner-linien.at/fahrplane-linien/sommerverkehr.
In folgenden Gemeinden des Führergebiets gibt es als Ergänzung und Bindeglied zum öffentlichen Verkehr das »GO-MOBIL«, ein preisgünstiges Anruf-Taxi, das Mo–Fr 8–24 Uhr, Sa 9–24 Uhr und So 9–22 Uhr in Betrieb ist. Erreichbar ist es unter der einheitlichen Telefonnummer +43 664 603 603 plus die bei den folgenden Gemeinden in Klammern angeführte Postleitzahl: Afritz (9542), Bad Bleiberg (9530), Bleiburg (9150), Feistritz an der Gail (9613), Feistritz im Rosental (9181), Feistritz ob Bleiburg (9143), Feld am See (9544), Fresach (9712), Gallizien (9132), Grafenstein (9131), Hohenthurn (9613), Keutschach (9074), Köttmannsdorf (9071), Lavamünd (9473), Ludmanns-

dorf (9072), Magdalensberg (9064), Maria Rain (9161), Maria Wörth (9082), Moosburg (9062), Neuhaus (9155), Nötsch (9611), Radenthein (9545). Rosegg (9232), Schiefling (9535), St. Jakob im Rosental (9184), St. Stefan im Gailtal (9623), Stockenboi (9714) und Treffen (9521).

Von den zahlreichen Alternativen zum öffentlichen Verkehr seien weiters genannt: der Almshuttle Region Nassfeld/Pressegger See (nassfeld.at), das Nockmobil (verkehrt z. B. in den Gemeinden Millstatt, Radenthein, Seeboden und Spittal an der Drau), der Postbus-Shuttle Ossiacher See (für die Gemeinden Ossiach und Steindorf am Ossiacher See; postbus.at/de/unsere-leistungen/postbus-shuttle/ossiacher-see), der Postbus-Shuttle Techelsberg am Wörthersee (an Wochenenden und Feiertagen, auch für Velden und Pörtschach; postbus.at/de/unsere-leistungen/postbus-shuttle/techelsberg), das SÜDmobil für die Region Klopeiner See/Südkärnten (suedkaernten.at/suedmobil), das LAVanttal ISTmobil (für St. Andrä und Wolfsberg; istmobil.at/istmobil-regionen/lavanttal-istmobil). Übersichten für ganz Kärnten siehe unter kaerntner-linien.at/fahrplane-linien/sonderverkehr oder bedarfsverkehr.at/content/Hauptseite.

Schließlich ist noch der Bahnhof-Shuttle Kärnten zu erwähnen, der von den Bahnhöfen Bleiburg, Feldkirchen in Kärnten, Greifenburg-Weißensee, Hermagor, Klagenfurt Hbf., St. Paul im Lavanttal, St. Veit an der Glan, Spittal-Millstätter See, Velden am Wörthersee, Villach Hbf., Völkermarkt-Kühnsdorf, Weizelsdorf und Wolfsberg preiswerte Fahrten zu einigen Ausflugszielen dieses Führers anbietet (z. B. im Gailtal, zu den Bergbahnen Dreiländereck, zum Kanzianiberg oder zum Hemmaberg). Einzelheiten erfährt man unter bahnhofshuttle.at.

Bergbahnen: Im Wandergebiet gibt es nur wenige künstliche Aufstiegshilfen. Zu nennen sind das Nassfeld bei Hermagor, wo auch im Sommer einige Anlagen in Betrieb sind, die Gerlitzen bei Villach und die Petzen bei Bleiburg.

Die Alexanderhütte auf der Millstätter Alm (Tour 20).

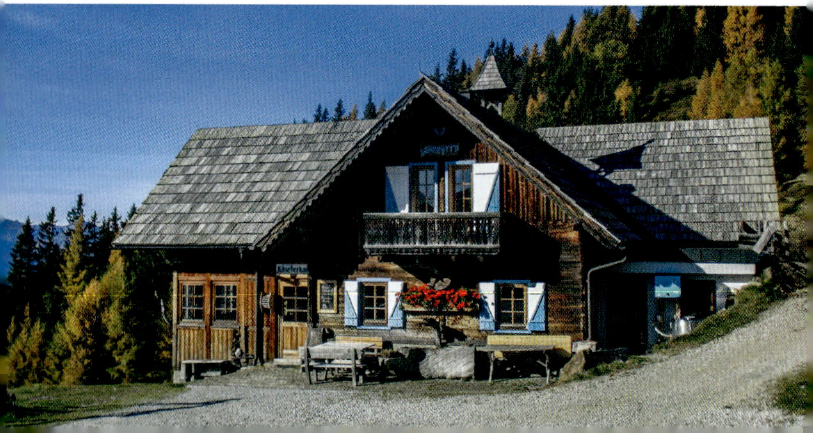

Unterkunftsarten

Im Kärntner Zentralraum mit den bedeutenden Fremdenverkehrsregionen Villach mit Warmbad Villach, Wörthersee und Faaker See sowie am Weißensee, am Millstätter See und am Klopeiner See gibt es Unterkünfte aller Kategorien. Einzelne Hotels, Gasthöfe oder Pensionen findet man in allen Talorten und häufig auch an den Hauptstraßen. Im Führergebiet gibt es einige Schutzhütten alpiner Vereine (Österreichischer Alpenverein, Naturfreunde, Österreichischer Touristenklub) und auch private Unterkünfte. Ich weise bei jeder Tour auf die geeigneten Unterkünfte hin. Für Übernachtungen in den Hütten der alpinen Vereine benötigt man einen eigenen Hüttenschlafsack!

Aktivitäten

Außer Wandern, Bergsteigen und Baden bietet Kärnten viele andere Möglichkeiten, die Freizeit zu gestalten: Radfahren auf ausgeschilderten Radrouten, Nebenstraßen und Wegen, Mountainbiken auf gekennzeichneten Routen im Berg- und Hügelland, Paragleiten und Drachenfliegen in der hervorragenden Thermik an den Hängen von Gerlitzen oder Koralm, Klettern in den Wänden und auf den Graten der Karnischen Alpen und der Karawanken. In einigen Gebieten sind auch Klettergärten eingerichtet worden (Kanzianiberg, Pressegger See, Döbriach am Millstätter See). Schließlich sei noch auf die Möglichkeiten des Reit- und des Golfsportes verwiesen.

Wichtige Sehenswürdigkeiten

Es ist kaum möglich, auf beschränktem Raum die wichtigsten Sehenswürdigkeiten für das Gebiet der Kärntner Seen zu erwähnen. Ohne Wertung seien daher folgende Beispiele für Kulturdenkmäler genannt: Die Burg Hochosterwitz, der Maria Saaler Dom, die Ausgrabungen auf dem Magdalensberg, das Stift Millstatt, der Wappensaal im Klagenfurter Landhaus und das Stift St. Paul im Lavanttal. Als weitere Sehenswürdigkeiten möchte ich – ebenfalls als Beispiele – den Aussichtsturm auf dem Pyramidenkogel, die Tscheppaschlucht, die Tropfsteinhöhlen im Hochobir, den Tierpark Rosegg, Minimundus (»Die kleine Welt am Wörthersee«) und den benachbarten Reptilienzoo Happ in Klagenfurt erwähnen.

Bei Wanderungen in Kärnten fallen sicher die vielen Bildstöcke auf, die bei uns als »Marterln« bezeichnet werden. Schließlich sind für Kärnten die zahlreichen gotischen Kirchen bemerkenswert, die erhalten geblieben sind, weil das Land nach dem Niedergang des Gold- und Silberbergbaus an der Wende zum 16. Jh. so verarmt war, dass für die Umgestaltung in barocke Gotteshäuser keine Mittel vorhanden waren.

Museen, kulturelle Einrichtungen

Vor allem als Schlechtwetterprogramm kann ich den Besuch der vielen großen und auch kleineren Museen empfehlen: kärnten.museum Klagenfurt, Museum der Stadt Villach, Werner-Berg-Museum Bleiburg, Kärntner

Freilichtmuseum Maria Saal, Museum St. Veit, Pilz Museum in Einöde bei Treffen, Schatzhaus Kärnten im Benediktinerstift St. Paul, ...
Über Kärntens Landesgrenzen hinaus ist der alljährlich im Landesstudio Kärnten des Österreichischen Rundfunks veranstaltete Ingeborg-Bachmann-Literaturwettbewerb bekannt. Musik- und Theaterveranstaltungen gibt es in vielen Orten: Carinthischer Sommer in Ossiach, Villach und weiteren Veranstaltungsorten, Eberndorfer Sommerspiele, Komödienspiele Porcia in Spittal an der Drau, Kulturwochen Millstatt, Kultursommer in St. Paul im Lavanttal.

Tipps für Schlechtwettertage

An Schlechtwettertagen strömen die Gäste Kärntens in die großen Städte; vor allem Klagenfurt und Villach sind dann restlos überfüllt. Ich empfehle dringend, an solchen Tagen mit öffentlichen Verkehrsmitteln anzureisen. Zahlreiche Museen, Kunstschätze, Kirchen, Klöster und sehenswerte Orts- und Stadtkerne lohnen den Besuch.

Kärnten Card und andere Karten

Die Kärnten Card, die es mit unterschiedlicher Geltungsdauer sowohl für Einheimische als auch für Gäste gibt, gewährt freien Eintritt zu rund 100 Ausflugszielen wie Bergbahnen, Bergstraßen, Museen oder Bädern in ganz Kärnten. Zahlreiche Partner geben Ermäßigungen auf Eintritte oder Sachleistungen. Auskünfte erhält man unter kaerntencard.at, telefonisch unter +43 4242 90525 oder über office@kaerntencard.at. Daneben gibt es regionale Karten wie die Millstätter See Inclusive Card oder die Region Villach Card, die ihren Besitzern ebenfalls Vergünstigungen bieten.
In vielen Beherbergungsbetrieben erhalten Gäste die erwähnten Karten ab einer bestimmten Aufenthaltsdauer gratis.

Öffnungszeiten

Geschäfte haben meist von Montag bis Freitag etwa zwischen 8 und 18 Uhr geöffnet, an Samstagen bis 12 Uhr, in den großen Städten häufig länger und in den Tourismuszentren auch an Sonntagen. In kleineren Orten ist eine rund zweistündige Mittagspause normal. Banken sind von Montag bis Freitag etwa von 8 bis 12 und von 14 bis 16 Uhr geöffnet. Ähnlich ist es bei den Postämtern, die aber in den größeren Orten Montag bis Freitag von 8 bis 18 Uhr geöffnet sind. Museen sind meist an einem Tag in der Woche geschlossen (häufig Montag). In den letzten Jahren sind die Öffnungszeiten der Banken und der Postämter stark zugunsten der Möglichkeiten für die Selbstbedienung eingeschränkt worden. In Restaurants kann man zwischen 12 und 14 Uhr und abends ab 18 Uhr speisen; außerhalb der Saison ist ein Ruhetag üblich (häufig Montag). Tankstellen gibt es auch in kleinen Orten; bediente Tankstellen sind oft über Mittag geschlossen, aber es gibt immer mehr Self-Service-Tankstellen, an denen man an Automaten mit Geldscheinen oder Kreditkarten bezahlen kann.

Telefonieren

Für Telefonate aus dem Ausland nach Österreich wählt man die Landeskennzahl 0043 und dann die Orts- oder Handyvorwahl ohne die Null. Für Telefonate aus Österreich nach Deutschland wählt man 0049 und in die Schweiz 0041, gefolgt von der Orts- oder Mobilnetz-Kennzahl ohne die Null. Auch im Zeitalter des Handys ist darauf hinzuweisen, dass ein Handy-Empfang vor allem in den abgelegenen Teilen der Berge nicht oder nur sehr eingeschränkt möglich ist.

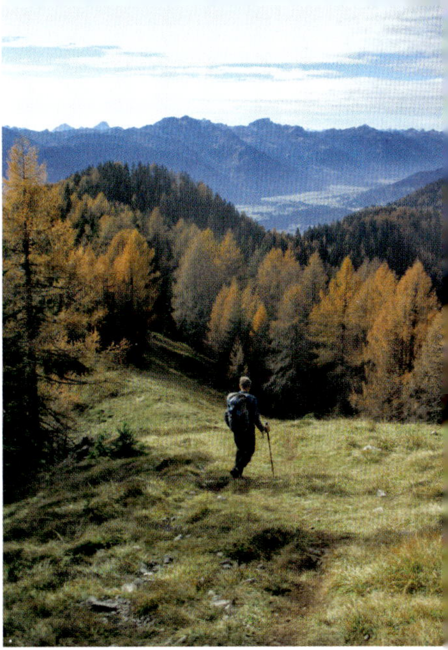

Abstieg vom Tschekelnock (Tour 13).

Wetter

Wetterinformationen für Österreich findet man beispielsweise auf der Webseite von GeoSphere Austria (der früheren Zentralanstalt für Meteorologie und Geodynamik, Wien) unter zamg.ac.at – mit regionalen Informationen, auch über das Bergwetter, Webcams und zahlreichen Links, oder auf der Wetterseite des Österreichischen Alpenvereins, z. B. für die im Führergebiet gelegenen Karnischen Alpen und die Karawanken unter alpenverein.at/portal/wetter/oavwetter/karnische-alpen-julische-alpen-karawanken. Telefonische Wetterauskünfte für Kärnten erhält man (nur aus Österreich!) 8–16 Uhr von der Regionalstelle für Kärnten der GeoSphere Austria unter der gebührenpflichtigen Telefonnummer 0900 566 5667 (Stand 2024: max. 3,64 €/Min.).

Tourismusinformation Österreich

- Urlaubsservice der Österreich Werbung, austria.info/at, kostenfreie Tel.-Nr. aus Österreich, Deutschland und der Schweiz: 00800 40020000, E-Mail: urlaub@austria.info, aus der Schweiz: ferien@austria.info
- Urlaubsinformation Kärnten, Völkermarkter Ring 21–23, 9020 Klagenfurt, Österreich, Tel. +43 463 3000, info@kaernten.at, kaernten.at (mit Links zu allen regionalen und örtlichen Tourismusinformationen)

Außerdem gibt es in Kärnten regionale Tourismusinformationsstellen und lokale Tourismusbüros, die zumeist in den Gemeindeämtern untergebracht sind.

LITERATUR UND KARTEN

Reiseführer und Landeskunden

Viele Verlage haben Reiseführer für Kärnten in ihrem Programm. Es ist daher kaum möglich, eine Empfehlung abzugeben. Alle Reiseführer behandeln unser Tourengebiet mehr oder weniger ausführlich. Aus meiner Warte das umfassendste und am sorgfältigsten aufbereitete Werk ist das von Sabine Becht und Sven Talaron verfasste Reisehandbuch »Kärnten«, Michael Müller Verlag, Erlangen, 4. Auflage, 2022.
Als wertvolle Landeskunden sind zu nennen: »Kärnten – Natur. Die Vielfalt eines Landes im Süden Österreichs«, Verlag des Naturwissenschaftlichen Vereins für Kärnten, Klagenfurt, 3. Auflage, 2006, und der große, derzeit leider vergriffene Band »Kärnten. Landschaftsräume – Lebensräume. Eine geographische Landeskunde« von Martin Seger, Geschichtsverein für Kärnten und Naturwissenschaftlicher Verein für Kärnten, Klagenfurt, 2010.
Für Kunstinteressierte unverzichtbar ist das Dehio-Handbuch »Kärnten« aus der Reihe »Die Kunstdenkmäler Österreichs«, Verlag Ferdinand Berger, Horn, 4. Auflage, 2019.

Spezialführer, ergänzende Führer

Im Verlag des Naturwissenschaftlichen Vereins für Kärnten, Klagenfurt am Wörthersee, sind folgende noch lieferbare Naturführer erschienen, die sich vor allem aus naturkundlicher Sicht mit einzelnen Gebieten unseres Wanderführers befassen:

Promenade am Südufer des Klopeiner Sees (Tour 53).

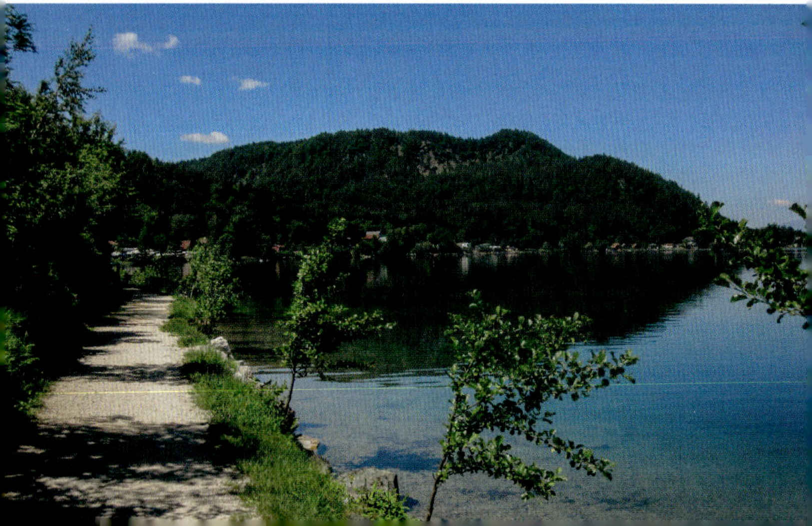

- Natur und Mensch in der Schütt, 2. Auflage, 2013.
- Der Millstätter See, 2. Auflage, 2013.
- Der Wörthersee. Aus Natur und Geschichte, 2011.
- Die Sattnitz. Konglomerat der Natur im Süden Kärntens, 2006.
- Der Hochobir. Aus Natur und Geschichte, 2. Auflage, 2003.
- Die Gewässer des Gailtales, 2002.
- Die Gewässer des Lavanttales, 1996.
- Naturführer Sablatnigmoor, 1995.

An Werken, die auch Touren im Bereich des vorliegenden Wanderführers »Kärntner Seen« enthalten, möchte ich nennen:

- Dieter Buck: Genusswandern in Kärnten, Styria Verlag, Wien/Graz/Klagenfurt, 2021.
- Astrid Christ/Martin Marktl: Alpe Adria Trail, Wanderführer, Rother Bergverlag, München, 5. Auflage, 2023.
- Alois Goller: Klettersteige Julische Alpen, Karawanken, Karnischer Hauptkamm, Klettersteigführer, Rother Bergverlag, München, 6. Auflage, 2024.
- Tatjana Gregoritsch: Wörthersee Wanderungen, Styria Verlag, Wien/Graz/Klagenfurt, 2013.
- Tatjana Gregoritsch: Rosental Wanderungen, Styria Verlag, Wien/Graz/Klagenfurt, 2015.
- Tatjana Gregoritsch/Gustl Kreuzberger: Südkärnten Wanderungen, Styria Verlag, Wien/Graz/Klagenfurt, 2017.
- Karl Hren: Gräben und Gipfel – Der Zauber der Karawanken zwischen Petzen und Obir, Hermagoras Verlag, Klagenfurt/Laibach/Wien, 3. Auflage, 2021.
- Alexandra Kimmer/Helmut Lang/Gerhard Baumhackl: Nockberge, Wanderführer, Rother Bergverlag, München, 7. Auflage, 2023.
- Helmut Lang: Karawanken und Steiner Alpen, Wanderführer, Rother Bergverlag, München, 4. Auflage, 2023.
- Helmut Lang/Alexandra Kimmer/Gerhard Baumhackl: Alm- und Hüttenwanderungen Kärnten, Wanderbuch, Rother Bergverlag, München, 2. Auflage, 2020.

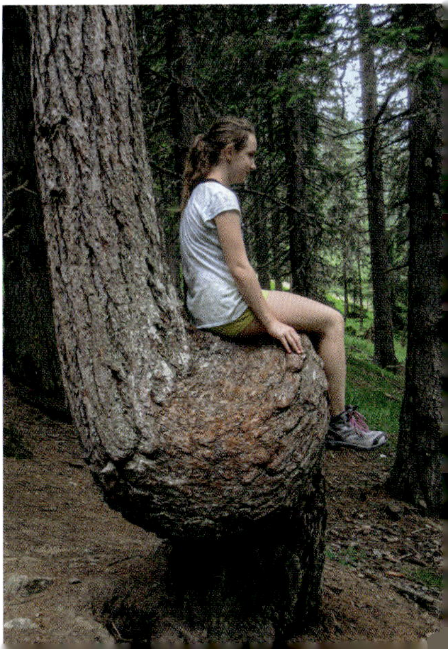

Rast auf dem Weg zum Palnock (Tour 27).

- Martin Marktl/Astrid Christ: Wochenendtouren Österreich Süd – Kärnten und Steiermark, Wanderbuch, Rother Bergverlag, München, 1. Auflage, 2015.
- Hans M. Tuschar: Rosentaler Wanderschritte, Band 1, Verlag Johannes Heyn, Klagenfurt, 2013.
- Hans M. Tuschar: Rosentaler Wanderschritte, Band 2, Verlag Johannes Heyn, Klagenfurt, 2014.
- Hermann Verderber: Wanderführer Gail-, Gitschtal, Weißensee, Österreichischer Alpenverein, Sektion Hermagor, 2021.
- Evamaria Wecker: Kärnten, Wanderbuch, Rother Bergverlag, München, 3. Auflage, 2019.
- Evamaria Wecker: Karnischer Höhenweg, Wanderführer, Rother Bergverlag, München, 5. Auflage, 2022.

Wanderkarten und topografische Karten

Den einzelnen Wandervorschlägen sind Kärtchen mit eingetragener Route beigegeben. Wer sich zusätzliche Karten besorgen will, dem seien folgende Blätter empfohlen:

- **Freytag & Berndt (f&b)** Wander- und Freizeitkarten 1:50.000: 222 (Bad Kleinkirchheim, Biosphärenpark Nockberge, Millstätter See, Turracher Höhe, Radenthein), 223 (Karnische Alpen, Gailtal, Gitschtal, Nassfeld, Lesachtal, Weissensee), 224 (Villach, Faaker See, Ossiacher See, Dobratsch), 231 (Mittelkärnten: Gurktaler Alpen, Friesach, Feldkirchen, St. Veit an der Glan), 0233 (Wörthersee und Umgebung, Klagenfurt und Karawanken), 237 (Saualpe: Region Lavanttal, Koralpe, Region Schilcherland), 0238 (Südkärnten; Klopeiner See, Völkermarkt, Bleiburg, Karawanken).
- **Kompass-Wanderkarten (K)** 1:50.000: 60 (Gailtaler Alpen – Karnische Alpen – Oberdrautal), 61 (Wörthersee, Karawanken West), 63 (Millstätter See, Nockgebiet), 65 (Klopeiner See, Karawanken Ost), 66 (Biosphärenpark Kärntner Nockberge, Liesertal), 218 (Panoramaweg Südalpen), 294 (Klagenfurt und Umgebung). – 1:25.000: Blatt 060 (Weissensee), 061 (Wörthersee, Klagenfurt), 62 (Ossiacher See, Feldkirchen in Kärnten), 062 (Villach, Faaker See), 063 (Bad Kleinkirchheim, Biophärenpark Kärntner Nockberge), 065 (Villacher Alpe, Unterdrautal), 066 (Millstätter See). Anmerkung: die beiden Nummern 218 und 294 enthalten jeweils zwei Karten im Set, die einen Großteil des Führergebietes etwa östlich von Villach abdecken.
- **Österreichische Karte des Bundesamtes für Eich- und Vermessungswesen (ÖK)** mit Straßenaufdruck und Wegmarkierungen 1:50.000: 3105 (Millstatt), 3106 (Radenthein), 3109 (Oberdrauburg), 3110 (Kötschach-Mauthen), 3111 (Spittal an der Drau), 3112 (Villach), 3116 (Sonnenalpe Nassfeld), 3117 (Nötsch im Gailtal), 3118 (Arnoldstein), 4102 (Althofen), 4103 (Wolfsberg), 4107 (Klagenfurt am Wörthersee), 4108 (St. Veit an der Glan), 4109 (St. Paul im Lavanttal), 4113 (Ferlach), 4114 (Bad Eisenkappel-Železna Kapla), 4115 (Bleiburg-Pliberk).

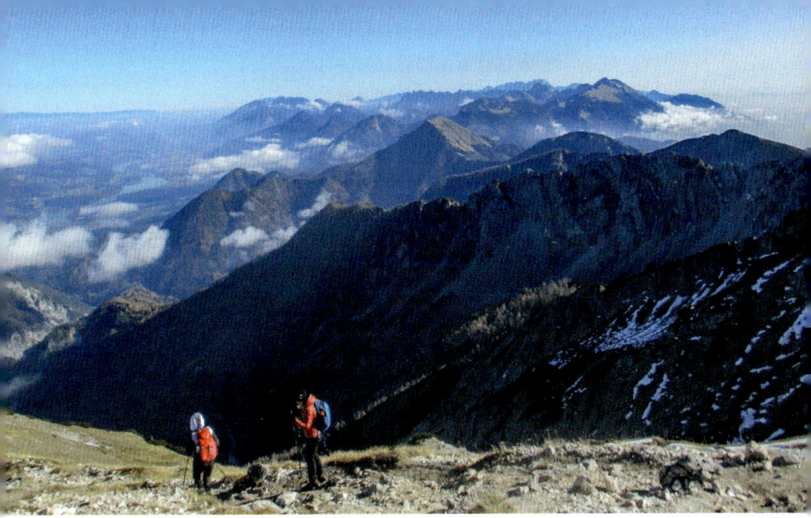

Herbstlicher Abstieg vom Mittagskogel (Tour 34).

Weil es von all diesen Blättern auch wesentlich besser lesbare Vergrößerungen gibt, jeweils geteilt in ein doppelseitig bedrucktes West- (= W) und Ostblatt (= O), weise ich im Steckbrief nur auf diese Karten hin: 3105-W (Reißeck), 3105-O (Millstatt am See), 3109-O (Oberdrauburg), 3110-W (Kötschach-Mauthen), 3110-O (Steinfeld), 3111-W (Hermagor), 3111-O (Döbriach), 3112-W (Feld am See), 3112-O (Villach), 3116-O (Sonnenalpe Nassfeld), 3117-W (Malborgeth), 3117-O (Nötsch im Gailtal), 3118-W (Arnoldstein), 3118-O (Faaker See), 4102-W (Althofen), 4102-O (Saualpe), 4107-W (Velden am Wörthersee), 4107-O (Klagenfurt am Wörthersee), 4108-W (St. Veit an der Glan), 4108-O (Völkermarkt), 4109-O (St. Paul im Lavanttal), 4113-W (Sankt Jakob im Rosental/Šentjakob v Rožu), 4113-O (Ferlach), 4114-W (Zell-Pfarre/Zele-Cerkev), 4114-O (Bad Eisenkappel/Železna Kapla), 4115-W (Bleiburg/Pliberk). Am genauesten sind die ÖK, am aktuellsten hingegen diejenigen von f&b und K. Als Grundlagen für die Tourenkärtchen dieses Führers dienten die Karten von f&b. Die meisten der oben angeführten Karten sind im guten Fachhandel in Österreich, Deutschland und der Schweiz erhältlich, ebenso in den Buchhandlungen sowie in größeren Sportgeschäften in Klagenfurt und Villach. Vor Ort bekommt man am ehesten die Karten von f&b und K.

Übersichtskarten

Alle namhaften Verlage bieten Straßenkarten im Maßstab 1:200.000 oder größer an, die gut als Übersichtskarten verwendet werden können; die sehr detaillierten Freytag & Berndt-Autokarten »Kärnten« (1:150.000) sowie »Kärnten-Osttirol« (1:200.000) stellen auch die Weitwanderwege dar.

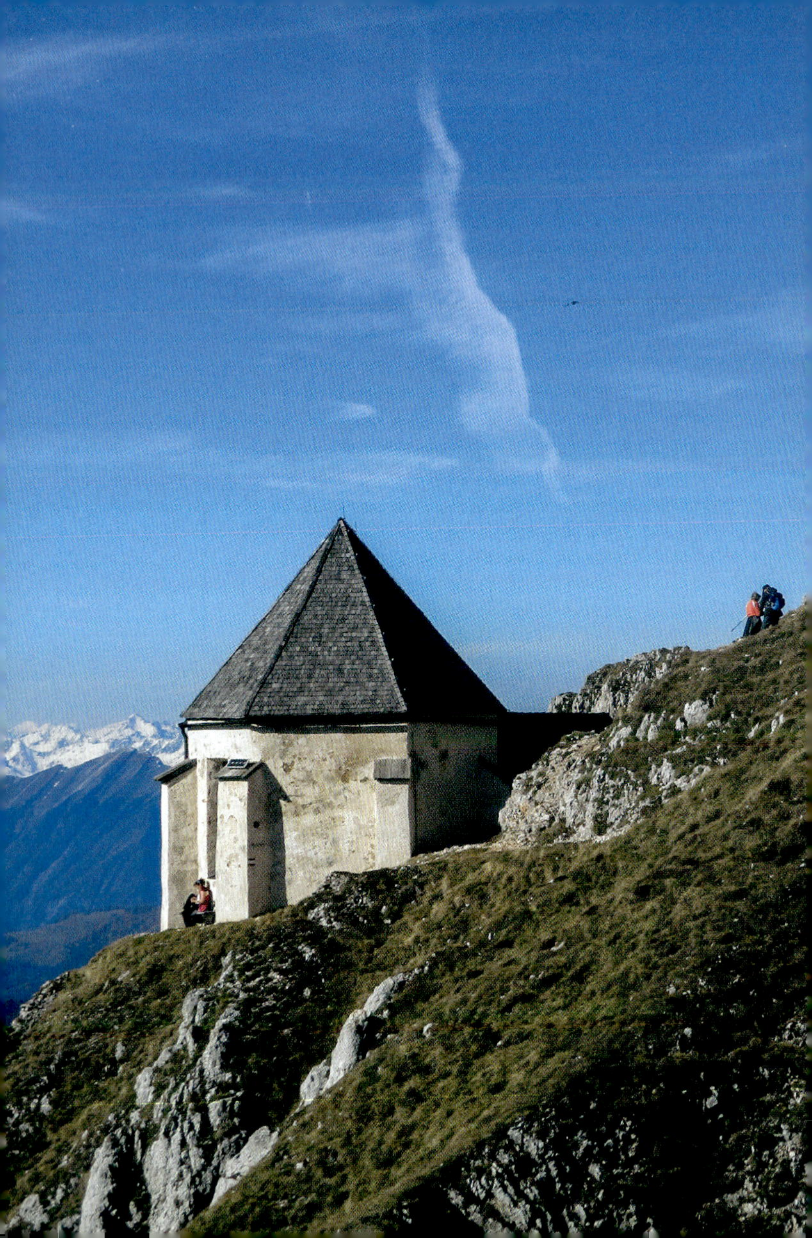

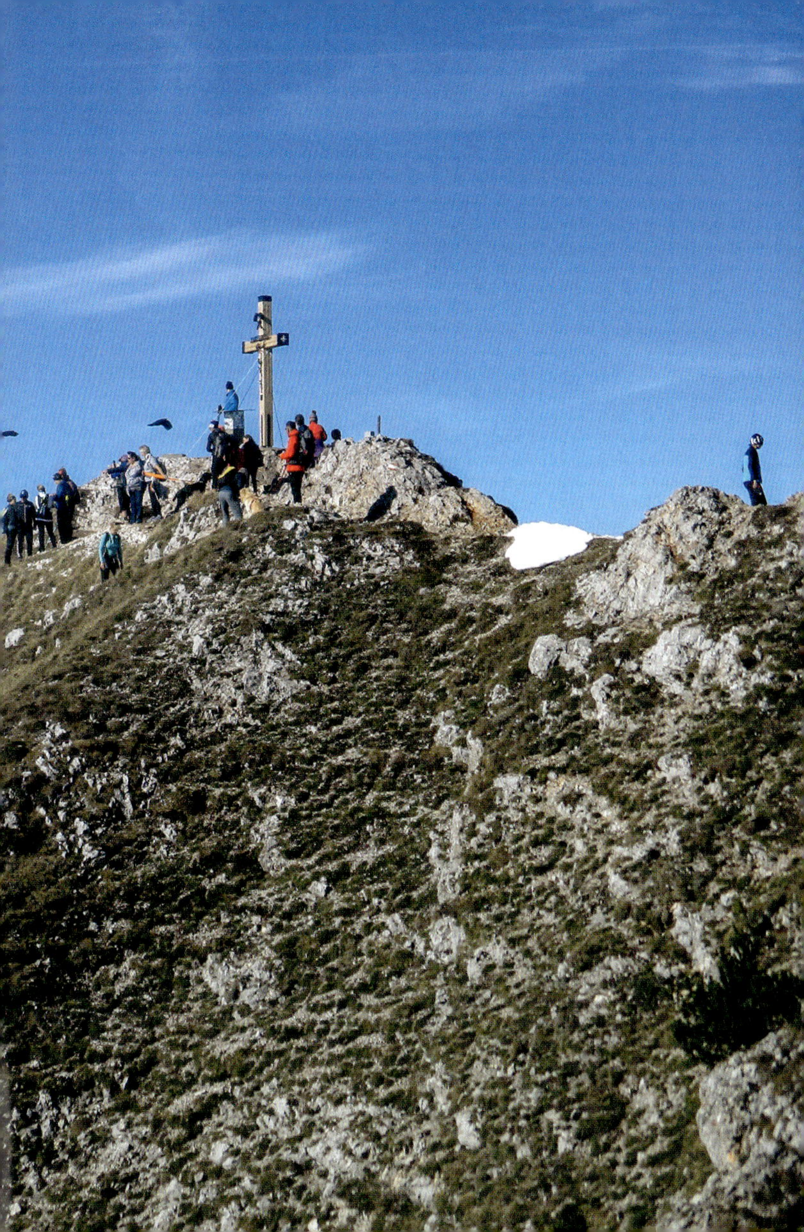

↗ 1150 m | ↘ 1150 m | 10.6 km

1 Polinik, 2332 m

5.15 h

Auf den »Mittagskogel« von Kötschach-Mauthen

In Kärnten gibt es einige Berge mit dem Namen Polinik. Er leitet sich aus dem Slowenischen her und bedeutet sinngemäß »Mittagsberg« oder »Mittagskogel«. Um unseren Polinik von den anderen Bergen dieses Namens zu unterscheiden, wird er manchmal auch Gailtaler Polinik genannt. Er erhebt sich als schroffe Felspyramide südlich von Kötschach-Mauthen, wobei er diesen Doppelort um mehr als 1600 m überragt.

Ausgangspunkt: Seit längerer Zeit geschlossenes Gasthaus Plöckenhaus, 1220 m. Derzeit (Fahrplan 2024) kein Busverkehr! Zufahrt von Kötschach-Mauthen auf der B 110 Plöckenpass Straße, 10 km, großer Parkplatz. Navi: N46.61618 E12.95224.
Anforderungen: Mäßig schwierige Bergtour auf überwiegend steilen Wegen und Steigen. Vom Spielbodentörl zum Gipfel unbedingt Trittsicherheit und Schwindelfreiheit erforderlich (Tendenz zu »schwarz«!); Steig durch schottriges, steiles Gelände mit einigen Felsstufen. Im Sommer recht heiß. Gesamte Tour gut markiert und beschildert.
Einkehr: Unterwegs keine. Im Sommer 2023 Container für kleine Speisen und Getränke am Ausgangspunkt.
Variante: Bei Möglichkeit einer Mitfahrt zum Plöckenhaus kann man nach dem Aufstieg zum Gipfel ab dem Spielbodentörl auf dem Weg 430 nach Kötschach-Mauthen zurückkehren; etwa 3 Std.
Hinweise: 1. Die auf den Wegweisern angegebenen Gehzeiten schwanken sehr stark (für den Aufstieg zum Gipfel 3–3.45 Std.) – 2. Im Sommer bieten die Almwiesen und die Felsen des Gipfelaufbaus eine üppige Blumenpracht. – 3. Mauthen ist ein Bergsteigerdorf des Österreichischen Alpenvereins.
Karten: f&b 223, K 60, ÖK 3109-O.

Vom großen Wegweiser auf dem Parkplatz gegenüber dem **Plöckenhaus** ❶ folgen wir dem Ziel »Spielbodentörl/Polinik, Wege 403/430/430-1«. Auf einer Schotterstraße wandern wir in das Tal des Angerbachs und am Grünsee vorbei zur **Abzweigung** ❷ eines Steiges, 1260 m (WW), der uns über eine Wiese in den Wald hinaufführt. Steil und in zahlreichen Kehren kommen wir zu einer **Forststraße** ❸, ca. 1435 m (WW), auf der wir uns nur kurz nach rechts halten. Es geht weiter hinauf zu einer Wiese, über die wir die verfallene Untere Spielbodenalm erreichen (Brunnen). Nach einem kurzen Waldstück kommen wir zu einer weiteren **Forst-**

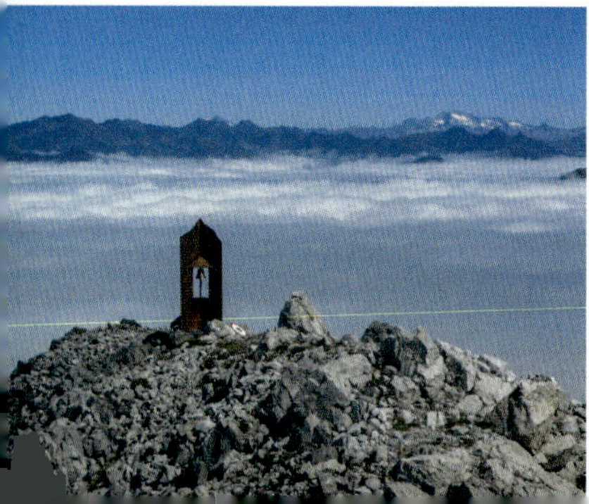

Nebelmeer über dem Gailtal.

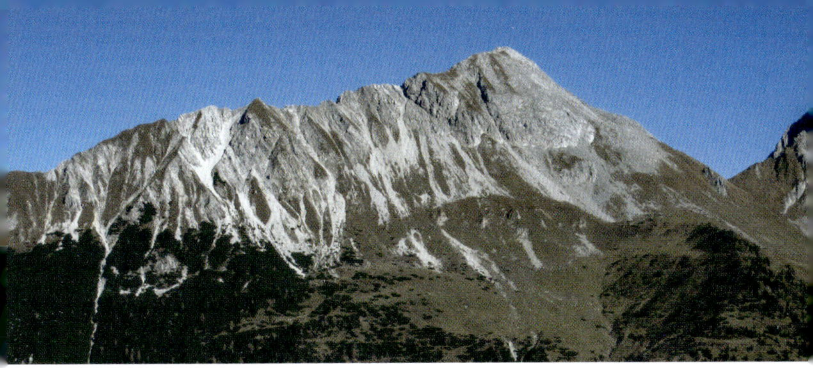

Die schroffe Südflanke des Polinik.

straße ❹, ca. 1650 m (WW), von der gleich ein vorerst etwas breiterer Waldweg nach links abzweigt. Bald gelangen wir über Almwiesen zur **Oberen Spielbodenalm** ❺, 1831 m (WW und Brunnen), und ab hier gegen Norden durch eine Mulde, später an ihrem westlichen Rand hinauf in das **Spielbodentörl** ❻, ca. 2095 m (WW). Auf meist sehr schottrigem Steig, der auch einige kleine Felsstufen überwindet, erreichen wir in etwa 30 Min. den Gipfel des **Polinik** ❼, 2332 m (wenige Meter nördlich Gipfelkreuz und Glocke). Die weite Aussicht wird lediglich im Westen durch das Massiv von Kellerspitzen und Hoher Warte etwas eingeschränkt. Abstieg wie Aufstieg.

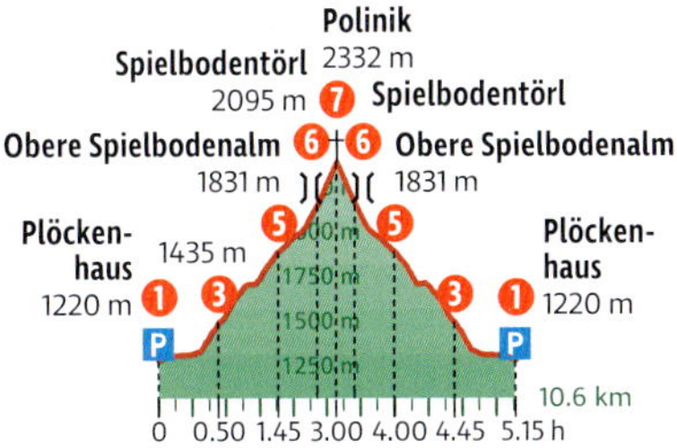

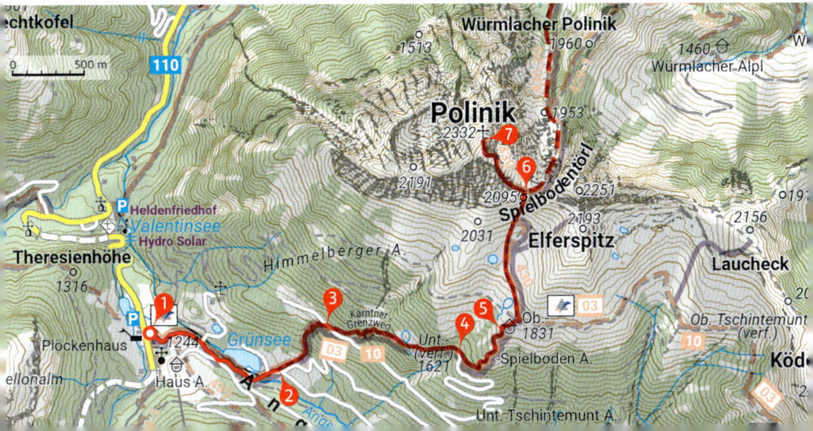

↗ 1200 m | ↘ 1200 m | 10.2 km

2 Torkofel (Jauken), 2276 m

5.30 h

Herrliche Aussichtskanzel hoch über den Tälern von Gail und Drau

Die Jauken ist ein mächtiger Bergstock, der sich rund 1600 m sowohl über dem Oberen Gailtal als auch über dem Oberdrautal erhebt. Bis gegen Ende des 19. Jahrhunderts gab es auf der Jauken Bergbau, vor allem nach Blei und Zink; Stollen und Abraumhalden sind noch heute im Gelände zu sehen. Wir wollen den Torkofel, wie der höchste Gipfel der Jauken heißt, von Süden aus besteigen. Die Auffahrt zum kleinen Weiler Goldberg kürzt den vom Tal aus sehr langen Anstieg erheblich ab.

Ausgangspunkt: Goldberg, Kirche, 1101 m. Auffahrt von St. Daniel (an der B 111 Gailtal Straße, 4,5 km östlich von Kötschach-Mauthen) auf schmaler, aber guter Asphaltstraße, 4 km. Etwa 10 Abstellplätze für Pkw im Bereich der Kirche. Navi: N46.674998 E13.067358.
Anforderungen: Bis zur Jaukenalm unschwieriger, streckenweise etwas steiler Wanderweg, der die vielen Kehren des Fahrweges abkürzt; auch für berggewohnte Kinder ab etwa 10 Jahren gut geeignet. Ab der Alm bis zum Amlacher Törl schmaler Steig durch zunehmend steiler werdenden Hang. Letztes Stück zum Gipfel auf steilem, felsigem Kamm; Trittsicherheit unbedingt erforderlich, nicht bei Schneelage begehen! Gesamte Tour gut markiert und beschildert.
Einkehr: Jaukenalm (1880 m, zur Weidezeit ab etwa Mitte Juni bis Mitte/Ende September einfach bewirtschaftet, Getränke und kalte Speisen).
Hinweis: Mit geländegängigem Fahrzeug kann man ab Anfang Juni bis Ende September vom Goldberg bis zur Jaukenalm auffahren. Das verkürzt die Tour um etwa 3.30 Std., was aber wegen der groben Straße nicht zu empfehlen ist.
Karten: f&b 223, K 60, ÖK 3110-W.

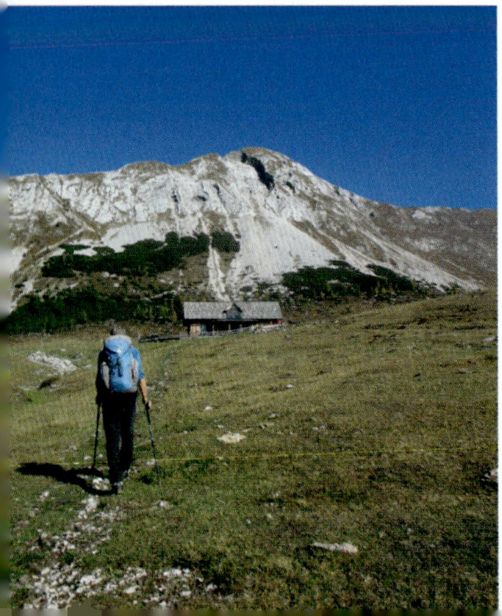

Von der kleinen Kirche am **Goldberg** ❶ folgen wir dem WW Richtung Jaukenalm/Torkofel, Weg Nr. 232. Nach wenigen Minuten verlassen wir die Forststraße auf einen Waldweg, der einige Kehren der Straße abkürzt und uns zum Rastplatz auf der **Kreuztratten** ❷, 1394 m, bringt. Nach gut 2 Std. erreichen wir die weiten Almflächen der **Jaukenalm** ❸, 1880 m, mit ihren Hütten. Der Weiterweg führt vorerst durch das Weidegebiet, bald als schmaler Steig durch ein Latschenfeld mit anschließenden Halden des

Kurz vor der Jaukenalm.

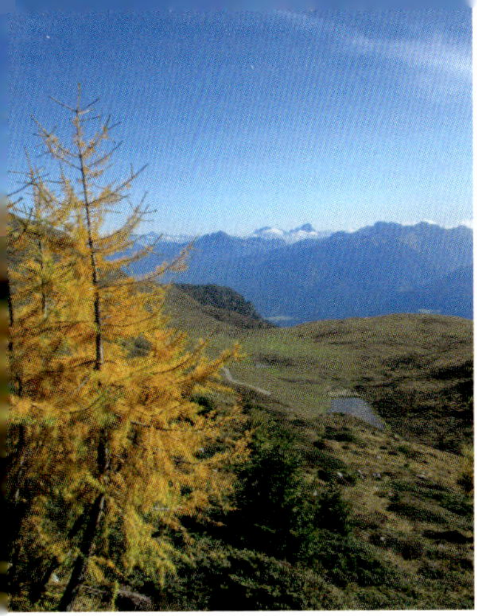

Tiefblick auf die Jaukenwiesen.

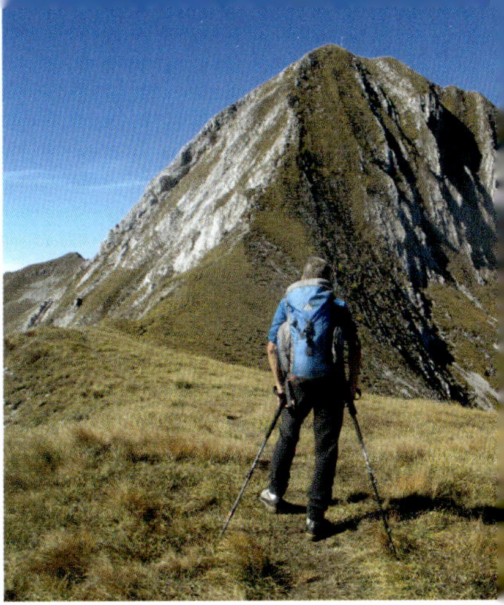

Der Grat zum Gipfel des Torkofels.

früheren Bergbaus und über den zunehmend steiler werdenden Hang auf die Kammhöhe, die wir im **Amlacher Sattel** ❹, 2150 m, betreten. Herrlicher Rastplatz!

Nun wenden wir uns nach links (Westen) Richtung Gipfel. Zu Beginn geht es noch recht sanft durch Wiesengelände, doch bald wird der Kamm sehr steil, felsig und ausgesetzt (zuletzt leichte Kletterstellen). Doch dann stehen wir bald beim großen Kreuz auf dem **Torkofel** ❺, 2276 m, dem höchsten Gipfel der Jauken. Großartige Rundschau in alle Richtungen, vor allem zu den Hohen Tauern im Norden und zu den Karnischen Alpen im Süden. Abstieg wie Aufstieg.

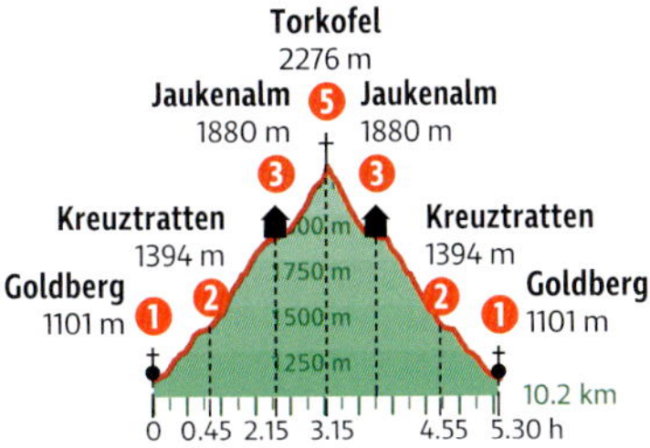

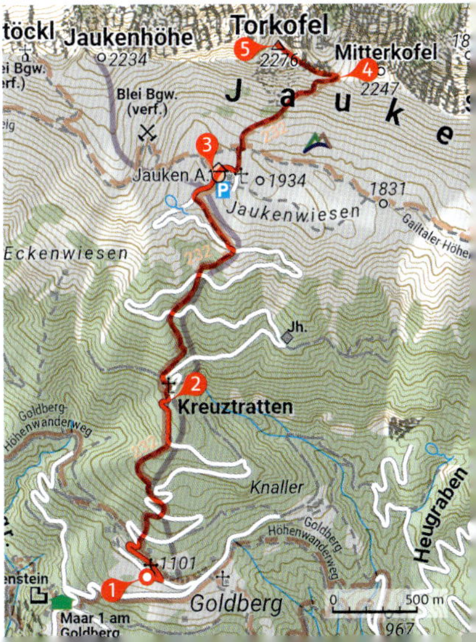

↗ 1400 m | ↘ 1400 m | 11.6 km

3 Reißkofel, 2371 m

8.00 h

Sehr anspruchsvolle Überschreitung des höchsten Gipfels der Gailtaler Alpen

Der Reißkofel ist ein gewaltiger Kalkstock, der mit seiner breiten Südflanke 1700 m über dem Oberen Gailtal aufragt. Von Osten, etwa vom Weißensee gesehen, zeigt er sich als helle Pyramide. Die vorgeschlagene Überschreitung von Ost nach West ist aus mehreren Gründen eine »ziemlich schwarze« Tour: Der Netto-Höhenunterschied von 1350 Metern zwischen Ausgangspunkt und Gipfel ist schon beachtlich; am Grat sowie in der Nordseite des Gipfelaufbaus sind Schwindelfreiheit und Trittsicherheit unabdingbar, und der Abstieg nach Westen entspricht streckenweise einem Klettersteig der Kategorie B. Die Belohnung für alle Mühen ist eine kaum übertreffbare Rundumsicht – die man aber auch erhält, wenn man am Aufstiegsweg wieder absteigt.

Ausgangspunkt: Ehemaliges Gasthaus Reißkofelbad, 986 m. Zufahrt von der B 111 Gailtal Straße in Reisach oder Grafendorf auf schmalen Bergstraßen, jeweils etwa 3,4 km. Beschränkte Parkmöglichkeit. Navi: N46.66610 E13.14029.
Anforderungen: Im unterer Teil des Aufstiegs bis gegen den Alplspitz Wanderweg. Für die Querung zum Köfeletörl ist Trittsicherheit schon sehr gefragt und am Gipfelgrat muss man zusätzlich schwindelfrei sein. Der Abstieg nach Westen verläuft über etwa 300 Hm in der Nordseite, hat teilweise Klettersteigcharakter und erfordert eine gute Kondition; bei Schneelage sehr heikel!
Einkehr/Übernachtung: Das Reißkofelbad ist kein Gasthaus mehr und das ständig geöffnete Reißkofelbiwak der ÖAV-Sektion Obergailtal-Lesachtal mit seinen 3 Schlafplätzen sowieso nicht.
Varianten: 1. Abstieg wie Aufstieg, etwas leichter, kürzer und vor allem bei Schneelage in der Nordseite sicherer als die Überschreitung. – 2. Aufstieg von der nordöstlich des Reißkofels gelegenen, bewirtschafteten E.-T.-Compton-Hütte der ÖAV-Sektion Austria, 2.30 Std.
Karten: f&b 223, K 60, ÖK 3110-W.

Alles für unsere Sicherheit: Seil, Wegweiser und Markierung.

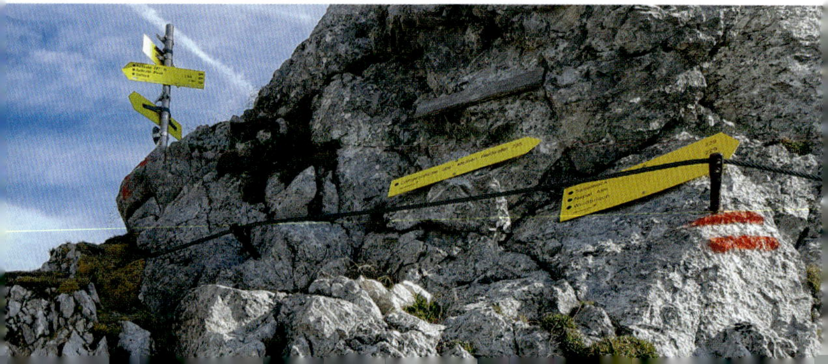

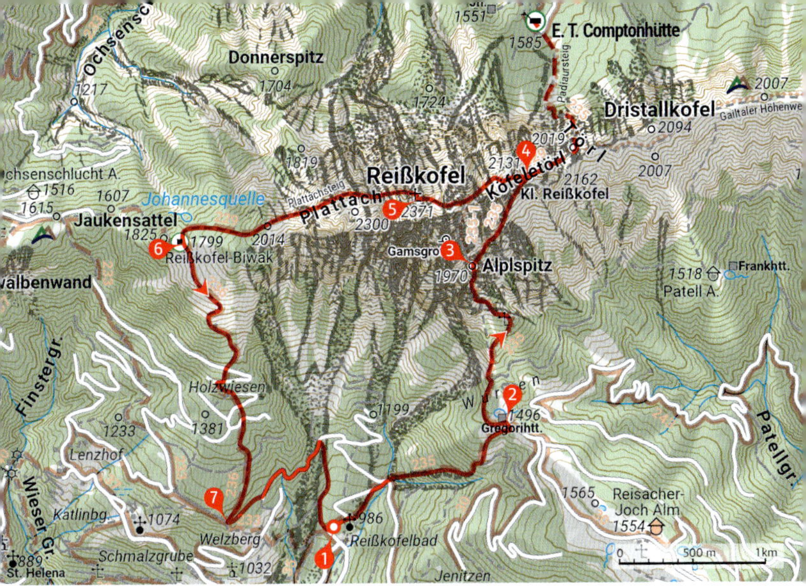

Vom **Reißkofelbad** ❶ leiten uns am Weg 235 zunächst spärliche, aber originelle kreisrunde Markierungen durch einen nicht nur im Herbst schönen Buchen-Fichten-Wald. Nach etwa 10 Min. geht es links weg und nach wenigen Metern Bachbett in roter Erde steil aufwärts (abwärts würde ich bei Nässe die Forststraße empfehlen). Wenn einen die ersten Sonnenstrahlen küssen, kommt Freude auf, die an einem warmen Tag aber bald wegen der gnadenlos brennenden Sonne wieder gegen Null tendiert. Bei der **Gregorihütte** ❷, 1496 m, halten wir uns links und bald danach vom Forstweg links hinauf in den Wald. Oberhalb von 1800 m weitet sich das Panorama. Gleich nach der kurzen Abwärtsquerung am **Alplspitz** ❸, ca 1970 m, zweigt nach links die abkürzende Kletterroute (II) zum Gipfel ab. Wir bleiben rechts und queren mit leichtem Auf und Ab hinauf zum **Köfeletörl** ❹ (2131 m, Übergang zur E.-T.-Compton-Hütte), wo wir nach gut 3 Std. den Gailtaler Höhenweg 229 erreichen. Ihm folgen wir nach Westen. Die letzte halbe Stunde auf dem einmal breiteren, dann wieder schmaleren Gipfelgrat ist Geübten vorbehalten. Die Aussicht vom **Reißkofel** ❺, 2371 m, ist schlicht überwältigend (Großvenediger, Hohe Tauern, Nockberge, Karawanken, Julische und Karnische Alpen, Dolomiten).

Wer die Rundtour über das Biwak im Westen auf sich nehmen will, steigt nur kurz auf dem Aufstiegsweg ab und zweigt dann beim WW nach links ab. Am gut markierten, aber fordernden »Gailtaler Höhenweg« erwarten uns auf der Nordseite einige Kletterstellen (z. T. gesichert), ein gerüttelt

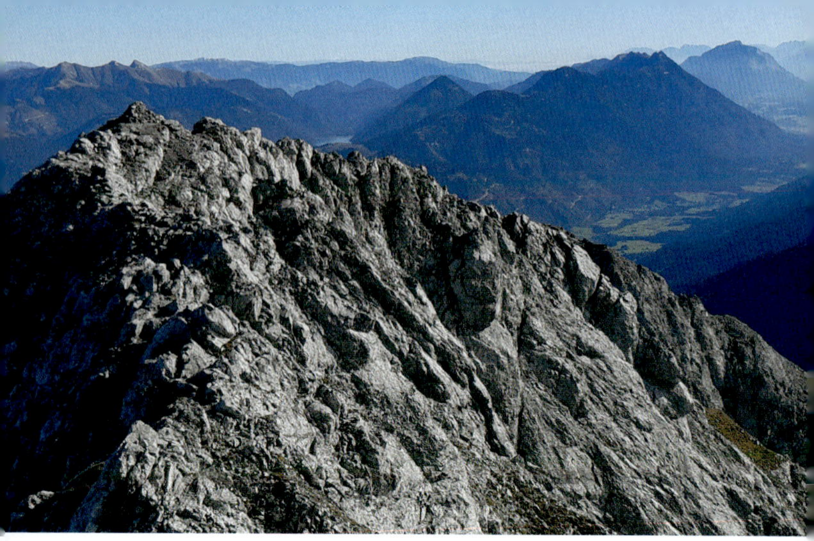

Der felsige Gipfelgrat des Reißkofels.

Maß an Schotter bei den Querungen nach Westen, womöglich Schneereste und sicher ein nicht zu unterschätzendes Ausmaß an Auf und Ab. Nach etwa einer Stunde Abstieg bei wenig Höhenverlust erreicht man eine kleine grüne Fläche und glaubt sich schon auf der bequemeren Südseite. Man taucht aber noch einmal über eine längere, gut gesicherte, steile Kletterstelle in die Nordwest-Seite. Erst dann wird es gemütlicher.

Bei 1830 m verlässt man den Gailtaler Höhenweg nach Süden und erreicht bald das kleine **Reißkofelbiwak** ❻, 1799 m. Von hier steigen wir über steile Wiesen und durch Wald auf dem Weg 236 ab. Auf 1180 m, kurz vor einer **Jagdhütte** ❼, bitte nicht den direkten Weg 37 über Welzberg versuchen – dieser ist nicht begehbar und daher gesperrt, stattdessen den Tafeln »Reißkofelbad« folgen. Sie leiten uns vom oberen Rand einer Wiese auf einen Karrenweg, der zwei Gräben quert und in etwa 15 Min. eine Forststraße erreicht. Wir halten uns rechts, folgen der Forststraße bergab (nach der ersten Kehre ist eine Abkürzung durch den Wald hinunter möglich) und kommen nach unserer langen Tour wieder zurück zum **Reißkofelbad** ❶.

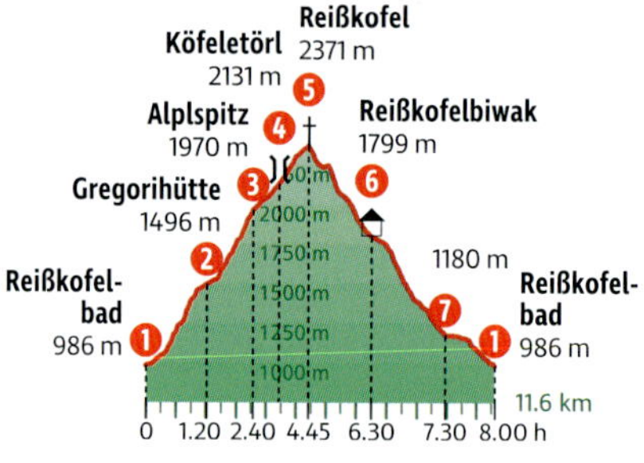

↗ 750 m | ↘ 750 m | 12.0 km

4.30 h

Hochwipfel, 2185 m

4

Auf eine Aussichtswarte hoch über dem Oberen Gailtal

Der Hochwipfel überragt den Talboden der Gail um nahezu 1600 m. Weil er vom Hauptkamm der Karnischen Alpen etwas nach Norden abgerückt ist, sieht man ihn vor allem bei der Fahrt talaufwärts schon von Weitem. Man erkennt ihn an dem langen, grasigen Rücken, der oberhalb der Waldgrenze gegen den Gipfel zieht.

Ausgangspunkt: Rattendorfer Alm, 1535 m. Almshuttle von Rattendorf Di und Do von Mitte Mai bis Anf. Nov. (Stand 2023); Anmeldung in der Rufbuszentrale tgl. von 8 bis 18 Uhr oder mind. 2 Std. vor der gewünschten Abfahrtszeit unter +43 664 88611685, mindestens 4 Teilnehmer. Zufahrt mit Pkw von der B 111 Gailtal Straße in Jenig, dem WW Rattendorf bis zur Kirche folgen, ab hier mit dem WW Rattendorfer Alm noch 1 km Asphaltstraße, später 10 km schmale, streckenweise etwas steile, sehr kurvenreiche und manchmal auch grobe Schotterstraße zur Rattendorfer Alm. Etwa 10 Parkplätze direkt bei der Alm, weitere Parkmöglichkeiten kurz vor der Alm. Navi: N46.583032 E13.199096.

Anforderungen: Mäßig schwierige Bergtour, die abschnittsweise Trittsicherheit und Schwindelfreiheit erfordert. Überwiegend Karrenwege, alte Militärwege und Steige; einige kleine Gerinne sind zu queren (Vorsicht bei oder nach Starkregen!). Im Aufstieg zum Sattel zwischen Schulter und Ringmauer kurze, etwas ausgesetzte Stellen. Im Abstieg vom erwähnten Sattel etwas Orientierungsvermögen erforderlich, sonst sehr gut markiert und beschildert.

Einkehr: Rattendorfer Alm am Ausgangspunkt (1535 m, bewirtschaftet Mitte Juni bis etwa Mitte September, 6 B/1 L mit etwa 15 Schlafplätzen, Tel. +43 650 5514080, rattendorferalm.at).

Hinweis: Das Gebiet um den Hochwipfel ist durch besondere geologische Verhältnisse (»Hochwipfel-Schichten«) und durch eine äußerst vielfältige, üppige Pflanzenwelt gekennzeichnet.

Karten: f&b 223, K 60, ÖK 3116-O.

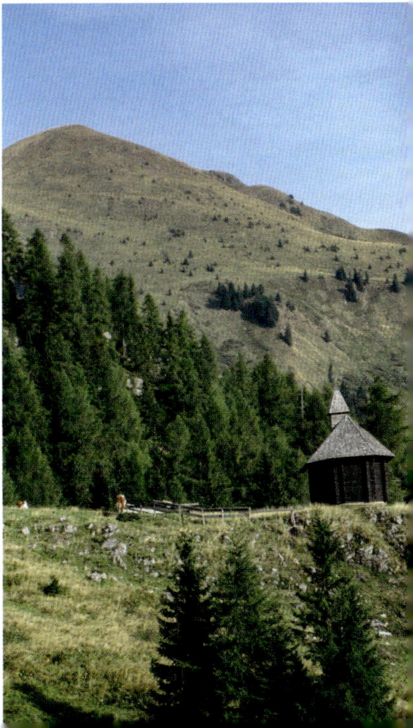

Hochwipfel und Scotti-Kapelle.

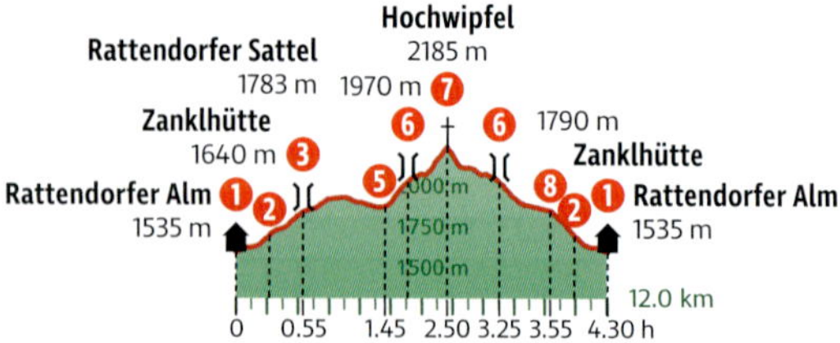

Von der **Rattendorfer Alm** ❶ gehen wir auf dem Fahrweg wenige Minuten bis zu einer Abzweigung mit WW und Info-Tafel zur Geologie. Wir halten uns rechts Richtung Hochwipfel, Weg Nr. 417, auf einen groben Karrenweg, der von mehreren Bächen gequert wird. Nahe der **Zanklhütte** ❷, 1640 m, verlassen wir den Wald. Hinter der kleinen Scotti-Kapelle (auch Soldatenkirchl genannt) erhebt sich der Hochwipfel mit seinen steilen Rasenhängen. Wir folgen weiter der Richtung Hochwipfel. Auf dem ehemaligen Militärweg aus dem Ersten Weltkrieg geht es bequem höher gegen den Kamm. Lediglich ein erdiger Abschnitt, der eine Kehre abkürzt, ist recht steil. Auf dem Kamm erreichen wir bei vielen WW den **Rattendorfer Sattel** ❸, 1783 m, und den Karnischen Höhenweg, dem wir nun entlang der Staatsgrenze nach Westen folgen. Doch vorher lohnt ein Blick gegen Osten zum mächtigen Massiv des Trogkofels, das hinter weiten Almböden aufragt. Und im Südwesten erhebt sich der Monte Zermùla mit seiner Nordwand.

Wir gehen nun entlang der Staatsgrenze bis kurz vor die Felsen des 1953 m hohen Ostgipfels der Ringmauer in einen kleinen **Sattel** ❹, 1870 m, wo sich der Blick nach Westen öffnet. Nach einem kurzen Abstieg bringt uns der

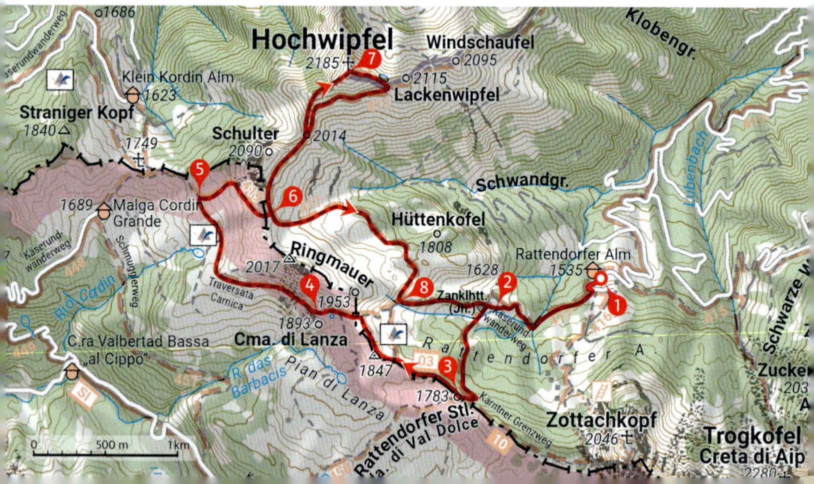

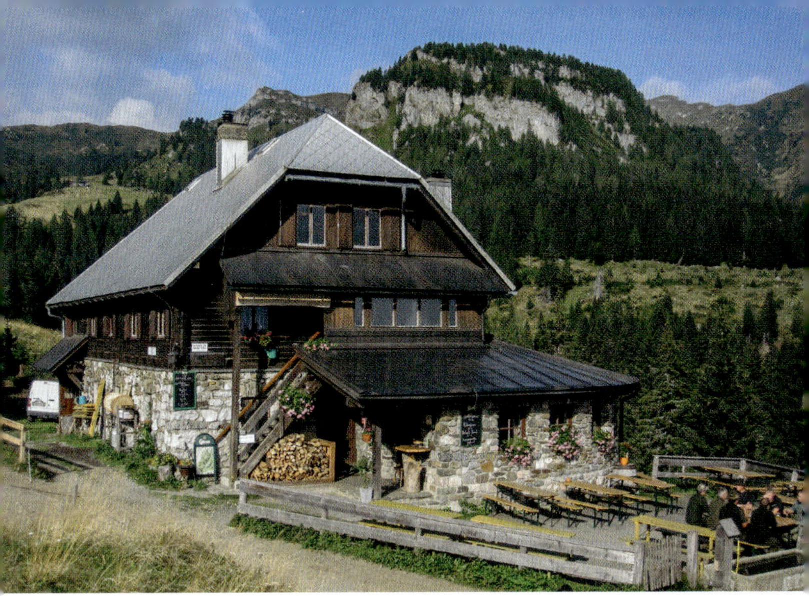

Die große Hütte der Rattendorfer Alm.

Weg, an Kavernen vorbei, um den Südwestkamm der Ringmauer herum in eine weite Mulde und zu WW an der **Abzweigung Richtung Schulterkofel/Hochwipfel** 5, 1815 m, Weg Nr. 419/417. Mit diesen Zielen steigen wir ziemlich steil und manchmal ein wenig ausgesetzt in den **Sattel** 6, 1970 m, zwischen dem Schulterkofel im Norden und der Ringmauer im Süden auf. Unterwegs haben wir einen schönen Rückblick hinunter zur Großkordinalm (Malga Cordin Grande). Nun wenden wir uns nach Norden, queren den Osthang des Schulterkofels und folgen von einer Abzweigung dem schmalen Kamm, über den wir bald den Gipfel des **Hochwipfels** 7, 2185 m, erreichen. Für den Abstieg gehen wir kurz nach Osten in einen Boden mit einer kleinen Lacke, wo wir wieder auf den Weg 417 treffen. Wir halten uns scharf nach rechts, queren den Südhang des Hochwipfels zu unserem Aufstiegsweg und folgen diesem bis zur Abzweigung beim **Sattel** 6, 1970 m. Wir bleiben auf dem Weg 417, der eine große Doline nördlich der Ringmauer umgeht und kurz bergauf in einen kleinen Sattel führt. Hier treffen wir auf einen alten Militärweg, der in leichtem Auf und Ab unter den Ostabstürzen der Ringmauer zu einem WW an einer **Abzweigung** 8, 1790 m, leitet. Wir halten uns links Richtung Rattendorfer Alm auf einen groben Karrenweg, dessen Kehren wir auf markierten Steigen abkürzen können, kommen bei der **Zanklhütte** 2 wiederum auf unseren Aufstiegsweg und kehren auf ihm zur **Rattendorfer Alm** 1 zurück.

↗ 600 m | ↘ 600 m | 12.1 km

5 Guggenberg, 1114 m, und Ruine Malenthein

4.00 h

Kleine Kirche mit großer Aussicht und Ruine einer Burg aus dem 14. Jh.

Zwischen dem Gailtal im Süden und dem Gitschtal im Nordosten fällt ein lang gestreckter, stark bewaldeter Rücken bis zur Bezirkshauptstadt Hermagor ab. Auf großen Rodungsinseln liegen in Seehöhen von 800 bis über 1100 m einzelne Bauernhöfe. In aussichtsreicher Lage steht die kleine, 1686 errichtete St. Ulrichskapelle. Gegen Ende der Wanderung kommen wir noch zu den Ruinen der im Jahre 1317 erbauten Burg Malenthein.

Ausgangspunkt: Hermagor, Bahnhof, 589 m; S-Bahn 4 von Villach (Stundentakt); OGV-Bus 5058 von Kötschach-Mauthen (Stundentakt) und 5066 von Weißbriach (Stundentakt; Sa/So/Feiertag als Rufbus). Bei Anfahrt mit dem Pkw: Parkplatz an der B 87 Weißensee Straße, nahe dem Postverteilzentrum (hier auch Bushaltestelle) und dem Beginn der Guggenberger Straße, ca. 600 m. Etwa 10 Parkplätze für Pkw. Navi: N46.62658 E13.37530.
Anforderungen: Mit Ausnahme der in der Tourenbeschreibung erwähnten Querung einer kleinen Schlucht »blaue« Tour; sonst nur einige etwas steilere Abschnitte ohne jede Schwierigkeit. In der kleinen Schlucht trotz der vorhandenen Sicherungen unbedingt Trittsicherheit und auch Schwindelfreiheit erforderlich! Im Allgemeinen gut beschildert und auch markiert, ausgenommen im Bereich der Ruine Malenthein, wo Orientierungsgabe gefragt ist (daher genaue Beschreibung im Text). Die Wanderung verläuft auf allen Arten von (wenig befahrenen) Straßen und Wegen (Wald- und Karrenwege, Steige).
Einkehr: Gasthof Waldemar (bis 30. Juni und ab 1. Sept. Mi/Do Ruhetag); Panoramahotel Hauser-Hof in Kreuth ob Möschach. Viele Möglichkeiten in Hermagor.
Varianten: 1. Völlig problemlos ist der Abstieg auf dem Aufstiegsweg. Dabei kann man das letzte Stück des Rückwegs auch über die Burgruine Malenthein wählen. – 2. Will man beim Abstieg die kleine Schlucht vermeiden, kann man von der in der Tourenbeschreibung erwähnten Abzweigung kurz vor 5 auf der Forststraße weitergehen und über Aigen nach Grünburg im Gitschtal absteigen; von dort Rückfahrmöglichkeit mit dem Bus 5066 nach Hermagor. Auch noch unmittelbar vor der kleinen Schlucht kann man vom WW »Grünburg Weg 8/6« zur Bushaltestelle im Gitschtal absteigen. Jeweils gut 30 Min.
Karten: f&b 223, K 60, ÖK 3111-W.

Vom Bahnhof **Hermagor** 1 überqueren wir die B 111 Gailtal Straße, gehen durch die Bahnhofstraße zur Villacher Straße, dort nach links zum Gasserplatz, am Ende der Straßenkurve nach rechts in die Hauptstraße und an der Pfarrkirche vorbei bis zur Weißensee Straße, in die wir nach links abbiegen. Wir sehen schon den für uns maßgebenden Wegweiser »Guggenberg«. Wir gehen auf der Guggenberger Straße bis zur ersten **Kehre** 2, ca. 660 m (WW), wo wir auf den Weg 4 steil in den Wald hinauf abzweigen. Der Steig erreicht eine Asphaltstraße, der wir für etwa 100 m nach rechts folgen. Beim nächsten WW halten wir uns links auf einen Karrenweg, ge-

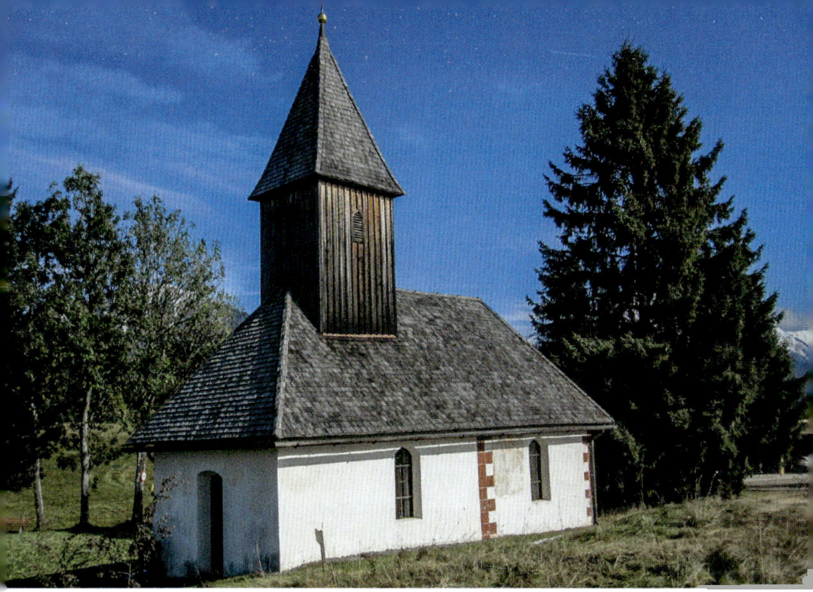

Die kleine Ulrichskapelle auf dem Guggenberg.

hen an einer **Abzweigung nach Kreuth** ❸, 897 m, vorbei, berühren wenig später eine Kehre der Guggenberg-Straße und erreichen nach etwa 10 Min. ein Anwesen und einen Sender. Nun wird das Gelände flacher. Wir verlassen den Wald und kommen zu den wenigen Häusern des Weilers Guggenberg und zur **St.-Ulrichs-Kapelle** ❹, 1114 m (WW). Herrliche Aussicht zum Karnischen Hauptkamm jenseits des Gailtales (Gartnerkofel, Trogkofel).
Nun gehen wir auf der Schotterstraße in den Wald zu einer Abzweigung (WW). Wir folgen nach rechts der Forststraße Richtung Hermagor über Kreuth ob Möschach, Weg-Nr. 7. Nach etwa 5 Min. biegen wir in einer Kurve auf einen etwas schmaleren Waldweg nach rechts ab (Markierung auf zwei Holzpfosten!). Bei der nächsten Abzweigung halten wir uns rechts hinunter auf einen Steig, der uns zu einer Schotterstraße bringt. Wir kommen in einer Kurve zu einer Abzweigung mit WW »Kreuth, Hermagor, Weg Nr. 8« und nach etwa 10 m (!) zu einer weiteren **Abzweigung** ❺, 965 m, bei der ein Steig nach links abwärts beginnt. Er führt zeitweise am Rand eines tiefen Grabens entlang. Bei einem WW halten wir uns rechts Richtung Hermagor, Kreuth ob Möschach, Weg Nr. 8. Nun kommt der anspruchsvolle Teil unserer Wanderung (Aufschriften auf Schildern »Besondere Vorsicht«): Steil geht es über einige Stufen hinunter in eine kleine Schlucht, auf Steinen über den Bach und jenseits, wiederum über Stufen und, durch eine Kette gesichert, steil hinauf. Ein Steig bringt uns durch den Hang hinaus zu

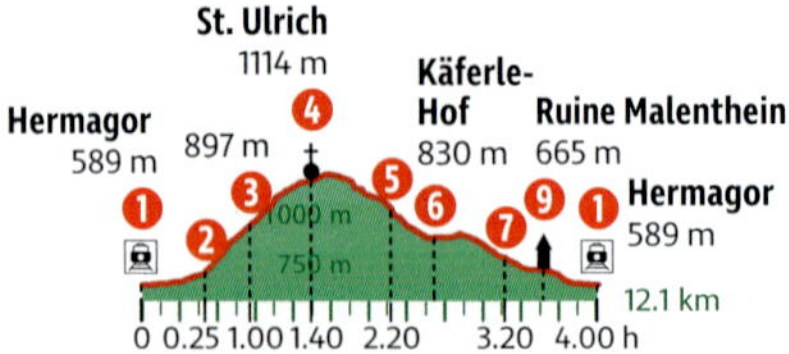

einem Karrenweg und wenig später zu einer Forststraße. Beim **Käferle-Hof** 6, 830 m, beginnt eine Asphaltstraße, auf der wir am Gasthof Waldemar und am Panoramahotel Hauser-Hof vorbei bis zur Guggenberg-Landesstraße wandern (große Tafel mit WW). Wir gehen etwa 10 Min. bergab, bis wir am Ende einer lang gezogenen Kurve bei einem **WW** 7, 734 m, nach rechts auf einen Forstweg Richtung Kühweg, Weg Nr. 2, abbiegen. Nach etwa 5 Min. verlassen wir in einer **Kehre** 8, ca. 680 m, den Forstweg und gehen geradeaus auf einem Karrenweg weiter (hier kein WW). Nach etwa 20 m sehen wir auf einem Baum eine erste Markierung. Etwa 3 Min. später zweigt ein schmaler Steig nach rechts zu einem bereits sichtbaren Schotterweg ab, den wir nach 50 m erreichen. Auf diesem gehen wir nach links. In einer leichten Linkskurve zweigen wir auf einen Steig nach rechts ab. Wenig später sehen wir auf einem Baum wieder eine Markierung. Bei einer Weggabelung beginnt ein Steig, auf dem wir nach rechts die **Burgruine Malenthein** 9, 665 m, erreichen. Von ihr wandern wir bergab zur Annen-Kapelle, 640 m, die unter einer großen Linde steht, dann nach links auf einem Steig hinunter zu einem Waldweg und auf ihm nach links 50 m leicht bergauf zu einer Kreuzung. Dort orientieren wir uns nach rechts zu einer Wiese, an ihrem westlichen Rand zu einem Strommast mit Markierung und vom Mast geradeaus (!) weiter über die Wiese zum Waldrand, wo zwischen zwei großen Eichen ein Steig beginnt. Er führt bergab, quert eine Forststraße und endet bei einer Kapelle an der B 87 Weißensee Straße. Wir überqueren die Bundesstraße in die Lindengasse, gehen an der Volksschule vorbei zur Hauptstraße und zurück zum Bahnhof **Hermagor** 1.

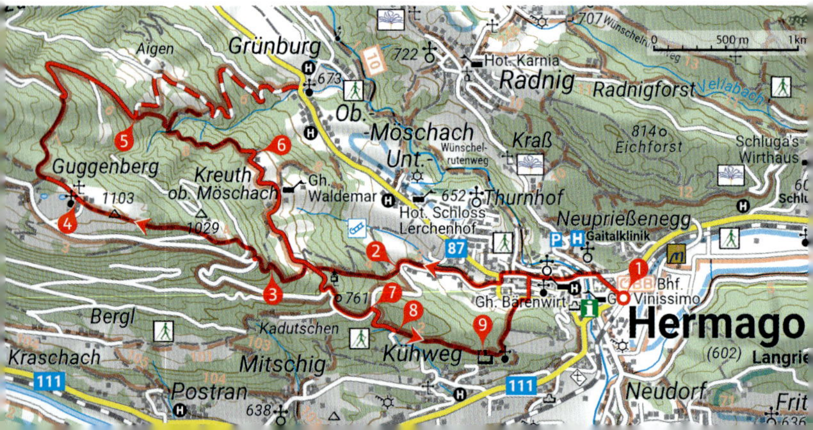

↗ 1070 m | ↘ 1070 m | 10.1 km

TOP

5.00 h

Gartnerkofel, 2195 m

6

Botanisch und geologisch interessante Rundtour im Bereich des Nassfelds

Fährt man das Gailtal flussaufwärts, sieht man schon vom Pressegger See aus im Südwesten einen ersten markanten Felsberg. Es ist der Gartnerkofel, ein viel besuchter Gipfel, der samt seiner Umgebung wegen vieler botanischer und geologischer Besonderheiten bekannt ist. Auf den Almen rund um den Gartnerkofel blüht im Juni die Wulfenia, die in Europa nur hier vorkommt. Über die bemerkenswerte Geologie des Gebiets informiert ein Geo-Trail mit mehreren Schautafeln.

Ausgangspunkt: Nassfeld-Pass, 1530 m, WW-Säule kurz vor der Staatsgrenze. Zufahrt auf der B 90 Nassfeld Straße, die 7 km westlich von Hermagor von der B 111 Gailtal Straße abzweigt, 13 km bis zum Pass. Mehrere große Parkplätze. Navi: N46.56092 E13.27587.
Anforderungen: Trittsicherheit und Schwindelfreiheit. Insgesamt mäßig schwierige Bergtour für Wanderer mit guter Kondition und für geübte Kinder ab etwa 14 Jahren; im Aufstieg zum Garnitzenberg und im Übergang zum Garnitzentörl einige etwas ausgesetzte Wegabschnitte und Felsstufen. Aufstieg zum Gartnerkofel auf breitem, viel begangenem Weg. Gesamte Runde gut markiert und beschildert.

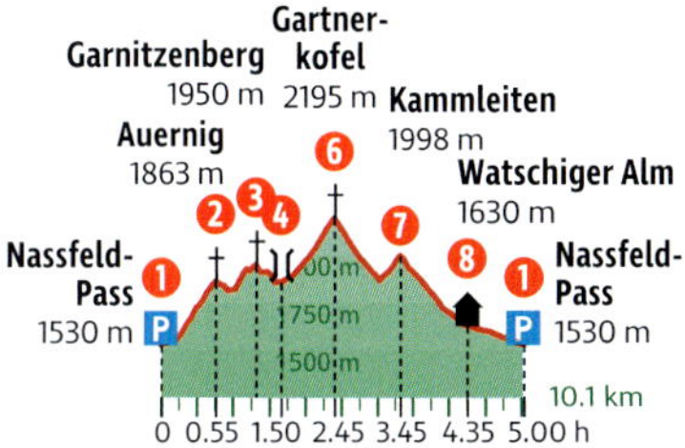

Einkehr: Buffet »Zur Berghex« (bei der Bergstation der Gartnerkofel-Sesselbahn), Watschiger Alm, Alpenhof Plattner (Öffnung nach Brand im November 2023 ungewiss) und mehrere Lokale im Bereich des Nassfeld-Passes.
Karten: f&b 223, K 60, ÖK 3116-O.

Von der kleinen Holzhütte mit den vielen WW kurz vor der Staatsgrenze am **Nassfeld-Pass** ❶ folgen wir der Beschilderung »Auernig-Höhenweg«. Kurz nach der Nassfeld-Kirche zweigen wir rechts auf einen Steig ab, der streckenweise recht steil und auch mühsam, zuletzt durch Latschen, auf den **Auernig** ❷, 1863 m (Gipfelglocke), führt. (Wenn man vom Gipfel etwa 100 m weiter nach Südwesten geht, blickt man von einem Grenzstein, 1825 m, in das 500 m tiefer liegende Tal des Winkelbaches.) Entlang der Staatsgrenze wandern wir hinunter in einen flachen Sattel und dann über einige kleine Felsstufen auf den **Garnitzenberg** ❸, 1950 m. Von ihm steigen wir kurz ab und gehen westlich unterhalb der felsigen Gugga zum **Garnitzentörl** ❹, 1856 m, hinunter. Wir sind nun im Bereich der Lifte und Pisten im Osten der Sonnenalpe Nassfeld. An den Bergstationen mehrerer Lifte vorbei, bringt uns der stark ausgetretene, streckenweise recht schott-

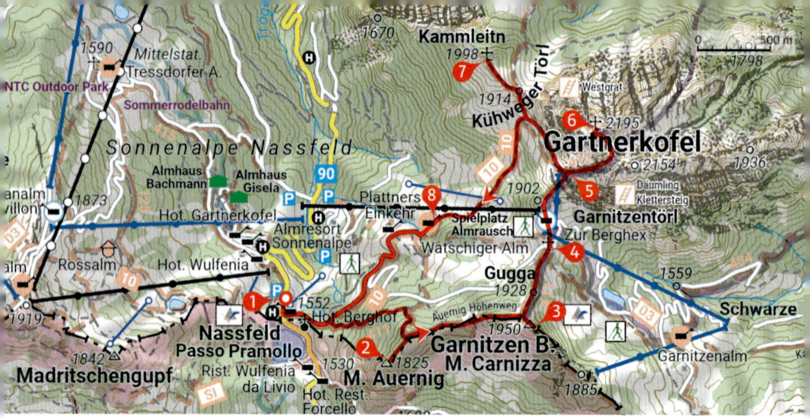

Der Gipfel des Gartnerkofels, von der Kammleiten aus gesehen.

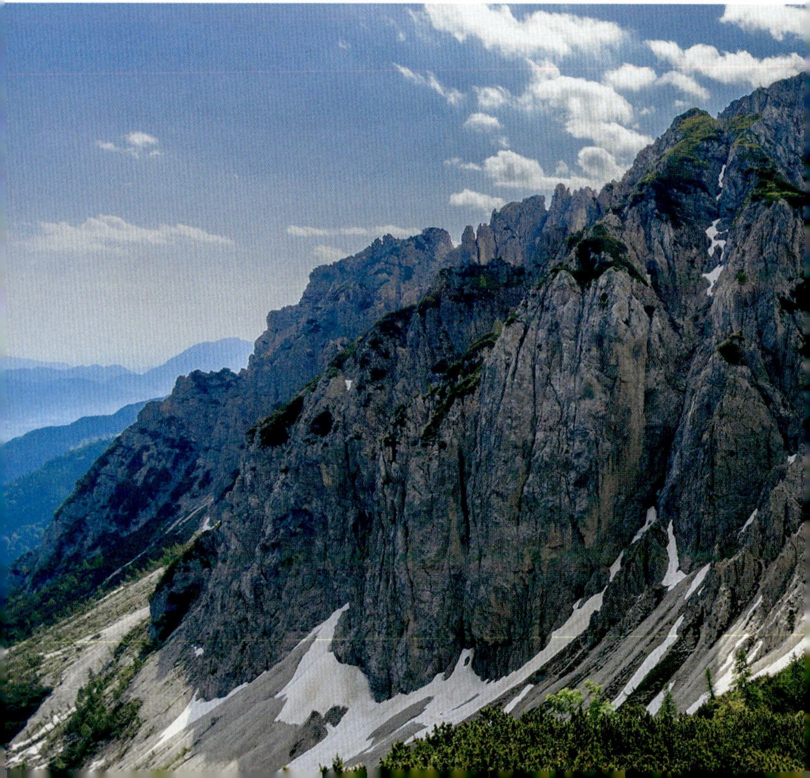

rige Weg zur **Abzweigung Richtung Kammleiten** 5, 1971 m, und zuletzt in einigen Kehren hinauf zum großen Kreuz auf dem **Gartnerkofel** 6, 2195 m, mit weiter Aussicht.

Wir kehren zurück zur **Abzweigung Richtung Kammleiten** 5 und wandern unter den felsigen Westabstürzen des Gartnerkofels zum Kühweger Törl und weiter auf die geologisch interessante **Kammleiten** 7, 1998 m. Von ihr gehen wir zurück bis zu einer Abzweigung südlich des Kühweger Törls und hinunter zur **Watschiger Alm** 8, 1630 m, wo im Juni auf den Wiesen die blaue Wulfenia blüht. Auf der Straße kehren wir, am Alpenhof Plattner vorbei, zurück zum **Nassfeld-Pass** 1.

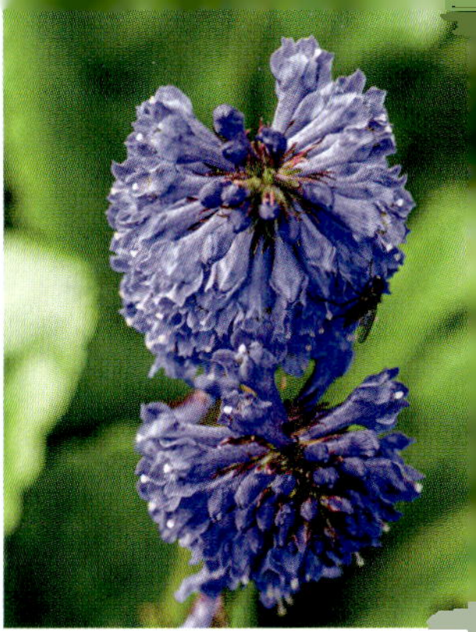

Blüten der Wulfenia.

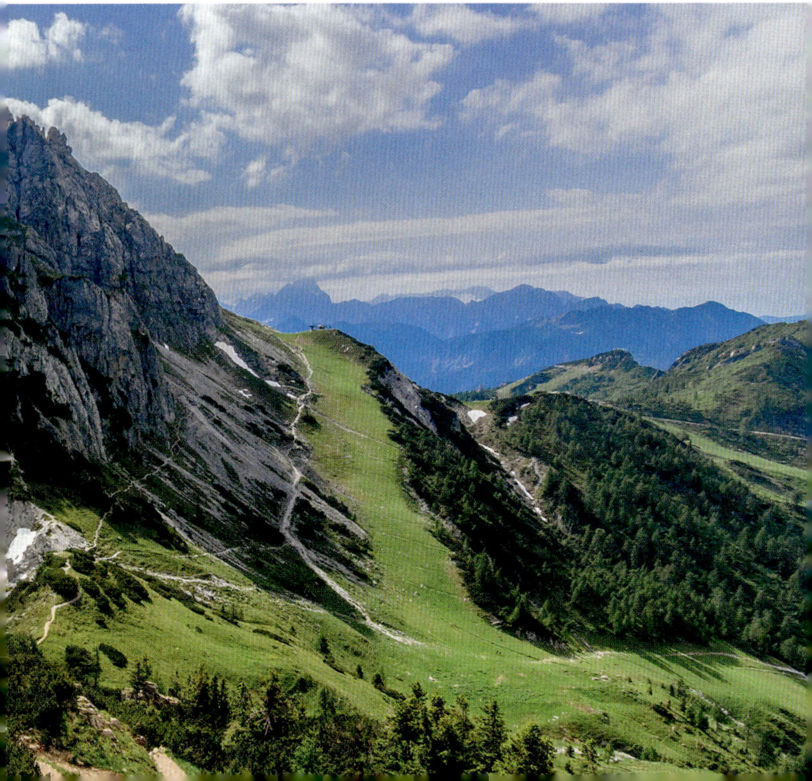

↗ 750 m | ↘ 750 m | 11.6 km

7 Garnitzenklamm

5.00 h

Erdgeschichte hautnah in einer der schönsten Klammen Kärntens

Die rund 4 km lange Garnitzenklamm bietet nicht nur einen faszinierenden Einblick in die Kraft des Wassers. Sie zeigt auch, welche Gesteine man in der Klamm antrifft und wie diese die Entstehung der Klamm beeinflussten. Zudem findet man in der Klamm zahlreiche seltene Pflanzen, die hier wegen des besonderen Kleinklimas gedeihen. In der in vier Abschnitte gegliederten Klamm wurde auch ein Geotrail mit zahlreichen Schautafeln eingerichtet.

Ausgangspunkt: Eingang in die Garnitzenklamm, 630 m. Rufbus vom Bahnhof Hermagor (hierher mit der S-Bahn-Linie 4 von Villach oder mit dem OGV-Bus 5058 von Kötschach-Mauthen, jeweils im Stundentakt); Min. 4 Pers., Anmeldung tägl. zwischen 8 und 18 Uhr oder mind. 2 Std. vor Abfahrt unter +43 664 88611685. Oder mit Bahnhofshuttle Hermagor, Bestellung über nassfeld.at/de/Service/Anreise-Mobilitaet. Mit Pkw: Auf der B 111 Gailtal Straße von Hermagor kurz Richtung Kötschach-Mauthen, dann links dem WW Garnitzenklamm folgen; 2,7 km bis zu großen Parkplätzen. Navi: N46.600550 E13.363062.
Anforderungen: Die Wegabschnitte 1 und 2 in der Klamm sind mäßig schwierig (»rot«), sie erfordern Trittsicherheit und Schwindelfreiheit und können auch von geübten, eventuell zu sichernden Kindern ab etwa sechs Jahren begangen werden. Die Abschnitte 3 und 4 sind wesentlich anspruchsvoller (Tendenz zu »schwarz«!). Hier sind absolute Trittsicherheit und Schwindelfreiheit im steilen Gelände und auf teils rutschigem Untergrund unbedingt erforderlich! Der Weg durch die Garnitzenklamm ist eine alpine Steiganlage, die über neun Brücken, zahlreiche Stufen und einige Leitern führt und streckenweise durch Seile oder Ketten gesichert ist. Gutes Schuhwerk ist unerlässlich!
Einkehr: Gasthaus Klammwirt vor dem Eingang in die Schlucht.
Varianten: 1. Wanderung bis zum Notunterstand am Ende des 2. Teils der Schlucht (1.30 Std), Rückweg durch die Schlucht (etwa 1 Std.) oder wie beschrieben über die St.-Urbani-Kapelle (1.30 Std., »rot«!) – 2. Vom Ende der Klamm Aufstieg zur bewirtschafteten Kühweger Alm (1 Std.) und auf dem Weg Nr. 410 über das Kühweger Törl und die Watschiger Alm zum Nassfeld, etwa 3.30 Std.
Hinweise: Die vom Alpenverein Hermagor erschlossene und betreute Klamm ist je nach Witterungsverhältnissen etwa ab Ende Mai bis 10. Oktober geöffnet (Stand 2023). Auskünfte über die Begehbarkeit unter Tel. +43 4282 2043 (Alpenverein Hermagor) oder Tel. +43 660 5377225 (»Klammtelefon«, Juli–Sept., 9–16 Uhr), garnitzenklamm.at oder alpenverein.at/hermagor. Für das Begehen der Klamm wird an ihrem Eingang ein Erhaltungsbeitrag erhoben. An der Kasse ist ein kleines Faltblatt mit Informationen über die Klamm und mit Wandervorschlägen erhältlich, ebenso ein Geotrail-Wanderführer mit ausführlichen Informationen über die Garnitzenklamm und vier weitere Geotrails im Gailtal.
Tipp: Besuch des Gailtaler Heimatmuseums im Schloss Möderyndorf bei Hermagor, Tel. +43 4282 3060, gailtalmuseum.at.
Karten: f&b 223, K 60, ÖK 3111-W und 3116-O.

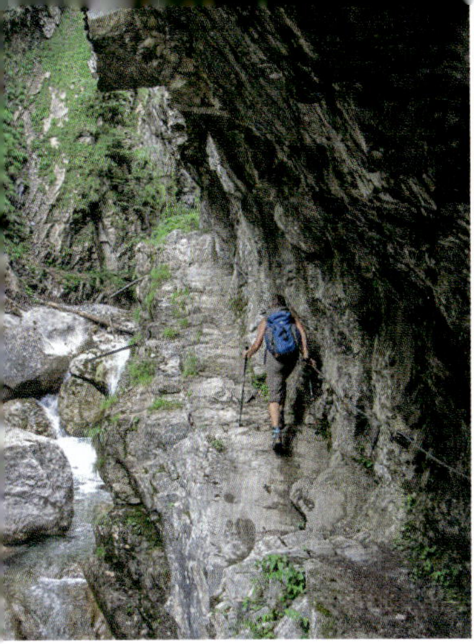

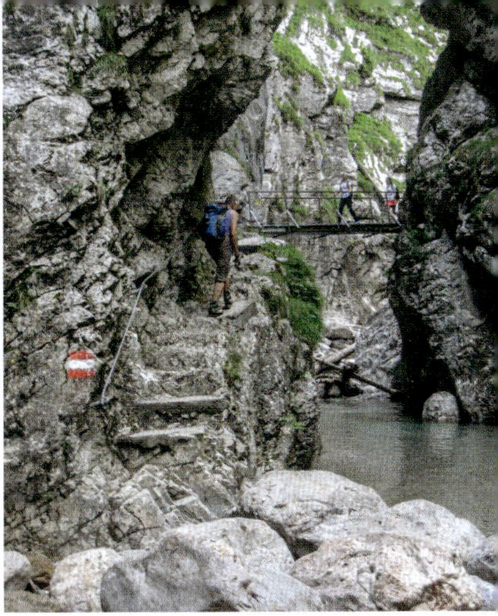

In der Garnitzenklamm.

Ab dem Eingang in die **Garnitzenklamm** 1 begleitet uns das schäumende Wasser des Garnitzenbaches. Der Teil 1 des zuerst breiten Weges wird bald zu einem Steig. Nach der ersten Brücke sehen wir rechts über uns eine glatte, helle Felswand, die aus Bänderkalken besteht (Geopunkt 2). Dann kommen wir zu einer Rotbuche, deren Wurzeln den großen Felsbrocken gesprengt haben, auf dem sie wächst (Geopunkt 3). Von der »Ida-Warte« (Geopunkt 5) haben wir einen schönen Blick auf einen Wasserfall, der über helle Bänderkalke stürzt. Kurz danach endet bei der Brücke 3 der Teil 1 der Wanderung. Nun kommen wir in den engsten Abschnitt der Klamm, die sich hier gegen Süden wendet. Hier hat der Bach mithilfe von Gesteinsbrocken sogenannte Kolke (auch Strudeltöpfe genannt) geschaffen; dies sind wannenartige, mehr oder weniger tiefe Mulden im Bachbett (Geopunkt 6). Besonders eindrucksvoll ist der Blick vom Geopunkt 7 auf die Gesteinsfalten, die ungeheuere Drücke aus den Gesteinsschichten gebogen haben. Nach der Einmündung des Kreuzgrabens sehen wir beim Geopunkt 8 einen großen, grau-rot geschichteten Stein, den der eiszeitliche Gail-Glet-

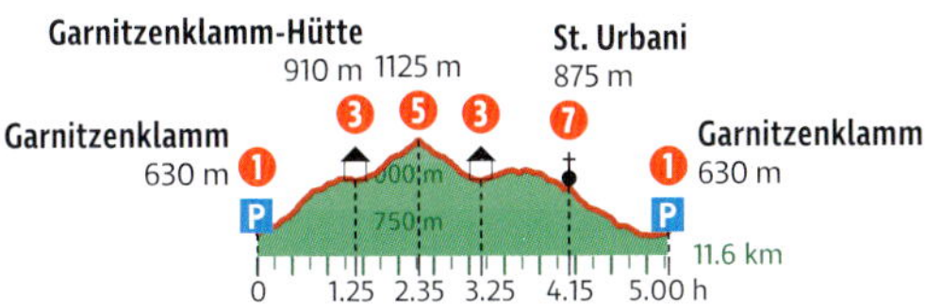

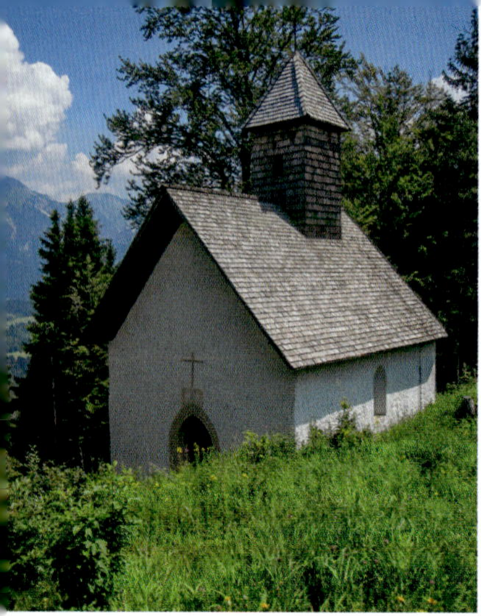

Die Kirche St. Urbani.

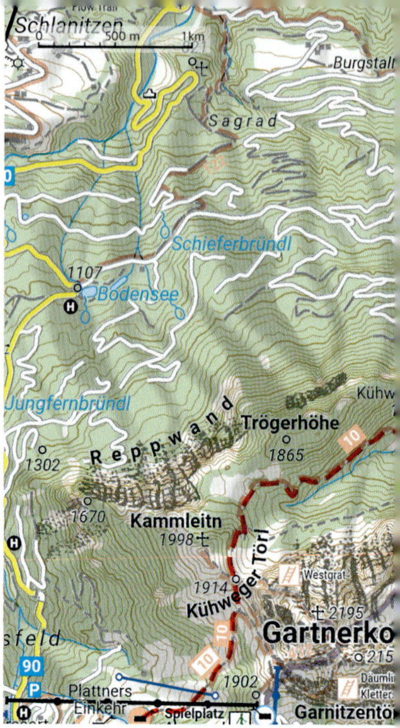

scher hierher transportiert und abgelagert hat. Nun wendet sich die Klamm wieder in westliche Richtung. Bei der Brücke 5 erreichen wir die **Abzweigung des Steinwender-Weges** ❷, 920 m, auf dem wir nach der Rückkehr vom Ende der Klamm zurückwandern werden. Kurz danach treffen wir auf die **Garnitzenklamm-Hütte** ❸, 910 m, einen Notunterstand am Ende des 2. Teils. Nun wird der Steig mit seinen Teilen 3 und 4 schwieriger und teils recht ausgesetzt. In einem Bogen kommen wir zur »Alten Klause«, und wenige Meter nach ihr sehen wir rechts über uns die »Schwarze Wand«. Wir queren mithilfe eines Stahlseils einen Bach und erreichen einen **Güterweg** ❹, ca. 1045 m, der nach Möderndorf führt (Ende Teil 3, zugleich Beginn Teil 4). Über aus dem Fels herausgehauene, teils rutschige, aber gut gesicherte Abschnitte gelangen wir zum **Ende der Klamm** ❺, 1125 m, wo das Gelände sanfter wird. Nun kehren wir auf dem Anstiegsweg bis zur **Abzweigung des Steinwender-Weges** ❷ zurück. Wir überqueren den Garnitzenbach auf einer Brücke und steigen im Wald durch steiles Gelände hinauf zu einer **Forststraße** ❻, 965 m. Hoch über der Klamm gehen wir talaus bis zu einem Wegkreuz, wo ein Waldweg Richtung St.-Urbani-Kirche abzweigt (WW). Einge Abschnitte sind durch ein Seilgeländer gesichert. Nach einem handgemalten WW steigen wir wenige Meter steil auf zur einsam gelegenen Kirche **St. Urbani** ❼, 875 m, mit ihrem wunderschönen Rastplatz mit Blick in die 200 m tiefe

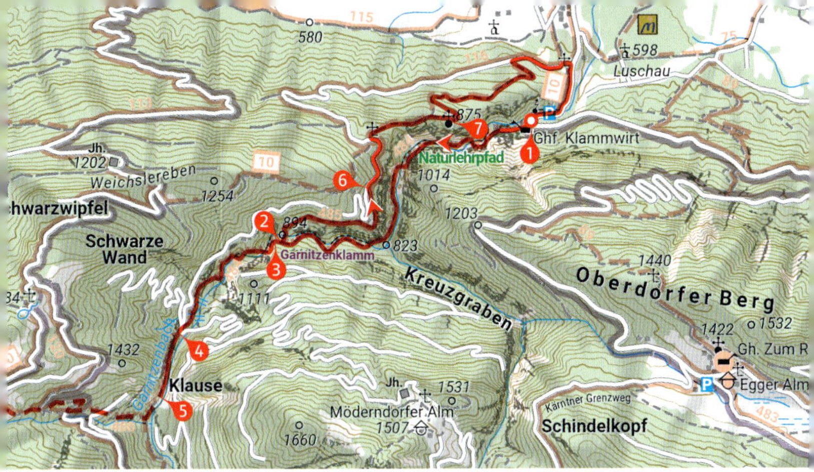

Klamm unter uns. Von der Kirche führt eine Markierung zum Waldweg hinunter, auf dem wir meist recht bequem bei einem Anwesen die Eggeralm-Landesstraße und über sie unseren Ausgangspunkt beim Eingang in die **Garnitzenklamm** ❶ erreichen.

Brücke und Info-Tafel in der Klamm.

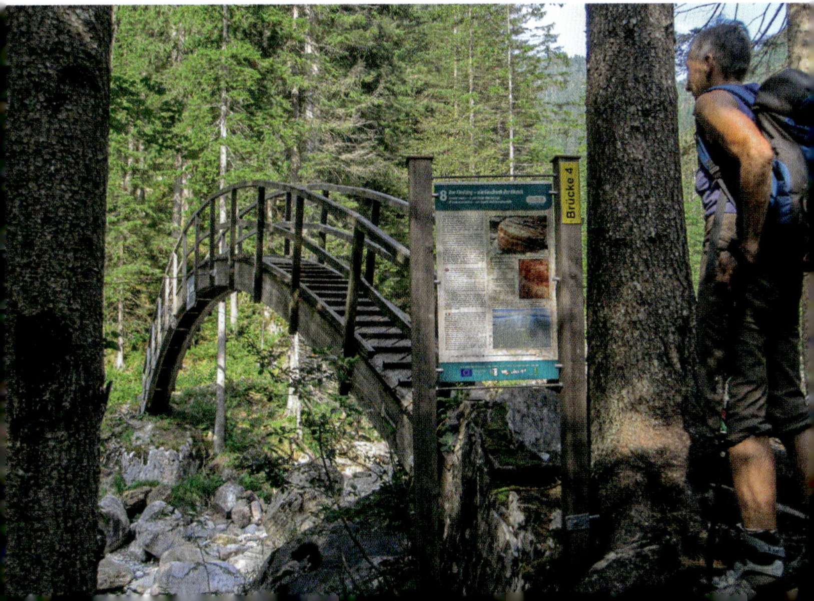

↗ 350 m | ↘ 350 m | 3.3 km

8 Oisternig, 2052 m

1.45 h

Kurze Rundtour auf den östlichsten Zweitausender der Karnischen Alpen

Der Oisternig erhebt sich rund 1500 m über dem Unteren Gailtal. Sein Name leitet sich vom slowenischen Wort »oster« = »spitz, schroff, scharf« her, und von Osten gesehen bietet er wirklich den Eindruck eines recht spitzen Gipfels. Weil er in seiner Nähe keine höheren Nachbarn hat, ist er ein seit Jahrzehnten viel gerühmter, hervorragender Aussichtsberg. Im Frühsommer findet man dort viele Blumen.

Ausgangspunkt: Feistritzer Alm, 1715 m, Almdorf mit vielen Hütten an der Staatsgrenze Österreich/Italien. Zufahrt: Von Feistritz/Gail kurz Richtung Vorderberg, unmittelbar nach der Brücke über den Feistritzbach beim WW »Feistritzer Alm« nach links und auf gut ausgebautem, streckenweise recht steilem Güterweg zur Alm (9,3 km, davon die ersten 2 km Asphalt). Weidegebiet, daher Fahrzeuge innerhalb der Umzäunungen abstellen! Zu Fuß von Feistritz/Gail entlang des Fahrweges etwa 3 Std. (wenig attraktiv). Navi: N46.560470 E13.507179.
Anforderungen: Im Aufstieg zum Ostrücken ist ein recht grobes Schotterfeld zu queren; am Ostrücken selbst Steig durch Latschen mit einigen hohen Felsstufen, die Trittsicherheit erfordern. Gerade schon »rote« Tour, die nur für berggewohnte Kinder zu empfehlen ist. Abstieg leicht, aber im Bereich des Gipfels nicht markiert, daher Vorsicht bei Nebel! Im Sommer recht heiß. Mit Ausnahme

Einige Hütten der Feistritzer Alm.

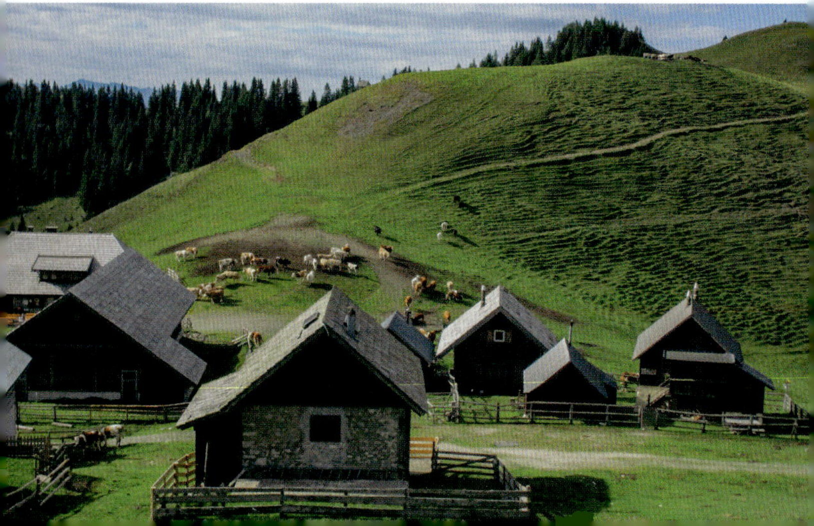

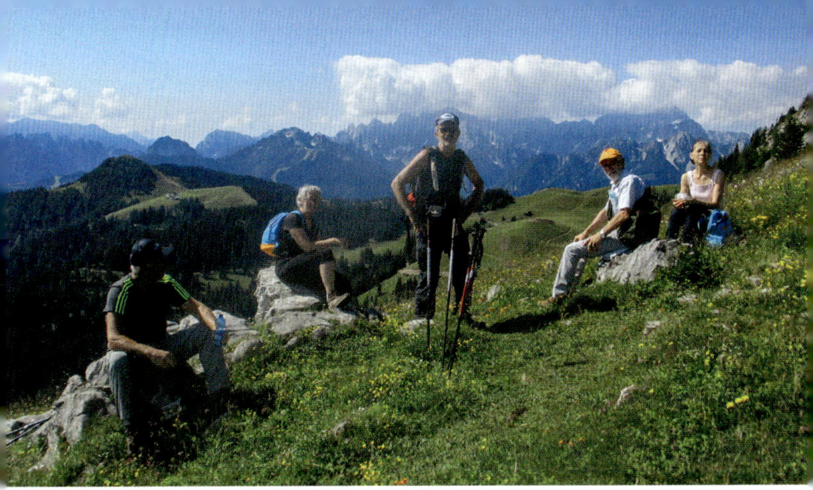

Rast vor dem Aufstieg über den Ostkamm.

der Teilstrecke vom Ostgipfel bis zu den Resten von Stellungen unmittelbar unterhalb des Hauptgipfels gut markiert.
Einkehr: Schutzhütte Oisternig/Feistritzer Alm (1722 m, wichtiger Stützpunkt im Ostteil des Karnischen Höhenweges, geöffnet je nach Wetter und Schneelage Mai bis September, 6 Lager, Tel. +39 338 8024020).
Karten: f&b 223, K 64, ÖK 3117-O.

Tiefblick in das Gailtal (Pressegger See und Spitzegel).

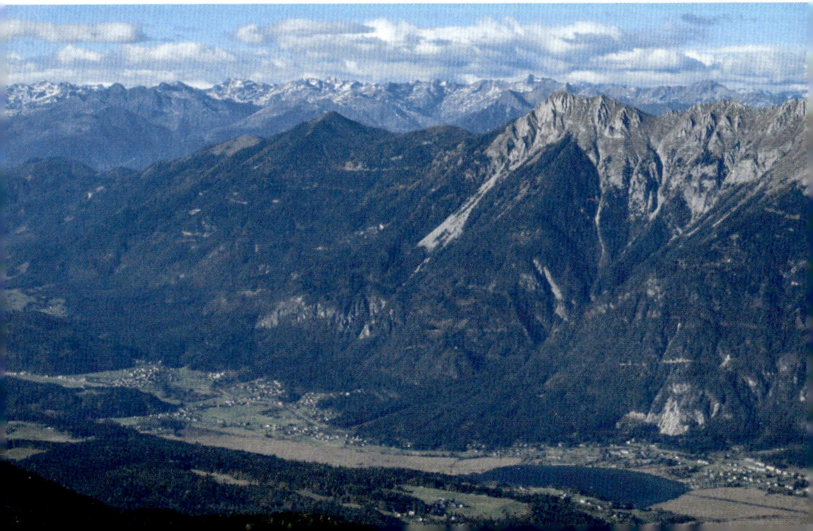

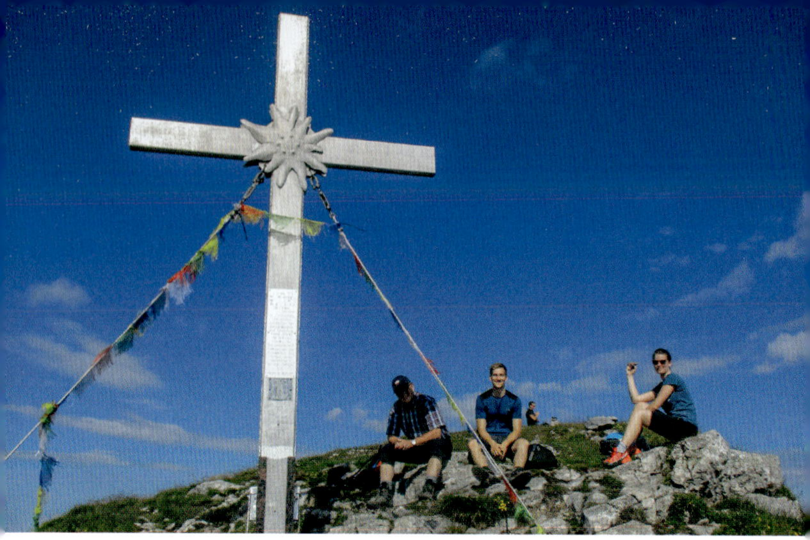

Das Kreuz auf dem Ostgipfel.

Vom westlichen Rand des Almdorfes auf der **Feistritzer Alm** ❶ folgen wir dem WW »Oisternig Ostkamm, Weg 482«. Wir halten uns oberhalb der Hütten nach rechts aufwärts und erreichen über eine Almwiese ein Schotterfeld, das wir nahe seinem oberen Rand zum **Ostkamm** ❷, 1854 m, queren. Der schmale Steig bringt uns durch Latschen und mit schöner Aussicht rasch hinauf auf den **Ostgipfel** ❸, 2035 m, mit Gipfelkreuz und -buch. Entlang des steilen Abbruches zum Gailtal erreichen wir auf einem deutlichen Steig in etwa 10 Min. den Hauptgipfel des **Oisternig** ❹, 2052 m. Die prachtvolle Aussicht lädt zu einer längeren Gipfelrast ein.
Für den Abstieg halten wir uns vom Gipfel genau nach Süden (!), wo wir nach etwa 50 Metern auf eine italienische Stellung aus der Zeit zwischen den beiden Weltkriegen stoßen. Hier sehen wir auch die erste rot-weiß-rote Markierung für den meist breiten Weg 481, der uns durch die Südflanke zurück zum Ausgangspunkt auf der **Feistritzer Alm** ❶ bringt.

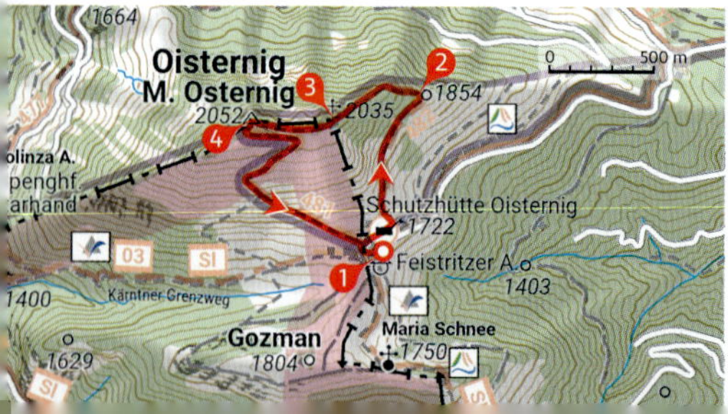

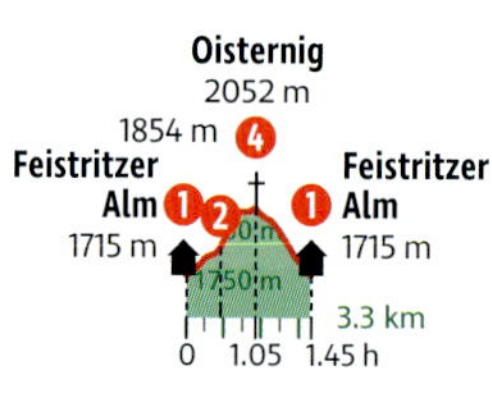

↗ 1700 m | ↘ 1700 m | 22.2 km

10.00 h

✗

Spitzegel, 2119 m, und Vellacher Egel, 2108 m

9

Große Überschreitung hoch über dem Pressegger See

Wenn Ehrgeiz und Kondition nicht schwach sind, kann man die Tour auf den Spitzegel bei etwa gleichem Zeitaufwand und ähnlich langer Gesamtstrecke, aber etwas mehr Höhenmetern durch einen Ritt von Egel zu Egel noch interessanter gestalten. Die Mühen werden belohnt durch herrliche Landschaftsbilder – und durch die großartige Aussicht von den beiden Gipfeln.

Ausgangspunkt: Haltestelle Vellach-Khünburg, 589 m, an der S-Bahn-Linie 4 Villach–Arnoldstein–Hermagor (Stundentakt). Wenige Meter entfernt an der B 111 Haltestelle Vellach–Khünburg Bhf. der Buslinie 8572 Villach–Hermagor (nur Mo–Fr wenn Werktag, nur wenige Kurse). Bei Zufahrt mit dem Pkw Beginn der Tour beim Fahrverbots-Schild am nordöstlichen Ortsende von Khünburg. Navi: N46.63123 E13.40862.
Anforderungen: Anspruchsvolle Bergtour, nur für Geübte! Aufstieg bis zur Obervellacher Alm überwiegend auf Forststraße. Am Gipfelaufbau des Spitzegels leichte Kletterei (keine Sicherungen!). Übergang zum Vellacher Egel am teilweise ausgesetzten Grat. Abstieg vom Vellacher Sattel anfangs durch steile Wiesen, dann teils Bergweg, teils Forststraße. Trittsicherheit, Schwindelfreiheit und gute Kondition unbedingt erforderlich. Wegen der langen Gehzeit die Tour keinesfalls bei unsicherer Wetterlage unternehmen!
Einkehr: Laudinzenhütte auf der Obervellacher Alm (1676 m; nur im Sommer bewirtschaftet).
Hinweis: Wenn man nicht die Überschreitung unternimmt, sondern vom Spitzegel auf dem Anstiegsweg zurückkehrt, beträgt die Gehzeit rund 8 Std.
Karten: f&b 223, K 60, ÖK 3111-W.

Blick vom Spitzegel über das Gitschtal zum Reißkofel.

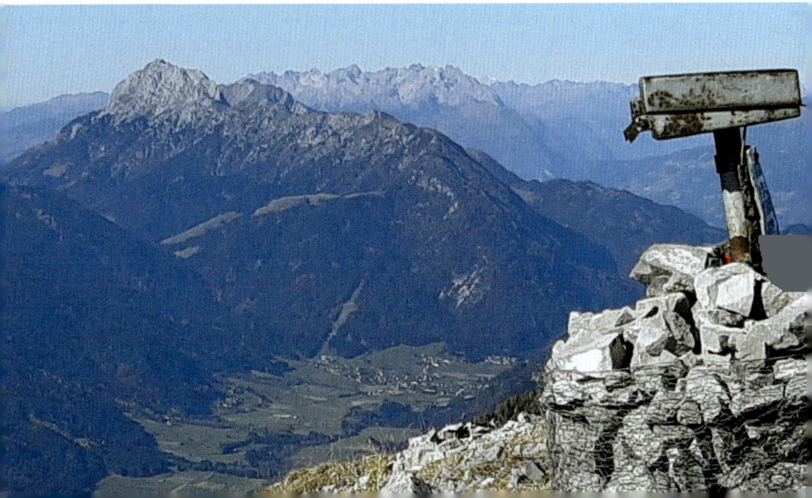

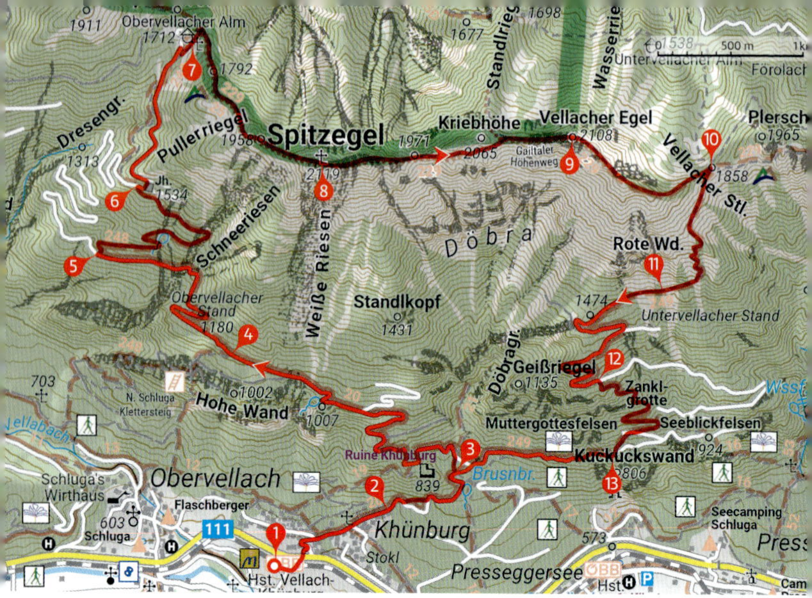

Von der Bahnhaltestelle **Vellach-Khünburg** ❶, 589 m, gehen wir unter der Bahn und der Bundesstraße durch und hinauf zum nordöstlichen Ortsrand von **Khünburg** ❷, 650 m. Wir folgen dem Weg 249 bis zu einer **Abzweigung** ❸, 750 m. Von hier führt uns der Weg 20 oberhalb der Ruine Khünburg vorbei nach Westen. Wir kommen zu einem »Bründl«, etwa 15 Min. später mündet der **Weg 248** ❹, 1080 m, von Obervellach ein, dem wir weiter folgen. Mit Missvergnügen nehmen wir ein Abwärtsstück zur Kenntnis (die Nicht-Überschreiter des Spitzegels wünschen sich ein Fahrrad), doch dann verlassen wir bei einer **Abzweigung** ❺ in etwa 1200 m Höhe die Forststraße, um über 350 Hm eine Abkürzung durch den Wald (inklu-

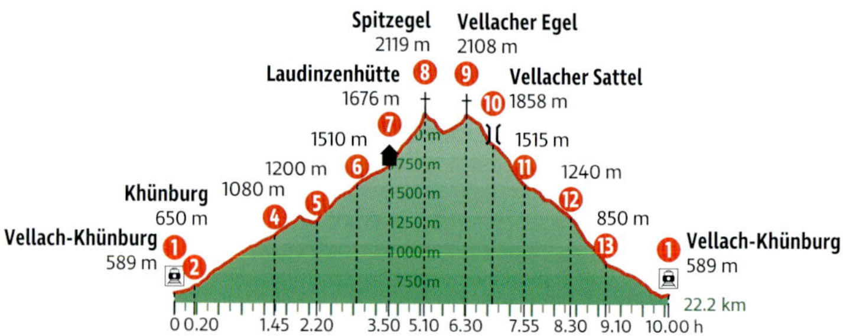

sive »Bründl Nr. 2«) zu nehmen. Beim Wiedererreichen der **Forststraße 6**, 1510 m, queren wir diese nicht nach links, wie manche Karten uns nahelegen, sondern gehen kurz nach rechts, dann abkürzend über die Wiese an einer Almhütte vorbei und bleiben danach auf der Forststraße bis zur Obervellacher Alm mit der **Laudinzenhütte 7**, 1676 m, und einem Wegkreuz (1712 m) auf der Almwiese. Nach wenigen Metern erreichen wir den Gailtaler Höhenweg 229, dem wir vorerst bis zum Gipfel des **Spitzegels 8**, 2119 m, und anschließend darüber hinaus folgen. Der Rundblick ist fantastisch, er reicht u. a. bis zum APC der Dolomiten (Antelao-Pelmo-Civetta). Beim Weitergehen nach Osten folgen wir dem Gailtaler Höhenweg 229. Zuerst muss ein wenig (ab)geklettert werden. Bald queren wir den Südhang der Kriebhöhe und erreichen nach etwa einer Stunde den **Vellacher Egel 9**, der mit 2108 m fast gleich hoch ist wie der Spitzegel. Es kommen nun schlappe 1400 Höhenmeter Abstieg auf uns zu. Vorerst geht es noch eine knappe halbe Stunde am Kamm weiter. Dieser Weg Richtung Vellacher Sattel ist z. T. »doppelgleisig«, was aber kein Grund zur Beunruhigung sein soll, denn beide Äste sind zielführend. Im **Vellacher Sattel 10**, 1858 m, ist der letzte »Egel« abgeritten. Bitte nicht vergessen, am Sattel den Weg 229 zu verlassen und bergab nach rechts den Weg 249 zu nehmen – jetzt sind es »nur« noch 1200 Höhenmeter. In etwa 1515 m Höhe erreichen wir eine **Forststraße 11**, auf etwa 1240 m Höhe zweigt nach rechts ein **Steig 12** ab, der die Forststraße doch erheblich abkürzt. Diese Abkürzung ist eher schlecht als recht markiert und auch ein wenig verwildert (man benötigt ein bisschen »Nase«). Nach etwa 45 Min. treffen wir wieder auf die **Forststraße 13**, 850 m, auf der wir uns rechts halten und über die **Abzweigung 3** und den Ortsrand von **Khünburg 2** zu unserem Ausgangspunkt, der Haltestelle **Vellach-Khünburg 1**, zurückkehren.

Der ausgesetzte Grat zum Vellacher Egel; rechts hinten die Villacher Alpe.

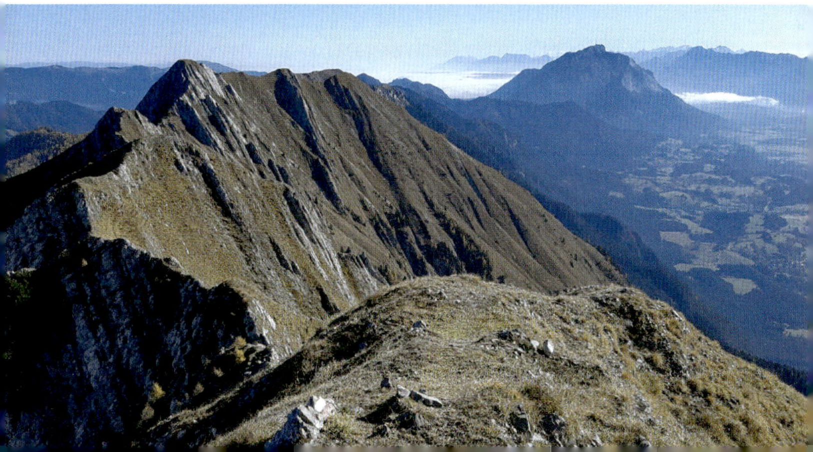

↗ 440 m | ↘ 440 m | 7.6 km

10 St. Steben, 1003 m

3.00 h

Zu einer kleinen Kirche hoch über dem Gailtal

Im steilen Südhang der Graslitzen steht auf einer Lichtung die erstmals 1466 urkundlich genannte Filial- und Wallfahrtskirche »Zum heiligen Stephan Papst«. Sie ist dem heiligen Stephan geweiht, der von 254 bis 257 Papst war. Durch die Erdbeben des Jahres 1976 wurden die Kirche und das benachbarte »Stebnarhaus« stark beschädigt. In diesem Haus lebten noch bis vor wenigen Jahrzehnten Familien, die mit der Feuerwache für die umliegenden Ortschaften betraut waren: im Alarmfall läuteten sie die Kirchenglocken. Die Kirche wurde restauriert, und an der Stelle des ehemaligen Stebnarhauses hat ein heimischer Architekt ein schönes Bauernhaus errichtet.

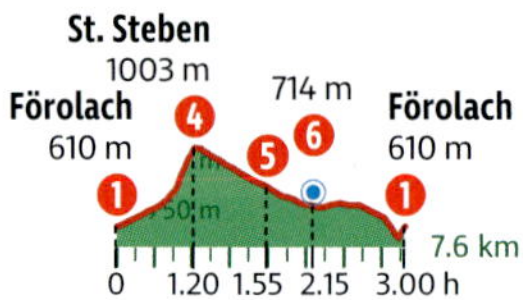

Ausgangspunkt: Förolach, 610 m, kleiner Ort an der B 111 Gailtal Straße. Haltestelle der Buslinie 8572 Villach–Arnoldstein–Hermagor (nur Mo–Fr wenn Werktag, nur wenige Kurse). Von der Haltestelle Görtschach-Förolach der S-Bahn-Linie 4 Villach–Arnoldstein–Hermagor (Stundentakt) etwa 1 km. Parkplätze für 8 Pkw neben der B 111, weitere 4 Parkplätze an der Friedhofsmauer, beide nahe der Kirche. Navi: N46.628815 E13.471966.

Anforderungen: Nur die letzten 200 Hm zur Kirche steiler Steig mit vielen Kehren; einige etwas ausgesetzte Abschnitte und hohe Stufen, daher nur für Kinder ab etwa acht Jahren geeignet. Sonst breite Wald-, Wiesen- und Forstwege, auch Asphaltstraßen.

Einkehr: Unterwegs keine.

Varianten: Ganz leicht sind die Wege von St. Stefan oder Köstendorf nach St. Steben.

Karten: f&b 223, K 64, ÖK 3111-W.

Von der Bundesstraße in **Förolach** ❶ gehen wir, an der Kirche vorbei, durch den Ort nach Norden. Wir kommen nach wenigen Minuten zu einer Straßenkreuzung mit Brunnen und zahlreichen Wegweisern. Unser Weg Richtung St. Steben trägt die Nummer 56. Vor einer großen **Schottergrube** ❷, 660 m, biegen wir nach rechts ab. Auf einer kleinen Kuppe verlassen wir bei einer **Abzweigung mit WW** ❸, 700 m, den Fahrweg nach links auf einen vorerst breiten Waldweg. Bald wird der Weg zu einem schmalen Steig, der steil über einen Kamm führt, der vom Geißrücken herunterzieht. Links von uns sehen wir einen wilden Graben mit steilen Felswänden. Wir kommen zu einer kleinen Wiese mit einem Bildstock und einer Bank; die schöne Aussicht lädt zu einer Rast ein. Nun sind es nur mehr etwa 15 Min. zur Kirche **St. Steben** ❹, 1003 m. Weit reicht von hier der Blick ins Gailtal, zum Pressegger See mit seinem breiten Schilfgürtel und zu den Bergen im Süden. Nach Osten beherrscht der mächtige Dobratsch das Panorama. Neben der Kirche steht ein neues Haus mit einer Bank davor. Den wunderschönen Platz möchte man gar nicht so schnell wieder verlassen.

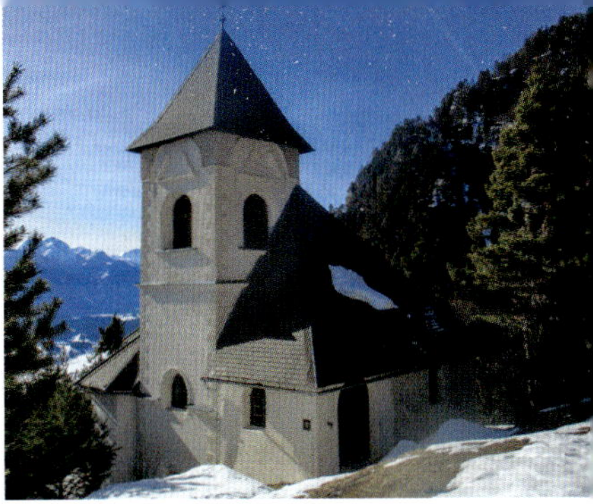

Die kleine Kirche St. Steben.

Für den Abstieg wählen wir den Fahrweg, der mit geringem Gefälle Richtung Osten führt. Wir kommen an einigen Wegkreuzen vorbei; auch Schotterrinnen sind zu queren. Die Abzweigung des Weges 17 nach Siebenbrünn lassen wir unbeachtet. Erst weiter unten biegen wir nach etwas mehr als einer halben Stunde Gehzeit ab der Kirche schräg nach rechts auf den **Weg 4a** ❺, 810 m, Richtung Siebenbrünn ab. Ich schlage vor, diese Forststraße am Beginn der rund 50 ha großen »Siebenbrünner Weide« zu verlassen und am Rand der Wiese den Steigspuren nach rechts (Westen) zu folgen. (Man kann auch noch bis zu den ersten Häusern weitergehen und von dort nach rechts den Biowanderweg Siebenbrünn, Weg Nr. 23, nehmen.) Entlang des Waldrandes kommen wir zu zahlreichen **Quellen** ❻, 714 m, die hier aus dem Schotter am Hangfuß des Geißrückens austreten. Hier treffen wir auf WW mit der Bezeichnung »Biowanderweg Siebenbrünn«, Weg Nr. 23. In einem Bogen wandern wir in etwa 5 Min. zu einer Straße, der wir nach rechts folgen. Wir erreichen ein einzelnes Anwesen, an dem wir unmittelbar links vorbeigehen; die Zäune haben hier einen Durchgang für Wanderer. Über eine Wiese kommen wir zu den wenigen Häusern von Siebenbrünn. Beim rechten Haus erwartet uns lautes Hundegekläff; »Hundebetreuung« steht auf einem Schild. Bald sind wir bei der **Abzweigung** ❸ des Aufstiegsweges, womit unsere Runde geschlossen ist. Nun ist es nicht mehr weit zurück nach **Förolach** ❶.

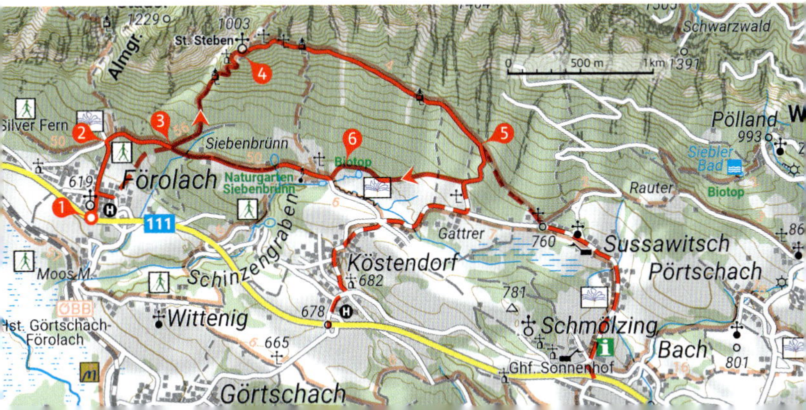

↗ 70 m | ↘ 70 m | 5.9 km

11 Rund um den Pressegger See

1.30 h

Erlebnisreiche Wanderung um die »Badewanne des Gailtals«

Unter den Kärntner Seen nimmt der Pressegger See mit seiner Größe von 0,55 km² die neunte Stelle ein. Doch mit den sommerlichen Wassertemperaturen liegt er gleichauf mit dem Klopeiner See – beide erreichen bis zu 28°C! Unsere Wanderung, die uns auch durch die ausgedehnten Verlandungsflächen im Westen und Osten des Sees führt, ist zum Teil als Erlebnisrundweg ausgeschildert.

Ausgangspunkt: Haltestelle Pressegger See der S-Bahn 4 Villach–Hermagor, 573 m (Stundentakt); hier keine Parkmöglichkeit. Bushaltestelle der Linie 8572 Villach–Nötsch–Hermagor in unmittelbarer Nähe vom Alpen-Adria-Hotel an der Passriacher Landesstraße (wenige Kurse, nur werktags Mo–Fr). Große Parkplätze an der Landesstraße beim Erlebnispark Pressegger See (etwas östlich des Alpen-Adria-Hotels) oder beim Strandbad Hermagor (etwas westlich davon); beschilderte Zufahrten von der B 111 Gailtal Straße. Navi: N46.631420 E13.436490.

Anforderungen: Ganz leichte Wanderung ohne Gefahrenstellen, als »Seerundweg Nr. 73« beschildert. Entlang der Landesstraße Gehsteig, sonst durchwegs gute Wege oder Steige, über kurze Strecken schmal und auch etwas steil, mit einigen Stufen, daher nicht für gehbehinderte Personen geeignet.
Einkehr: In den Strandbädern und in den Lokalen an der Landesstraße.
Tipp: Besuch des 1. Kärntner Erlebnisparks Pressegger See (»Action, Spaß und Unterhaltung für Jung und Alt«).
Karten: f&b 223, K 60, ÖK 3111-W.

Sumpf-Stendelwurz.

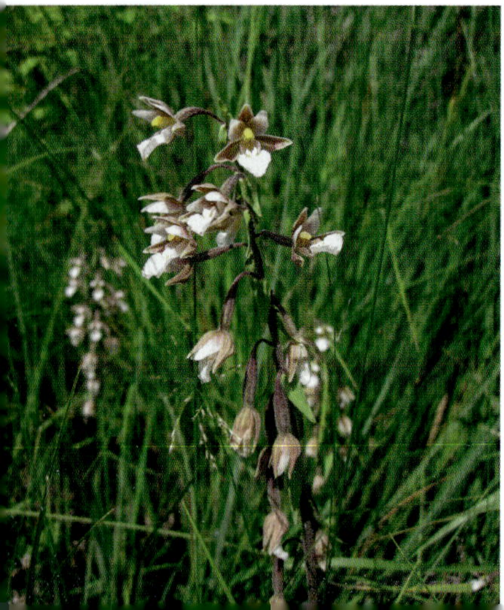

Von der **Haltestelle Pressegger See ❶** gehen wir wenige Meter hinunter zur Landesstraße, wo wir uns auf dem Gehsteig nach rechts halten; an seinem Ende biegen wir links ab. Mit schönem Blick zum Gartnerkofel und zum Trogkofel führt uns ein breiter Schotterweg durch das Röhricht des Mooses im Westen des Pressegger Sees zu einem **Parkplatz ❷**, 568 m, wo wir uns links halten. Der Weg wird zu einem schmalen Steig; zwischen dem See und einem kleinen Rücken (598 m) verläuft er entlang oder knapp oberhalb des Ufers. Über Stufen kommen wir zum derzeit geschlossenen Hotel Seerose (Stand 2024) und zu den Seeappartements Pressegger

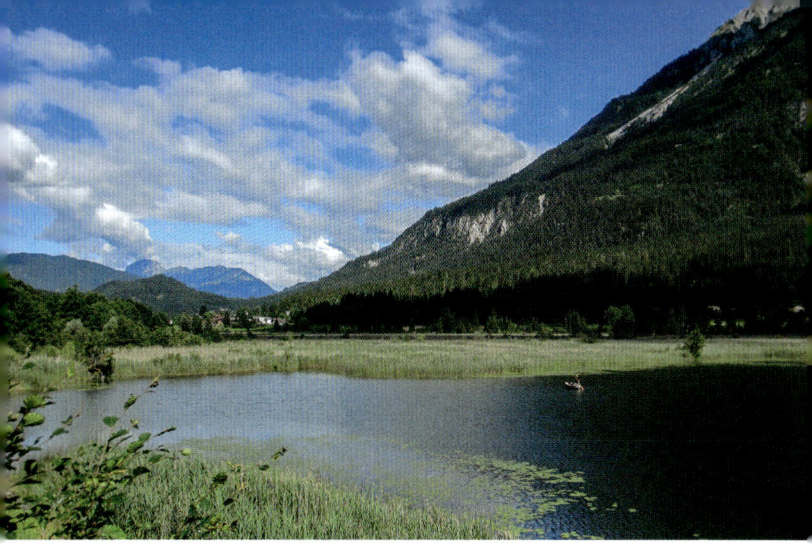

Große Schilfbestände am Westufer des Pressegger Sees.

See Süd. Ein asphaltierter Fahrweg bringt uns hinauf zur Passriacher Landesstraße und nach links an das östliche Ortsende von **Passriach** ❸, 592 m (WW), wo wir auf einer steilen Straße 60 m zu einem weiteren WW hinuntergehen. Ein breiter Schotterweg führt uns in den Talboden und durch den Bruchwald in die Röhrichtzone am Ostufer des Pressegger Sees. Am Erlebnispunkt 7 lädt eine Bank zur Rast ein. Auf einer Brücke überqueren wir den **Seebach** ❹, 558 m, der den Pressegger See zur Gail hin entwässert. Im Osten beherrscht der mächtige Dobratsch das Bild. Links und rechts des Weges können wir See- und Teichrosen sowie Sumpf-Stendel (eine Orchidee) entdecken. Wir treffen auf die ersten Häuser, wo wir links, an der Kirche von Presseggen vorbei, zu einer Eisenbahnkreuzung gehen. Wir folgen der Nebenstraße kurz nach links, dann gleich wieder nach rechts und hinaus zur Landesstraße, neben der wir an Bädern und Hotels vorbei zu unserem Ausgangspunkt, der **Haltestelle Pressegger See** ❶, zurückkehren.

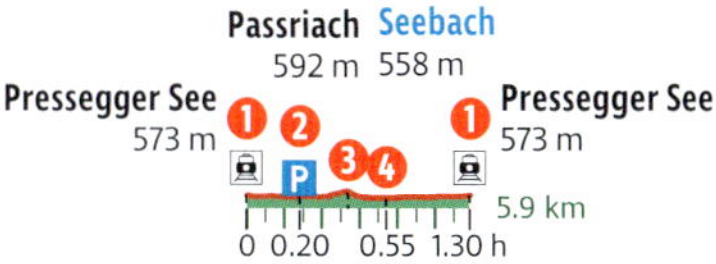

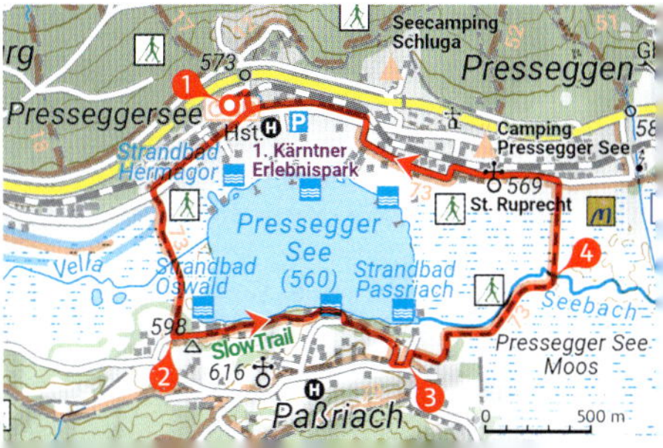

↗ 1570 m | ↘ 1570 m | 12.0 km

12 Graslitzen, 2044 m

7.00 h

Lange, einsame und anspruchsvolle Rundtour über dem Unteren Gailtal

Wie die beiden benachbarten Gipfel Spitzegel und Vellacher Egel bietet auch die östlich anschließende Graslitzen eine Rundtour mit großem Höhenunterschied – samt herrlichen Blicken in das Gailtal hinunter und zur Bergwelt im Norden wie im Süden.

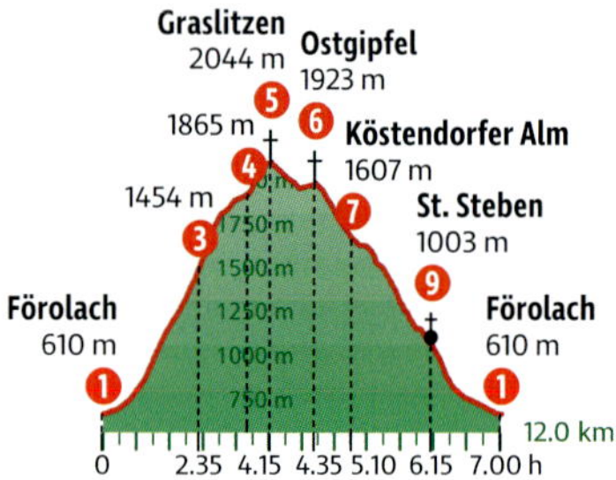

Ausgangspunkt: Förolach, 610 m, kleiner Ort an der B 111 Gailtal Straße. Haltestelle der Buslinie 8572 Villach–Arnoldstein–Hermagor (nur Mo–Fr wenn Werktag, nur wenige Kurse). Von der Haltestelle Görtschach-Förolach der S-Bahn-Linie 4 Villach–Arnoldstein–Hermagor (Stundentakt) etwa 1 km. Parkplätze für 8 Pkw neben der B 111, weitere 4 Parkplätze an der Friedhofsmauer, beide nahe der Kirche. Navi: N46.628815 E13.471966.
Anforderungen: Nur für Geübte! Aufstieg und Abstieg, abgesehen von Wegen in Ortsnähe, durchwegs auf schmalen, steilen Bergpfaden. Trittsicherheit und gute Kondition erforderlich.
Einkehr: Unterwegs keine.
Karten: f&b 223, K 64, ÖK 3111-W.

Von der **Bushaltestelle Förolach** ❶ (oder vom Parkplatz vor der Kirche) gehen wir nach Norden, am Dorfbrunnen vorbei, wo eine Stange mit vielen gelben Tafeln prunkt. Dafür ist knapp 400 m weiter Sparsamkeit angesagt: Nur ein hingekritzeltes »54« weist den Weg nach rechts. Nach weiteren 100 m biegen wir links ab beim **Abzweig Richtung Förolacher Alm** ❷, 665 m. Der Weg ist gut markiert, aber nur mittelprächtig gepflegt und führt durch steilen Mischwald aufwärts, wobei man im Altweibersommer mit dem Kopf die Spinnweben abräumt. Im Almgraben wird auf Firlefanz wie Serpentinen verzichtet, es geht direkt hinauf, bis man den Graben nach einer guten Stunde in einer Höhe von etwa 1050 m verlässt. Dann wird es etwas gemütlicher, aber immer noch so, dass man gute Höhenmeter macht. Nach einer **Jagdhütte** ❸, 1454 m, wird das Gelände langsam offener. In etwa 1700 m Höhe folgt eine Querung nach links, bis man nach gut drei Stunden auf den **Gailtaler Höhenweg (GHW 229)** ❹, 1865 m, trifft. Dann sind es nicht ganz 40 Min. bis zum Gipfel der **Graslitzen** ❺, 2044 m, die letzte Viertelstunde am Grat bzw. knapp links oder rechts davon.
Für den Weiterweg am GHW ist nicht ganz klar, ob man zum kahlen Gelände Rücken oder Grat sagen soll. Jedenfalls ist bei starkem Wind, der hier häufig vorkommt, große Vorsicht geboten. Vom Gipfel nach Osten bis zum

»Gratgipfel« mit Gipfelkreuz (= **Ostgipfel** 6, 1932 m) ist rund eine halbe Stunde inklusive Gegensteigung einzurechnen.

Dann geht es endgültig runter. Im Bereich der **Köstendorfer Alm** 7, 1607 m, ist auf der kleinen Schleife nach Norden ein neuer Forstweg mehrfach zu queren. Bei der Abzweigung vom GHW auf den Weg 56 am **Geißrücken** 8, 1527 m, sieht man zwar gelbe Schilder, doch fehlt die (Gemeinde-)Tafel für den Weg 56 Richtung Südwesten; die Markierungen sind freundlicherweise vorhanden (aber wie beim Weg 54 würde diesem Weg etwas Pflege gut tun). Von der Wallfahrtskirche **St. Steben** 9, 1003 m, steigt man ins Tal zur **Abzweigung Siebenbrünn** 10, 700 m, ab und ist nach einer guten halben Stunde zurück in **Förolach** 1.

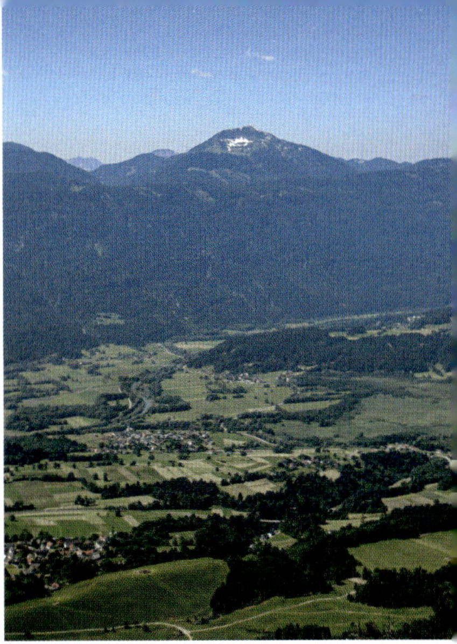

Blick über das Gailtal zum Poludnig.

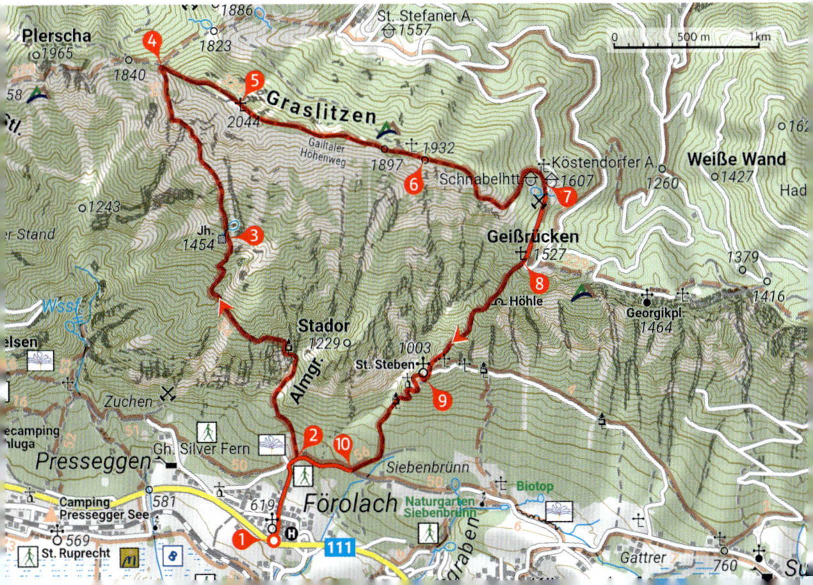

↗ 800 m | ↘ 800 m | 9.2 km

13 Tschekelnock, 1894 m

4.15 h

Auf eine Aussichtskanzel zwischen Gail- und Drautal

Der Tschekelnock ist vom Hauptkamm der Gailtaler Alpen etwas nach Norden abgerückt. Er bietet eine besonders schöne Aussicht, vor allem zum nahen Dobratsch. Sehr lohnend ist die Tour im Frühjahr, wenn unzählige Schneerosen den Weg säumen, oder im Herbst, wenn über den Tälern schon der Hochnebel liegt.

Ausgangspunkt: Windische Höhe, 1110 m. Von der Haltestelle St. Stefan–Vorderberg der S-Bahn-Linie 4 Villach–Hermagor (Stundentakt) mit dem GO-Mobil St. Stefan im Gailtal (Tel. +43 664 603 603 9623). Von der B 111 Gailtal Straße zwischen Hermagor und Nötsch 4,5 km. Von der B 100 Drautal Straße bei Feistritz an der Drau rund 15 km. Von der AS Paternion-Feistritz der A 10 Tauern Autobahn 12,5 km. Parkplatz für etwa 10 Pkw nahe der Passhöhe. Weitere Parkplätze rund 200 m südlich bei zwei Gasthäusern. Navi: N46.635756, E13.546693.

Anforderungen: Mäßig schwierige Bergtour, streckenweise auf steinigen, steilen und anstrengenden, aber guten Steigen. Für geübte Kinder ab etwa 12 Jahren interessante Tour. Im Gipfelbereich Trittsicherheit erforderlich und besondere Vorsicht bei Schneelage oder Vereisung! Einige Abschnitte auch auf Forststraßen. Gesamte Tour gut markiert und beschildert.

Einkehr: Unterwegs keine. Alpengasthöfe »Zum Enzian« und »Windische Höhe«, beide nahe dem Ausgangspunkt.

Karten: f&b 223, K 64, ÖK 3111-O.

Vom Parkplatz auf der **Windischen Höhe** ❶ sehen wir beim Überstieg über den Zaun schon die gelben WW, von denen der unterste unser Ziel angibt. Auf einem Steig geht es über die Wiese in den Wald. Wir kreuzen oder berühren einige Male eine Forststraße und erreichen die **Abzweigung des Weges 229** ❷, 1340 m (Gailtaler Höhenweg Richtung Graslitzen, WW). Nun

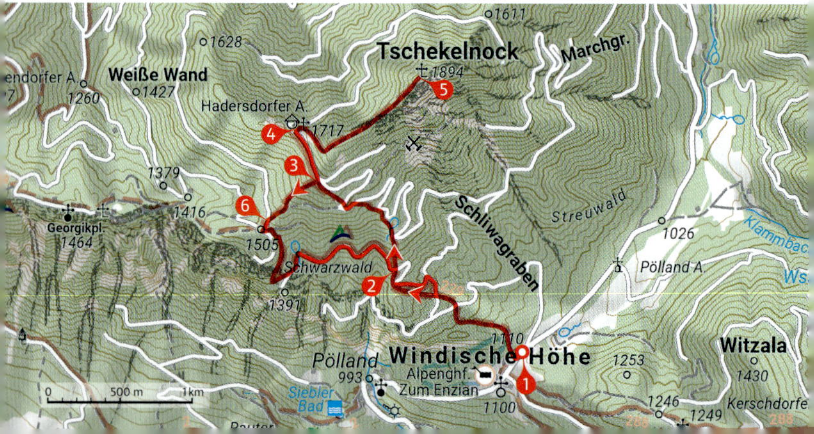

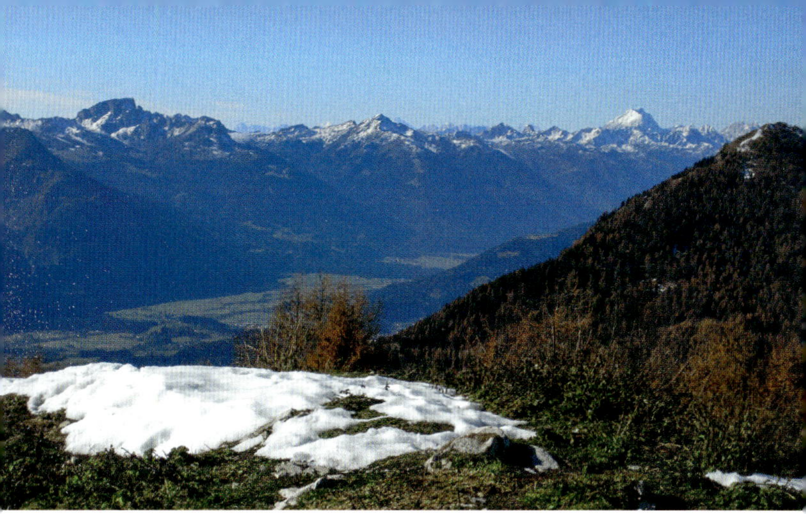

Jenseits des Gailtales – der Karnische Hauptkamm vom Trogkofel bis zur Hohen Warte.

wird der Steig steiler, streckenweise auch steinig. Wir sehen einen Brunntrog, den eine Wasserleitung speist. Abermals kreuzen oder berühren wir mehrmals eine Forststraße, der wir ab einem **Abzweig zur Köstendorfer Alm** ❸, 1670 m (WW), nach links folgen. Nach wenigen Minuten sind wir bei der **Hadersdorfer Alm** ❹, 1717 m, mit Wiese und Bildstock. Wir wenden uns scharf nach rechts und gehen auf dem Steig meist in Kammnähe zum freien, steilen Gipfelhang des Tschekelnocks. In Kürze haben wir unser Ziel, den **Tschekelnock** ❺, 1894 m, mit Kreuz und Gipfelbuch erreicht.
Der Abstieg bringt uns über die **Hadersdorfer Alm** ❹ zurück zum **Abzweig Richtung Köstendorfer Alm** ❸. Auf ihm geht es recht steil hinunter zu einer **Forststraße** ❻, 1515 m, der wir mit dem WW »Windische Höhe, Weg 229« kurz nach links folgen. Bald zweigt unser Steig nach rechts ab und erreicht eine weitere Forststraße, auf der wir durch einige Gräben die **Abzweigung des Weges 229** ❷ von unserem Aufstiegsweg erreichen. Wir können die Kehre der Forststraße abkürzen und dann der Forststraße nach links folgen. Bei der nächsten Verzweigung halten wir uns rechts und nehmen wenige Minuten später wieder unseren Aufstiegsweg, auf dem wir zum Ausgangspunkt auf der **Windischen Höhe** ❶ zurückkehren.

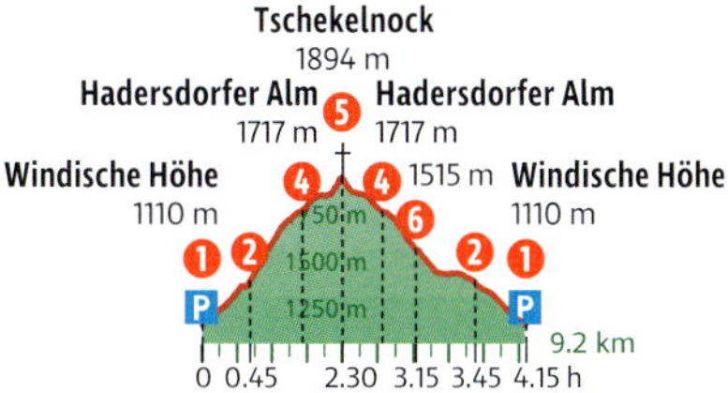

↗ 1050 m | ↘ 1050 m | 13.5 km

14 Laka, 1851 m

6.00 h

Steile Hänge und Wege im Süden des Weißensees

Den östlichen Teil des Weißensees kann man mit einem norwegischen Fjord vergleichen: Steil fallen zu beiden Seiten die Flanken der stark bewaldeten Berge gegen das völlig unverbaute Ufer des Sees ab. Der recht unscheinbare Gipfel im Süden, der den See aber um 900 m überragt, ist die Laka. Wir überschreiten sie auf einer einsamen Wanderung von Ost nach West und kehren mit dem Linienschiff zu unserem Ausgangspunkt zurück.

Ausgangspunkt: Großer Parkplatz unweit des Weißensee-Ostufers, 940 m. Kaum brauchbare Busverbindungen: Kärnten Bus 5160 von Feistritz/Drau über Zlan bis Stockenboi, Abzw. Unteralm, Postbus 5171 von Spittal/Drau oder von Villach mit Umsteigen in Feistritz/Drau bis Haltestelle Mauthbrücken (alle nur Mo–Fr, wenn Werktag). Weiterfahrt mit dem GO-Mobil Stockenboi (Bestellung unter +43 664 603 603 9714). Zufahrt mit dem Pkw nur vom Unteren Drautal aus möglich: 18 km von der B 100 in Mauthbrücken, je etwa 20 km von der B 100 in Feistritz an der Drau oder von der A 10, AS Paternion–Feistritz, über Zlan und Stockenboi; grüne WW »Weißensee Ostufer«. Navi: N46.699043 E13.416148.
Endpunkt: Schiffsanlegestelle Paterzipf, 936 m. Die Schiffe auf dem Weißensee verkehren vom 1. Mai bis 26. Okt., Fahrpläne unter weissensee-schifffahrt.at/de/fahrplan.
Anforderungen: An mehreren Stellen im Aufstieg Trittsicherheit und auch Schwindelfreiheit sowie insgesamt gute Kondition erforderlich. Keinesfalls bei Schneelage begehen! Im Gegensatz zu den Angaben auf den WW nur mäßig schwierige Bergtour, streckenweise auf steinigen, sehr steilen und anstrengenden, aber meist guten Steigen. Kurze Abschnitte auch auf Forststraßen. Gesamte Tour gut markiert und beschildert.
Einkehr: Auf den Schiffen der Weißensee-Schifffahrt und im Gasthof Dolomitenblick nahe dem Ausgangspunkt.
Variante: Die Zufahrt zum Ausgangspunkt ist von den Orten am Weißensee

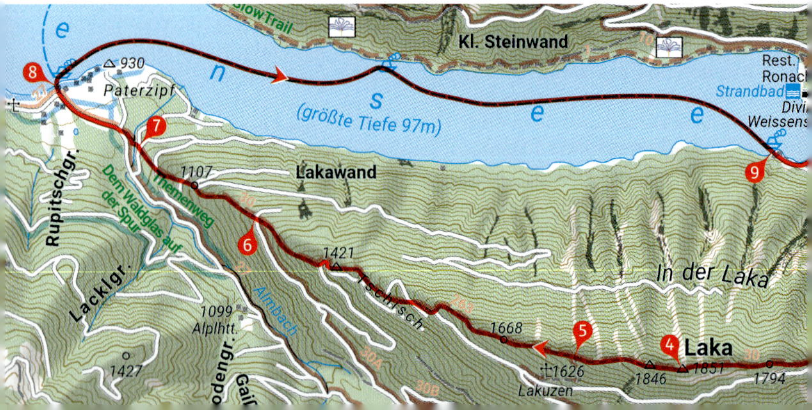

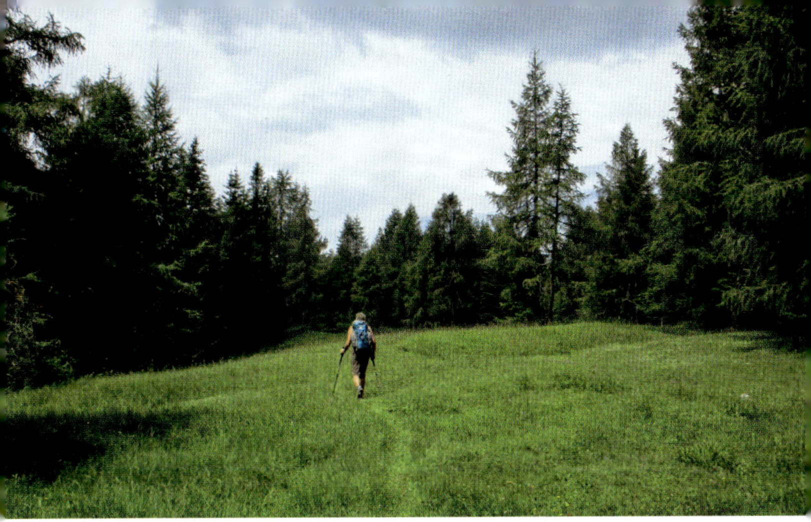

Der einsame, sanfte Rücken der Laka.

sehr gut mit dem Linienschiff möglich, ebenso die Rückfahrt ab der Schiffsanlegestelle Paterzipf.
Hinweise: 1. In der angegebenen, ausreichend bemessenen Gehzeit ist die Rückfahrt mit dem Schiff (30 Min.) nicht enthalten. – 2. Der in vielen Karten noch als markiert eingetragene Weg zum Anwesen Bichlbauer, der früher nach etwa 30 Min. von unserem Anstieg abzweigte und den Abstieg zur Farchtensee Landesstraße vermied, ist nicht mehr begehbar!
Karten: f&b 223; K 060, 64; ÖK 3111-O.

Vom Parkplatz nahe dem **Weißensee-Ostufer** ❶ gehen wir von einem WW auf einem breiten Geh- und Radweg entlang des Weißenbaches talaus. Bei einem Stauwehr biegen wir nach rechts auf einen Waldweg ab, der uns zur Landesstraße hinüberbringt. Nach etwa 800 m verlassen wir die Straße bei den **WW »Laka, Bichlbauer«** ❷, 922 m, nach rechts auf einen Güterweg. Südlich des Gehöfts Bichlbauer beginnt ein Steig, der meist recht steil bergauf führt und dabei mehrmals eine Forststraße berührt oder quert. Nach etwa 1.15 Std. müssen wir auf die Markierung achten, die von der **Forststraße** ❸, 1109 m, scharf nach rechts oben zeigt. Vor einem Hochsitz halten wir uns kurz nach links auf die Forststraße,

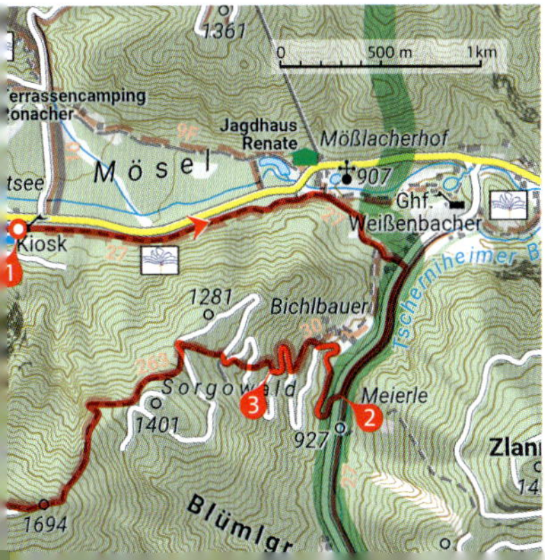

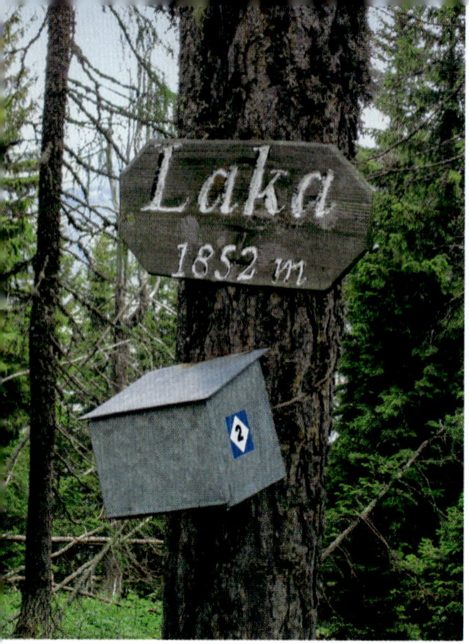

Der Gipfel der Laka ist erreicht.

gleich aber wieder rechts auf unseren Steig. Bald erreichen wir die steilen Abbrüche zum Weißensee. Hie und da sehen wir zum See hinunter und auf die gegenüberliegenden Berge der Latschur-Gruppe. Etwa 2.45 Std. nach dem Beginn unserer Tour erreichen wir den sanften, in Ost-West-Richtung verlaufenden Rücken der Laka. Gemütlich wandern wir nun durch kleine Wiesen und lockeren Wald dahin, allerdings bleibt die Aussicht wegen der hohen Bäume leider beschränkt. Kurz nach einem Stein des Vermessungsdienstes sind wir auf dem unscheinbaren Gipfel der **Laka** 4, 1851 m, mit Tafel und Kassette.

Für den Abstieg folgen wir dem Rücken nach Westen. Meist geht es nur mäßig steil bergab. An einigen Stellen sehen wir nach Süden zur Gruppe des Spitzegels, zum Golz und zur Naggler Alm; auch der schroffe Reißkofel zeigt sich im Westen. Zwei **Abzweigungen zur Bodenalm** 5, 1738 m, und 6, 1247 m, bleiben unbeachtet. Schon fast im Talboden treffen wir kurz vor dem **Almbach** 7, 982 m, wiederum auf eine Forststraße mit WW. Wir können ihr nach links über den genannten Bach folgen oder, kürzer, auf Steigspuren zum Almbach gehen und ihn überqueren. Nun ist es nicht mehr weit zu einer großen Wiese und zur **Schiffsanlegestelle Paterzipf** 8, 936 m, von der wir in 30 Min. mit dem Linienschiff zum **Dolomitenblick** 9, 936 m, am Ostufer des Weißensees fahren. Von hier sind es nur wenige Minuten zurück zum Parkplatz nahe dem **Weißensee-Ostufer** 1.

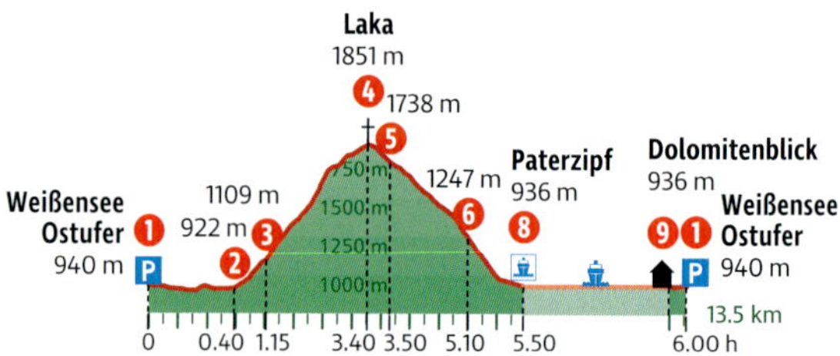

↗ 220 m | ↘ 220 m | 8.8 km

TOP

2.30 h

Weißensee-Nordufer, bis 1000 m

15

Traumwanderung am Ufer des höchstgelegenen Badesees Kärntens

Diese recht kurze, sehr schöne Wanderung bietet die einzige Möglichkeit, in Seenähe vom Westen des Weißensees dessen Ostufer zu erreichen. Hat man am Ronacherfels das letzte Haus hinter sich gelassen, gibt es bis zum Campingplatz und zum Strandbad der Gemeinde Stockenboi nur reine Natur – meist direkt am Ufer des Sees, manchmal auch hoch darüber. Für die Rückkehr nach Neusach empfehle ich die entspannte Fahrt mit dem Linienschiff.

Ausgangspunkt: Neusach, Umkehrschleife, 932 m. Haltestelle des Naturpark-Busses Weißensee (verkehrt 1. Mai bis 26. Okt. ab Kreuzberg Gh. Kreuzwirt über den großen Parkplatz in Praditz, westlich des Weißensees; Fahrplan unter naturparkshuttle.com/naturparkbus-weissensee). Vom Bahnhof Greifenburg-Weißensee (Halt der S-Bahn-Linie 1 Klagenfurt–Villach–Spittal–Millstätter See–Lienz; Stundentakt) Bus 5068 nach Neusach, Gh. Seefriede (nur Mo–Fr wenn Werktag, nur wenige Kurse). Bus 5066 von Hermagor nach Kreuzberg Gh. Kreuzwirt (hier Anschluss an den Naturpark-Bus; tägl., aber nur wenige Kurse, Sa/So/Feiertag als Rufbus). Bahnhof-Shuttle zwischen dem Bahnhof Greifenburg-Weißensee und dem Weißensee; (Anmeldung bis 20 Uhr des Vortages unter +43 4242 4200024). In Neusach großer gebührenpflichtiger Parkplatz. Zufahrt zum Parkplatz nur von Westen möglich: von der B 100 in Greifenburg oder von der B 111 in Hermagor auf der B 87 zum Gh. Kreuzwirt und von hier auf der L 7 Techendorfer Straße über Techendorf. Navi: N46.715105 E13.322774.

Anforderungen: »Rot« mit Tendenz zu »blau«. Sehr beliebter und, auch mit

Noch sind beide Ufer des Weißensees sanft.

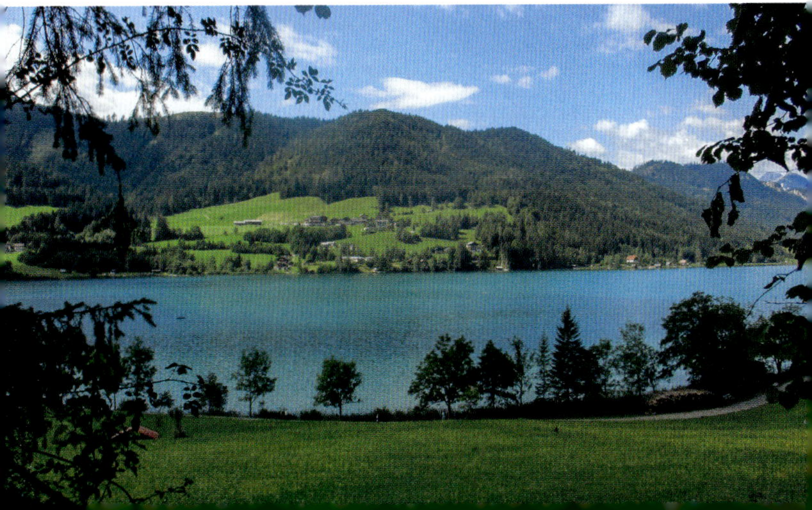

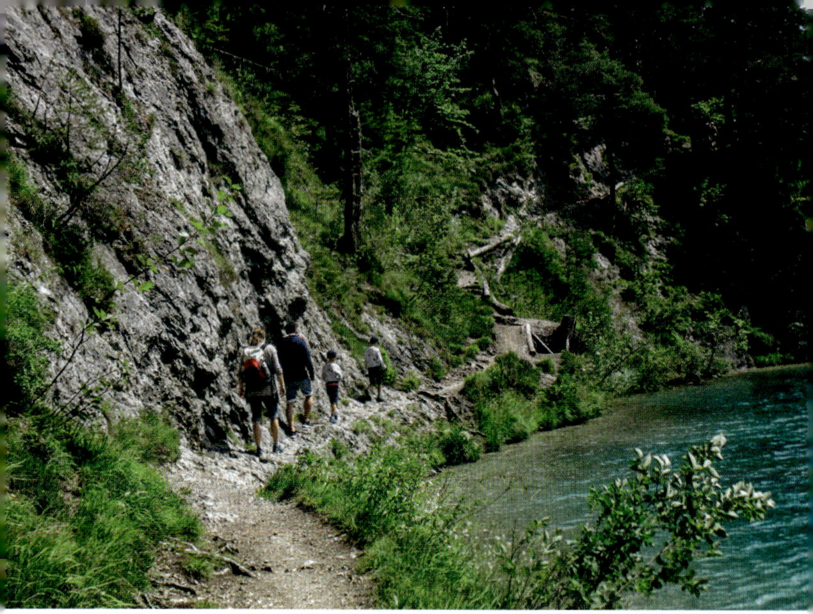

Steig am schmalen Nordufer des Weißensees.

Kindern, viel begangener Ausflug. Mit Ausnahme der Abschnitte im Bereich der Kleinen und der Hohen Steinwand, die Trittsicherheit und auch Schwindelfreiheit verlangen, ganz leichte Wanderung auf bequemen, breiten Wegen. Ab Kleiner Steinwand guter, aber schmaler Steig im steilen Hang, mit einigen hohen Stufen und Wurzeln, die nach Regen rutschig sein können. Hier Vorsicht mit Kindern! Gesamte Wanderung gut markiert und beschildert.
Einkehr: Seecafé Ronacherfels (Mo Ruhetag); Ronachers Einkehr beim Campingplatz und Strandbad der Gemeinde Stockenboi; Gasthof Dolomitenblick am Ende der Wanderung. Imbisse und Getränke auf den Linienschiffen.
Variante: Die Tour kann natürlich auch vom Ostufer des Sees aus unternommen werden: Wanderung entgegen dem unten beschriebenen Verlauf nach Neusach und Rückfahrt mit dem Schiff.

Hinweise: 1. Die aktuellen Fahrpläne für das Linienschiff sind abrufbar unter weissensee-schifffahrt.at/de/fahrplan. – 2. Alle öffentlichen Parkplätze in den Orten am Weißensee sind gebührenpflichtig!
Tipp: Badesachen mitnehmen.
Karten: f&b 223; K 60, 060; ÖK 3111-W.

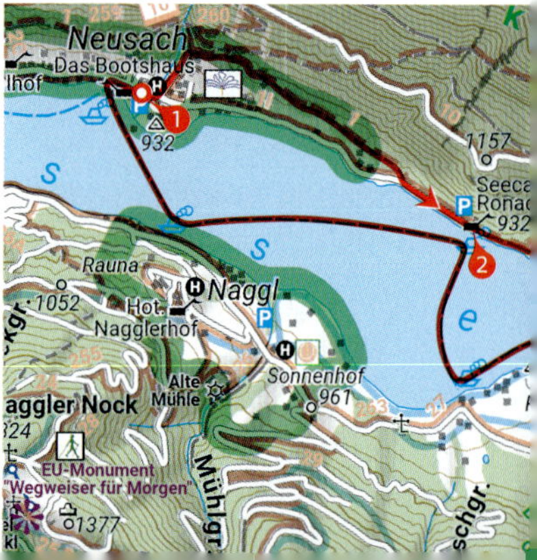

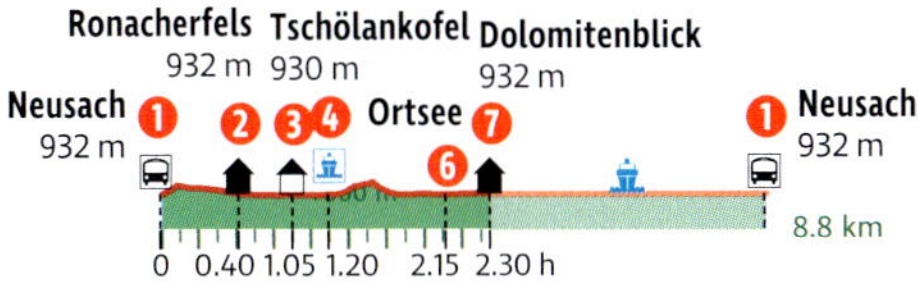

Von der Umkehrschleife in **Neusach** ❶ überqueren wir den Mühlbach und halten uns mit den WW für den Weg 1h gleich links hinauf gegen den Waldrand. (Wir können, etwas kürzer und völlig eben, aber auch gleich dem Weg 1i zum Ronacherfels folgen.) Nach dem letzten Haus gehen wir auf einem breiten Steig rechts gegen den Wald hinauf; schöner Blick über den See. Von der nächsten Kreuzung bringt uns der Weg 1 hinunter zum Fahrweg am Seeufer und bald zum **Seecafé Ronacherfels** ❷, 932 m. Bequem geht es auf einem breiten Wanderweg weiter zur **Unterstandshütte Tschölankofel** ❸, 930 m, mit benachbarter Quelle, und zur Schiffsanlegestelle **Kleine Steinwand** ❹, 931 m. Ab hier gibt es nur mehr einen schmalen, oft steilen und auch etwas ausgesetzten Steig (Tafel: »Für geübte Wanderer«), der die Felsen der Kleinen und der Hohen Steinwand bis etwa 60 m oberhalb des Sees umgeht. Nach dem Abstieg zum Seeufer wandern wir wieder sehr bequem zu den **Gosaria-Wiesen** ❺, 935 m, mit ihren Rastmöglichkeiten. Beim folgenden Wegweiser in **Ortsee** ❻, 932 m, halten wir uns rechts Richtung Dolomitenblick–Schiffsanlegestelle, gehen am Campingplatz und dem Strandbad der Gemeinde Stockenboi vorbei zur Straße und nach rechts zum **Gasthaus Dolomitenblick** ❼, 932 m.

Von hier fahren wir mit dem Linienschiff in 50 Min. zurück nach Neusach zur Anlegestelle Seefriede. Auf dieser interessanten Strecke können wir unseren Weg am Nordufer nachvollziehen. Von der Schiffsanlegestelle Seefriede gehen wir nach rechts in wenigen Minuten zu unserem Ausgangspunkt, der Umkehrschleife **Neusach** ❶, zurück.

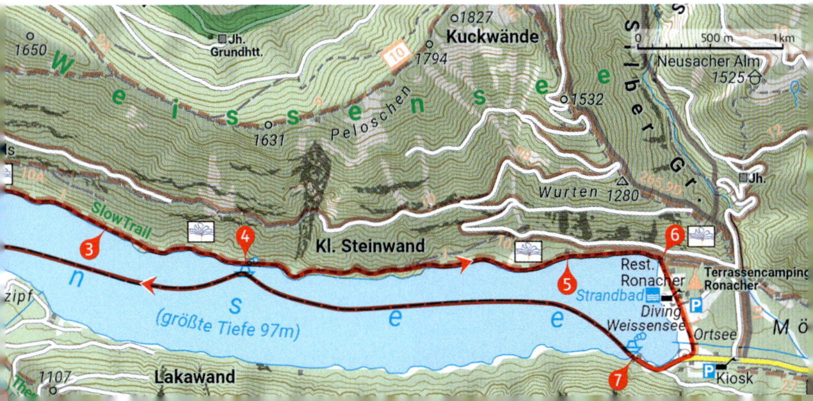

↗ 1400 m | ↘ 1400 m | 16.0 km

16 Latschur, 2236 m, vom Weißensee-Ostufer 7.45 h

Große Bergtour über der höchstgelegenen Badewanne der Alpen

Zwischen dem Weißensee und der Bezirkshauptstadt Spittal an der Drau erhebt sich mit der Latschur-Gruppe eine markante Untergruppe der Gailtaler Alpen. In ihr finden wir mit dem Latschur, dem Staff und dem Goldeck drei bekannte und viel besuchte Zweitausender. Wir wollen im Rahmen einer großen Rundtour den höchsten Berg dieses Gebietes besteigen und anschließend zum Weißensee zurückkehren; hier bieten sich mehrere Möglichkeiten für ein Bad im türkisfarbenen Alpensee.

Ausgangspunkt: Großer Parkplatz am Ende der Stockenboier Landesstraße, in unmittelbarer Nähe zum Weißensee-Ostufer, 940 m. Beschilderte Zufahrten aus dem Drautal von der A 10, Anschlussstelle Paternion-Feistritz (25,2 km), und von der B 100 bei Feistritz/Drau (24,5 km) oder von Mauthbrücken (17,4 km), jeweils über Zlan, den Hauptort der Gemeinde Stockenboi. Sehr beschränkte Möglichkeiten für die Anfahrt mit öffentlichen Verkehrsmitteln; am besten mit dem GO-Mobil Stockenboi (Bestellung unter +43 664 603 603 9714). Navi: N46.698759 E13.413412.
Anforderungen: Trittsicherheit und Schwindelfreiheit. Insgesamt mäßig schwierige Bergtour für Wanderer mit guter Kondition und, wegen der Länge der Tour, für geübte Kinder ab etwa 14 Jahren. Unterschiedliche Arten von Wegen und Steigen, häufig im Wald, oberhalb von 1700 m über alpinen Rasen. Erster Teil des Aufstiegs vom Weißensee-Ostufer streckenweise recht steil. Bei Schneelage den Hang westlich unter dem Bärenkofel nicht queren, sondern diesen Gipfel überschreiten. Gesamte Runde gut markiert und beschildert.
Einkehr: Unterwegs keine. Östlich unterhalb der Stosia ❸ die Techendorfer Alm, über die man mit geringem zeitlichem Mehraufwand aufsteigen kann. Ebenso kann man von ❼ zur bewirtschafteten Alm Hinterm Brunn gehen und von ihr nach Neusach absteigen. Weitere Einkehrmöglichkeiten abseits des Weges gibt es in der Nähe des Ausgangspunktes und in Neusach.
Variante: Statt der Rückfahrt mit dem Schiff kann man auf dem Wanderweg entlang des Nordufers in etwa 2–2.30 Std. zum Ausgangspunkt zurückkehren. Auch die hoch über dem See gelegenen Forststraßen, die man beim Abstieg nach Neusach quert, bieten sich für den Rückweg an; etwa 1 Std. kürzer, weil man nicht bis Neusach absteigen muss.
Karten: f&b 223; K 60, 060; ÖK 3116-O.

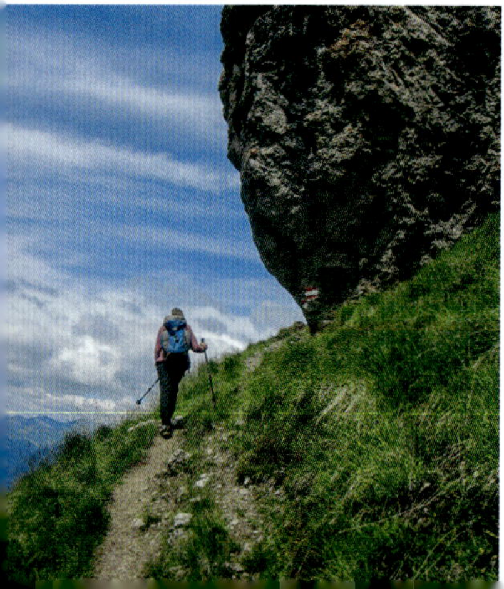

Auf dem »Schafsteig« am Weg zum Gipfel des Latschur.

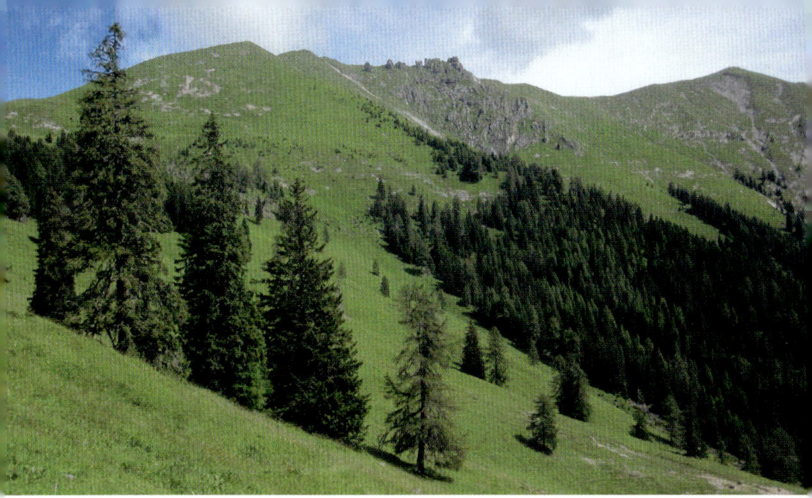

Die sanften Weideflächen der Techendorfer Alm.

Vom Parkplatz nahe dem **Weißensee-Ostufer** ❶ queren wir entweder im Westen oder im Osten die Stockenboier Landesstraße, um durch den Campingplatz oder auf der Zufahrtsstraße zu ihm eine neben einem Bach gelegene Kreuzung mehrerer Forststraßen zu erreichen. Wir folgen dem WW »Techendorfer Alm, steil, Weg 9d«, der uns auf einen Rücken mit einem wirklich recht steilen Steig leitet, auf dem wir rasch an Höhe gewinnen. Bei der sogenannten **Wurten** ❷, 1324 m, erreichen wir die Kehre einer Forststraße, die wir noch öfter berühren werden; sie führt zur Techendorfer Alm hinauf. Wir bleiben auf dem Wanderweg und kommen zum Abzweig Richtung Techendorfer Alm. Ab hier trägt unser Wanderweg die Nummer 9c. Wir verlassen den Wald, betreten die Almwiesen (mit Tiefblick zur Techendorfer Alm) und erreichen die **Stosia** ❸, 1811 m (zahlreiche WW, schöner Rastplatz).

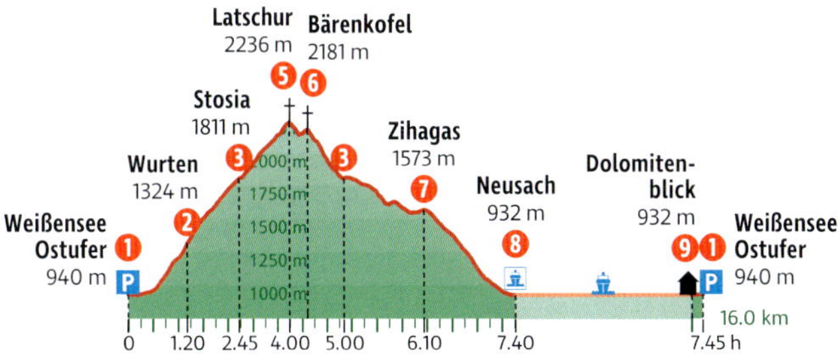

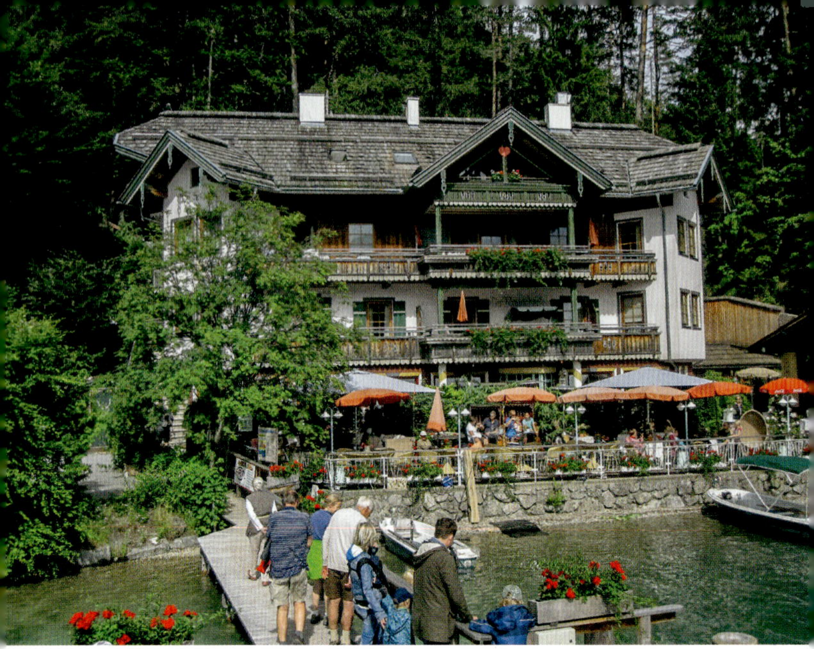

Oben: Im Seecafé Ronacherfels ist immer viel los.
Unten: Der Gipfel des Latschur.

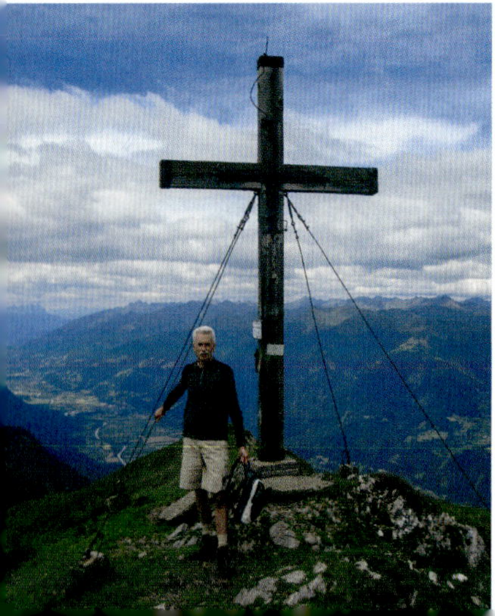

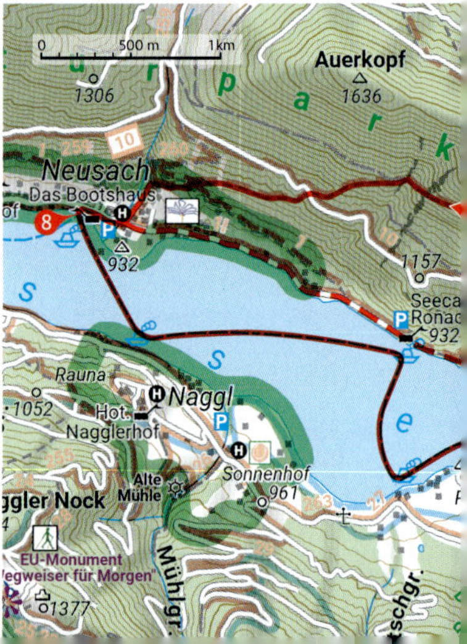

Nun wenden wir uns nach Norden und steigen über den sanften Rücken (Weg Nr. 9) gegen den Almspitz an. Bei der nächsten **Abzweigung** ❹ (1992 m, WW) verlassen wir den Rücken, um im steilen Hang des Almspitz auf schmalem, teilweise ausgesetztem Steig (»Schafsteig«) und unter Felsen vorbei diesen kleinen Gipfel im Westen zu umgehen. Bald treffen die Wege wieder zusammen, und über den breiten Rücken mit zahlreichen Wegspuren erreichen wir wenig später unser Ziel, das Gipfelkreuz auf dem **Latschur** ❺, 2236 m. Eine weite Aussicht samt Gipfelrast ist der Lohn für den Aufstieg.
Als Gipfelsammler überschreiten wir auf dem Rückweg den **Bärenkofel** ❻, 2181 m, und kehren dann auf dem schon bekannten Weg zur **Stosia** ❸ zurück. Nun folgen wir dem Weitwanderweg 210, der in großem Bogen auf dem Rücken entlangführt, der den Weißensee im Nordosten überragt. An der bei den Einheimischen **Zihagas** ❼, 1573 m, genannten Stelle verlassen wir den Weitwanderweg nach links Richtung Neusach über Kniebuck, Weg Nr. 9. Über mehr als 600 Höhenmeter geht es nun durch zum Teil recht steile Hänge, aber auf gutem Weg hinunter nach **Neusach** ❽, 932 m, von wo wir am besten mit dem Schiff in 50 Min. zur **Anlegestelle Dolomitenblick** ❾ und von hier in wenigen Minuten zum Parkplatz nahe dem **Ostufer des Weißensees** ❶ zurückkehren.

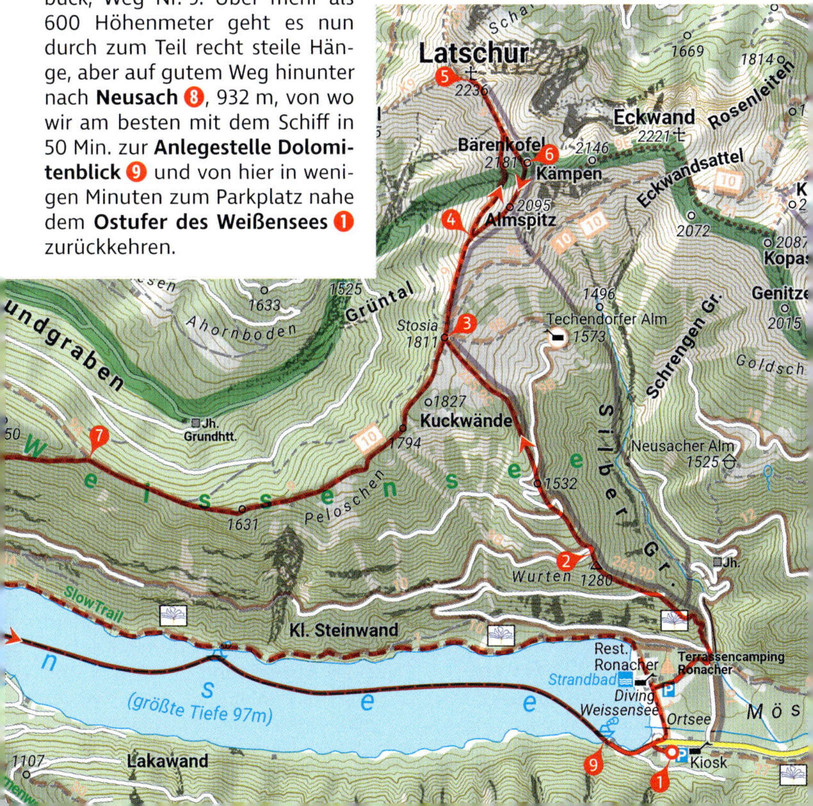

↗ 850 m | ↘ 850 m | 12.4 km

17 Staff, 2217 m, von der Goldeckstraße

4.45 h

Auf den formschönsten Gipfel der Latschurgruppe

Blickt man vom Parkplatz Seetal am Ende der Goldeckstraße nach Südwesten, beherrscht der Staff mit seiner gebankten, steilen felsigen Nordflanke das Panorama. Die als Bänke bezeichneten mächtigen Schichten bestehen aus Muschelkalk, der vor etwa 240 Millionen Jahren in einem flachen Meer abgelagert und in der Folge durch die nach Norden gerichtete Aufschiebung angehoben wurde. Der Staff bietet von allen Gipfeln der Latschurgruppe die umfassendste Aussicht.

Ausgangspunkt: Parkplatz Seetal am Ende der mautpflichtigen Goldeck-Panoramastraße, 1883 m. Beschilderte Zufahrt von der B 100 Drautal Straße in Feistritz an der Drau (20 km) oder – besser – von Mauthbrücken (17 km), jeweils über Zlan. Navi: N46.751317 E13.460146.
Anforderungen: Auf dem teilweise ausgesetzten Gipfelgrat unbedingt Trittsicherheit und Schwindelfreiheit! Insgesamt mäßig schwierige, recht anstrengende Tour auf unterschiedlichen Arten von Wegen und abschnittsweise groben Steigen. Im Anstieg zu Gipfelgrat eine mehrere Meter hohe Felsstufe, die leichte Kletterei erfordert. Tour nicht bei Schneelage und keinesfalls bei Gewittergefahr unternehmen!
Einkehr: Wieser-Hütte nahe dem Ausgangspunkt, Jausenstationen Kapelleralm, Gusenalm.
Variante: Anspruchsvoll, nur für »Pfadfinder«! Abstieg von Staff auf dem Weg 287 über den Ostkamm bis zum Staffeck, wo der Steig scharf nach Nordosten abbiegt. An der Waldgrenze wendet sich der Steig genau nach Osten. Nach etwas mehr als 100 m zweigt ein unscheinbarer, aber gut begehbarer Steig ab, der im Hang nach Nordwesten Richtung Gusenalm bergab führt und im sanften Wiesengelände auf den Weg Richtung Parkplatz Seetal trifft.
Karten: f&b 223, K 060 oder 64, ÖK 3111-W.

Am südlichen Rand des **Parkplatzes Seetal** ❶ sehen wir mehrere WW, unter anderem mit dem Ziel »Staff« und der recht üppigen Zeitangabe 4 Std. Hier beginnt ein für den allgemeinen Verkehr gesperrter Fahrweg, auf dem wir bis zur Kehre oberhalb der Kapelleralm, 1851 m, wandern. Wir zweigen nach rechts auf einen nicht beschilderten, aber markierten Steig ab, der uns durch Wald zur **Gusenalm** ❷, 1740 m, bringt. Mit dem WW »Eckwandsattel, Staff« gehen wir auf dem Fahrweg leicht bergab zu einer Wiese, wo wir den Fahrweg auf einen Steig verlassen. Auf ihm wandern wir etwas mühsam durch Wald zu einer **Abzweigung** ❸, 1696 m, mit WW »Lahnalm, Latschur«. Weiter geht es durch ein Tälchen und meist

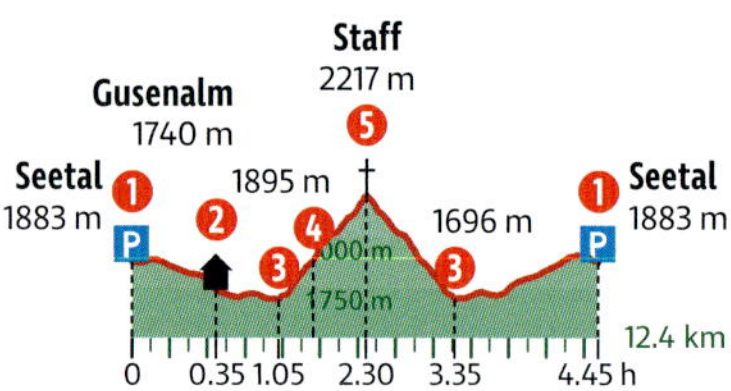

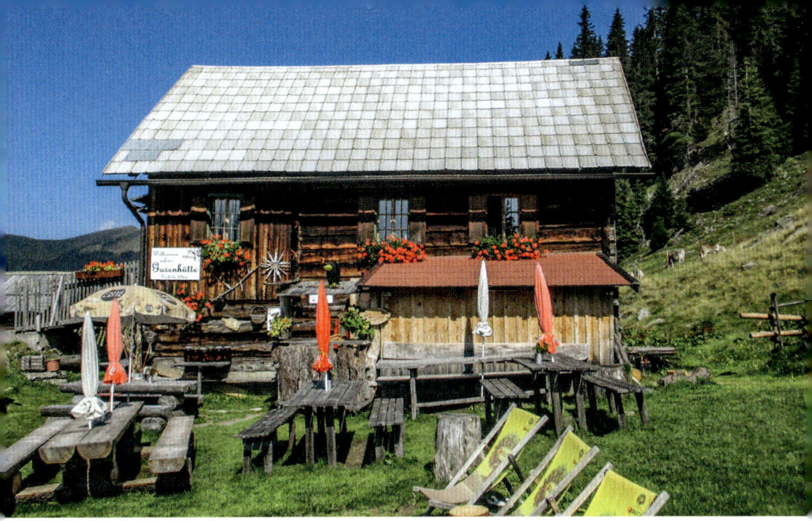

Die Gusenalm wartet auf ihre Gäste.

durch Wald zum **Abzweig ④**, 1895 m, des Gipfelanstiegs zum Staff. Der gut markierte Steig überwindet eine kleine Felsstufe, die den Gebrauch der Hände erfordert. Wir queren die Nordflanke des Mitterstaff, treffen auf die Abzweigung eines Steiges zum Eckwandsattel, erreichen den Hauptkamm und folgen ihm, teilweise etwas ausgesetzt, zum Gipfel des **Staff ⑤**, 2217 m, mit großem Gipfelkreuz und weiter Aussicht.

Der Abstieg bringt uns auf dem Anstiegsweg bis zu einer Abzweigung zur **Gusenscharte** (kurz unterhalb der Gusenalm) und hinauf zum Fahrweg, auf dem wir etwas bequemer zur **Kapelleralm** und weiter zum **Parkplatz Seetal ①** zurückkehren.

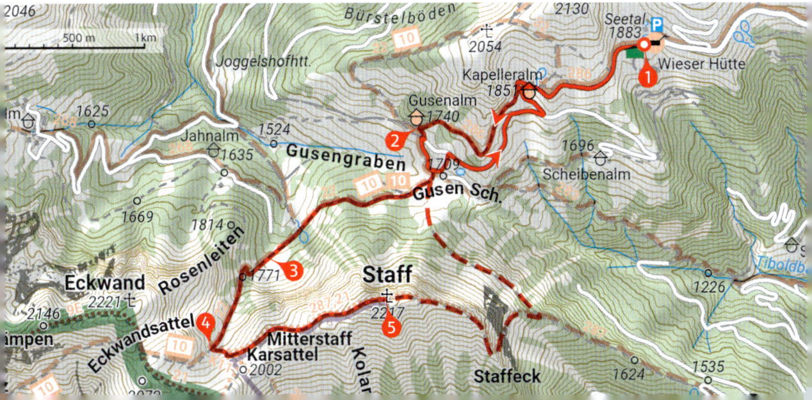

↗ 440 m | ↘ 440 m | 10.0 km

18 Maria Hohenburg, 987 m, und Wunderblume von Lendorf

3.00 h

Rundwanderung zu einer Wallfahrtskirche hoch über dem Lurnfeld

Über dem breiten Talboden des Lurnfelds liegt am sonnigen Hang die schon von Weitem sichtbare kleine, weiße Wallfahrtskirche Maria Hohenburg. Wenn wir zur richtigen Zeit unterwegs sind, können wir auf unserer Rundwanderung auch die »Wunderblume von Lendorf« in voller Blüte erleben; dieser gelbe Rhododendron kommt in Österreich nur hier vor.

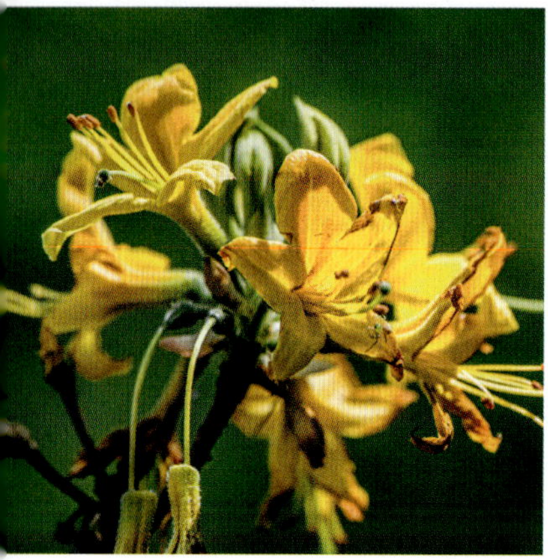

Blüten der »Wunderblume von Lendorf«.

Ausgangspunkt: Pusarnitz, 601 m, Kirchplatz. 100 m von der Bushaltestelle Pusarnitz Marktplatz. Postbus 5118 von Möllbrücke–Sachsenburg Bahnhof über Pusarnitz Abzw. (hierher Postbus 5108 von Spittal/Drau und Obervellach), Mo–Fr wenn Werktag, nur wenige Kurse. Parkplatz für mehrere Pkw, Info-Tafel, WW. Navi: N46.841044 E13.401238.
Anforderungen: Überwiegend leichte Wanderung auf verschiedenen Arten von Straßen und Wegen; einige Steilstücke. Für Kinder ab etwa 10 Jahren interessante Tour.
Einkehr: Gasthaus zur Hohenburg (Mo/Di Ruhetag).
Variante: Wer auf den Besuch der Wunderblume verzichtet, lässt den unten beschriebenen Rundweg dorthin aus; etwa 30 Min. kürzer.
Karten: f&b 221; K 49, 50; ÖK 3105-W.

Vom Kirchplatz in **Pusarnitz** 1 gehen wir links, an der Kirche vorbei, auf der Straße durch den Ort hinauf zur **Zoggermühle** 2, 729 m, und weiter nach **Stöcklern** 3, 767 m. Am Ende der Asphaltstraße biegen wir nach links auf einen recht steilen Waldweg ab. Wir erreichen eine Forststraße mit Marterl samt Gedenktafel für die **Schwarze Madonna** 4, 856 m. Auf der Forststraße wandern wir wenige Min. nach rechts bis zu einer Kehre, wo wir geradeaus auf einem Steig ein Waldstück zu einer Wiese (»Beindl«) durchqueren. Nun sehen wir über uns schon die Kirche **Maria Hohenburg** 5, 987 m, die wir auf einem Karrenweg, dann auf einer Asphaltstraße, vorbei an einem Bauernhof und dem Gasthaus »Zur Hohenburg«, und zuletzt

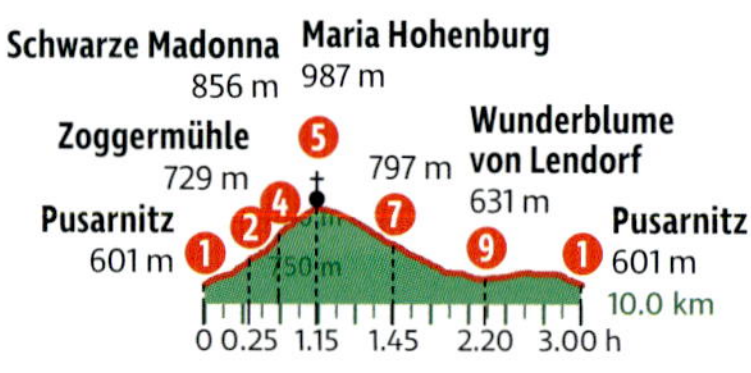

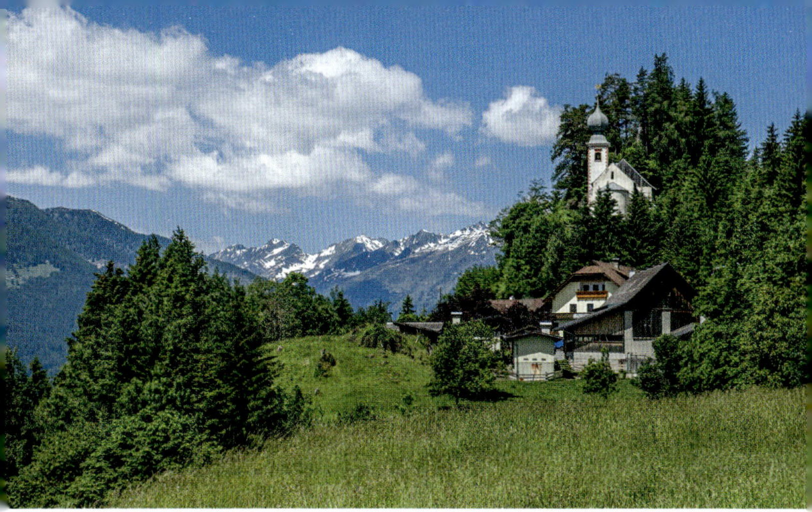

Die Wallfahrtskirche Maria Hohenburg.

über eine steile Stiege erreichen. Weite Aussicht zur Kreuzeckgruppe, über den Millstätter See und zu den Bergen im Süden und Südwesten.

Auf der erwähnten, nur schwach befahrenen Asphaltstraße gehen wir nun nach Westen zur **Auffahrt** 6, 866 m, auf den Hühnersberg. Ihr folgen wir in einigen Kehren bergab bis zur Abzweigung eines **Forstwegs** 7, 797 m, bei der wir uns an den WW Wunderblume halten. Wir kommen zu einer Asphaltstraße, halten uns links und biegen nach wenigen Minuten bei einem **WW** 8, 663 m, nach links zur Wunderblume ab. In einem Tal erreichen wir über einen Steg das eingezäunte Gelände, in dem etwa Mitte Mai bis Anfang Juni die **Wunderblume von Lendorf** 9, 631 m, ein gelber Rhododendron, blüht.

Über Stufen gehen wir steil hinauf, dann nach rechts zu einer Forststraße und zurück zu der Stelle, wo wir zur Wunderblume abgebogen sind. Wir halten uns kurz nach links und zweigen dann vor dem Wald nach rechts auf einen erdigen Fahrweg, WW Pusarnitz West, ab. Von dort haben wir noch einmal einen schönen Blick hinauf zur Kirche Maria Hohenburg. Der Weg bringt uns zurück nach **Pusarnitz** 1 und hinunter zum Ausgangspunkt der Wanderung.

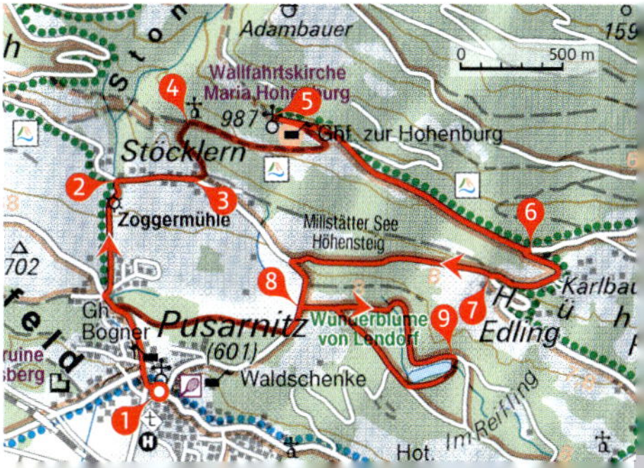

↗ 520 m | ↘ 520 m | 14.6 km

19 Egelsee – Lug ins Land – Millstätter See

4.00 h

Stiller Moorsee, Aussichtskanzel über dem Drautal und Süduferweg am Millstätter See

Zwischen dem Drautal und dem Millstätter See erstreckt sich ein rund 14 km langer, dicht bewaldeter Höhenrücken. In ihm liegt als besonderes landschaftliches und naturkundliches Kleinod der Egelsee. Er ist etwa 1,5 ha groß, 8 m tief und zur Gänze von einem Schwingrasen umgeben. Sein braunes, außerordentlich weiches Wasser erwärmt sich durch die Sonneneinstrahlung sehr schnell – bis zu 30 °C an warmen Sommertagen!

Ausgangspunkt: Seeboden, Ortsteil Seebrücke. Nächste Bushaltestelle »Seeboden Grafendorfer«, 1,5 km; Postbus 5140 von Spittal/Drau, Millstatt und Radenthein (Mo–Fr Stundentakt, sonst 2-Stunden-Takt). Von der Schiffsanlegestelle »Seeboden Steiner« 1 km. Parkplatz am Süduferweg (ca. 20 Plätze), ca. 620 m; etwa 1,2 km von der B 98 Millstätter Straße. Von Spittal/Drau kommend vor der Brücke über den Seebach rechts abbiegen und immer geradeaus bis zum Parkplatz; von Seeboden kommend links in die Seehofstraße abbiegen und unmittelbar nach der Brücke über den Seebach links zum Seeuferweg. Navi: N46.809008 E13.517713.
Anforderungen: Überwiegend leichte Wanderung auf Forst- und Nebenstraßen, Waldwegen und kurz auch auf Steigen; lediglich im Aufstieg zum Aussichtspunkt »Lug ins Land« etwas steiler. Für Kinder ab etwa 10 Jahren sehr interessante Tour.
Einkehr: Gasthof »Lug ins Land« (Do. Ruhetag, Tel. +43 4767 8189, luginsland.at). Restaurant im Strandbad der Stadtgemeinde Spittal/Drau, am Südufer des Millstätter Sees, wenige Min. von unserem Weg entfernt.
Varianten: 1. Auffahrt von Molzbichl zum Gasthof »Lug ins Land«; von dort sind sowohl der Egelsee als auch der Aussichtspunkt Lug ins Land in 15–20 Min. erreichbar. – 2. Wenn man sich beim Abstieg vor der Abzweigung des Süduferweges rechts hält, kommt man in etwa 5 Min. zur Schiffsanlegestelle »Großegg Schuster«; von hier aus ist die Fahrt mit dem Linienschiff nach Döbriach, Millstatt und Seeboden möglich.
Tipps: Bademöglichkeiten am Egelsee und am Millstätter See. Klettergarten Peter Santner, frei zugänglich.
Karten: f&b 222; K 63, 64; ÖK 3105-O und 3111-O.

Vom Parkplatz am Süduferweg in **Seebrücke** ❶ richten wir uns nach dem WW »Egelsee, Opferstein, Peter-Santner-Klettergarten, Weg Nr. 1«. Nach etwa 20 Min. verlassen wir bei einem WW den Weg Nr. 1 und zweigen nach rechts zum **Peter-Santner-Klettergarten** ❷, ca. 690 m, ab. Nach weiteren 15 Min. zeigt uns ein Wegweiser die Ziele »Egelsee Höhenweg, Egelsee und Gasthof Lug ins Land«. Von der Forststraße sehen wir kurz zum Goldeck, das sich jenseits des Drautales erhebt. Die Straße schwenkt in einem Bogen nach links zum Rand eines großen Holzschlages, in den bei fünf **grünen WW** ❸, 795 m, ein Steig nach rechts abzweigt, der kurz über Knittel (= quer gelegte, kurze Holzstämme) in diesen Schlag führt. Im folgenden Hoch-

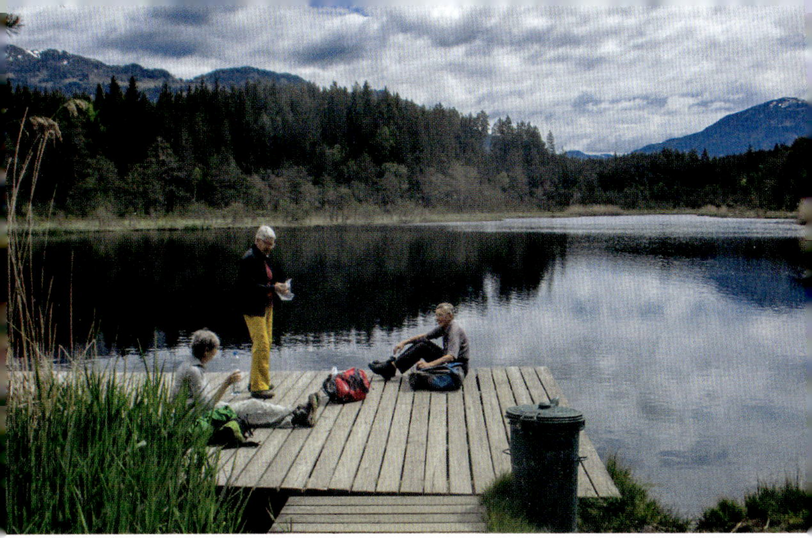

Wohlverdiente Rast am Egelsee.

wald kommen wir zum **Kreuzstein** ❹ (auch »Opferstein«, ca. 820 m). Weiter geht es sehr bequem auf einem schönen Waldweg zu einer Kreuzung mit vielen WW und mit wenigen Schritten hinunter zum Steg und zu den Rastplätzen am **Egelsee** ❺, 772 m. Zahlreiche Informationstafeln weisen auf die Einmaligkeit dieses Naturjuwels hin.

Wer sich nun bei guter heimischer Kost stärken möchte, wird wohl den kurzen Abstieg zum **Gasthof Lug ins Land** ❻, ca. 720 m, unternehmen, um Kräfte für den Weiterweg, vorerst aber für den gut ausgeschilderten Aufstieg zum Aussichtspunkt **Lug ins Land** ❼, 816 m, zu sammeln (Bank mit weiter Aussicht). Wir kehren zur Wegkreuzung beim Egelsee zurück und halten uns nun an den WW »Schlossvilla/Millstätter See, Weg Nr. 1/23«. Über einen sanften Sattel geht es hinunter zu einer weiteren Abzweigung, an der wir schräg links den Weg 1/23 Richtung Schlossvilla, Millstätter See nehmen. Wir erreichen eine Asphaltstraße, der wir bergab folgen und die wir beim **WW »Seeboden, Weg Nr. 2«** ❽, ca. 630 m, verlassen; geradeaus ginge es in wenigen Minuten hinunter zum Strandbad der Stadtgemein-

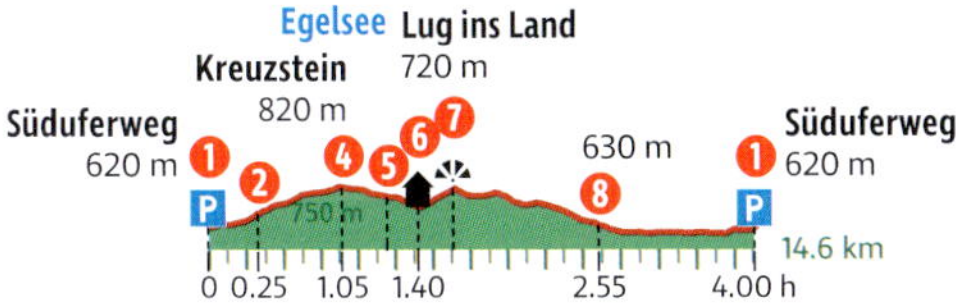

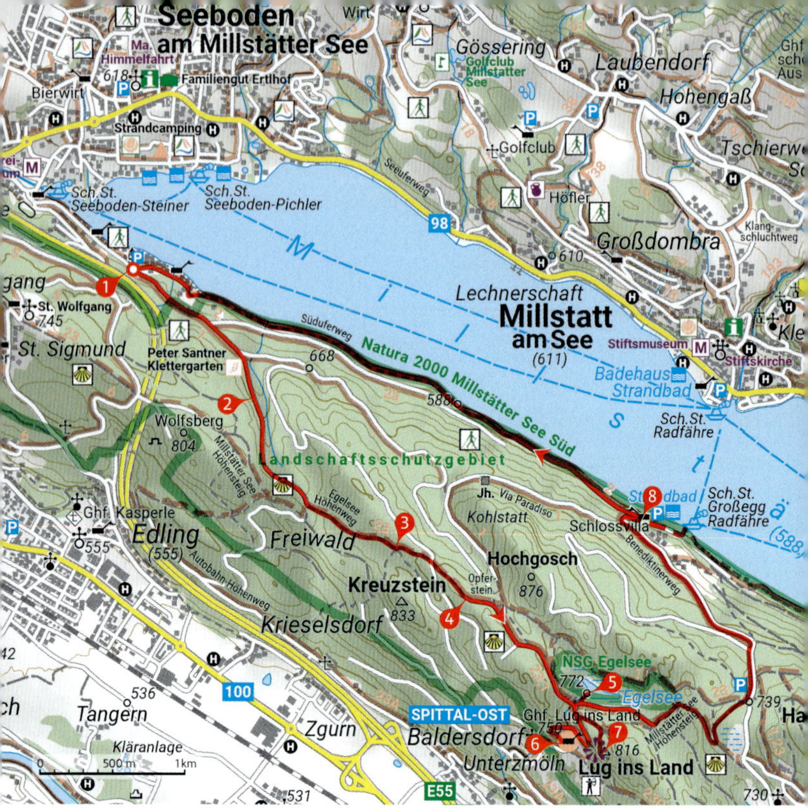

»Gesunde« Wegweiser.

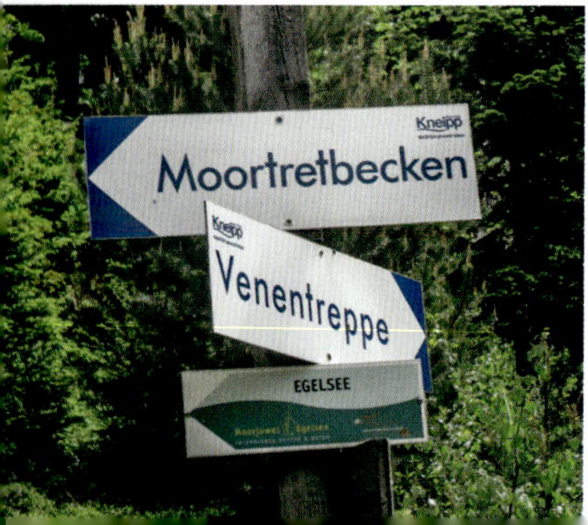

de Spittal an der Drau. Den auch als »Südufersteig« bezeichneten Weg dürfen vorerst auch Radfahrer benützen. Nach etwa 15 Min. beginnt ein Fußweg, der meist unmittelbar am Seeufer entlangführt. Kurz vor dem Ende unserer Wanderung müssen wir noch eine große private Liegenschaft auf steilen Stufen umgehen, doch dann erreichen wir bald auf einer Nebenstraße unseren Ausgangspunkt in der Ortschaft **Seebrücke 1**.

↗ 870 m | ↘ 870 m | 14.0 km

TOP **20**

4.45 h

Kamplnock, 2101 m, und Millstätter Alpe, 2091 m

Große Rundwanderung über vier aussichtsreiche Gipfel

Die Millstätter Alm (wie wir Kärntner sie nennen) ist ein mächtiger Bergstock, der sich über etwa 15 km von Gmünd im Nordwesten bis Radenthein im Südosten erstreckt. Sie erhebt sich 1500 Höhenmeter über den Millstätter See. Bemerkenswert ist es, dass alle Gipfel der Millstätter Alm etwa gleich hoch sind: Vom Tschiernock, 2088 m, über den Hochpalfennock, 2099 m, den Kamplnock, 2101 m, und die Millstätter Alpe, 2091 m, bis zum Lammersdorfer Berg, 2063 m.

Ausgangspunkt: Schwaigerhütte, 1623 m. Haltepunkt 9123 des Nockmobils (nur im Sommer). Zufahrt mit Pkw von Millstatt, Seeboden oder Dellach nach Tschierweg, dann 7,7 km auf der Millstätter Almstraße zur Schwaigerhütte (Mautstraße, automatische Mautstelle nach 3,4 km, Gebühr 2023: 8 €). Große Parkplätze. Navi: N46.838920 E13.596725.

Anforderungen: Meist leichte Almwanderung auf guten Wegen über breite Rücken. Im Abstieg vom Hochpalfennock und im Aufstieg zum Kamplnoch einige kurze felsige Abschnitte. Vom Kamplnock zur Millstätter Alpe nur sparsam markiert, aber bei gutem Wetter keine Orientierungsprobleme. Für etwas ältere, berggewohnte Kinder gut geeignete Tour. Vorsicht bei Gewittergefahr!

Einkehr: Schwaigerhütte am Ausgangspunkt (1623 m, bewirtschaftet Anfang Mai–Ende Okt., Mi Ruhetag, Tel. +43 664 1883004); Alexanderalm (1786 m, daneben Bio-Sennerei, bewirtschaftet Anfang Mai–Ende Okt., Tel. +43 664 6454920, alexanderalm.at); Millstätter Hütte (1876 m, ÖAV Millstatt, bewirtschaftet Anfang Mai–Ende Okt., Tel. +43 664 73633439, millstaetterhuette.at).

Varianten: Wie schon ein Blick auf das Tourenkärtchen zeigt, kann man von der Schwaigerhütte aus auch zwei eigenständige, kürzere Rundwanderungen unternehmen, indem man die große Tour im Millstätter Törl teilt: 1. Für die Runde über den Hochpalfennock benötigt man etwa 3.00 Std. – 2. Für die etwas längere Runde über den Kamplnock und die Millstätter Alm sind etwa 3.30 Std. zu veranschlagen.

Karten: f&b 221, 222; K 63; ÖK 3105-O.

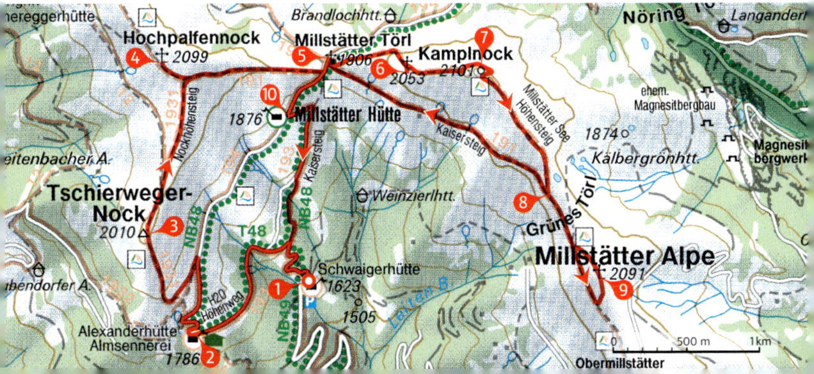

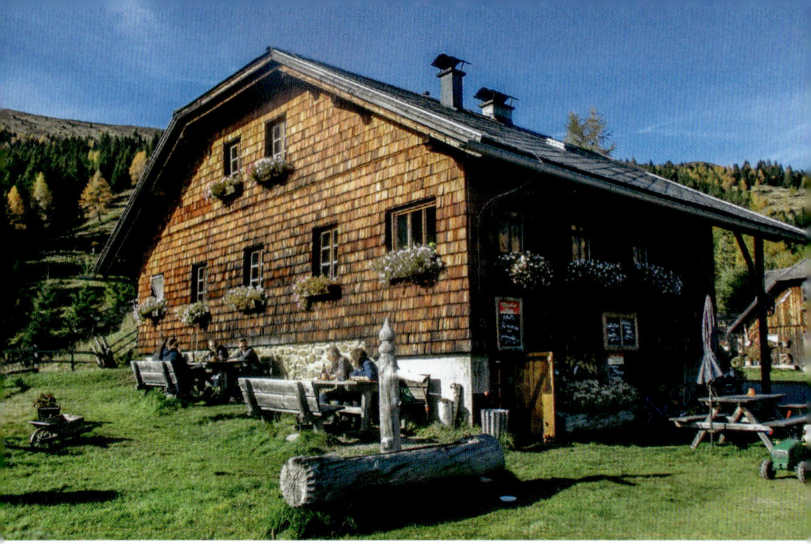

Unser Ausgangspunkt – die Schwaigerhütte.

Von der **Schwaigerhütte** ❶ halten wir uns an den WW »Nockhöhensteig-Rundweg«, Wege 193 und 1931. Auf dem Fahrweg oder auf etwas steileren Abkürzungen erreichen wir nach etwa 10 Min. die Abzweigung zur Millstätter Hütte (WW). Wir gehen auf dem Fahrweg nach links zur **Alexanderalm** ❷, 1786 m, mit einigen Hinweisen auf den Weg der Liebe/Sentiero dell´Amore. Der Fahrweg Richtung Millstätter Hütte bringt uns, an einem Wegkreuz vorbei, zu einem Wegpunkt des Alpe Adria Trails mit Informationen über die Millstätter Alm. Wenig später zweigen wir beim WW auf den Steig 1931 Richtung Tschierweger Nock und Hochpalfennock ab. Über Almgelände erreichen wir den **Tschierweger Nock** ❸, 2010 m, mit dem Laubendorfer Almkreuz und einer weiten Aussicht. Kurz geht es bergab zur Abzweigung eines Weges zur Sommeregger Hütte (WW), an einer Information über die »Stoanamandl« vorbei und weiter entlang eines Zaunes hin-

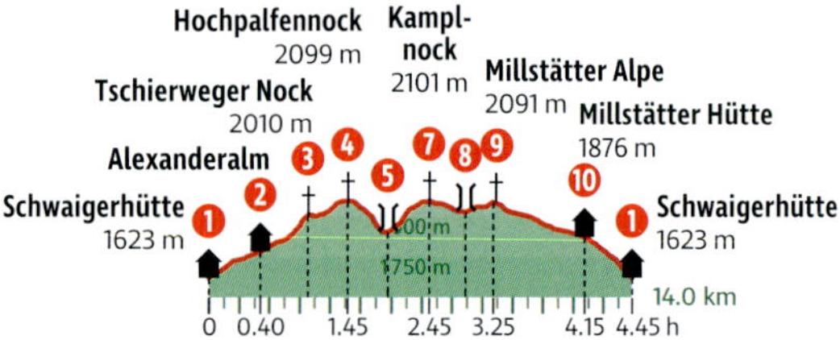

auf zum Hauptkamm der Millstätter Alm (WW). Nach links erreichen wir nach wenigen Schritten das Kreuz des **Hochpalfennocks** ❹, 2099 m; schöner Blick nach Nordwesten zur vergletscherten Hochalmspitze.

Wir kehren zurück zum WW und folgen dem Nockhöhensteig-Rundweg, Weg 191, Richtung Millstätter Törl. Entlang eines Zaunes geht es hinunter in den flachen Boden beim **Millstätter Törl** ❺, 1905 m (WW, Bank und Kreuz). Vom WW Kamplnock erreichen wir ohne Markierung, aber auf deutlichem Steig ein großes **Kreuz** ❻, 2053 m, mit einer Panoramatafel. Weiter geht es auf Steigspuren über den breiten Rücken und an einzelnen Lacken vorbei auf den **Kamplnock** ❼, 2101 m, mit Gipfelkreuz und weiter Aussicht. Der Rücken der Millstätter Alm wendet sich nun nach Südosten zum **Grünen Törl** ❽, ca. 2030 m (WW). Wir treffen hier auf den breiten markierten Weg Richtung Obermillstätter Almkreuz und folgen ihm bis zu einer großen Bank mit zwei Tischen. Hier biegen wir scharf nach Norden ab zum bereits sichtbaren Kreuz auf dem letzten Gipfel unserer Wanderung, der **Millstätter Alpe** ❾, 2091 m.

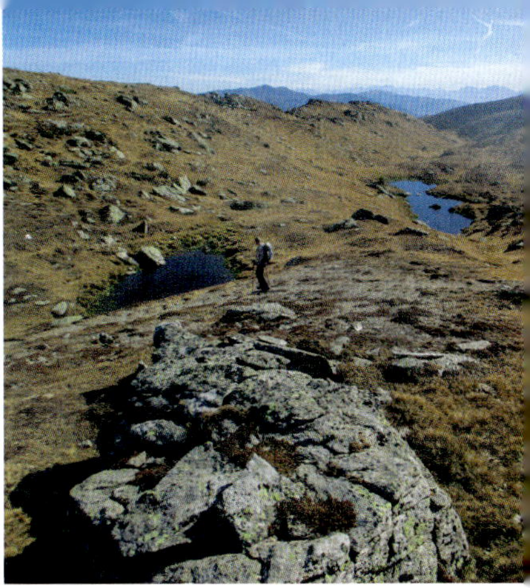

Kleine Lacken am sanften Rücken der Millstätter Alm.

Nun steigen wir nach Nordwesten zum erwähnten breiten Weg ab, kehren zum **Grünen Törl** ❽ zurück, gehen auf einem deutlichen, markierten Steig zu einer Hütte und weiter auf einem breiteren Weg zum **Millstätter Törl** ❺. Von hier bringt uns der Karrenweg in etwa 10 Min. zur bereits sichtbaren **Millstätter Hütte** ❿, 1876 m, die zur Einkehr einlädt. Mit dem WW »Sonnwiesen-Rundweg«, Weg 194, geht es erst weiter auf dem Fahrweg, später auf einem Karrenweg und schließlich wieder auf dem Fahrweg (Abkürzungen möglich) bergab zur **Schwaigerhütte** ❶.

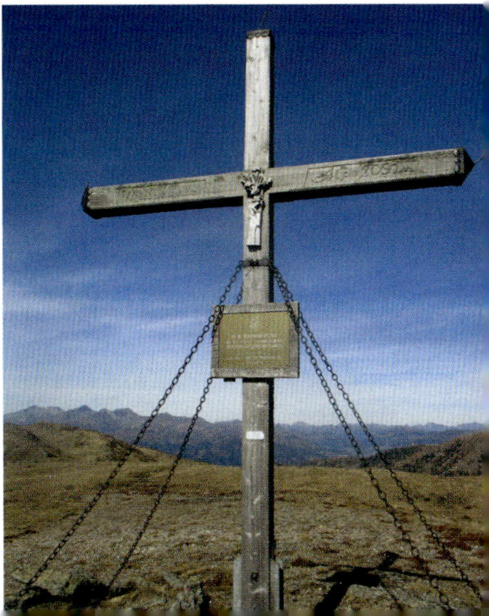

Kreuz auf dem Gipfel der Millstätter Alpe.

↗ 1100 m | ↘ 1100 m | 15.6 km

21 Millstätter Schluchtweg – Schwaigerhütte, 1623 m

6.00 h

Vom See zum Berg – durch eine Schlucht mit drei Themen

In Kärnten ist man selten so allein unterwegs. Ein recht anspruchsvoller Weg erschließt in einer Schlucht drei verschiedene Themenbereiche und führt weiter hinauf zur Einkehr in einer schön gelegenen Almhütte. Wer der sommerlichen Hitze entfliehen will, trifft es hier bestens.

Ausgangspunkt: Millstatt, Schillerstrand, Mündung des Riegerbaches, 590 m. Von den nächsten Bushaltestellen »Millstatt Strandbad« 500 m oder »Millstatt Kraller« 300 m. Postbus 5140 Spittal-Millstättersee Bahnhof–Radenthein–Bad Kleinkirchheim (Mo–Fr im Stundentakt, Sa/So/Feiertag im 2-Stunden-Takt). Große Parkplätze westlich des Ortszentrums. Navi: N46.801113 E13.572204.
Anforderungen: Der Weg durch die Schlucht ist streckenweise recht steil und anstrengend, aber auch für ältere Kinder geeignet. Im ersten Abschnitt zahlreiche Stufen, Stiegen und Brücken, daher Trittsicherheit erforderlich! Unbedingt die Hinweise beachten, die Schlucht bei Gewitter sofort zu verlassen! Dafür sind mehrere Fluchtwege beschildert.
Einkehr: Schwaigerhütte (1623 m, bewirtschaftet Anfang Mai bis Ende Okt., Tel. +43 664 1883004); Gasthof »Zur schönen Aussicht« (etwas abseits des Weges).
Hinweise: 1. Nach Unwettern können die Steiganlagen in der Schlucht beschädigt und daher erschwert oder nicht begehbar sein! – 2. Die Schwaigerhütte ist Haltepunkt 9123 des Nockmobils. Wer nicht wieder nach Millstatt absteigen will, kann sich von hier abholen lassen: Tel. +43 123 500 444 24.
Literatur: Naturkundlicher Führer des ÖAV »Klangwanderweg Millstätter Schlucht«.
Karten: f&b 221, 222; K 63, ÖK 3105-O.

Viel Wasser entlang des Millstätter Schluchtweges.

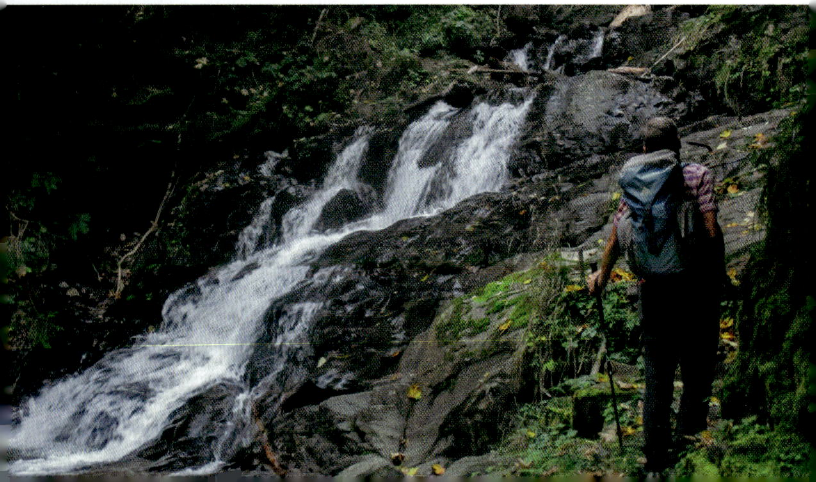

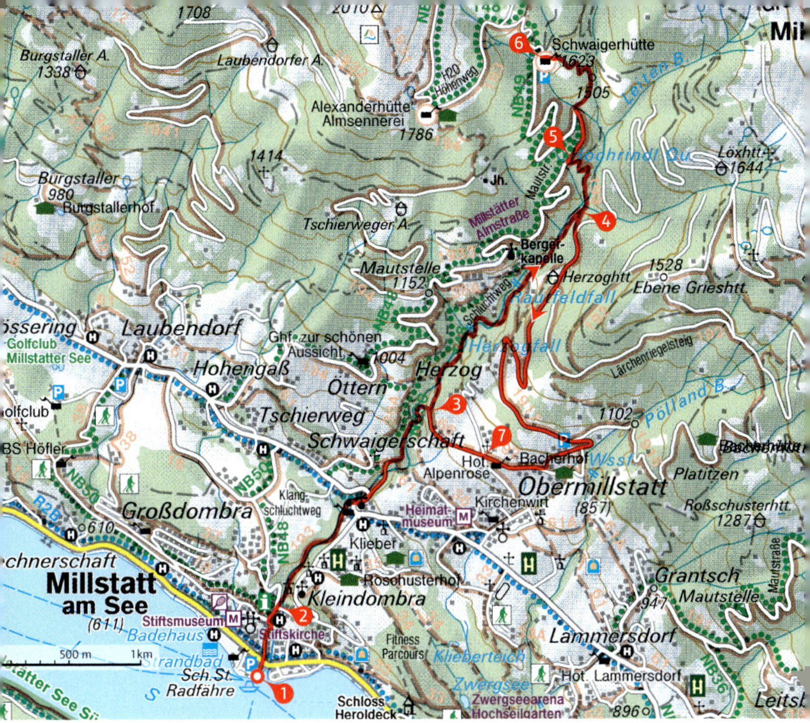

Vom Schillerstrand in **Millstatt** ❶ mit der Statue des Heiligen Domitian folgen wir den Hinweisen auf den Domitian-Pilgerweg. Wir gehen in der Überfuhrgasse durch den Ort hinauf; nach wenigen Minuten sehen wir am Beginn der Kalvarienberggasse bereits einen ersten WW zum Schluchtweg und zum Klangwanderweg, Weg 193. Wir überqueren die Brücke über den **Riegerbach** ❷, 664 m, und biegen nach links auf den Schluchtweg ab. Ein schmaler Steig führt durch den als »Klangschlucht Millstatt« bezeichneten ersten Abschnitt der Schlucht, der bis zur Obermillstätter Straße reicht. In sieben »Hörfeldern« kann man verschiedene Hör-Eindrücke empfangen. Will man alle Hörfelder bewusst erleben, muss man etwa eine Stunde dafür vorsehen. An der Ruine einer Mühle vorbei, erreichen wir die Obermillstätter Landesstraße und das Ende der Klangschlucht.

Bei einer Info-Tafel beginnt der Kräuterweg, vorerst ein Forstweg, von dem man bald nach links in den Wald abzweigt (Markierungen und WW beachten!). Über Stege und auf schmalen Steigen erreichen wir einen kleinen Platz mit dem **Gedenkstein** ❸, 915 m, für Prof. Willi Dungl. Hier beginnt der als »Kneipp-Biotrainingswanderweg« bezeichnete dritte Abschnitt

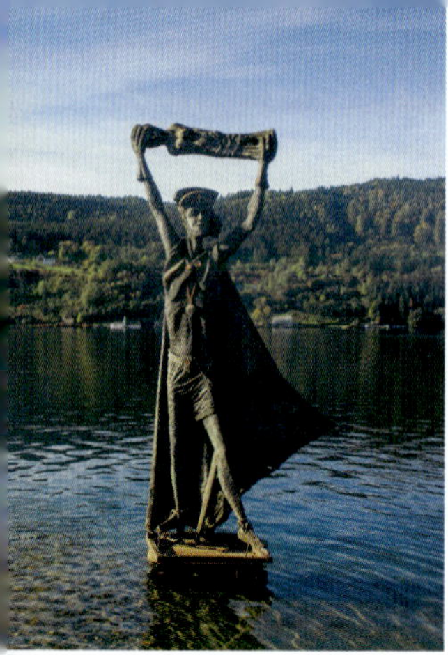

Der Heilige Domitian steht im Wasser.

des Schluchtweges. Tafeln mit Anleitungen für Übungen im Sinne von Pfarrer Sebastian Kneipp begleiten uns; an einem Jausenplatz, an Hinweisen auf Farne und Kräuter, an einigen Brunnen und am Herzogfall vorbei, kommen wir zum **Ende des eigentlichen Schluchtweges** 4, 1265 m. Nun wenden wir uns auf einem bequemen Steig nach links hinauf in den Wald. In vielen Kehren erreichen wir die Millstätter Almstraße und die **Hochrindlquelle** 5, 1400 m. Wir folgen wenige Minuten der Straße bergauf und gehen dann beim WW in der nächsten Kehre geradeaus auf den alten Almweg, der uns zu der schon im Almgelände gelegenen **Schwaigerhütte** 6, 1623 m, bringt. Herrlicher Rastplatz mit Aussicht bis zu den Julischen Alpen.

Wir kehren über die **Hochrindlquelle** 5 zurück zum oberen **Ende des eigentlichen Schluchtweges** 4. Hier zweigen wir mit dem WW »Talgerbauer/Obermillstatt« nach links auf den Weg 1917 ab. Der Karrenweg steigt kurz bis zu einem Fahrweg an (WW). Nun geht es bergab; wir kommen an der Herzogalm vorbei, wandern durch Wiesen mit schönem Blick zum Millstätter See und erreichen den Talgerbauer (Haltepunkt 154 des Nockmobils). Ab hier ist die Straße asphaltiert. Vor einer engen Kehre sehen wir einen Wasserbehälter. Nach dem nächsten Wasserbehälter nehmen wir in einer weiteren Kehre als Abkürzung den Karrenweg, der geradeaus zu den Häusern des Wagsteinerhofes und wieder zur Asphaltstraße führt. Wir folgen ihr, kommen zum Hotel Alpenrose (Haltepunkt 145 des Nockmobils) und gehen in der nächsten **Kehre** 7, 942 m, geradeaus auf einen Fahrweg. Nach dem Haus Glocknerblick gibt es den Haltepunkt 152 Obermillstatt Soami des Nockmobils. Durch Wald erreichen wir auf einer Schotterstraße den Platz mit dem **Gedenkstein** 3 für Willi Dungl. Auf dem schon vom Aufstieg bekannten Weg kehren wir durch den unteren Teil der Schlucht nach **Millstatt** 1, 590 m, zurück.

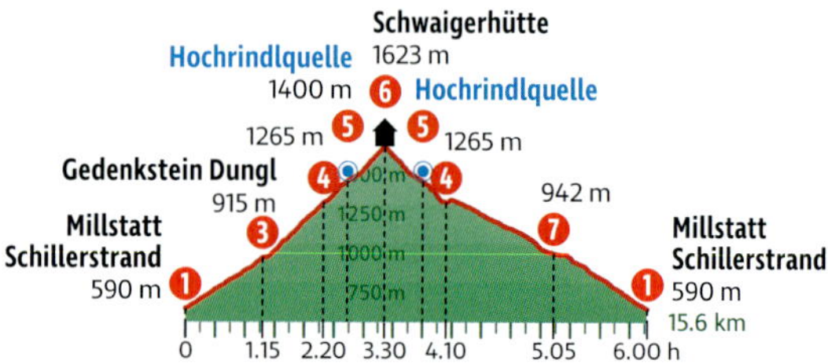

↗ 560 m | ↘ 560 m | 9.8 km

3.15 h

Millstätter Alpe, 2091 m, von der Lammersdorfer Hütte

22

Rundwanderung im Reich der Granate

Der Südosten der mächtigen Millstätter Alpe (meist »Millstätter Alm« genannt) wird auch aus Granatglimmerschiefern aufgebaut. Weil die Glimmerschiefer an der Erdoberfläche leicht verwittern, bleiben die Granate übrig. Auf unserer Wanderung kann man unzählige dieser Halbedelsteine finden (und natürlich auch sammeln).

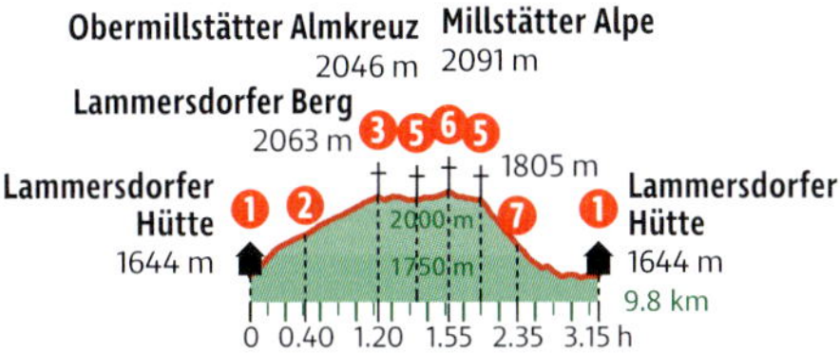

Ausgangspunkt: Lammersdorfer Hütte, 1644 m. Haltepunkt 9100 des Nockmobils. Zufahrt von Seeboden über Tangern und Laubendorf, von Millstatt über Kleindombra und Obermillstatt und von Dellach über Sappl nach Lammersdorf. Ab Lammersdorf 5 km asphaltierte schmale, teils steile Mautstraße, Gebühr für Pkw 8 € (Stand 2023). Bei der Lammersdorfer Hütte große Parkplätze. Navi: N46.816074 E13.626260.
Anforderungen: Überwiegend leichte Alm- und Bergwege. Einige kurze steile Abschnitte mit schmalem Steig; hier Trittsicherheit erforderlich, daher Tour gerade schon »rot« eingestuft, aber dennoch gut für Kinder geeignet. Gesamte Runde gut beschildert, aber sparsam markiert, daher Vorsicht bei Nebel. Nicht bei Gewittergefahr begehen!
Einkehr: Lammersdorfer Hütte am Ausgangspunkt (1644 m, geöffnet Mai–Okt., ab etwa 10. Sept. Mo Ruhetag, Tel. +43 664 1608123, lammersdorferhuette.at, keine Übernachtung).

Die Lammersdorfer Hütte.

Varianten: Die weitläufige Millstätter Alm ermöglicht zahlreiche längere und kürzere Wanderungen sowie Kombinationen mit den Touren 20 und 21.
Karten: f&b 221, 222; K 63, 66, 066; ÖK 3105-O.

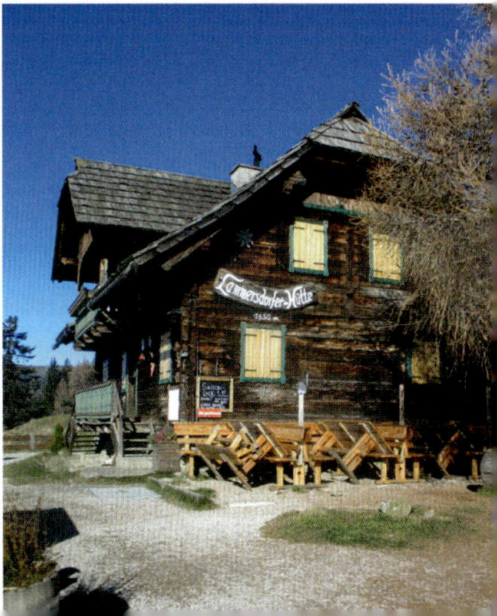

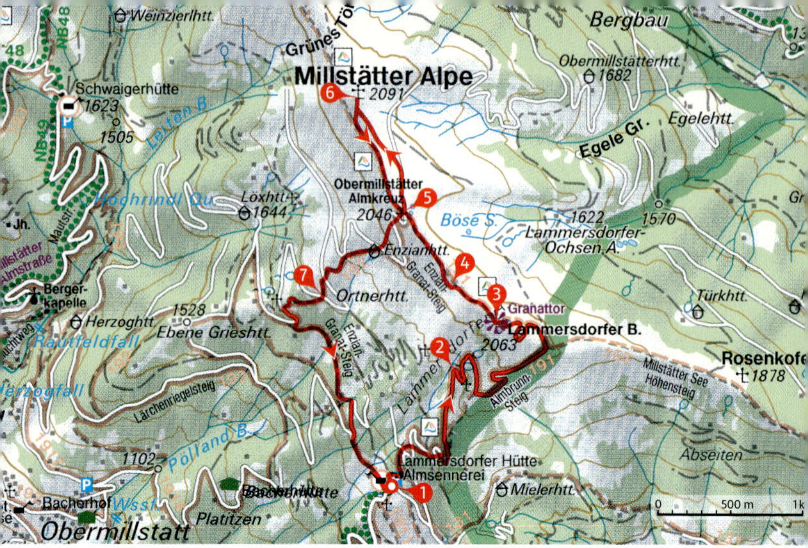

Reger Besuch bei vielen Steinmännern.

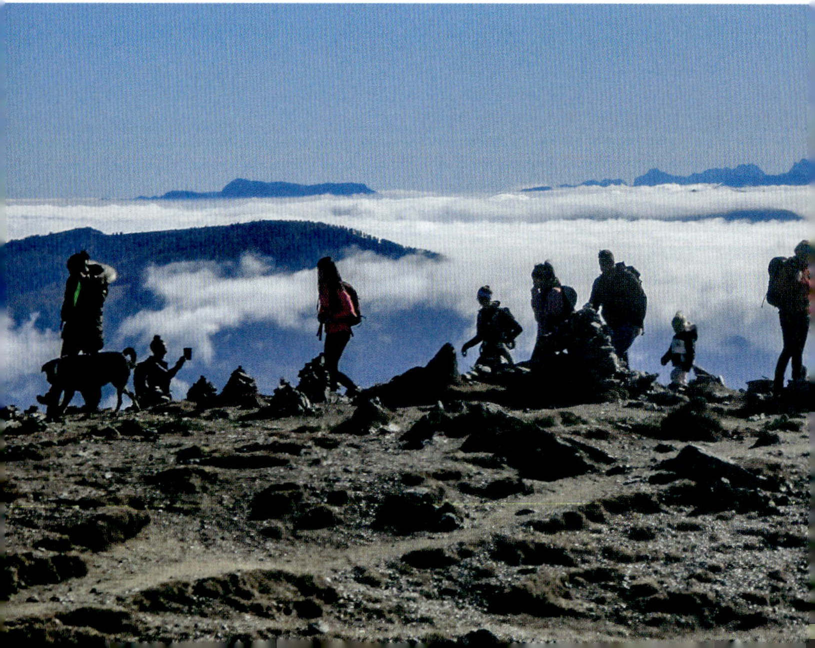

Vom WW bei der **Lammersdorfer Hütte** ❶ folgen wir dem Almbrunnsteig, zugleich Weg 191 Richtung Stana Mandl. In vielen Kehren, von denen wir einige abkürzen können, führt der Fahrweg an gekennzeichneten Orten vorbei, die mit Wasser zusammenhängen, z. B. am **Kneipptrog** ❷, 1860 m. Wir verlassen die Mulde der Lammersdorfer Alm, wechseln auf die Südostseite und erreichen über das Stana Mandl den **Lammersdorfer Berg** ❸, 2063 m. In einer aussichtsreichen Höhenwanderung geht es nun ganz bequem zum **Granattor** ❹, 2065 m, einer großen Eisenkonstruktion, die mit diesen Halbedelsteinen gefüllt ist. Weiter wandern wir auf breitem Weg nach Nordwesten am **Obermillstätter Almkreuz** ❺, 2046 m, vorbei durch sanfte Almmatten auf die **Millstätter Alpe** ❻, 2091 m, einen der vielen Gipfel der Millstätter Alm, wie wir Kärntner zu diesem Bergstock sagen.
Wir kehren zurück zum **Obermillstätter Almkreuz** ❺ und halten uns nun mit dem WW Enzian-Granatsteig, Weg 192, Richtung Lammersdorfer Hütte. Der deutliche Steig bringt uns, an der kleinen Enzian-Hütte vorbei, bald zu Fahrwegen und Forststraßen, die wir meist queren. An der Kreuzung mit einer **Forststraße** ❼, 1805 m, halten wir uns rechts; das Schild für den Enzian-Granatsteig sehen wir etwas weiter entfernt an einer großen Lärche. Schließlich geht es teils auf Steigen, teils auf Fahrwegen, mit einigem Auf und Ab zurück zur gastlichen **Lammersdorfer Hütte** ❶.

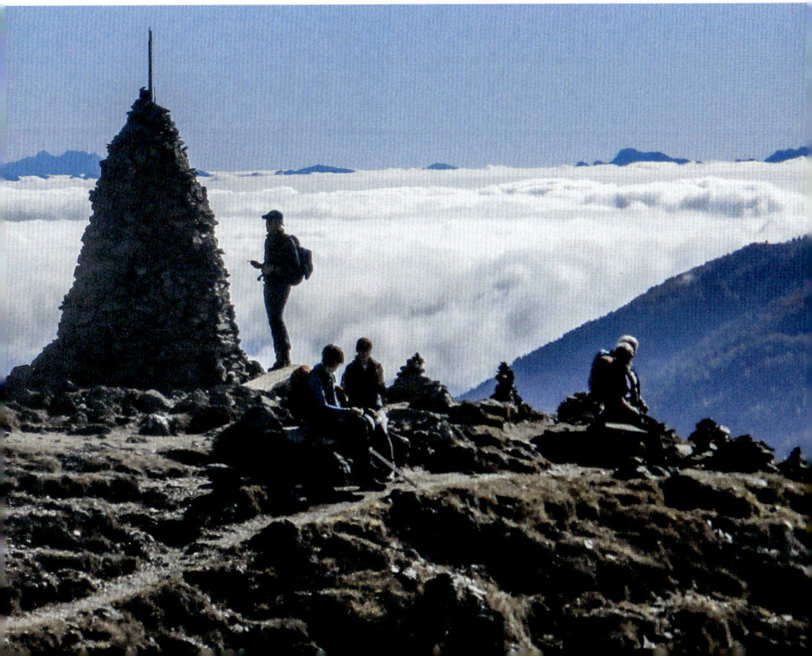

↗ 920 m | ↘ 920 m | 9.7 km

23 Mirnock, 2110 m, von Gschriet

5.00 h

Rundtour auf einen mächtigen Gipfel im Osten des Millstätter Sees

Zwischen dem Drautal im Südwesten und dem Gegendtal im Nordosten erstreckt sich ein etwa 15 km langer Bergstock. Der Mirnock als höchster Gipfel dieses Rückens erhebt sich mehr als 1500 Meter über dem Ostufer des Millstätter Sees. Weil die Anstiege vom See aus sehr lang sind und darüber hinaus überwiegend durch Wald führen, wollen wir zu den Bauernhöfen an der Westseite des Mirnocks hinauffahren. Dadurch können wir den Zeitaufwand für unsere Tour wesentlich verringern.

Ausgangspunkt: Renates Einkehr in 9702 Gschriet 13, 1222 m. Gut beschilderte Zufahrt von der Glanzer Landesstraße (Verbindung Döbriach am Millstätter See–Feistritz/Drau), 5 km, oder Aufstieg von Döbriach, erst auf Weg Nr. 187, dann auf Weg Nr. 188, 2.30 Std. Navi: N46.76357, E13.67447.
Anforderungen: Wanderung auf teils recht steilen Steigen.
Einkehr: Unterwegs keine. Renates Einkehr am Ausgangspunkt mit Selbstbedienungsautomat für Getränke und Kuchen; sonst nur noch für Hausgäste.
Varianten: 1. Der Weg kann auch gut in umgekehrter Richtung begangen werden. – 2. Beginn und Ende der Wanderung beim weiter nördlich gelegenen Gasthof Bergfried; Aufstieg auf Weg Nr. 187, Abstieg wie unten beschrieben zu Renates Einkehr, dann auf Fahrweg genau nach Norden zum Aufstiegsweg und auf ihm hinunter zum Gh. Bergfried. Gesamtgehzeit etwa 6.30 Std.
Tipps: 1. Rund um Renates Einkehr und den Gasthof Bergfried ist ein Kneipp-Panorama-Rundweg eingerichtet worden, Gehzeit ca. 3–3.30 Std. – 2. Etwa zehn Bergbauern laden als »Mirnockbauern« ein zu »Ferien zwischen Berg und See«.
Karten: f&b 221, 222; K 63, 066; ÖK 3112-W.

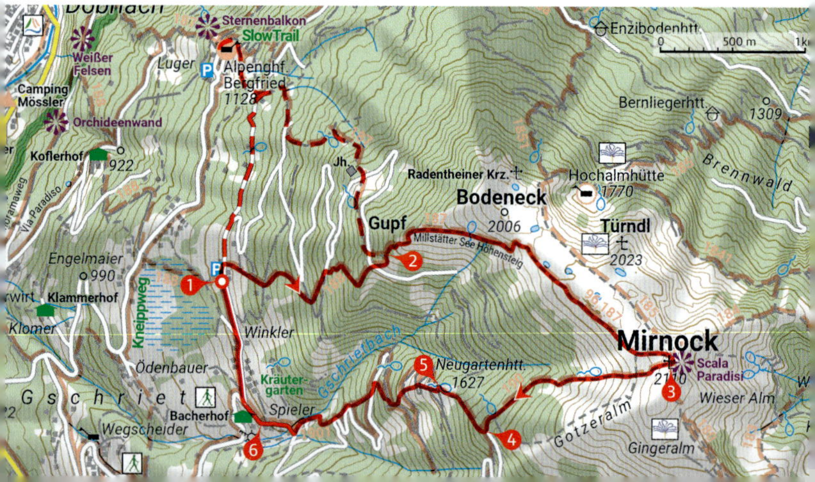

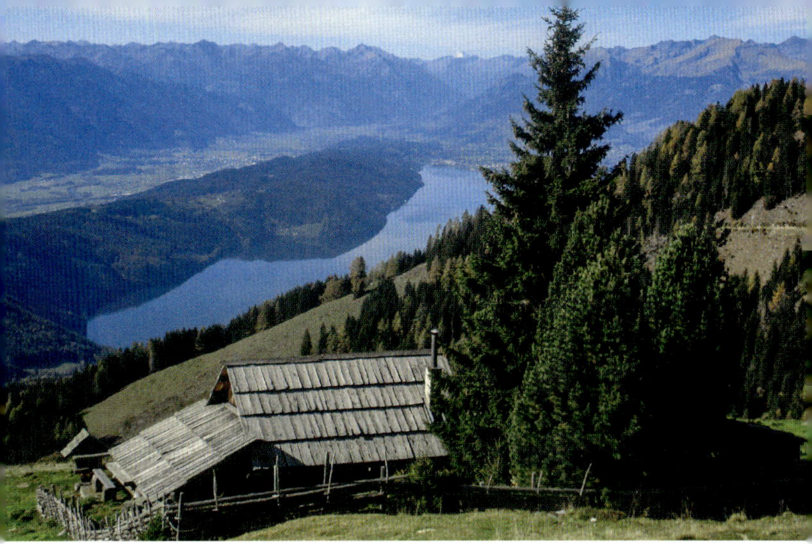

Die herrlich gelegene, kleine Neugartenhütte.

Von **Renates Einkehr** ❶ geht es auf dem Weg Nr. 188 etwa 1 Std. sehr steil und meist durch Wald bergauf. Nach dem Zaundurchstieg sehen wir erstmals unser Ziel, den Gipfel des Mirnocks. Über Wiesen kommen wir zur **Einmündung des Weges 187** ❷, 1755 m, der von Döbriach über den Gasthof Bergfried heraufführt. Am Gupf, einer kleinen Kuppe oberhalb der Waldgrenze, vorbei, wandern wir nun viel gemütlicher durch den sanften Südhang des Bodenecks und schließlich auf dem breiten Nordwestrücken zum **Mirnock** ❸, 2110 m, mit seinem großen Gipfelkreuz und einigen Land-Art-Installationen. Hier treffen fünf Anstiege aus verschiedenen Richtungen zusammen. Die Aussicht von diesem höchsten Gipfel im äußersten Südwesten der Nockberge ist unglaublich schön und weit. Sie umfasst nahezu ganz Kärnten samt seiner Bergwelt und auch die hohen Gipfel der Julischen Alpen, die sich hinter den Karawanken und den Karnischen Alpen erheben. Für den Abstieg wählen wir den Weg Nr. 190. Durch eine weite Mulde, später durch Wald, erreichen wir einen Rastplatz mit Brunnen. 100 m dahinter stoßen wir auf einen **Abzweig nach Mooswald** ❹, 1759 m, an dem wir rechts dem Weg Nr. 1901 folgen, der uns ziemlich steil, an der **Neugartenhütte** ❺, 1627 m, vorbei, zum Anwesen **Spieler** ❻, 1189 m, bringt. Auf der Straße geht es kurz bergab und dann rechts zurück zu **Renates Einkehr** ❶.

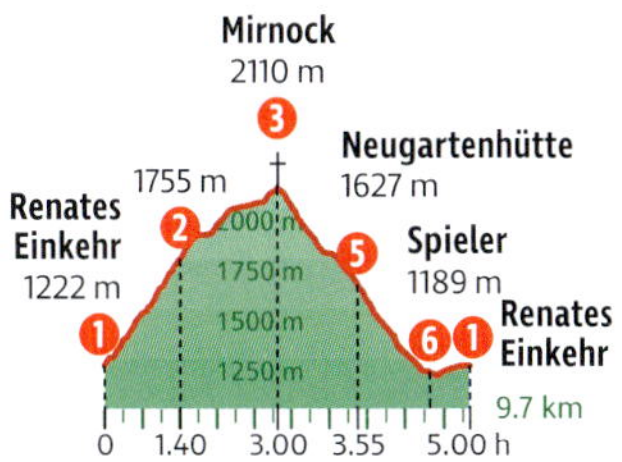

24 Rund um den Afritzer See

1.45 h

Familienwanderung um einen Badesee in den westlichen Nockbergen

Das rund 22 km lange Tal zwischen Radenthein und dem Ossiacher See wird als »die Gegend« oder auch als »das Gegendtal« bezeichnet. In ihm liegen zu beiden Seiten der rund 770 m hoch gelegenen Talwasserscheide zwei Seen, im Norden der Feld- oder Brennsee (siehe Tour 25) und im Süden der Afritzer See. Der Afritzer See nimmt mit seiner Fläche von nicht ganz 50 ha unter den Kärntner Seen die zehnte Stelle ein.

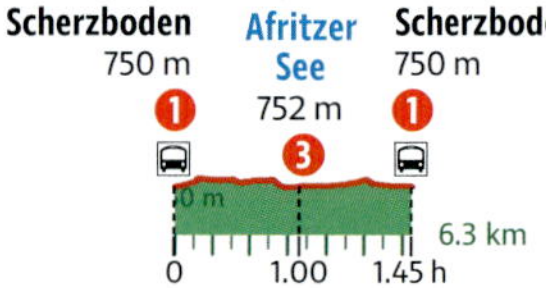

Ausgangspunkt: Afritz am See, Ortsteil Scherzboden, Bushaltestelle an der B 98, 750 m. Postbus 5150 von Villach und Radenthein (Mo–Fr etwa Stundentakt, Sa von Villach nur zwei Kurse, von Radenthein drei Kurse, So/Feiertag kein Verkehr). Anfordern des Go-Mobils in der Gemeinde Afritz unter 0664 603 603 9542, in der Gemeide Treffen unter 0664 603 603 9521. Wenige Parkplätze im Bereich der Bushaltestelle. Navi: N46.732467 E13.779066.
Anforderungen: Unschwierige Wanderung auf Feld-, Wald- und Karrenwegen sowie wenig befahrenen Nebenstraßen.
Einkehr: Unterwegs keine.
Varianten: 1. Beginn und Ende der Wanderung beim Gemeindeamt und der Kirche von Afritz am See, 250 m von der Bushaltestelle »Afritz am See Ortsmitte«; Parkplatz. Als Sonnenweg, Weg 3, bezeichnet; zeitlicher Mehraufwand etwa 1.15 Std. – 2. Kombination mit der Tour 25 »Rund um den Feldsee«: Weil der Sonnenweg nördlich des Afritzer Sees nach einem Bergrutsch unbegehbar und daher gesperrt ist, muss man

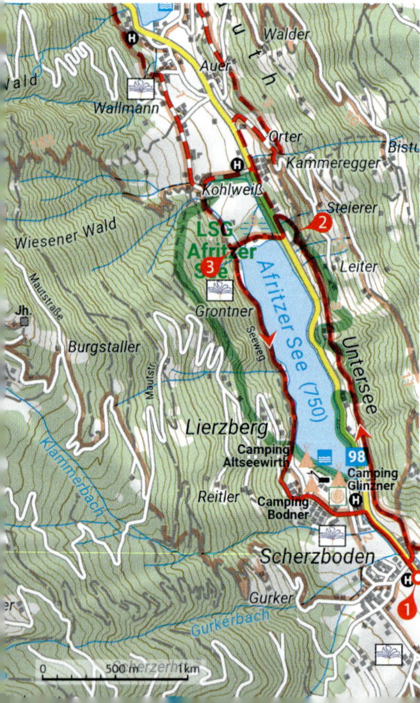

von ❷ zur Bundesstraße 98 absteigen, dem Geh- und Radweg etwa 700 m Richtung Radenthein folgen und dann in der Nähe eines Trafos sowie eines Altstoff-Sammelzentrums eine Straße nach rechts aufwärts nehmen, über die man nach etwas mehr als 5 Min. bei einem großen Haus wieder den Sonnenweg erreicht. Weiterweg wie bei Tour 25 beschrieben. Zeitlicher Mehraufwand für die zusätzliche Runde um den Feldsee etwa 2.15–2.30 Std.
Karten: f&b 221; K 63, 64; ÖK 3112-W.

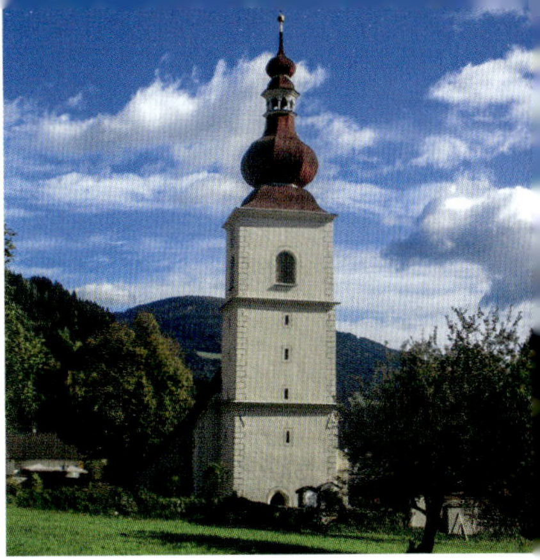

Die Kirche von Afritz, Ausgangspunkt für die Variante 1.

Von der **Bushaltestelle Scherzboden ❶** gehen wir entlang der Bundesstraße etwa 50 m Richtung Radenthein bis zum WW »Sonnenweg, Weg 3« an der Abzweigung einer Zufahrt zu wenigen Häusern. Wir halten uns rechts und treffen nach dem letzten Haus auf den eigentlichen Sonnenweg, der rund 50 m oberhalb des Afritzer Sees vorerst durch Wiesen, später durch Wald führt. Der Weg wird schmaler und quert auf Holzbrücken einige Gräben. Beim **WW »Wiesen« ❷**, 785 m, verlassen wir den Sonnenweg und gehen zur Bundesstraße hinunter. Wir überqueren sie und wandern auf dem Geh- und Radweg nach links. Nach etwa 150 m erreichen wir einen Rastplatz am Ufer des Afritzer Sees (WW und Haltepunkt 571 des Nockmobils). Mit dem Ziel »Seeweg Afritz« gehen wir, an einem Freibadeplatz vorbei, über eine Wiese zum **Westufer des Afritzer Sees ❸**, 752 m, wo wir auf zahlreiche WW treffen. Wir folgen dem Seeweg Afritz (Weg 2), der meist in Ufernähe nach Süden führt. Vor einem Campingplatz geht es kurz bergauf zur Lierzberger Straße, auf ihr bergab bis vor die Bundesstraße und auf einem Geh- und Radweg entlang des Afritzer Baches zurück zur **Bushaltestelle Scherzboden ❶**.

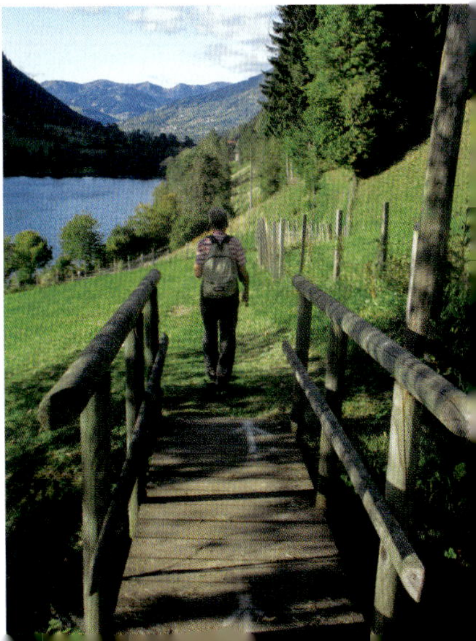

Unterwegs auf dem »Sonnenweg«.

↗ 290 m | ↘ 290 m | 7.1 km

25 Rund um den Feldsee

2.15 h

Eine weitere Familienwanderung um einen Badesee in den Nockbergen

Nördlich der Talwasserscheide im Gegendtal liegt der Feldsee (auch Brennsee genannt). Mit einer Fläche von 41 ha ist er etwas kleiner als der Afritzer See; nach seiner Größe liegt er unter den Kärntner Seen an zwölfter Stelle.

Ausgangspunkt: Bushaltestelle »Feld am See Wiesen« an der B 98, 770 m. Postbus 5150 von Villach und Radenthein (Mo–Fr etwa Stundentakt, Sa von Villach nur zwei Kurse, von Radenthein drei Kurse, an So/Feiertag kein Verkehr). Anfordern des GO-Mobils in Feld am See unter 0664 603 603 9544. Haltepunkt 426 des Nockmobils, anfordern unter +43 123 500 444 24. Parkmöglichkeit für einige Pkw etwa 300 m Richtung Feld am See beim Altstoff-Sammelzentrum oder 500 m weiter südlich am Ufer des Afritzer Sees. Navi: N46.75572 E13.76377.
Anforderungen: Unschwierige Wanderung auf Feld-, Wald- und Karrenwegen sowie wenig befahrenen Nebenstraßen.
Einkehr: In Feld am See.
Variante: Kombination mit der Tour 24 »Rund um den Afritzer See«: Vom Kohlweißhof in Wiesen geradeaus auf dem Seeweg, Weg Nr. 2, in 5 Min. zum Nordufer des Afritzer Sees. Weiter wie bei Tour 24 beschrieben Richtung Afritz und von der Bushaltestelle Afritz am See/Scherzboden oberhalb des Ostufers zurück, mit dem WW »Wiesen« hinunter zur Bundesstraße und in wenigen Min. zur Bushaltestelle Feld am See Wiesen. Zeitlicher Mehraufwand für die zusätzliche Runde um den Afritzer See etwa 1.45 Std.
Karten: f&b 221; K 63, 64; ÖK 3112-W.

Von der Bushaltestelle **Feld am See Wiesen** ❶ wandern wir auf dem Geh- und Radweg etwa 300 m entlang der Bundesstraße Richtung Radenthein. Bei einem Trafo und einem Altstoff-Sammelzentrum überqueren wir die Bundesstraße und gehen auf der Asphaltstraße etwa 10 Min. hinauf zu einem großen, orange-gelben Haus, wo wir auf den **Sonnenweg Nr. 3** ❷ (830 m, WW) treffen. Wir wenden uns scharf nach links (Norden) auf einen grünen Karrenweg, der uns erst durch eine Wiese, bald durch Wald zu den Häusern der Streusiedlung **Rauth** ❸, 830 m, bringt. Auf der schmalen Asphaltstraße gehen wir etwa 5 Min. bergab, wo wir beim WW und einem Rastplatz die Straße auf einen Weg durch Wiesen verlassen. Über einen Überstieg geht es in den Wald und hinunter zur **Seestraße** ❹, 750 m, am Ostufer des Feldsees. Am großen Hotel Brennseehof vorbei, kommen wir zum **Gemeindeamt von Feld am See** ❺, 750 m, mit Tourismusinformation.

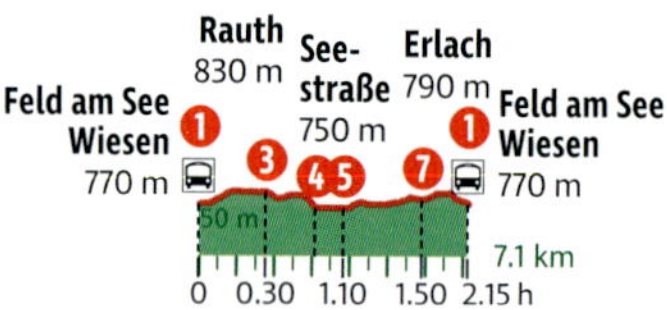

Wir gehen hinaus zur B 98, überqueren sie beim WW »Rudolf-Greinz-Weg, Weg 1« auf einen steilen Steig, der uns bald zu diesem Weg 1 bringt. Wir halten uns links in den Wald und folgen dem WW mit den Zielen »Erlach/Afritzersee/Rudolf-Greinz-

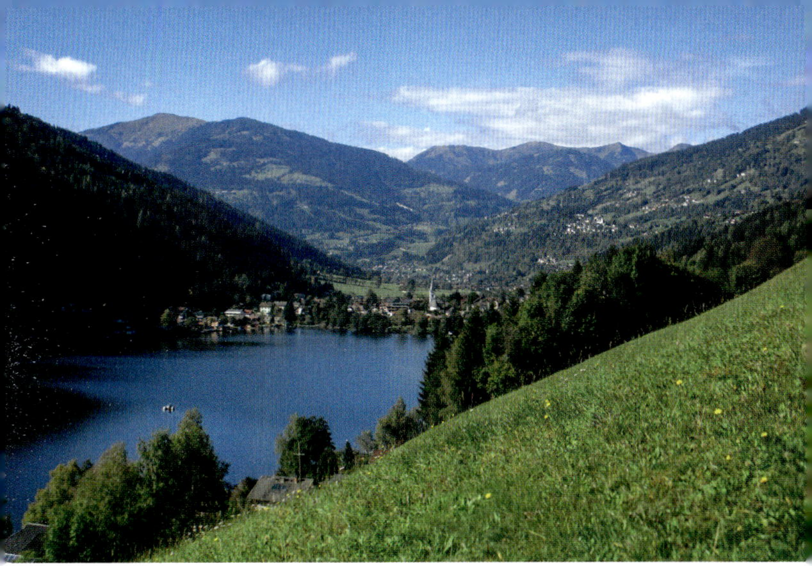

Der zwischen steilen Hängen eingebettete Feldsee.

Weg, Weg 1«. Nach einigen großen Felsblöcken treffen wir auf einen **WW** 6, 780 m, der nach links Richtung Erlach zeigt. Wir gehen geradeaus weiter auf dem Seeweg Afritz, Weg 2. Nach etwa 15 Min. kommen wir in die Ortschaft **Erlach** 7, 790 m, wo wir den Rudolf-Greinz-Weg verlassen. Am Wahlmonhof und an der Pension Hubmannhof vorbei, sind wir bald in der Ortschaft **Wiesen** 8, 770 m, von wo wir mit dem WW »Haltestelle« zu unserem Ausgangspunkt an der B 98 zurückkehren.

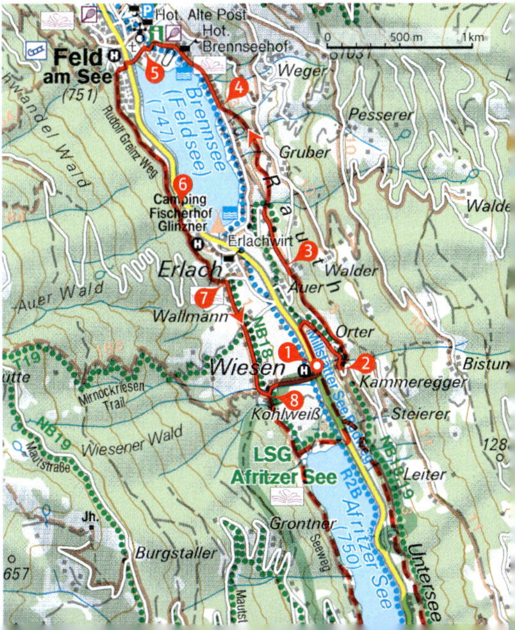

TOP

↗ 640 m | ↘ 640 m | 7.8 km

26 Wöllaner Nock, 2145 m, von der Feldpannalm

3.30 h

Auf der etwas ruhigeren Seite eines viel besuchten Gipfels

Der Wöllaner Nock wird an schönen Tagen von Bad Kleinkirchheim, also von Norden aus, mithilfe der Kaiserburg-Bahn »gestürmt«. Seine Westseite, die sich über der weiten Feldpannalm erhebt, ist aber viel weniger besucht. Hier bietet sich eine leichte Rundwanderung durch schöne Lärchenwälder und über weite Almweiden an.

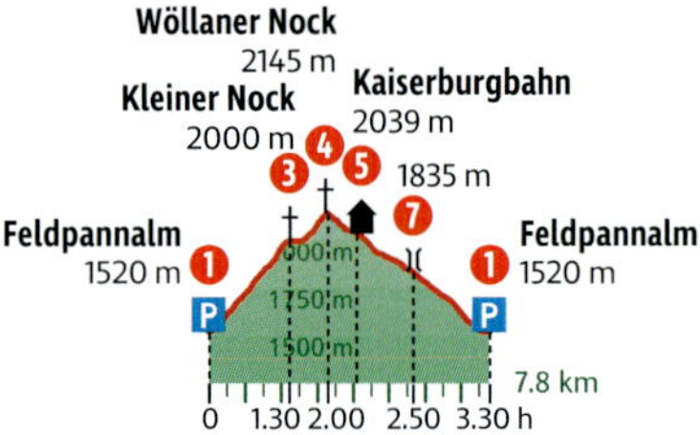

Ausgangspunkt: Feldpannalm, Parkplatz, 1520 m. In unmittelbarer Nähe Haltepunkt 085 »Wegerhütte« des Nockmobils (verkehrt im Sommer vom Haltepunkt 428 Feld am See Ortsmitte). Zufahrt von der B 98 in Feld am See durch die Dorfstraße, an der Kirche vorbei in die Rauthstraße, WW »Feldpannalm« beachten. Erst 2,3 km auf schmaler Asphaltstraße bis zur automatischen Mautstelle, dann 5,6 km auf guter, überwiegend breiter Schotterstraße bis zum großen Parkplatz kurz vor der Wegerhütte, Maut 2023: 6 € (in Münzen!). Navi: N46.780725 E13.799355.
Anforderungen: Unschwierige Wanderung, meist auf Steigen im Almgelände, kurze Strecken auch auf Forststraßen. Gesamte Runde gut markiert und beschildert. Auch für Kinder und Senioren gut geeignet. Vorsicht bei Gewittergefahr!
Einkehr: Wegerhütte in unmittelbarer Nähe des Ausgangspunktes (bewirtschaftet Anfang Juni–Mitte Okt., Do–Mo 10–18 Uhr); Bergrestaurant Kaiserburg in der Bergstation der Kaiserburg-Bahn (geöffnet zu den Betriebszeiten der Seilbahn).
Hinweis: Die Wanderung ist, allerdings in entgegengesetzter Richtung, auch als Feldpannalm-Runde gekennzeichnet.
Karten: f&b 221, 222; K 63, 063, 64, 66; ÖK 3112-W.

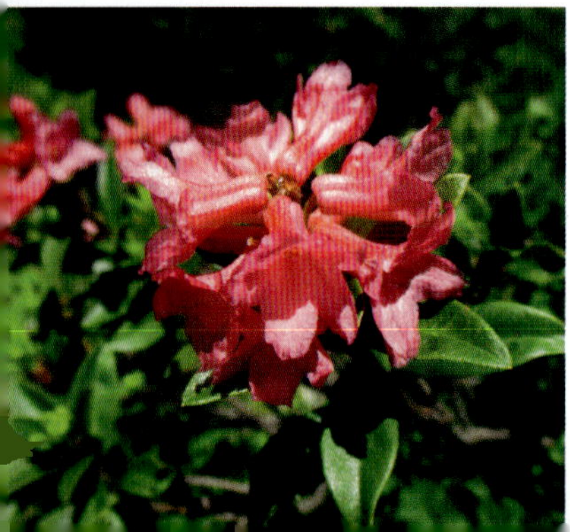

Vom Parkplatz auf der **Feldpannalm** ❶ gehen wir mit dem WW »Wöllaner Nock über Kleiner Nock«, Weg 167, kurz auf der Forststraße nach Süden. Beim nächsten WW zweigen wir auf einen Steig ab, der durch Almgelände und lichten Wald zum Westrücken des Wöllaner Nocks führt. Die Abzweigung des Weges 169 nach Afritz bleibt unbe-

Blüten der Rostroten Alpenrose.

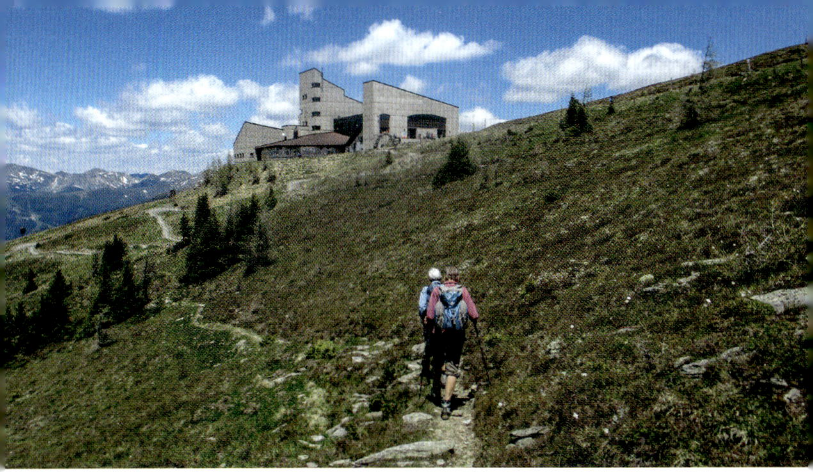

Die futuristische Bergstation der Kaiserburg-Bahn.

achtet, ebenso die **Abzweigung des Weges 1661** ❷, 1860 m, nach Oberwöllan. Wir überschreiten den nicht in allen Karten bezeichneten **Kleinen Nock** ❸, 2000 m, und erreichen auf dem teils schottrigen Weg den breiten Gipfel des **Wöllaner Nocks** ❹, 2145 m, mit großem Gipfelkreuz, vielen WW und noch mehr Besuchern. Die Rundsicht ist wahrlich grenzenlos!
Nach der Gipfelrast wandern wir auf dem breiten Weg 109 zur Bergstation der **Kaiserburgbahn** ❺, 2039 m, links an ihr vorbei und entlang der neuen MTB-Downhill-Strecke Richtung Rossalmhütte. Kurz vorher zweigen wir bei einem **WW** ❻, 1910 m, auf einen Steig ab (WW Wegerhütte, Markierungen auf Bäumen), der scharf nach links abwärts zu einer **Brücke** ❼, 1835 m, über einen Bach führt. Wir erreichen bald einen Fahrweg, auf dem wir talaus gehen. Auf einer bezeichneten Abkürzung kommen wir, an einigen Stadeln und Ferienhäusern vorbei, zur gastlichen Wegerhütte und zurück zum Parkplatz auf der **Feldpannalm** ❶.

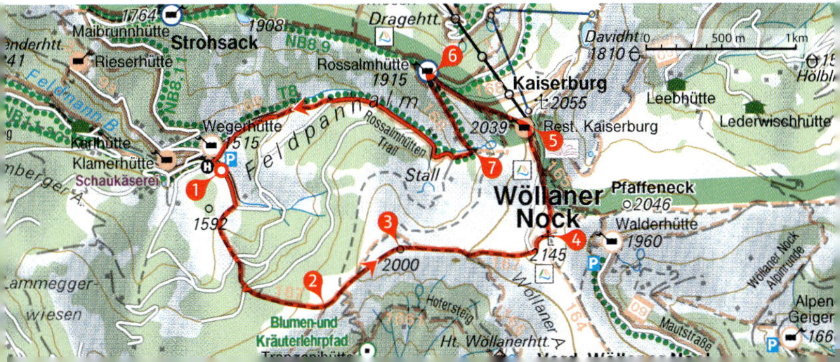

↗ 700 m | ↘ 700 m | 12.1 km

27 Schwarzsee – Palnock, 1901 m, vom Verditz

4.00 h

Durch Wald und über Almwiesen auf einen lohnenden Aussichtsgipfel

Hoch über dem Gegendtal liegt zwischen Afritz und Treffen auf einem Seitenkamm des Mirnockzuges die ursprünglich bergbäuerliche Streusiedlung Verditz. In der zweiten Hälfte des vorigen Jahrhunderts entstanden dort Lifte und in ihrer Folge zahlreiche Ferienhäuser. Nach mehreren schneearmen Wintern wurde der Betrieb der Lifte 2012 eingestellt. Nun gehört das Gebiet wieder den Wanderern. Unser Weg führt meist durch angenehm schattigen Wald zu einer gern besuchten Jausenstation, einem stillen See und auf einen aussichtsreichen Gipfel.

Ausgangspunkt: Ende der Verditzer Straße, 1280 m. Zufahrt von der B 98 in Afritz mit dem WW »Verditz« auf guter Asphaltstraße bis zu deren Ende, 6,6 km. Abstellmöglichkeit für etwa 20 Pkw. Auffahrt auch mit dem GO-Mobil Afritz am See und Treffen möglich (Tel. +43 664 603 603 9542 oder +43 664 603 603 9521). Navi: N46.70115 E13.79543.
Anforderungen: Leichte Tour auf meist breiten Waldwegen und guten Steigen.

Einkehr: Schwarzseehütte (1740 m, tägl. bewirtschaftet, Ende Mai bis 1. Nov., 10–16 Uhr, Tel. +43 650 2330042).
Variante: Vom WW beim Schwarzsee kann man auf dem Weg 179 (WW »Amberger Alpe«, 10 Min.) an der geschlossenen Kulnighütte vorbei den großen Felsen auf dem Gipfel der Amberger Alpe, 1831 m, besuchen. Angenehmer Rastplatz mit sehr schöner Aussicht!
Karten: f&b 224; K 61, 63; ÖK 3112-W.

Vor dem Abstieg ins Tal lohnt die Einkehr in der Schwarzseehütte.

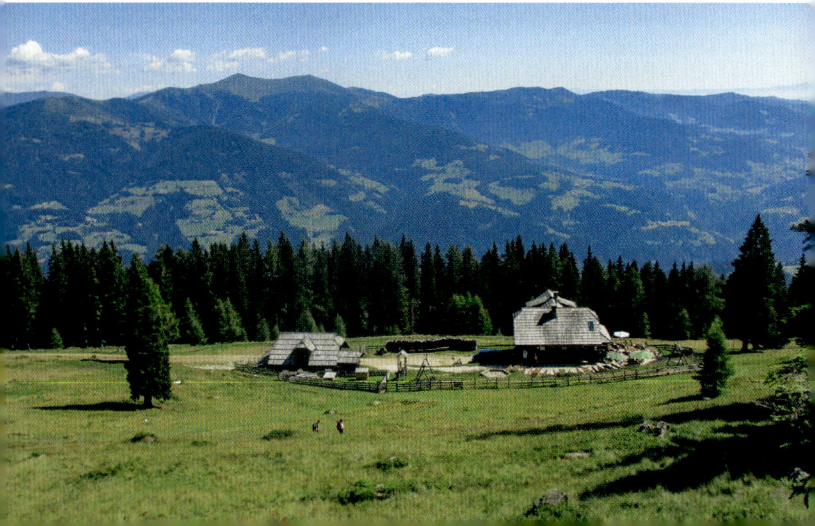

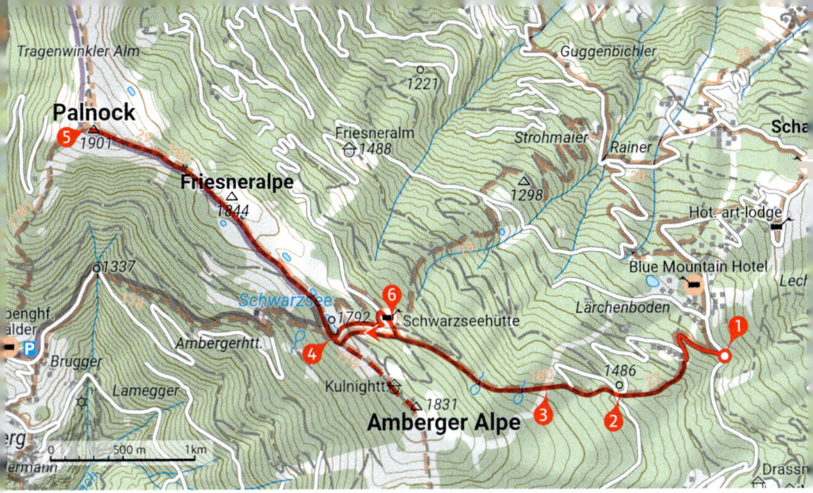

Vom Ende der Asphaltstraße am **Verditz** ❶ gehen wir auf dem für den allgemeinen Verkehr gesperrten Zaunprecht-Almweg (WW »Schwarzsee«, Weg Nr. 27, später auch Nr. 180) an einigen Ferienhäusern vorbei bis zur Abzweigung eines Karrenweges. Dieser bringt uns, manchmal etwas steil, durch Wald bergauf. Wir queren eine **Forststraße** ❷, 1486 m, und erreichen nach einem flacheren Abschnitt die ehemalige **Skipiste** ❸, 1590 m. Wir bleiben im angenehm schattigen Wald auf dem Karrenweg, sehen zwei Quellen und kommen in die Nähe der Schwarzseehütte, die wir auf dem Rückweg besuchen wollen. Wir folgen dem markierten Weg und erreichen in etwa 15 Min. den Schwarzsee, 1792 m, und wenig später die **WW beim Schwarzsee** ❹, 1800 m, neben einem großen Felsen mit Bank. Auf dem Weg 180 wandern wir nun durch sanftes Almgelände in etwa 45 Min. auf den **Palnock** ❺, 1901 m, mit Gipfelkreuz und einem »Menhir«. Herrlicher Aussichtsgipfel mit Rundumblick, der von den Julischen Alpen über den Großglockner, den Millstätter See und die Hochalmspitze über die Nockberge bis zu den Karawanken reicht.

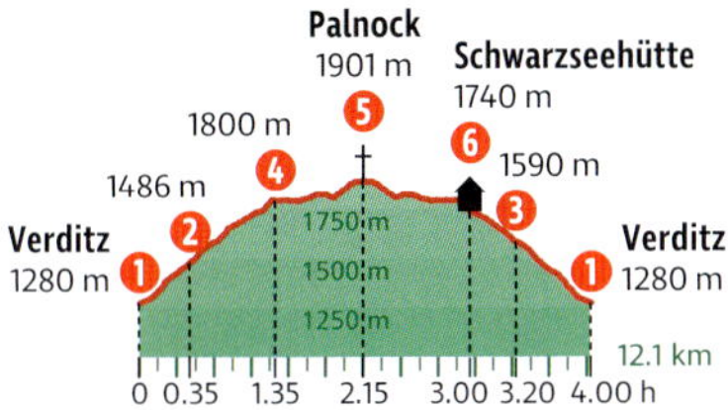

Zurück gehen wir bis zum **WW beim Schwarzsee** ❹ auf dem Anstiegsweg. Von hier folgen wir dem WW zur **Schwarzseehütte** ❻, 1740 m; diese gastliche Hütte lädt mit einem Kinderspielplatz, Streicheltieren und hervorragenden heimischen Speisen zur Einkehr ein. Der Rückweg zum **Verditz** ❶ erfolgt auf dem Weg des Aufstieges.

↗ 480 m | ↘ 480 m | 9.9 km

28 Arriacher Hofwanderweg

3.15 h

Rundwanderung durch eine alte bäuerliche Kulturlandschaft

Die Gemeinde Arriach liegt mit einigen ihrer verstreuten Ortschaften in einer weiten, nach Süden offenen Mulde unterhalb des Wöllaner Nocks. Sie richtete einzelne Themenwanderwege ein, die einen guten Einblick in das kulturelle und wirtschaftliche Erbe bieten. Der Hofwanderweg führt uns in großem Bogen zu einigen stattlichen Bauernhöfen.

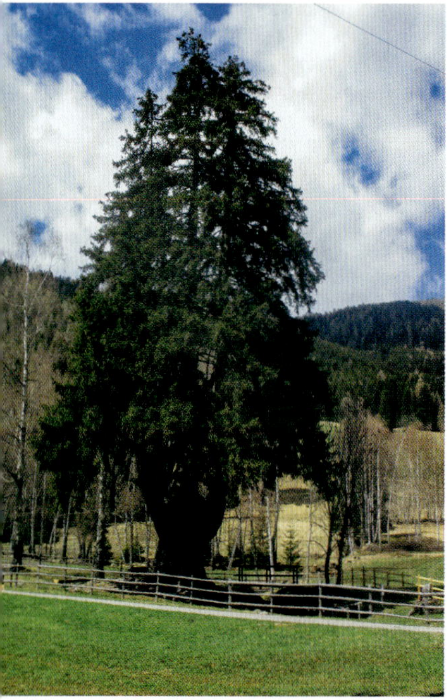

Die riesige Kandelaberfichte.

Ausgangspunkt: Arriach, Mittelpunkt-Parkplatz am Ortseingang, 850 m. Postbus 5150 von Villach und Radenthein (z. T. mit Umsteigen; nur Mo–Fr, wenige Kurse). Parkmöglichkeit für etwa 20 Pkw. Zufahrt von Villach auf der B 98 und ab der Klamm auf gut ausgebauter Landesstraße; von Klagenfurt auf der B 95 über Feldkirchen nach Himmelberg und über Teuchen nach Arriach. Navi: N46.726465 E13.849169.
Anforderungen: Leichte Wanderung auf meist breiten Wald- und Feldwegen sowie auf kaum befahrenen, häufig asphaltierten Nebenstraßen.
Einkehr: Jausenstation Lanerhof und in Arriach.
Varianten: 1. Von der Kandelaberfichte ❺ kann man direkt nach Arriach zurückkehren; dies verkürzt die Gesamtgehzeit auf etwa 2.15 Std. – 2. Wer Lust und Zeit hat, unternimmt vom Parkplatz ❸ aus den Abstecher zum Mittelpunkt Kärntens; hin und zurück etwa 1.10 Std. Der Mittelpunkt wird durch eine runde Betonplatte mit zwei sich kreuzenden Geraden dargestellt. Von hier aus sehen wir die Villacher Alpe (Dobratsch) und links von ihr den Mangart in den Julischen Alpen.
Karten: f&b 221, K 62, ÖK 3112-O.

Am Mittelpunkt-Parkplatz in **Arriach** ❶ können wir uns an Übersichtstafeln und Wegweisern gut orientieren. Wir folgen dem Hofwanderweg, der über weite Strecken mit dem Mittelpunktweg ident ist. Wir verlassen den Ort, haben schöne Blicke in den Talkessel oberhalb von Arriach und zum

Vorderen Wöllaner Nock und gehen kurze Strecken durch Wald, später durch Wiesen zum **Orterhof**, ❷, 1105 m. Hier wie auch an anderen Stellen erläutern Schautafeln die Besonderheiten. Auf der Straße wandern wir weiter zu einem kleinen Parkplatz mit der **Abzweigung zum Mittelpunkt** ❸, 1117 m. Wir gehen talein zum großen Tengghof, an der Abzweigung zum Geigerhof vorbei, über eine **Brücke** ❹, 1145 m, und wenden uns talaus zur schon von weitem sichtbaren **Kandelaberfichte** ❺, 1085 m. Dieser sehr alte, 30 m hohe Baum weist einen Umfang von 8 m auf! Er streckt sieben einzelne Wipfel in die Höhe.

Nun folgen wir dem Hofwanderweg bergauf Richtung Wöllan. Wir kommen zum Moserhof, in dem es auch ein kleines Bauernmuseum gibt. Weiter geht es bergauf in den Wald und zu einer Forststraße, auf der wir die Pension und **Jausenstation Lanerhof** ❻, 1143 m, erreichen. Die WW »Hofwanderweg« bringen uns durch Wiesen, später etwas steiler durch Wald hinunter in die Ortschaft Sauboden, auf dem Gehsteig neben der Straße in den Ort Arriach und zurück zum Mittelpunkt-Parkplatz in **Arriach** ❶.

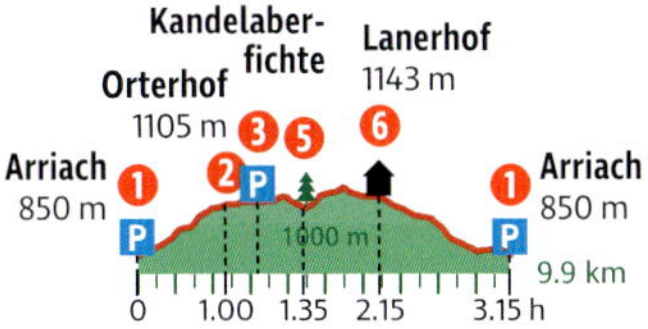

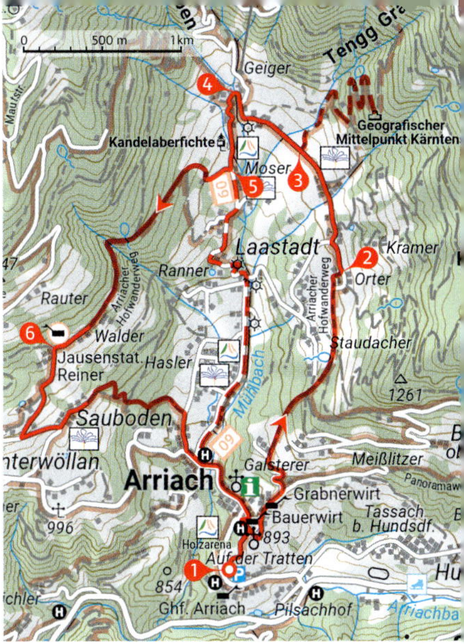

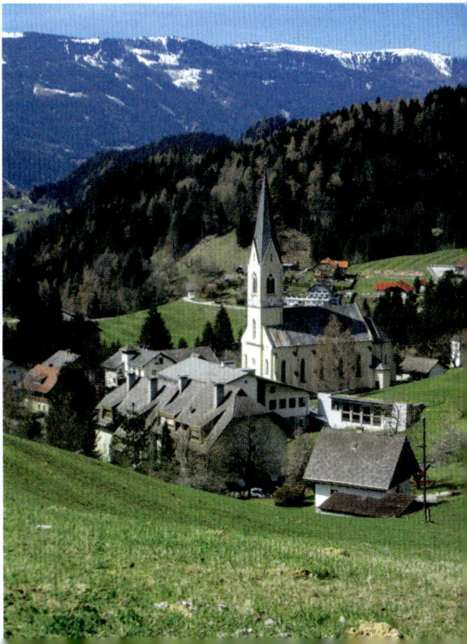

Der sonnig gelegene Ort Arriach.

TOP

29

↗ 520 m | ↘ 520 m | 9.1 km

Villacher Alpe (Dobratsch), 2166 m – der Rigi Kärntens

2.45 h

Leichte Wanderung für alle auf den schönsten Aussichtsberg Kärntens

Schon in alten Reiseführern wurde der Gipfel der Villacher Alpe als »Rigi Kärntens« bezeichnet. Und die Aussicht von ihm ist wahrlich grenzenlos: Sie umfasst nicht nur ganz Kärnten vom Großglockner bis zur Koralm und von den Nockbergen bis zu den Karnischen Alpen und den Karawanken mit den eindrucksvollen Julischen Alpen dahinter. An besonders klaren Tagen sieht man weit im Westen zu den Gletschern der Ötztaler Alpen, im Südwesten zu den Dolomiten und im Südosten zum fernen Uskokengebirge Kroatiens.

Ausgangspunkt: Ende der der Villacher Alpenstraße auf der Rosstratte, 1731 m (Mitte April–Mitte Nov. mautpflichtig, für Personen mit Kärnten-Card gratis; Mitte Nov.–Mitte April Parkplätze gebührenpflichtig). Ende Mai–Mitte Okt. Wanderbus von Villach (Mi und Sa, Mitte Juni–Anfang Sept. auch So). Navi: N46.592920 E13.711305.
Anforderungen: Ganz leichte Wanderung auf grobschottrigem, für den Verkehr gesperrtem Fahrweg, streckenweise etwas mühsam.
Einkehr: Dobratsch-Gipfelhaus (2143 m, ÖAV Villach, knapp unter dem Gipfel, auch Übernachtungsmöglichkeit, ganzjährig bewirtschaftet, ausgenommen bei Schlechtwetter; Tel. +43 720 350340, dobratsch-gipfelhaus.com); Almgasthof Rosstratten am Ausgangspunkt (tägl. 10–18 Uhr geöffnet, Tel. +43 4242 219517); Aichingerhütte kurz vor dem Ende der Villacher Alpenstraße (Tel. +43 650 8131203 oder +43 664 5243810).
Varianten: Zeitaufwand für den Aufstieg vom Parkplatz Rosstratte zum Dobratsch-Gipfelhaus auf jeder der genannten Varianten 1 bis 3 etwa 2 Std.

Die »Deutsche Kirche« auf der Villacher Alpe.

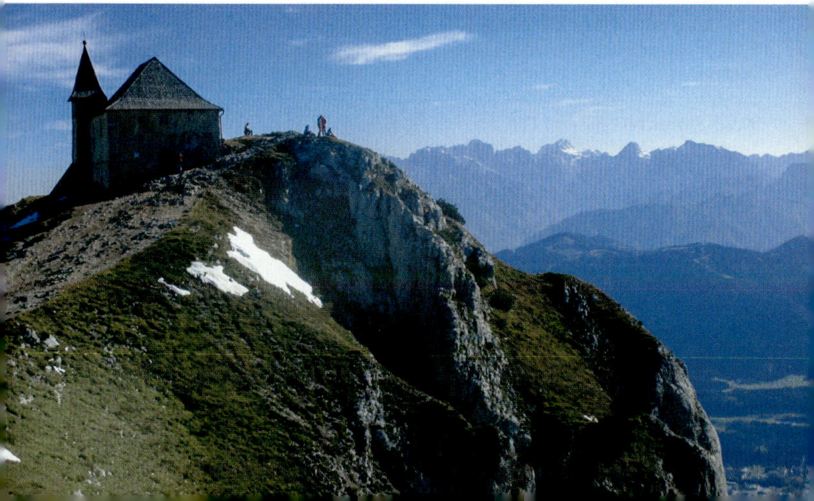

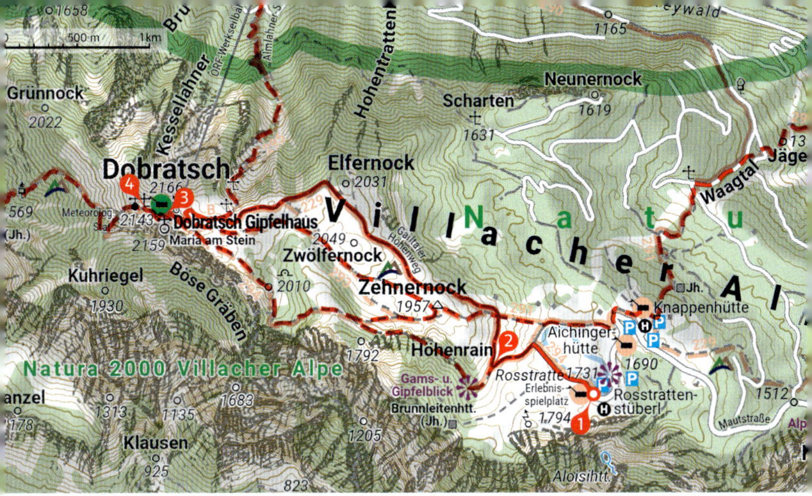

1. Aufstieg auf dem AV-Weg 294, der kurz nach der ersten Kehre des Fahrweges bei einem WW bergwärts abzweigt und auf den Zehnernock führt (1957 m, hier die Unterstandshütte »10er-Aussicht«). Nun kurz hinunter zu einer Wiese mit WW, dann Abstieg über 80 Hm zum sogenannten »Jägersteig« und am Rand der Dobratsch-Südwand weiter zum Dobratsch-Gipfelhaus. »Rote« Tour, aber ohne Gefahrenstellen. – 2. Aufstieg über den gesamten Jägersteig, »schwarze« Tour! Nichts für Ungeübte, obwohl recht häufig von ihnen begangen! Von der ersten Kehre des Fahrweges zur Aussichtsplattform »Gams- und Gipfelblick«, weiter auf schmalem, teils recht ausgesetztem Steig mit einigen kleinen Felsstufen zur Variante 1 und weiter zum Dobratsch-Gipfelhaus. – 3. Von dem bei Variante 1 erwähnten WW nach Nordwesten auf gutem, markiertem, aber nicht beschildertem Steig Richtung Zwölfernock. Der Weg quert den Südhang des Zwölfernocks, führt kurz bergab, dann hinauf zu einer Kurve des Fahrwegs und unmittelbar nach dieser links in Richtung Gipfelhaus; sehr lohnende, gerade nicht mehr »blaue« Tour, ohne Gefahrenstellen. – 4. Aufstieg von Heiligengeist (hier Bushaltestelle der Linie 8570 Villach–Bad Bleiberg; Verkehr nur Mo–Fr wenn Werktag) durch das Waagtal und über die Aichingerhütte zum Gipfel, »blaue« Tour, Zeit für Aufstieg etwa 4 Std. – 5. Aufstieg von Bad Bleiberg durch den »Alpenlahner« zum Gipfel, »rote« Tour, Zeit für Aufstieg etwa 3.30 Std. Nur Sommerweg! – 6. Aufstieg von Nötsch im Gailtal (Haltestelle der S-Bahn-Linie 4 Villach–Arnoldstein–Hermagor, Stundentakt) durch den Alplgraben direkt zum Gipfel, lange, »rote« Tour, Zeit für Aufstieg etwa 5 Std.

Tipp: Besuch des etwa 1 Hektar großen Alpengartens mit rund 800 Pflanzen; Anf. Juni–Ende Aug., tgl. 9–18 Uhr. Wenige Minuten vom Parkplatz 6 der Villacher Alpenstraße.

Karten: f&b 223, 224; K 61, 065; ÖK 3118-W.

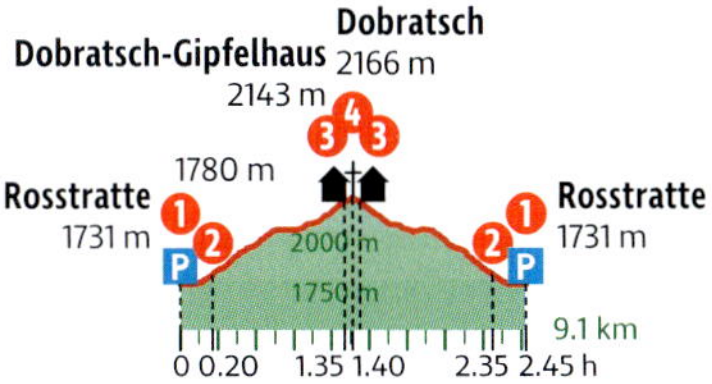

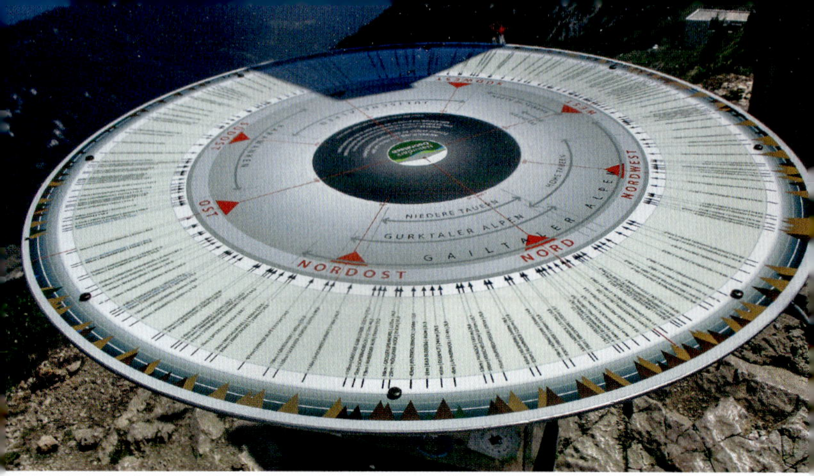

Orientierungstafel für die grenzenlose Sicht vom Gipfel.

Vom **Parkplatz ❶** am Ende der Villacher Alpenstraße folgen wir dem breiten Weg, dessen Beginn als Geologie-Lehrpfad gestaltet ist, nach Westen Richtung Rosstratte. Bald geht es etwas steiler den Hang nach links hinauf. In der ersten **Kehre ❷**, 1780 m, kann man auf einen Steig zum Gams- und Gipfelblick abzweigen, einer Aussichtsplattform, die man in etwa 10 Min. ganz bequem erreicht. Wir bleiben immer auf dem Fahrweg, der uns in insgesamt etwa 1.30 bis 2 Std hinauf zum gewaltigen Sendeturm und zum modernen **Dobratsch-Gipfelhaus ❸**, 2143 m, bringt. Von hier sind es nur wenige Minuten bis zum Gipfelkreuz auf dem höchsten Punkt der Villacher Alpe, auch **Dobratsch ❹** genannt, 2166 m. Eine Panoramatafel zeigt uns die Namen der bedeutendsten Ziele, die man von hier aus erblicken kann. Unter uns steht die Windische Kirche, und etwas weiter östlich sehen wir die Deutsche Kirche.

Nachdem wir die Aussicht und die gute Jause im Gipfelhaus genossen haben, gehen wir am besten über den Fahrweg zurück zum **Parkplatz ❶**.

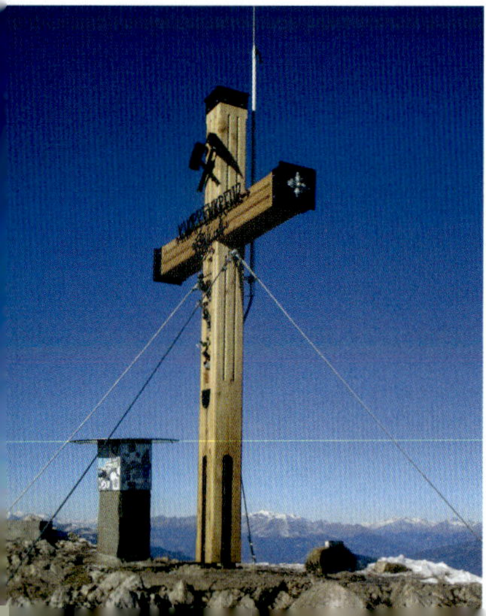

Das große, neue Gipfelkreuz.

↗ 200 m | ↘ 200 m | 6.3 km

2.00 h

Im Bergsturzgebiet der Schütt

30

Interessante Runde in einem der größten Bergsturzgebiete der Alpen

Aus der Südwand der Villacher Alpe sind sowohl nach der letzten Eiszeit als auch im Jahre 1348 gewaltige Bergstürze niedergegangen. Ihr gesamtes Ausmaß lässt sich beim Aufstieg auf den Gipfel des Dobratsch (Tour 29), wie die Villacher Alpe auch genannt wird, gut überblicken. Wir wollen auf unserer Wanderung einen näheren Einblick in dieses in jeder Hinsicht vielfältige Bergsturzgebiet gewinnen.

Ausgangspunkt: Abzweigung des Wanderweges 17 von der Schütter Landesstraße, 509 m. An Schultagen Dr.-Richard-Bus 18 von Villach nach Unterschütt (nur drei Kurse/Tag!); in 5 Min. durch den Nordteil des Ortes zu unserer Wanderung. Von der Haltestelle Neuhaus a. d. Gail der S-Bahn-Linie 4 Villach–Arnoldstein–Hermagor (täglich im Stundentakt) nach Unterschütt und zur Wanderung, etwa 40 Min. Zufahrt von Villach auf der B 83 Kärntner Straße nach Federaun, dann den WW Unterschütt/Oberschütt folgen; Ausgangspunkt kurz nach km 2,0. Einige Abstellmöglichkeiten für Pkw am Straßenrand. Navi: N46.570849 E13.790131.
Anforderungen: Ganz leichte Wanderung ohne Gefahrenstellen. Der kurze Abstecher auf die Weinitzen ist nicht markiert, der Rückweg zwischen 5 und 2 sparsam gekennzeichnet, aber keine Orientierungsprobleme. Durchwegs gute Wege oder Steige, nur wenige etwas steilere und steinige Abschnitte.
Einkehr: Unterwegs keine.
Hinweis: Wer sich näher für die Schütt und ihre Besonderheiten interessiert, dem sei der im Naturwissenschaftlichen Verein für Kärnten 2013 erschienene Naturführer »Natur & Mensch in der Schütt« empfohlen.
Tipp: Besuch der »Gladiolenwiese« in Oberschütt. Von 5 auf der Straße nach Oberschütt und den WW Gladiolenwiese folgen, etwa 15 Min. Im Frühsommer sieht man Hunderte blass-rosa Blüten der Illyrischen Gladiole, die hier ihren einzigen Standort in Österreich hat.
Karten: f&b 224, K 062, 64; ÖK 3118-W (in allen ist jedoch unser Rückweg nicht oder nur zum Teil eingetragen).

Die »Tonach-Mühl«.

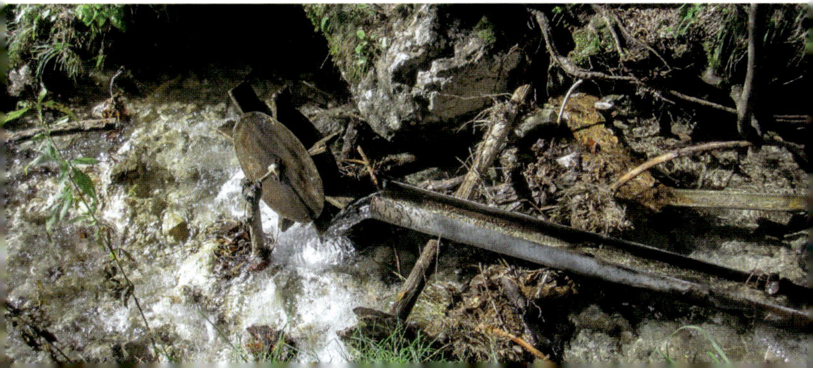

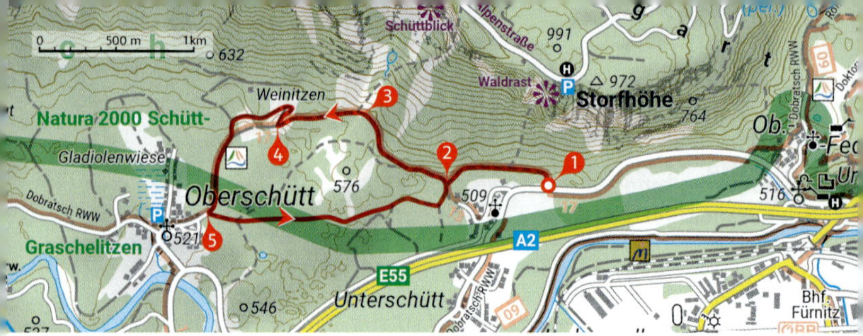

Vom Wegweiser an der **Schütter Landesstraße** ❶ wandern wir gleich in den Wald hinein, Richtung Oberschütt. An einer großen Wiese vorbei, kommen wir zum Abzweig eines Weges mit **Wegweiser** ❷, 512 m, Richtung Gailbrücke, Erlendorf und Bahnstation Neuhaus; hier schließt sich auf unserem Rückweg der Kreis unserer Runde durch die Schütt. Wir folgen weiter dem Weg 17, der uns bald in das Gebiet der »Jungen Schütt«, also des Bergsturzes von 1348 bringt. Der Boden wird steinig, die Bäume sind trotz ihres Alters von mehr als 700 Jahren recht klein, dünn und verkrüppelt – einige wachsen sogar auf Felsblöcken. Wir kommen an einer Mulde links des Weges vorbei, in der sich kalte Luft sammelt, was man an dem spärlichen Bewuchs sehen kann. Dann gelangen wir zu einem kleinen Bächlein mit einer **Hinweistafel »Tonach-Mühl«** ❸, 570 m. Nun geht es leicht bergab und schließlich eben zu einer freien Fläche am Fuß der **»Weinitzen«** ❹,

Die berühmte »Gladiolenwiese« in Oberschütt.

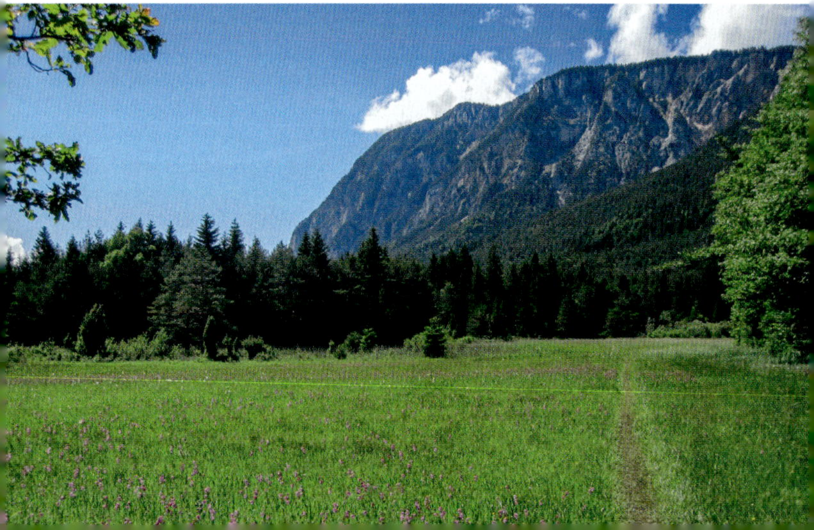

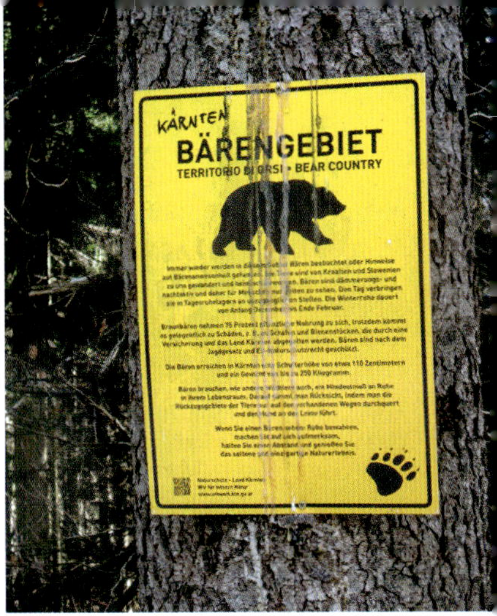

Auch Bären gibt es hier ...

540 m. Dieser Name hängt mit dem früheren Weinbau zusammen, den es hier einmal gegeben hat.
Wir wollen den breiten Weg verlassen, um von den Wiesen der Weinitzen einen Überblick über das Bergsturzgebiet samt Aussicht zu den Karawanken zu gewinnen. Auf einem Schotterweg gehen wir wenige Minuten bergauf und dann nach links auf einem deutlich sichtbaren Steig über die Wiese und zu einem Karrenweg, der wieder hinunter in den Talboden führt. Der Fahrweg wendet sich nun nach Süden. In einer Kurve kurz vor der Ortschaft Oberschütt sehen wir die ersten Häuser; hier wenden wir uns bei einer **Abzweigung** ❺, 521 m, nach links in einen sparsam markierten Waldweg. Wir bleiben immer auf dem Hauptweg, halten uns also bei der ersten Abzweigung nach links. Nachdem wir eine Holzknechthütte passiert haben, wird der Weg zu einem Steig. Es geht auf und ab durch das Bergsturzgebiet zu einer Wegkreuzung, an der wir geradeaus weiter und zu einem Karrenweg wandern. Nach wenigen Minuten halten wir uns an einer Verzweigung rechts zu einer Wegkreuzung vor einem Hochsitz. Hier gehen wir geradeaus und bei den beiden nächsten Abzweigen links zum bereits sichtbaren **Wegweiser** ❷, bei dem wir auf unseren Hinweg treffen. Nach etwa 15 Min. erreichen wir wieder an der **Schütter Landesstraße** ❶ den Ausgangspunkt unserer Wanderung.

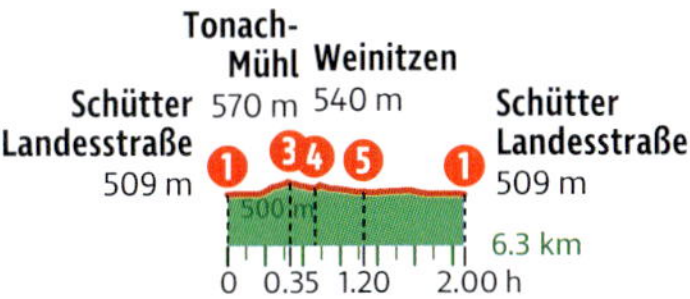

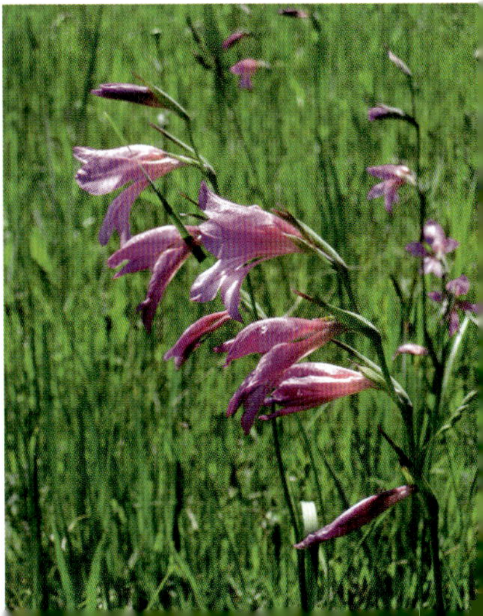

Die zarten Blüten der Illyrischen Gladiole.

↗ 1000 m | ↘ 1000 m | 10.2 km

31 Kobesnock, 1820 m

5.00 h

Anspruchsvolle Rundtour auf den höchsten Gipfel des Erzbergs

Nördlich des nahezu 1000 m hoch gelegenen Bleiberger Tales erstreckt sich der (Bleiberger) Erzberg – so benannt nach dem Bergbau auf Blei- und Zinkerze, der hier durch mehr als 600 Jahre betrieben wurde. Die interessante Rundwanderung über den Kobesnock, der sich im Westen des Erzbergs erhebt, ist sowohl im Frühling als auch im Herbst besonders zu empfehlen.

Ausgangspunkt: Bleiberg-Kreuth, Fuggertal, Abzweigung des Oberen Kirchenweges vom Fuggertalweg, 905 m. Der Fuggertalweg zweigt gegenüber dem Feuerwehrhaus von der Bleiberger Landesstraße ab; von dort 350 m zum Ausgangspunkt; beschränkte Parkmöglichkeiten. Nächste Bushaltestelle Kreuth Raika an der Bleiberger Landesstraße, Wiegele-/Ebner-Bus 8570 von Villach (werktags Mo–Fr) und 8571 von Nötsch im Gailtal (nur an Schultagen, nur wenige Kurse). Navi: N46.63060 E13.62888.
Anforderungen: Trittsicherheit in steilen Hängen, vor allem bei Schneelage in nordseitig gelegenen Wegstücken. Schwindelfreiheit wegen kurzer, ausgesetzter Felsstufen. Insgesamt gerade nicht mehr »rote« Tour! Kurz vor dem Kalten Loch auf dem Grat Seilsicherungen. Auch im Abstieg von der Wertschacher Alm eine Stelle mit Seil gesichert. Tour überwiegend gut markiert und beschildert; lediglich ab dem Anwesen Maurer etwas Orientierungsgabe erforderlich, da nicht eindeutig beschildert und sehr sparsam markiert.
Einkehr: Wertschacher Alm (zur Weidezeit einfach bewirtschaftet).
Karten: f&b 224, K 64, ÖK 3111-O.

Von der Landesstraße in **Bleiberg-Kreuth** ❶ gehen oder fahren wir 350 m bergauf bis an das Ende der Steigung des Fuggertalweges, 905 m (WW). Wir halten uns rechts auf den Weg Nr. 12 und biegen bei der nächsten Abzweigung nach links ab. Auf der Forststraße erreichen wir eine Kehre, von der ein guter Steig bergauf führt. Wir passieren den Eingang zum Thomasstollen und einen Rastplatz. Der Steig verläuft meist im Hang gegen Nordwesten, später rund 100 Hm in Kehren über einen Rücken hinauf, und dann erreichen wir bald den **Zeber** ❷, 1480 m, einen Sattel zwischen Sattlernock und Zebernock. Nun folgen wir nach links dem AV-Weg 288 (Erzberg Höhenweg), der nach dem wenig ausgeprägten Gipfel des Zebernocks überwiegend auf dem Kamm verläuft. Später geht es in den steilen Nordhang und zum Kalten Loch, einem großen Felsfenster mit Blick nach Süden ins Tal. Nach einem letzten Steilaufschwung ist der **Kobesnock** ❸, 1820 m, erreicht.

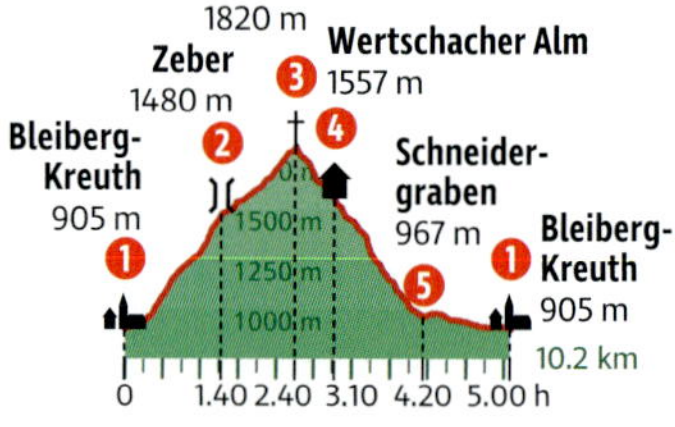

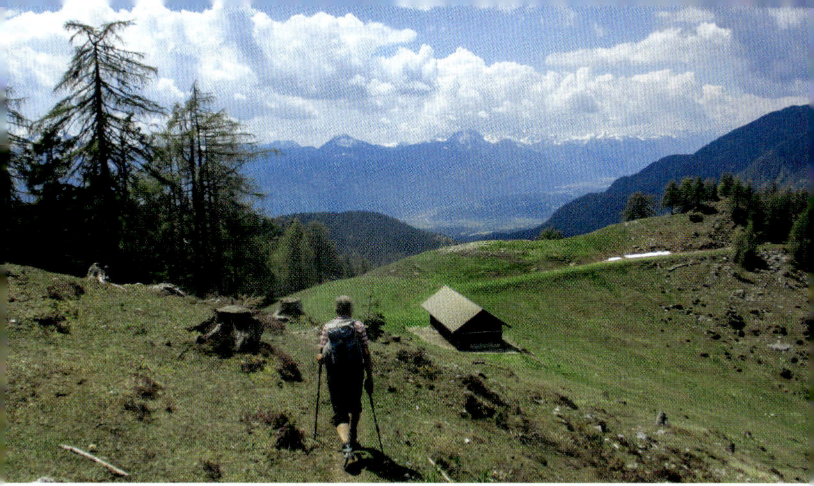

Im Abstieg zur Wertschacher Alm.

Ein angenehmer Rastplatz mit schöner Aussicht, Gipfelkreuz und Bänken. Der Abstieg bringt uns auf einem etwas groben und steilen Steig zu den Wiesen der **Wertschacher Alm** ❹, 1557 m (WW). Auf dem Weg Nr. 298 (auch alte Nr. 10) geht es im Hang des Schneidergrabens streckenweise recht steil hinunter bis zu einer Forststraße. Wir folgen ihr mit dem WW Theresienhof, Weg Nr. 11, nach links, verlassen sie kurz vor dem **Schneidergraben** ❺, 967 m, auf einen Steig und erreichen das **Anwesen Maurer** ❻, 955 m. Auf Karrenwegen und kaum befahrenen Straßen kehren wir zum Fuggertalweg und über ihn nach **Bleiberg-Kreuth** ❶ zurück.

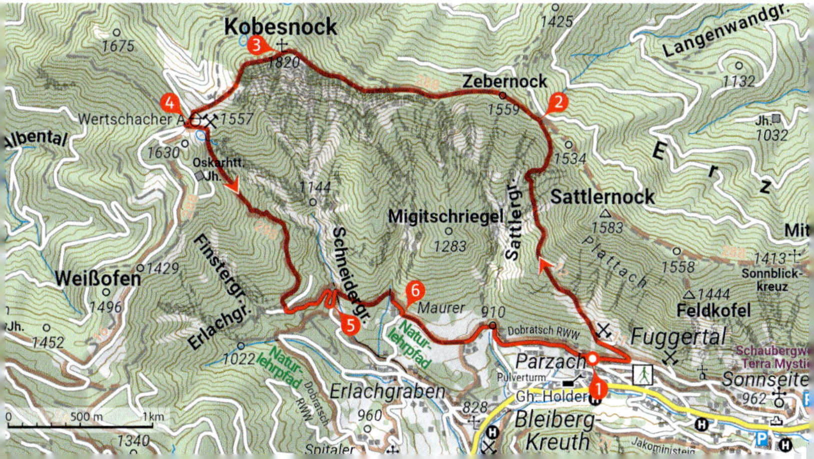

↗ 30 m | ↘ 30 m | 3.4 km

32 Villacher Altstadtwanderung

1.00 h

Auf den Spuren der Vergangenheit in Kärntens zweitgrößter Stadt

Bereits 878 werden Villach und die Brücke (»pons Uillah«) in einer Urkunde genannt. Doch Funde aus der Römerzeit belegen, dass es hier wegen der verkehrsgünstigen Lage schon viel früher eine Siedlung und einen Übergang über die Drau gab. 1060 erhält Villach das Marktrecht und 1240 wird Villach erstmals als Stadt erwähnt. Von 1107 bis 1759 gehörte Villach dem Bistum Bamberg. Als wichtiger Verkehrsknoten ist die Stadt im Zweiten Weltkrieg stark zerstört worden. Manches ging unwiederbringlich verloren, aber viele erhaltene Bauten und Denkmäler lohnen einen Rundgang.

Ausgangspunkt: Tourismusinformation, Bahnhofstraße 3, wenige Minuten vom Haupt- und Busbahnhof. Navi: N46.616227 E13.848912.
Anforderungen: Ganz leichter Spaziergang.
Einkehr: Zahlreiche Gaststätten, Imbissstuben, Kaffeehäuser und Konditoreien entlang des Weges.
Varianten: Den vorgeschlagenen Rundgang kann man nach Belieben ändern, also abkürzen oder auch erweitern.
Hinweise: 1. Die angegebene Gehzeit von 1 Std. gilt für ein gemütliches Schlendern durch die Altstadt, ohne den Zeitaufwand für Besichtigungen. – 2. Nahezu die gesamte Innenstadt ist Fußgängerzone. Die benachbarten Straßen und Plätze sind überwiegend gebührenpflichtige Kurzparkzonen (an Werktagen Mo–Do, 8–18 Uhr, Fr 8–12 Uhr).
Tipp: In der Tourismusinformation erhält man kostenlos ein Faltblatt »Villacher Altstadtspaziergang«, in dem die einzelnen Sehenswürdigkeiten ausführlich erläutert werden. An den meisten Bauwerken findet man Tafeln mit Hinweisen auf ihre Geschichte und Bedeutung.

Von der **Tourismusinformation** gehen wir über die Stadtbrücke (mit schönem Blick auf den Mittagskogel) zum leicht ansteigenden **Hauptplatz**. Viele Häuser besitzen noch ihren gotischen Kern und sehenswerte Innenhöfe. Besonders zu erwähnen sind die Häuser Nr. 7, Nr. 13 und Nr. 26 (ehemals Stadtpalais der Khevenhüller, nun Hotel »Palais 26«). Vom Hauptplatz gehen nach beiden Seiten schmale Gassen ab, von denen einige Schwibbögen aufweisen, die die gegenüberliegenden Fassaden stützen. Wenn wir rechts in die Seilergasse einbiegen, kommen wir gleich in den **Paracelsushof**, einen Renaissance-Innenhof mit Säulen-Arkaden und Medaillons für Theophrastus Bombastus von Hohenheim, genannt Paracelsus, und seinen Vater Wilhelm Bombast von Hohenheim. Folgen wir der Seilergasse, erreichen wir durch das Ende der Rathausgasse den Kaiser-Josef-Platz mit einem Denkmal für Kaiser Joseph II. Wir überqueren die Widmanngasse und kommen durch die schmale Kunigundengasse zum Burgplatz mit der **Burg**, dem ehemaligen Sitz der bambergischen Verwaltung. Wir kehren zur Widmanngasse zurück, einem Straßenzug, der nach Süden zu ansteigt. Das Haus Nr. 12 beherbergt die Musikschule mit Säulenarkaden im Innenhof. Im oberen Teil der Widmanngasse finden wir im Haus Nr. 38 das **Museum** der Stadt Villach. Wenn wir kurz nach dem Museum durch die Schanzgasse nach rechts gehen, sehen wir den einzigen erhaltenen Turm der Befestigung aus dem 14. Jh. und den Rest der ehemaligen **Stadtmauer**. Wir gehen durch das Tor, nach links zum Hans-Gasser-Platz mit dem Denkmal des Bildhauers Hans Gasser und links um den Häuserblock herum zurück in die Widmanngasse. Nach wenigen Schritten biegen wir rechts zur **Stadtpfarrkirche St. Jakob** ab, dem Wahrzeichen der Stadt Villach. Ihr Inneres und die Außenfassade schmücken zahlreiche Kunstwerke. Der 94 m hohe Turm steht wie ein italienischer Campanile etwas getrennt von der Kirche; in einer Höhe von 47 m kann man von einer Plattform die weite Aussicht genießen. An der Ostseite der Stadtpfarrkirche beginnt – gegenüber dem Rathaus – die 10.-Oktober-Straße, die nach rechts zu der im Stadtpark gelegenen, neugotischen evangelischen Kirche führt. Wir biegen jedoch vor der ehemaligen Bundesbahndirektion und dem großen Bau des Gymnasiums nach links in die Peraustraße ab. Hinter dem Gymnasium sehen wir im Schillerpark schon einen großen Pavillon, der das sehenswerte **Relief von Kärnten** beherbergt. Folgt man der Peraustraße nach Osten, gelangt man in wenigen Minuten zur spätbarocken, doppeltürmigen Stadtpfarr- und Wallfahrtskirche **Heiligenkreuz**. Für den Rückweg zum Ausgangspunkt schlage ich vor, die Ossiacher Zeile und die Drau zu überqueren und dem nördlichen Flussufer bis zur Stadtbrücke mit dem Nikolaiplatz und der neugotischen Stadtpfarrkirche **St. Nikolai** zu folgen. An der gegenüber liegenden **Tourismusinformation** beenden wir unseren Rundgang.

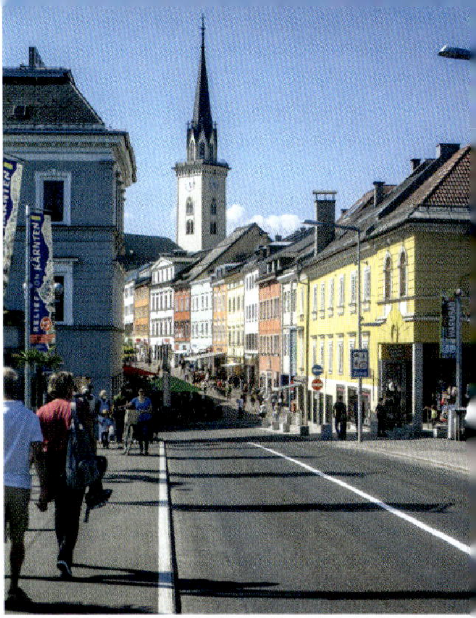

Der Stadtpfarrturm überragt die Häuser am Hauptplatz.

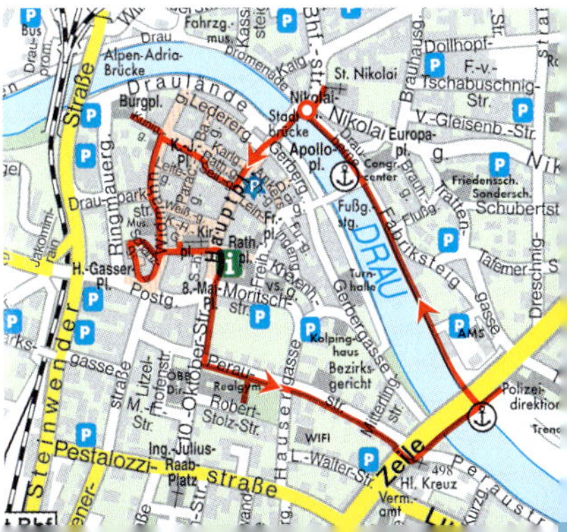

↗ 70 m | ↘ 70 m | 4.5 km

33 Erlebnispfad Finkensteiner Moor

1.15 h

Leichte und interessante Wanderung durch die »Mooswiesen« im Westen des Faaker Sees

Nach dem Ende der letzten Eiszeit entstand westlich des Faaker Sees das Finkensteiner Moor. Von dem insgesamt 88 Hektar großen Moor sind 74 Hektar wegen der vielfältigen Tier- und Pflanzenwelt zum Naturschutzgebiet erklärt worden. Ein rund 800 m langer Geh- und Radweg führt durch den nördlichen Teil des Moores. Leicht verständliche Schautafeln erläutern auch Kindern die Besonderheiten dieses Naturschutzgebietes.

Ausgangspunkt: Faak am See, Brücke über den Seebach und WW am Standort Faak Feuerwehrhaus, 550 m. Von der Haltestelle Faak am See der S-Bahn-Linie 5 Villach–Rosenbach (im Stundentakt) 1 km; keine brauchbare Busverbindung von Villach. Wenige Parkmöglichkeiten am Rand der Halbinselstraße, etwa 200 m vom Ausgangspunk Richtung Drobollach. Navi: N46.569253 E13.903799.
Anforderungen: Ganz leichte Familienwanderung auf kaum befahrenen Nebenstraßen (Asphalt und Schotter), Karren- und Waldwegen und z. T. schmalen Steigen. Gesamte Runde gut beschildert.
Einkehr: Genusshütte Kollitsch-Hof und Jausenstation Oschgan in Höfling. Mehrere Möglichkeiten in Faak am See.
Variante: Zugang zur Rundwanderung von der Haltestelle Finkenstein der S-Bahn-Linie 5 Villach–Rosenbach, etwa 1 km.
Hinweis: Will man die Wanderung – insbesondere mit Kindern – genießen, sollte man 2–2.30 Std. dafür vorsehen.
Karten: f&b 224, K 062, ÖK 3118-O.

Geflecktes Knabenkraut.

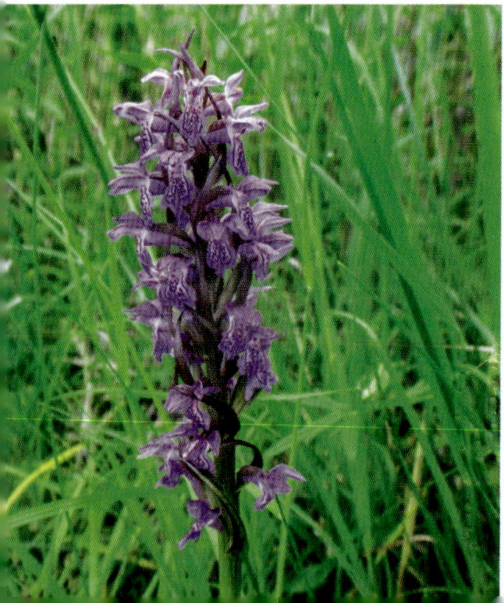

Gegenüber dem Feuerwehrhaus von Faak am See beginnt bei einem Wegweiser an der Brücke über den **Seebach** ❶ der St. Stefanerweg, zugleich Wanderweg Nr. 11 nach St. Stefan. Etwa 800 m gehen wir entlang des Seebaches auf einer kaum befahrenen Asphaltstraße bis zu einer **Abzweigung** ❷, 546 m, an der wir uns geradeaus auf den fein geschotterten Geh- und Radweg halten. Mit schönem Blick zu den Karawanken samt dem beherrschenden Mittagskogel und auf die weiten Schilfbestände neben uns wandern wir bequem dahin. Schautafeln erläutern verschiedenen Themen rund um das Moor. Am westlichen Ende des

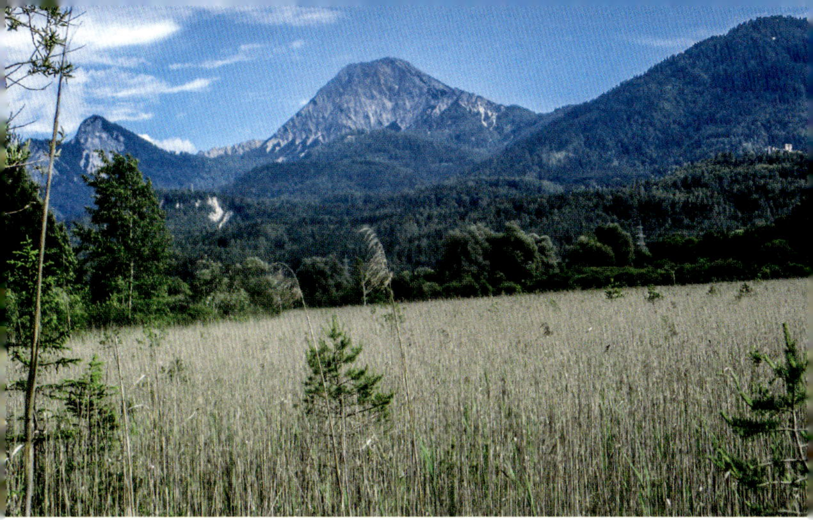

Hinter dem Moos erhebt sich der Mittagskogel.

Erlebnispfades treffen wir auf eine **Asphaltstraße** ③, 538 m. Nun gehen wir auf der Straße nach rechts, an einer Jausenstation vorbei, in den Ort **Höfling** ④, 540 m. Wir folgen dem WW nach Faak, Weg Nr. 1, und biegen vor einem großen Haus mit üppigem Garten nach rechts ab. Wenig später sehen wir bei einer Abzweigung wieder einen Wegweiser, an dem ein Schotterweg beginnt. Er führt uns in den Wald, wird vor einem einzeln stehenden Haus schmaler und steigt leicht bergan. Eine steil abfallende Böschung ist durch ein Geländer gesichert. Nun sind wir etwa 30 m über dem Moor; einzelne Stellen gewähren uns einen freien Blick auf die großen Schilfbestände und zu den Karawanken. Durch eine große Wiese nähern wir uns der Kirche von Faak am See und somit auch der Brücke über den **Seebach** ① am Ausgangspunkt unserer Wanderung.

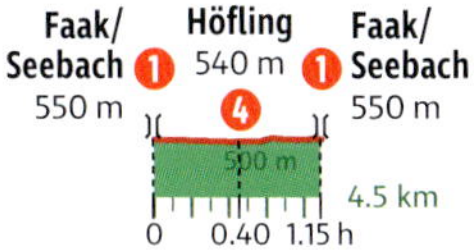

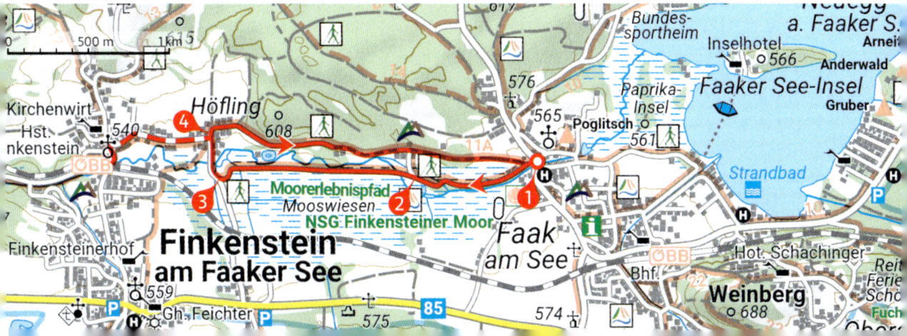

TOP

34 Mittagskogel, 2145 m

↗ 1080 m | ↘ 1080 m | 8.7 km

5.00 h

Viel begangene Bergtour auf einen stolzen Gipfel

Der Mittagskogel beherrscht mit der ebenmäßigen Form seiner Nordwand das Bild von Villach und vom Faaker See aus. Über den Normalweg auf der etwas sanfteren Ostseite können auch geübte Bergwanderer den Gipfel erreichen.

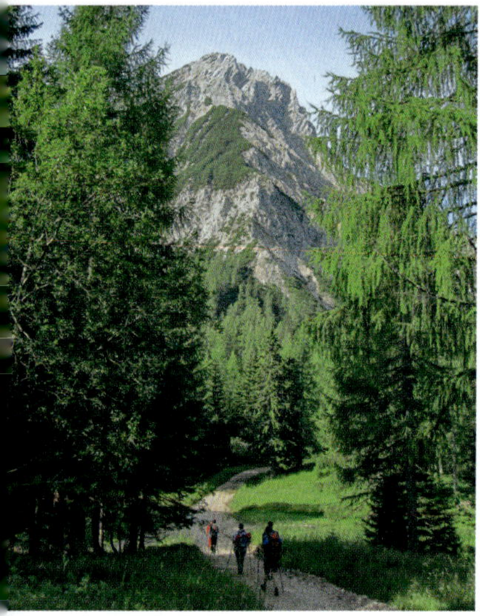

Morgendlicher Aufbruch zum Mittagskogel.

Ausgangspunkt: Parkplatz an der Forststraße zur Bertahütte, 1180 m. Zu Fuß von den nächsten Haltestellen Faak am See oder Ledenitzen der S-Bahn-Linie 5 (Stundentakt) etwa 2.30 Std. bis zum Parkplatz; von den nächsten Bushaltestellen Latschach oder Hotel Mittagskogel (beide an der Postbus-Linie 5194 von Villach, Mo–Fr im Stundentakt) etwa 2 Std. bis zum Parkplatz. Zufahrt mit Pkw: Von der B 85 Rosental Straße etwa 200 m östlich des Hotels Mittagskogel mit den WW Kopein, Bertahütte nach Süden auf eine Asphaltstraße abbiegen und nach 800 m bei der ersten Kreuzung nach rechts (WW Bertahütte) auf einer teils sehr groben und steilen Schotterstraße bis zum großen Parkplatz vor einer Schranke (wem sein Auto leidtut, findet schon unterwegs einige Parkmöglichkeiten am Straßenrand). Navi: N46.523911 E13.95082.

Anforderungen: Aufstieg zur Bertahütte entweder auf einem Waldweg (WW »Bertahütte« beachten) mit einigen etwas steileren und steinigen Abschnitten oder auf einer Forststraße (viel bequemer, aber etwas länger, für Familien als Ausflug nur zur Bertahütte besser geeignet). Die Tour auf den Gipfel soll man trotz der zahlreichen Besucher dieses Berges nicht unterschätzen: Einige Stellen verlangen Trittsicherheit, manche Abschnitte sind stark ausgewaschen oder wegen hoher, z. T. schadhafter Stufen (Stand Sommer 2023) mühsam zu begehen, daher nur für größere Kinder geeignet. Entlang einer Felsflanke ist ein Seil gespannt. Vorsicht beim Abstieg: Vor Erreichen der Latschenzone unbedingt den Markierungen folgen und die in der Tourenbeschreibung für den Aufstieg erwähnte felsige Rinne nach links queren (keinesfalls durch sie absteigen! Hier gab es schon schwere Unfälle!). Nach schneereichen Wintern bis weit in den Mai hinein steile Schneefelder im Kar unterhalb des Gipfels! Weil nahezu der gesamte Weg ab der Bertahütte der Sonne ausgesetzt ist, empfiehlt sich ein

frühzeitiger Aufbruch; im Sommer kann es im erwähnten Kar unerträglich heiß sein. Ab der Bertahütte kein Wasser.
Einkehr/Übernachtung: Bertahütte (1527 m, ÖAV Zweig Villach, je nach Schneelage bewirtschaftet Mitte Mai/Anf. Juni bis Mitte/Ende Oktober, 34 L., Tel. +43 664 7943057, bertahuette-mittagskogel.at).
Varianten: 1. Rundtour für erfahrene Bergsteiger: Vom Gasthof Martinihof in Untergreuth, 791 m, auf den Wegen 603, 681A und 682 zur ehemaligen Annahütte (1577 m, verfallen, nur Notbiwak) an der Staatsgrenze Österreich/Slowenien. Aufstieg über die Westflanke des Mittagskogels (nicht bei Schneelage begehen!) und Abstieg auf dem unten beschriebenen Normalweg zur Bertahütte und zurück zum Martinihof. Höhenunterschied rund 1400 m, Gesamtgehzeit etwa 7–8 Std. – 2. Aufstieg von der Bertahütte auf den Ferlacher Spitz, 1742 m. Von der Hütte (WW) auf markiertem Steig, teilweise etwas steil und mühsam, durch Wald auf den schönen, viel besuchten Aussichtsgipfel. Gipfelkreuz und -buch, Bank. Zeit für Auf- und Abstieg etwa 1–1.15 Std.
Karten: f&b 224, 0233; K 61, 062, 218, 294; ÖK 3118-O.

Vom **Parkplatz** ❶ unterhalb der Bertahütte (1180 m, Ende der Fahrmöglichkeit, Schranken) gehen wir entweder auf dem teilweise steilen und steinigen Wanderweg (Beginn links neben dem Schranken, WW) durch Wald, mehrmals die Forststraße querend, zur **Bertahütte** ❷, 1527 m, und von ihr kurz bergab in den (in den Karten nicht bezeichneten) **Ferlacher Sattel** ❸, 1500 m. Oder wir folgen mit etwa 15 Min. zeitlichem Mehraufwand der bequemen Forststraße bis in diesen Sattel. Hier zweigt an der Straßenkreuzung ein schmaler Weg ab (WW

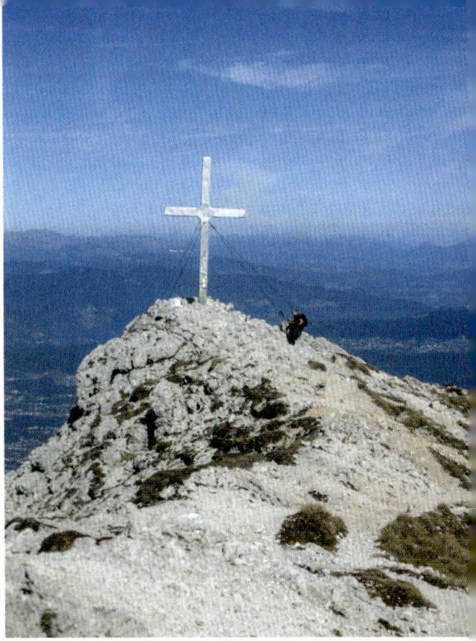

Oben: Das Gipfelkreuz auf dem Mittagskogel.
Unten: Die beiden freuen sich über das Erreichen des Gipfels.

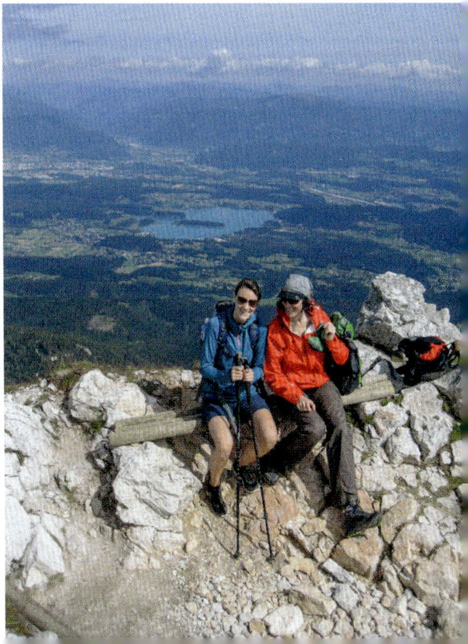

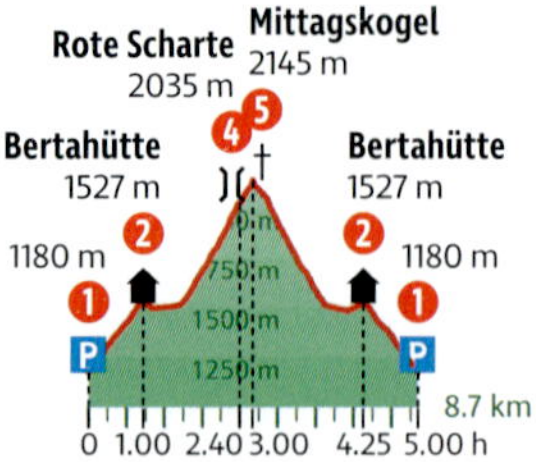

»Mittagskogel, Weg 680), der in einer langen Querung und vorerst nur leicht steigend durch einige Gräben, an Schrofen vorbei und durch eine felsige Rinne das breite Ostkar des Mittagskogels erreicht. Teilweise recht anstrengend – und bei Sonne sehr schweißtreibend – steigen wir auf dem mit zahlreichen Stufen verbauten Weg in vielen Kehren zur **Roten Scharte** 4, 2035 m, im Ostkamm und weiter in wenigen Minuten zum großen Kreuz auf dem **Mittagskogel** 5, 2145 m, auf. Auf dem Gipfel stehen wir hoch über Kärnten mit einem der wohl schönsten Ausblicke weit und breit!

Abstieg auf dem Weg des Aufstieges – am besten mit der lohnenden Einkehr in der Bertahütte.

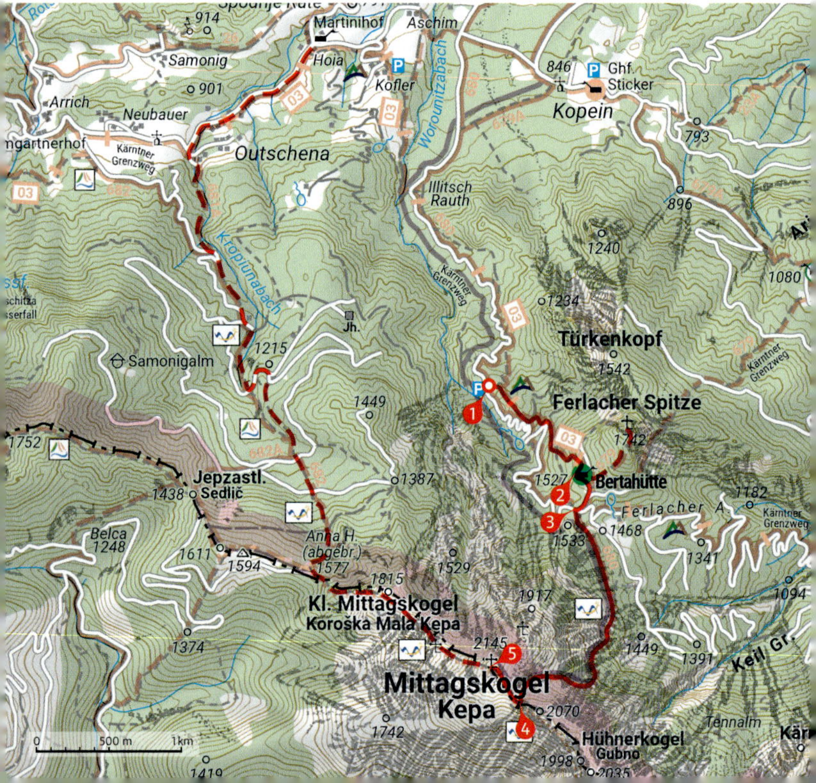

↗ 290 m | ↘ 290 m | 5.4 km

1.45 h

Gerlitzen, 1909 m, Höhenrundweg »Traumbogen«

35

Panoramaweg und Kraftplätze rund um die Gipfelkuppe

Auf dieser aussichtsreichen Runde genießen wir den freien Blick nach allen Himmelsrichtungen. Sie führt uns aber auch zu einigen interessanten Installationen und Kunstwerken.

Ausgangspunkt: Von Annenheim (515 m) mit der Kanzelbahn und der Gipfelbahn zur Bergstation (Verkehr etwa Mitte Mai bis Mitte Okt., 9–17 Uhr, mit der Kärnten Card gratis; in der Vor- und Nachsaison bei Schlechtwetter kein Betrieb!). Talstation der Kanzelbahn in wenigen Min. von der Haltestelle Annenheim der S-Bahn-Linie 4 (Villach–Feldkirchen, Stundentakt) erreichbar. Bushaltestelle Annenheim Kanzelbahn an der Talstation: Dr. Richard-Bus 50 von Villach, Postbus 5177 Villach–Treffen–Feldkirchen und Postbus 5200 von Steindorf über Ossiach (jeweils mehrere Kurse pro Tag; Sa/So/Feiertag drei Kurse/Tag). Navi: N46.694759 E13.914354.

Anforderungen: Leichte, auch für Kinder geeignete Wanderung. Nur wenige etwas steilere Wegabschnitte. Meist eindeutig, mit verschiedenen Wegnummern beschildert.

Einkehr: Gipfelhaus Gerlitzen an der Bergstation. Alpengasthof Pacheiner, 1880 m, wenige Minuten von unserem Weg entfernt.

Hinweis: Will man den Höhenrundweg »Traumbogen« samt allen zugehörigen Informationen genießen, sollte man dafür – besonders mit Kindern – etwa 2.30 Std. rechnen.

Karte: Info- und Wanderfolder, der in der Talstation der Kanzelbahn erhältlich ist.

Ein Stein im »Berg-Reich«.

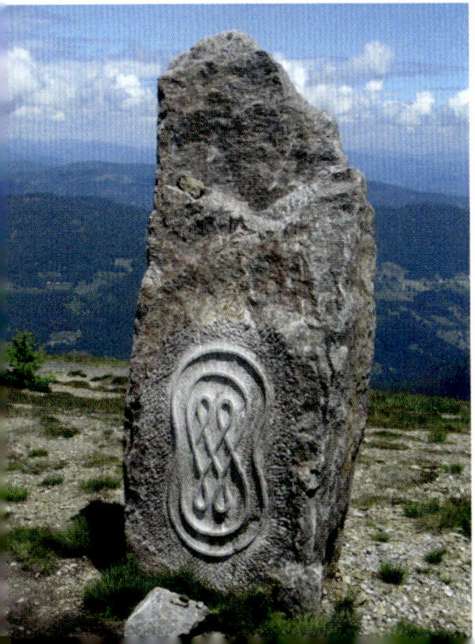

Blick über Villach zu den Julischen Alpen.

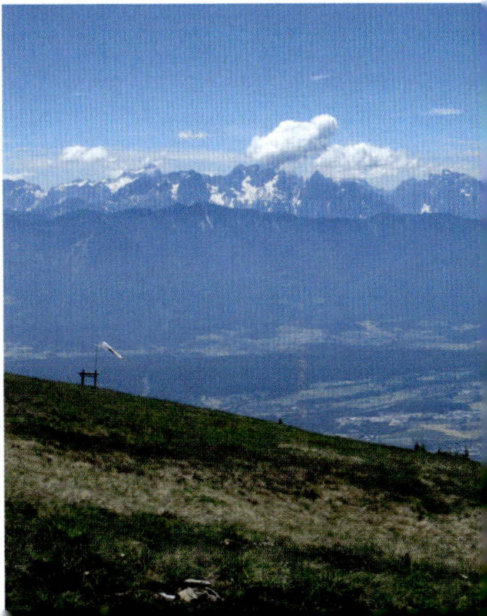

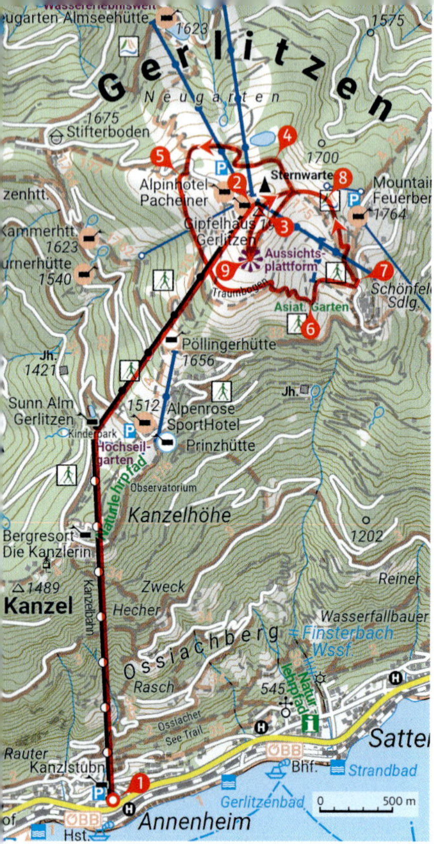

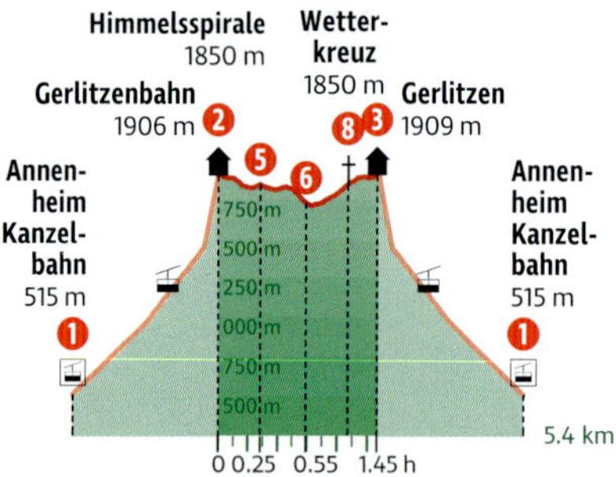

In zwei Etappen schweben wir von der **Talstation der Kanzelbahn** ❶ zur **Bergstation der Gipfelbahn** ❷.

Vom WW auf dem Gipfel der **Gerlitzen** ❸ folgen wir dem Weg 4 zum **Berg-Reich** ❹, 1890 m. Große Steine mit Ornamenten und Steinmuster am Boden sollen die Schöpfungsgeschichte des Berges darstellen. Beim Abzweig Höhenrundweg halten wir uns rechts auf den Steig über die Pisten hinab zu einem WW, von dem wir auf einem Fahrweg zu einem weiteren WW und über die Gerlitzen-Gipfelstraße hinweg eine große Holzsäule, die **»Himmelsspirale«** ❺, 1850 m, erreichen.

Weiterhin folgen wir dem Weg 2, der durch Wiesen hinab zu einem Schlepplift und wieder hinauf zu einem Fahrweg, 1805 m, führt. Wir unterqueren die Gipfelbahn und wandern in einem großen Bogen zu einer Abzweigung mit WW, ab der wir auf dem Weg 6 in einigen Kehren bergab zum **Asiatischen Steingarten** ❻, 1735 m, kommen. Nun richten wir uns nach dem WW »Bergeralm/Feuerberg«. Erst geht es hinunter zur Talstation des Finsterbachlifts, dann hinauf zum **Schönfelder Kreuz** ❼, 1740 m. Nach wenigen Metern auf dem Fahrweg zur Bergeralm biegen wir bergwärts auf den Weg 73 ab. Wir kommen zu den beiden Felsenseen und kurz danach zur Noreia Himmelsleiter samt Erläuterungen. Auf dem Weiterweg sehen wir rechts unter uns die große Anlage das Mountain Resort Feuerberg. Auf dem

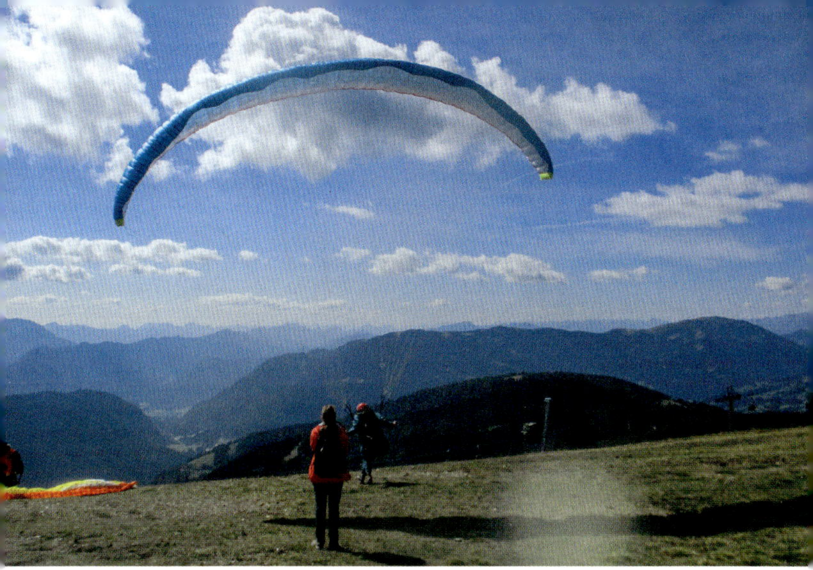

Paragleiter vor dem Start.

Weg 2 gehen wir nun hinauf zum **Wetterkreuz** 8, 1850 m, von ihm im großen Bogen durch die Mulde hinauf zum **Deutschen Turm** 9, 1890 m, mit dem Startplatz der Drachenflieger und Paragleiter, und von ihm zurück zu unserem Ausgangspunkt auf dem Gipfel der **Gerlitzen** 3.
Gipfel- und Kanzelbahn bringen uns zurück zur **Talstation** 1 in Annenheim.

Mehr Steinmänner als Wanderer ...

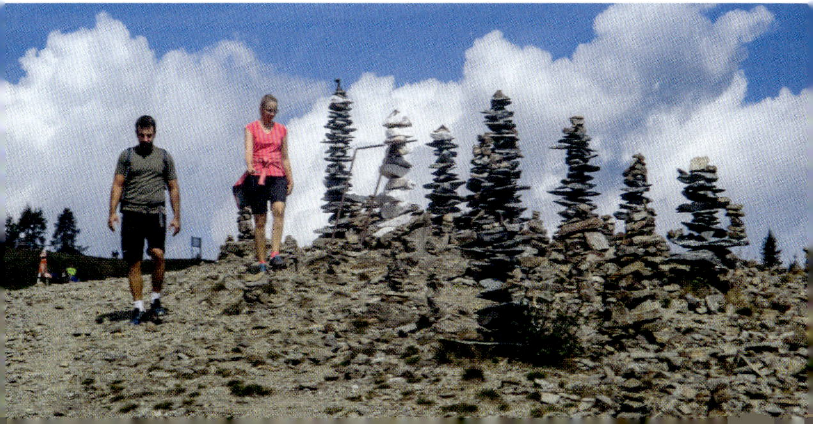

↗ 1900 m | ↘ 1900 m | 36.3 km

36 Rund um den Ossiacher See

2 Tage

Abwechslungsreiche, anspruchsvolle Rundwanderung um Kärntens drittgrößten See

Um den Ossiacher See gibt es wie um den Wörthersee (siehe Tour 40) einen Rundwanderweg, der häufig durch Wald und meist weit abseits des Seeufers verläuft. Er ist durchgehend als »Ossiacher See Trail« beschildert. Als Ausgangspunkt ist am besten Annenheim am Westufer des Sees geeignet, weil die steileren Anstiege beider Teilstrecken auf diese Weise angenehmer zu begehen sind. Man kann aber sowohl die Etappen als auch ihre Richtungen nach Belieben wählen oder durch Zwischenan- oder -abstiege verkürzen.

Ausgangspunkte: Annenheim, 515 m. Bushaltestelle »Annenheim Kanzelbahn Talstation« an der B 94 (zahlreiche Kurse, siehe kaerntner-linien.at). Oder Haltestelle der S-Bahn-Linie 2 Villach–Feldkirchen (Stundentakt). Navi: N46.658859 E13.900940.
Gehzeiten: Insgesamt mind. 13 Std., aufgeteilt auf zwei Tage (Nordteil: 15 km, mind. 6 Std.; Südteil: 21,3 km, mind. 7 Std.).
Höhenunterschied: Insgesamt 1900 m (Süd- und Nordteil je etwa 950 m im Auf- und Abstieg).
Anforderungen: Lange Tour mit großem Höhenunterschied, daher auf zwei Tage aufteilen. Alle Arten von Wegen und wenig befahrenen Nebenstraßen. Einige steile Steige, vor allem im Abstieg zu den Finsterbach-Wasserfällen, im Aufstieg nach diesen Wasserfällen sowie auf dem Ossiacher Schluchtweg; hier Trittsicherheit und auch Schwindelfreiheit erforderlich! Gerade noch als »rote« Tour eingestuft. Für ältere Kinder geeignet und interessant ist wohl nur der Abschnitt von Ossiach nach Annenheim.
Einkehr/Übernachtung: In Annenheim und Steindorf sowie in den Orten am See; weiters Gasthof-Pension Hogt am Deutschberg, Kathrins Buschenschenke am Ossiachberg, Gasthof Jakobitsch (Sakoparnig) in Obersakoparnig und Gasthof

350 Meter unter uns – der Ostteil des Ossiacher Sees.

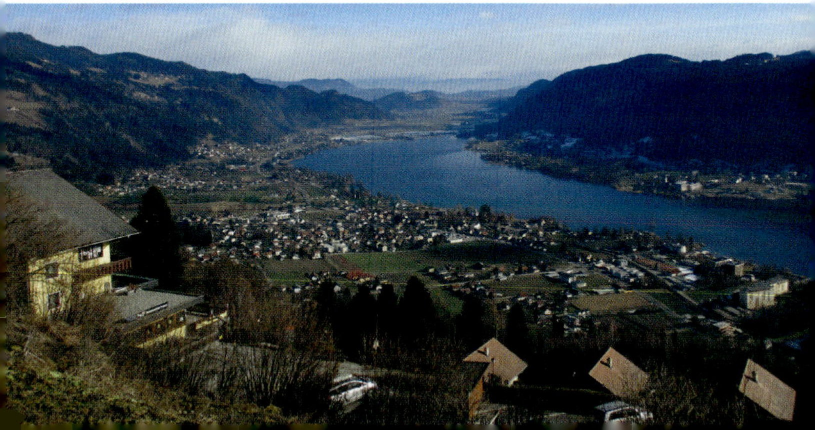

Jäger in Oberwinklern.
Hinweise: 1. In Steindorf am Ossiacher See (Ende der ersten Etappe und Beginn der zweiten Etappe) Haltestelle der S-Bahn-Linie 2 Villach–Feldkirchen (Stundentakt); in ihrer Nähe Bushaltestelle »Steindorf/Ossiacher See Bahnhaltestelle (Abzw.)«; Fahrpläne unter kaerntner-linien.at. – 2. Die Orte am Nordufer sind mit Bahn oder Bus erreichbar, diejenigen am Südufer mit dem Bus. Im Sommer Linienschiff, das alle Orte anfährt (etwa 20. Juni bis 20. Sept.). Postbus-Shuttle im Bereich des Ossiacher See Nordufers; On-Demand-Angebot über App. – 3. Der gesamte Rundweg ist als »Ossiacher See Trail« beschildert. – 4. Der sonniger gelegene Nordteil wird früher im Jahr schneefrei, daher kann man ihn meist schon ab März begehen. – 5. Vom Rundweg aus gibt es mehrere beschilderte Möglichkeiten, die Tour abzubrechen oder zu unterbrechen und in die Orte am Seeufer abzusteigen.
Karten: f&b 224, 0233; K 61, 62; ÖK 3112-O und 4107-W.

1. Tag – Nordteil: Von Annenheim über Deutschberg, Winkl Ossiachberg und Ossiachberg nach Steindorf

Von der Bushaltestelle **Annenheim** ❶ gehen wir links an der Talstation der Kanzelbahn vorbei zum WW für den Weg 34a. Wir folgen diesem Weg bis zum Abzweig beim **Sprungbach** ❷, 580 m (WW). Kurz geht es steil bergauf, dann nach rechts durch teilweise steile Hänge zur **Abzweigung** ❸, 680 m, des Weges 34 Richtung Kanzelhöhe. Wir wandern erst nahezu eben, dann steil über hohe Stufen und durch Zaun, Geländer sowie Seil gesichert hinab zu einem Rastplatz unterhalb der **Finsterbach-Wasserfälle** ❹, 580 m (Info-Tafeln). Von hier aus kann man die drei Finsterbach-Wasserfälle besuchen. Wir steigen zu einer Asphaltstraße bei den obersten Häusern von Sattendorf ab und halten uns nach links auf einen Karrenweg, der bald in einen Steig und später in einen Karrenweg übergeht. Er trifft auf eine Forststraße, auf der wir nach rechts zu einem Bach mit einer großen Geschiebesperre kommen. Die folgende Panoramawanderung bringt uns an einem Trafo vorbei zur **Gerlitzenstraße** ❺, 925 m (WW), die wir nach etwa 10 Min. in der Nähe der Gasthof-Pension Hogt wieder verlassen. Nach rund 100 m zweigt bei einem **WW** ❻, 867 m, ein Wanderweg auf die Gerlitzen ab. Wir gehen auf dem Fahrweg weiter zu einer Bank (ohne Aussicht) samt **WW** ❼, 927 m. Es folgen zwei Kehren einer Forststraße (Abkürzung auf Steig möglich; schöner Blick auf den Ossiacher See). Bald zweigen wir auf einen Steig ab, der uns durch steilen Wald zum Rabenbach bringt. Hier beginnt wieder ein Forstweg, der, an einem Wildgehege vorbei, zu einer Straße führt. Nach etwa 5 Min. halten wir uns rechts leicht bergab zu den Bauernhöfen und Ferienhäusern von **Winkl Ossiachberg** ❽, 960 m. Wir verlassen die Straße nach links und gelangen nach etwa 200 m rechts auf einen Steig, der bald in einen Karrenweg übergeht. Er führt in den Graben des Klebersteinerbaches und kurz danach zu einer Straße, auf der wir geradeaus Ossiachberg mit **Kathrins Buschenschank** ❾, 800 m, erreichen. (Von hier Abstieg auf dem Weg 43 nach Unterberg und zur Bushaltestelle an der B 94 möglich.) Nach wenigen Minuten biegen wir nach links auf einen Fahrweg ab, der uns zu einer **Asphaltstraße** ❿ bringt (WW, 870 m). Auf der Straße geht es, an

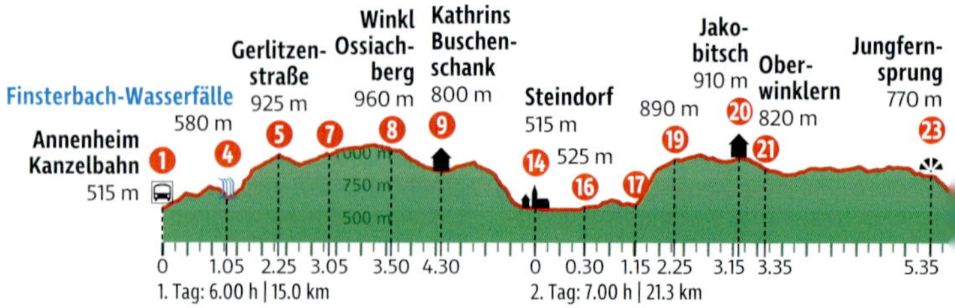

einem Anwesen vorbei, bergab zu einer Kehre, von der wir auf einem geschotterten Fahrweg geradeaus über eine Brücke zu einem **WW 11**, 800 m, weiterwandern. Durch ein Tor kommen wir auf eine Wiese mit einer Ruine und Bienenstöcken. Auf einem Steig geht es durch den steiler werdenden Wald hinunter zur **Abzweigung zum Steindorfer Wasserfall 12**, 660 m (WW). (Für einen Abstecher zum Steindorfer Wasserfall sind Trittsicherheit und Schwindelfreiheit erforderlich!) Der steile, steinige Weg geht bald in einen breiten Waldweg über; wir kommen auf einen Güterweg, halten uns beim nächsten Abzweig rechts zum **Gasthaus Kreuzwirt 13**, 525 m, und von ihm links auf den Kirchweg. An der Kirche vorbei und durch die Unterführung unter der B 94 (hier Bushaltestelle) erreichen wir die S-Bahn-Haltestelle **Steindorf am Ossiacher See 14**, 510 m.

Aus dem Südwesten grüßen die Julischen Alpen.

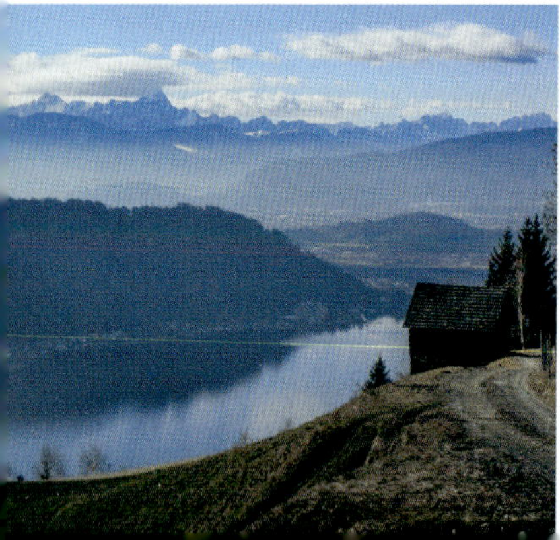

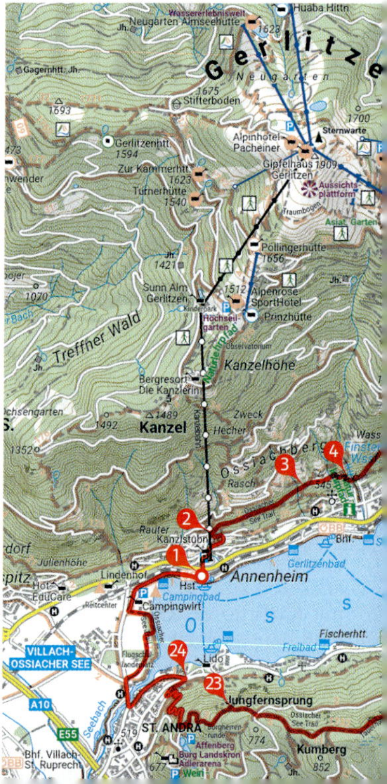

1 Annenheim Kanzelbahn
515 m
36.3 km
0 h

2. Tag – Südteil: Von Steindorf zum Tauernteich, über den Ossiacher Tauern und die Ruine Landskron nach Annenheim

Wir überqueren bei der S-Bahn-Haltestelle **Steindorf am Ossiacher See** 14 die Gleise, halten uns rechts und bei der nächsten Abzweigung schräg nach links in das Europa-Schutzgebiet Tiebelmündung mit einem **Beobachtungsturm** 15, 505 m (Info-Tafeln). Der Dammweg bringt uns zu einer Brücke über die Tiebel (Zufluss zum Ossiacher See), zum Ossiacher Moorturm (Beobachtungsturm) und zur **Ossiachersee-Südufer Straße** 16, 525 m (Bushaltestelle). Auf dem Geh- und Radweg wandern wir 100 m nach rechts Richtung Ossiach, dann über die Straße und zu zwei Holz-WW, Weg Nr. 61. Hier beginnt ein schöner Waldweg. An einem Abzweig halten wir uns links aufwärts, dann vor einigen Häusern kurz hinunter zu einer Asphaltstraße mit einer Abzweigung, an der wir links Richtung Ossiach bergauf gehen. An einem Holz-WW »Schluchtweg 5 min« vorbei und über eine Brücke kommen wir zum **Beginn des Ossiacher Schluchtweges** 17,

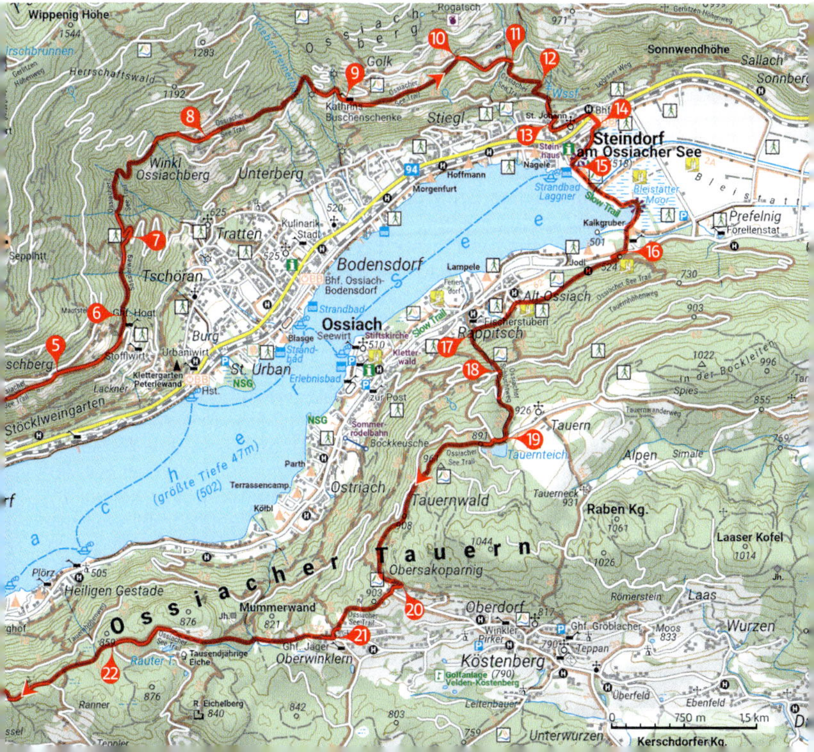

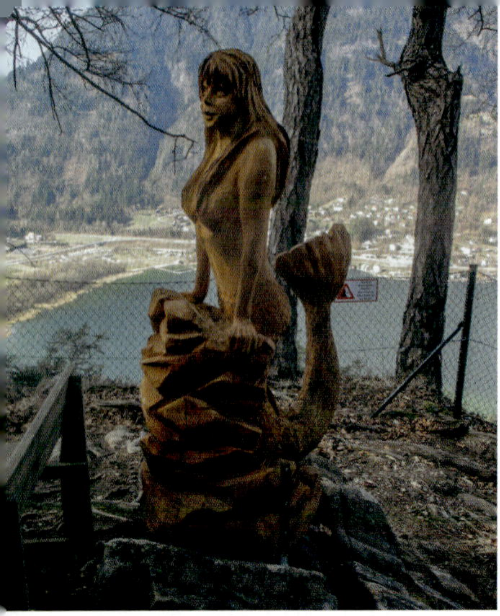

Beim Jungfernsprung.

545 m (WW). Steil und mühsam geht es über Brücken und Stege sowie auf Stufen hinauf zur Kreuzung mit einer **Forststraße** ⓲, 780 m. (Nach rechts Abstieg nach Ossiach möglich.) Nach einer Stahlstiege queren wir eine weitere Forststraße, von der ebenfalls nach rechts ein Abstieg nach Ossiach möglich ist. Bald wird der Weg sanfter; an der Ruine einer Mühle vorbei kommen wir zum **Ende des Schluchtweges** ⓳, 890 m (WW), und zu einer Straße am Ufer des Tauernteichs. (Wenn wir auf der Straße kurz nach links gehen, können wir das Tauernkirchlein und das Gestüt Tauern sehen.) Wir wandern nach rechts am Ufer entlang Richtung Ruine Landskron. Bei einem Rast- und Spielplatz verlassen wir die Straße geradeaus in den Wald auf eine Forststraße. Unser Weiterweg ist mit den Nummern 8, 5 und 1732 bezeichnet und gut beschildert. Auf Forstwegen, später auf Waldwegen erreichen wir eine große Wegkreuzung beim **Gasthof Jakobitsch** ⓴ (auch Sakoparnig, wie auf den WW angeschrieben, 910 m). Weiter geht es mit den Zielen »Jungfernsprung, Ruine Landskron«. Bei einem Haus auf einem Hügel öffnet sich der Blick nach Süden zu den Karawanken. Kurz durch Wald und über Wiesen kommen wir hinunter nach **Oberwinklern** ㉑, 820 m, einer Ortschaft der Gemeinde Velden am Wörthersee. Für eine Einkehr bietet sich der nur 5 Min. von unserem Weg entfernte Gasthof Jäger an.

Meist auf Forststraßen und Waldwegen geht es weiter nach Westen. Am Rauterteich vorbei, gelangen wir zu einer **Abzweigung nach Umberg** ㉒, 830 m, an der wir geradeaus weitergehen. Gut 2 Std. ab dem Gasthof Jakobitsch erreichen wir den **Jungfernsprung** ㉓, ca. 770 m, eine Felskanzel mit steilem Abbruch gegen den 300 m tiefer gelegenen Ossiacher See. Auf einer Forststraße kommen wir zur Burgruine Landskron. Wir halten uns rechts, gehen auf der ehemaligen Rodelbahn zum Hangfuß hinunter, hier scharf nach rechts und hinaus zur **Ossiachersee-Südufer Straße** ㉔, 507 m. Wir überqueren sie, wandern auf dem Slatinweg nach links zur Brücke über den Seebach, mit dem WW »Annenheim«, Weg Nr. 1« 250 m entlang der Straße Richtung Annenheim, dann nach rechts auf einem Wirtschaftsweg zum Westufer des Ossiacher Sees, vor dem Campingbad hinaus zur Straße und auf ihr nach **Annenheim** ❶, 515 m, womit die Runde geschlossen ist.

↗ 380 m | ↘ 380 m | 5.5 km

2.15 h

Ossiacher Schluchtweg

37

Interessante Wanderung für heiße Sommertage

Südlich des Ossiacher Sees erhebt sich der stark bewaldete Rücken der Ossiacher Tauern. Er fällt gegen den Ossiacher See verhältnismäßig steil ab. Der Rappitschbach, der vom Tauernteich zum See hinunterfließt, hat hier eine kleine Schlucht geschaffen, durch die ein schmaler, steiler Steig führt. Über zahlreiche Brücken, auf Stufen und über eine Stahltreppe geht es hinauf zum einsam gelegenen Tauernteich. Nach Regenfällen kann man – vor allem im Frühjahr – viele Feuersalamander im Rappitschbach und an seinem Ufer entdecken.

Ausgangspunkt: Brücke über den Rappitschbach in der zur Gemeinde Ossiach gehörigen Ortschaft Rappitsch, 519 m, 1,1 km von Ossiach Richtung Feldkirchen in Kärnten. Bushaltestelle »Ossiach Rappitsch« in unmittelbarer Nähe. Postbus 5210/5200 von der Haltestelle Steindorf/Ossiacher See der S-Bahn-Linie 2 Villach–Feldkirchen–St. Veit/Glan über Ossiach nach Villach (Mo–Fr vier Kurse; Sa/So/Feiertag jeweils drei Kurse). Postbus 5210 von Villach nur bis Ossiach Gh Post (nur Mo–Fr, 7 Kurse); von dort etwa 15 Min. bis zum Beginn des Schluchtweges. Sehr wenige gebührenpflichtige Parkplätze hinter der seeseitigen Haltestelle. Navi: N46.681252 E13.996569.
Anforderungen: Im Aufstieg recht anstrengende Wanderung auf schmalem Steig mit zahlreichen hohen Stufen, daher nur für etwas größere Kinder geeignet. Geländer an Brücken und an absturzgefährdeten Stellen. Abstieg etwa 2,5 km auf kaum befahrener Schotterstraße. Gesamte Strecke gut markiert und beschildert, ausgenommen die Abzweigung des Rückweges von der Tauern-Straße. In den Wintermonaten ist der Schluchtweg gesperrt!
Einkehr: Unterwegs keine.
Variante: Abstieg wie Aufstieg.

Hinweise: 1. Über den Schluchtweg verlaufen auch der Ossiacher-See-Rundweg (siehe Tour 36) und die Etappe Ossiach–Velden des Alpe Adria Trails. – 2. Von den Wegpunkten 3 und 4 kann man jeweils auf Forststraßen nach rechts in wenigen Minuten die Tauern-Straße erreichen und über sie nach Ossiach oder Rappitsch absteigen.
Karten: f&b 224; K 61, 62; ÖK 3112-O.

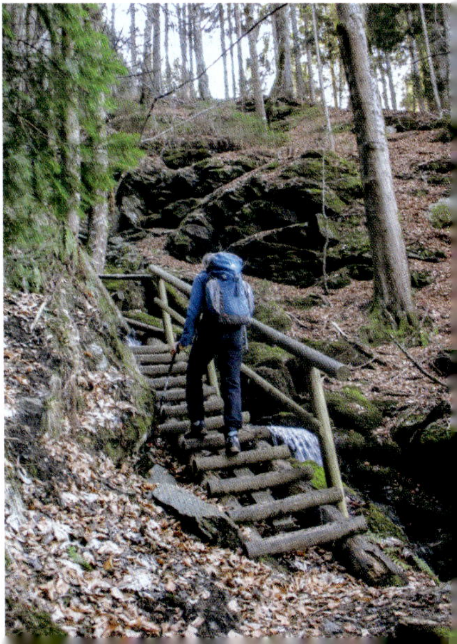

Stiegen, Steine, Wasser – unterwegs auf dem Schluchtweg.

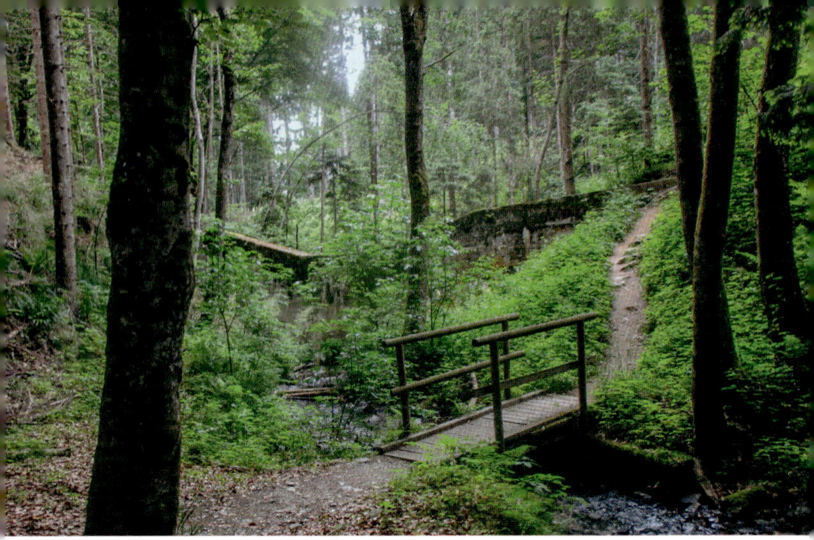

Das Ende des Schluchtweges ist erreicht.

In unmittelbarer Nähe der Bushaltestelle **Rappitsch ❶** sieht man neben der Brücke über den Rappitschbach einen Wegweiser mit der Aufschrift »Schluchtweg/Tauern Teich, 1½ h, Weg 63a«. Ein Wanderweg bringt uns hinauf zu einer Brücke mit dem **Beginn des Schluchtweges ❷**, 545 m (WW). Der schmale, streckenweise gebaute Steig verbleibt nun immer in unmittelbarer Nähe des idyllisch plätschernden Rappitschbaches. Manche hohen Stufen sind etwas mühsam zu überwinden. Wir überqueren den Bach auf einigen Brücken und Stegen. Hölzerne Leitern erleichtern an einigen Stellen den Aufstieg. Wir queren eine erste **Forststraße ❸**, ca. 795 m, und wenig später nach dem Aufstieg über eine Stahltreppe eine zweite **Forststraße ❹**, ca. 830 m. Es folgt ein Durchschlupf (nichts für Vollschlanke!) zwischen zwei großen Felsen. Dann wird das Gelände sanfter. Wir kommen an Ruinen vorbei und erreichen bald die Tauern-Straße; hinter ihr liegt in einer Mulde der stille **Tauernteich ❺**, 890 m.

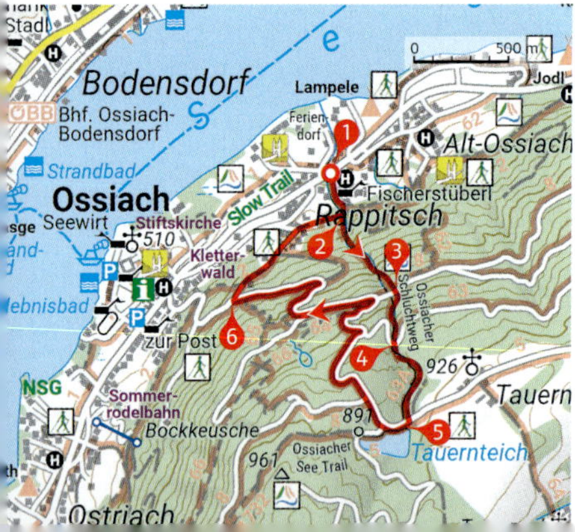

Vor dem Rückweg empfehle ich, wenige Minuten nach links zum »Tauernkirchlein«, einer kleinen,

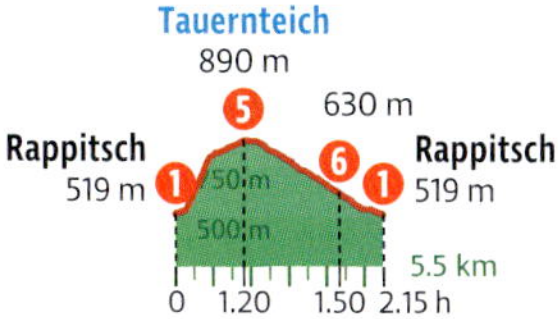

urkundlich bereits 1290 genannten und 1519 neu errichteten Filialkirche, und zum Gestüt Tauern mit dem mächtigen, ehemaligen Pfarrhof (Haus Nr. 2) zu wandern. Das heutige Gestüt gehörte bis 1783 als landwirtschaftlicher Betrieb zum ehemaligen Stift Ossiach. Wir kehren zum Tauernteich zurück und gehen noch einige Schritte weiter bis zu einem Rastplatz am Ufer des Teiches. Vom Rastplatz wandern wir auf der kaum befahrenen Tauern-Straße mit dem WW »Ossiach, 1 h, Weg 64« bergab. Die Kehren dieser Straße tragen Nummern und Namen. Nach der Fischer-Kehre, Nr. 3, kommen wir an einem Sendemast vorbei. 100 m nach diesem Sender zweigt bei einem **Schranken** 6, ca. 630 m, nach rechts eine Forststraße ab; hier gibt es weder einen Wegweiser noch eine Markierung! Wir gehen nach rechts auf diese Forststraße, entdecken am Rande eines Grabens einen hölzernen Wegweiser »Waldpromenade Nr. 2«, der uns die Richtung angibt. Wir kommen, am einsam gelegenen Haus vulgo Knapp vorbei, auf einen Steig, der uns bald zu den Häusern der Ortschaft Rappitsch bringt. In der folgenden Kehre der Straße biegen wir beim WW Schluchtweg nach rechts auf einen breiten Fahrweg ab, über den wir den **Einstieg zum Schluchtweg** 2, 545 m, und wenig später unseren Ausgangspunkt bei der Bushaltestelle in **Rappitsch** 1 erreichen.

Der einsam gelegene Tauernteich.

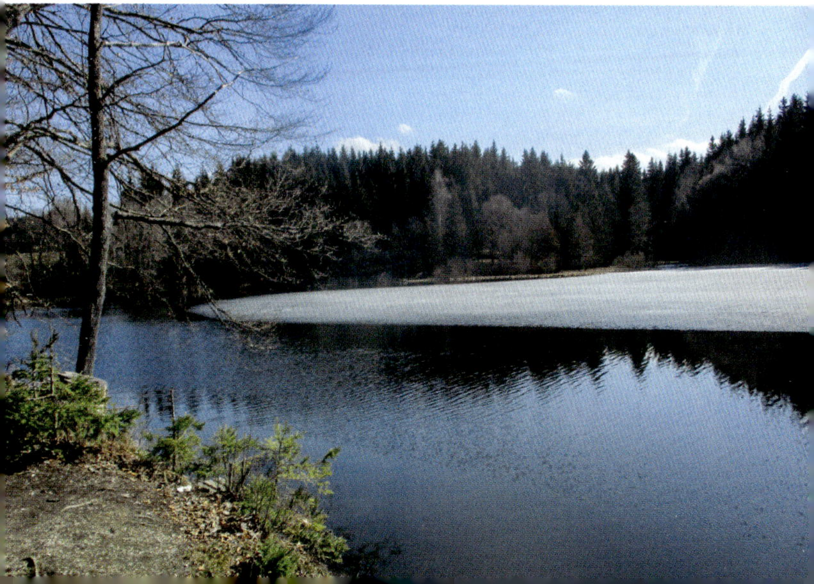

↗ 350 m | ↘ 350 m | 8.1 km

38 Ruine Hohenwart – Sternberg, 725 m

2.15 h

Stille Wälder, versteckte Ruine und Kirche mit herrlicher Aussicht

Schon von Weitem erblickt man aus dem Raum Villach – Velden die im Süden der Ossiacher Tauern gelegene Kirche auf dem Sternberg. Bereits 1285 wurde hier in den Urkunden eine Kirche genannt. Heute umgibt sie ein Friedhof, den eine Mauer (als Teil einer ehemaligen Wehrkirchenanlage) umfasst. Außer der Kirche und einer weiten Aussicht über das Klagenfurter Becken samt den Bergen im Süden zieht ein nettes Gasthaus die Besucher an. Vor dem Besuch der Kirche wollen wir durch stille Wälder vorerst zur Ruine Hohenwart wandern, die auch »Schwarzes Schloss« genannt wird. Die frühere Burg dürfte im 12. Jh. errichtet worden sein; sie ist wahrscheinlich im 15. oder 16. Jh. zerstört worden.

Ausgangspunkt: Damtschach, Parkplatz im Osten des Ortes, neben dem Friedhof, 603 m; etwa 20 Parkplätze. Bushaltestelle in der Ortsmitte, Postbus 5181 von Villach (wenige brauchbare Kurse, nur werktags von Mo–Fr). Zufahrt von der B 83 in Kaltschach (östlich von Wernberg, WW »Damtschach, Köstenberg«), 2,1 km. Navi: N46.629838 E13.967596.
Anforderungen: Überwiegend leichte Wanderung, aber Tendenz zu »rot«, weil sie im Bereich der Ruine Hohenwart und der Kirche auf dem Sternberg etwas Trittsicherheit auf steilen Steigen erfordert (an beiden Stellen aber Geländer). Für Kinder ab etwa acht Jahren interessante Wanderung. Gesamte Tour mit Ausnahme eines Teiles des Hinweges zur Ruine Hohenwart durchwegs gut markiert und beschildert. Nach Regenfällen können einzelne Abschnitte des Weges vernässt sein.
Einkehr: Gasthaus »Messnerei« auf dem Sternberg (Do–So ab 11 Uhr, Tel. +43 664 4172490).
Variante: Ganz leicht und auch kürzer ist die Wanderung, wenn man nur die Kirche auf dem Sternberg besucht und sich dabei ausschließlich an die wenig befahrenen Straßen und Fahrwege hält. Bei identem Hin- und Rückweg benötigt man dafür insgesamt etwa 1.30–1.45 Std.
Hinweise: 1. Das Innere der Ruine Hohenwart keinesfalls betreten und von ihren Mauern fernhalten! Ab- und Einsturzgefahr! – 2. Die Wanderung nur zur Kirche auf dem Sternberg wird auch im Winter häufig unternommen.
Karten: f&b 224, 0233; K 61, 62, 062, 218, 294; ÖK 3112-O.

Von **Damtschach** ❶ gehen wir rund 200 m auf der Landesstraße Richtung Köstenberg. Beim WW »Sternberg, Ruine Hohenwart«, Weg Nr. 6, nehmen wir den breiten Schotterweg nach rechts. Bei einem einzeln stehenden Haus halten wir uns kurz nach rechts, wenig später vor dem **Bauernhof** ❷, 635 m, nach links auf eine nicht markierte Forststraße in den Wald. Nach der Kehre gehen wir etwa 10 Min. geradeaus weiter, dann in einem großen Bogen nach rechts auf einem Karrenweg zu einer **Abzweigung** ❸, 740 m. Wir biegen nach links ab, überqueren eine **Forststraße** ❹, 740 m, berühren die **Kehre** ❺, 750 m, einer Forststraße und wandern auf einem Steig etwas steiler gegen den Hügel mit der Ruine Hohenwart. Nordwestlich von ihr

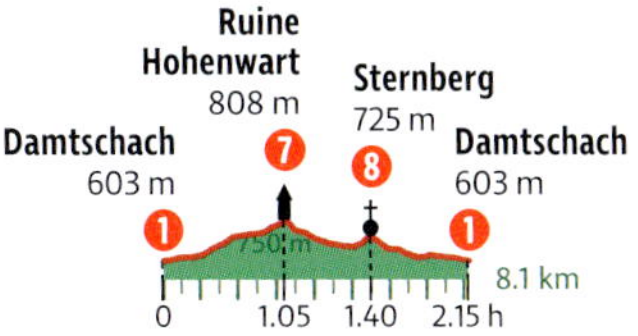

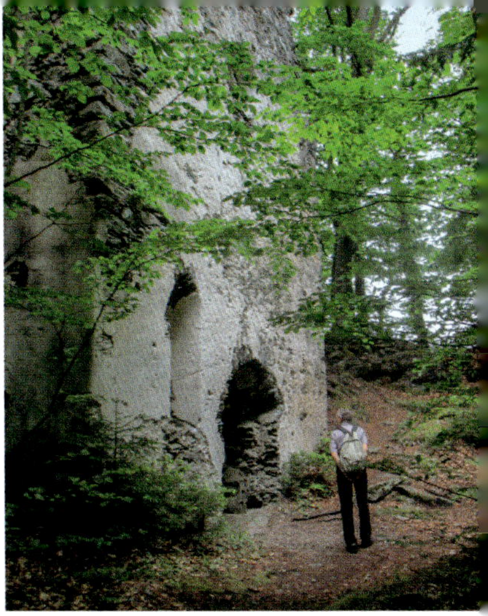

Vor der Ruine Hohenwart.

erreichen wir eine **Abzweigung 6**, 790 m, von der wir auf dem mit den Nummern W 3, 6 bezeichneten Weg nach rechts zur **Ruine Hohenwart 7**, 808 m, kommen. Etwas westlich der Ruine finden wir eine Bank mit sehr schönem Ausblick – auch zu unserem nächsten Ziel, der Kirche auf dem Sternberg.

Wir gehen wenige Schritte zum WW zurück, gleich steil nach rechts hinunter und auf dem Weg 3/6 Richtung Sternberg. Auf Steigen, Wald- und Karrenwegen, alle meist auch durch rote Zeichen »W 6« kenntlich gemacht, kommen wir zu einem Steig, der steil nach rechts aufwärts durch den »Friedensforst« zu unserem zweiten Ziel, der herrlich gelegenen Kirche auf dem **Sternberg 8**, 725 m, hinaufführt. (Man kann diesen steilen Aufstieg vermeiden, wenn man kurz geradeaus bis zur Asphaltstraße weitergeht, auf der man ebenfalls die Kirche erreicht.) Das benachbarte Gasthaus lädt zur Einkehr, falls es geöffnet ist.

Für den Abstieg können wir entweder den gemauerten, gedeckten Stiegenabgang neben dem Pfarrhaus oder die Straße wählen. Bei einem großen Bildstock gehen wir durch die Lücke im Geländer nach rechts auf einen Waldweg, der die Straße abkürzt. Auf der Straße halten wir uns rechts, bei einer **Abzweigung 9**, 620 m, ebenfalls nach rechts auf den Schumbergweg, auf dem wir beim **Bauernhof 2**, 635 m, unsere Runde schließen. Auf bekannter Strecke geht es nun zurück nach **Damtschach 1**.

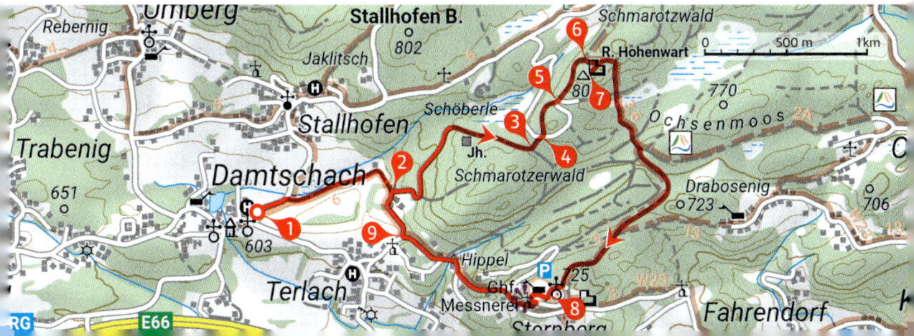

↗ 320 m | ↘ 320 m | 10.3 km

39 Kathreinkogel, 772 m

3.00 h

Rundwanderung auf einen geschichtsträchtigen Aussichtsberg

Unser Weg führt durch das überraschend ruhige und naturnahe Hinterland im Süden von Velden am Wörthersee. Meist geht es bequem durch ausgedehnte Wälder. Für Interessierte ist die Frühgeschichte des Kathreinkogels die Hauptattraktion des Weges.

Ausgangspunkt: Augsdorf, Kirche, 523 m. Postbus 5316 von Klagenfurt über Keutschach am See und von Velden am Wörthersee (Mo–Fr etwa alle 1–3 Std., Sa/So/Feiertag jeweils nur zwei Kurse). Parkplatz südlich der Kirche. Navi: N46.602218 E14.061806.
Anforderungen: Leichte Wanderung auf Nebenstraßen, Wald- und Wiesenwegen.
Einkehr: Hotel Fantur in Aich (Ende April–Mitte Oktober).
Varianten: 1. Vom kleinen Sattel ❹ nicht bezeichneter, streckenweise sehr steiler und häufig beschädigter Steig direkt zur Kirche auf dem Gipfel; Trittsicherheit und Schwindelfreiheit! Je nach Zustand des Steiges »rot« oder »schwarz«! – 2. Kürzester Weg: Vom Parkplatz beim ehemaligen Gasthof Kreuzwirt an der Farrendorfer Landesstraße (zwischen Schiefling und St. Egyden) in 10 Min. zum WW beim Anwesen Kreinz ❺; weiter wie bei der Haupttour beschrieben. Gehzeit für Auf- und Abstieg etwas mehr als 1 Std.
Hinweise: 1. Auf weiten Strecken ist die Wanderung auch als »Kathreinkogel Runde« beschildert. – 2. Die kleine Broschüre »Ein historischer Streifzug. Der Kathreinkogel in der Gemeinde Schiefling am Wörthersee« ist im Gemeindeamt oder am Gipfel im Haus der Archäologie erhältlich (geöffnet Juli und August täglich 10–16 Uhr; bei Regen geschlossen, Eintritt frei).
Karten: f&b 224, 0233; K 61, 061, 218, 294; ÖK 4113-W.

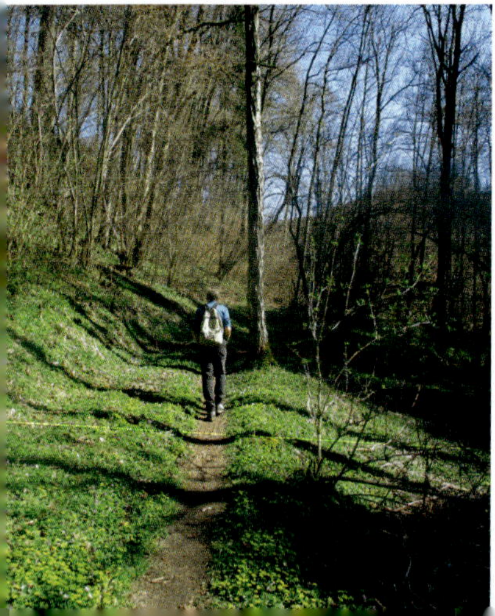

Südlich der Kirche von **Augsdorf** ❶ zeigt ein WW an der Wand eines Wirtschaftsgebäudes zum Kathreinkogel, Weg Nr. 6. Durch einen Graben kommen wir zu den Häusern von Deber und weiter zur Keutschacher Landesstraße. Wir gehen kurz nach links und überqueren die Straße zum Kathreinkogelweg, den wir nach etwa 5 Min. beim **WW** ❷, 550 m, nach links in den Schieflinger Wald verlassen. Es geht durch den Wald bergauf und kurz hinunter in eine Senke mit einigen Häusern der Ortschaft **St. Kathrein** ❸, 592 m.

Im stillen Hinterland des Wörthersees.

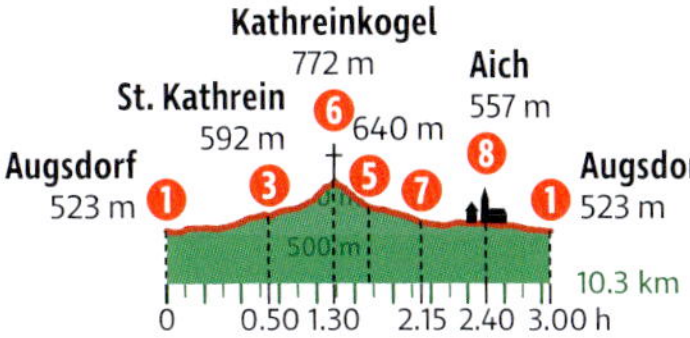

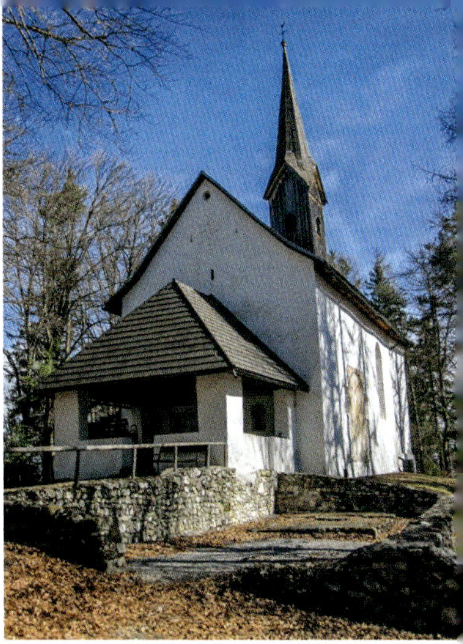

Die Kirche St. Katharina.

Wir überqueren die Straße (Holz-WW »Kathreinkogel, Weg 6, nur Fußweg«) und wandern am Rande einer Wiese in den Wald. Ein Hohlweg führt bergauf in einen kleinen **Sattel** 4, 620 m; hier zweigt die Variante 1 zum Gipfel ab. Wir bleiben auf dem Karrenweg, der uns, am Anwesen Kreinz vorbei, zu einem **WW** 5, 640 m, bringt, wo der Aufstieg zum Gipfel beginnt. Ein breiter Karrenweg führt durch den Wald, an Hinweisen auf Ausgrabungen vorbei, auf den **Kathreinkogel** 6, 772 m, mit der kleinen Kirche St. Katharina und dem »Haus der Archäologie«. Der Abstieg erfolgt zurück bis zum **WW** 5, 640 m, vor dem Anwesen Kreinz. Auf einem schmalen Wiesenstreifen orientieren wir uns nach Westen an den Zielen »Aich, Velden, Weg 5b/5«, gehen durch ein Waldstück zu Häusern, an einem Steinbruch vorbei und bei einer **Abzweigung** 7, 565 m (WW), scharf nach links und durch Wald nach **Aich** 8, 557 m. Wir folgen immer den Wegweisern »Velden, Augsdorf«, vorerst auf dem Wüsterweg, dann wieder durch Wald, zurück nach **Augsdorf** 1.

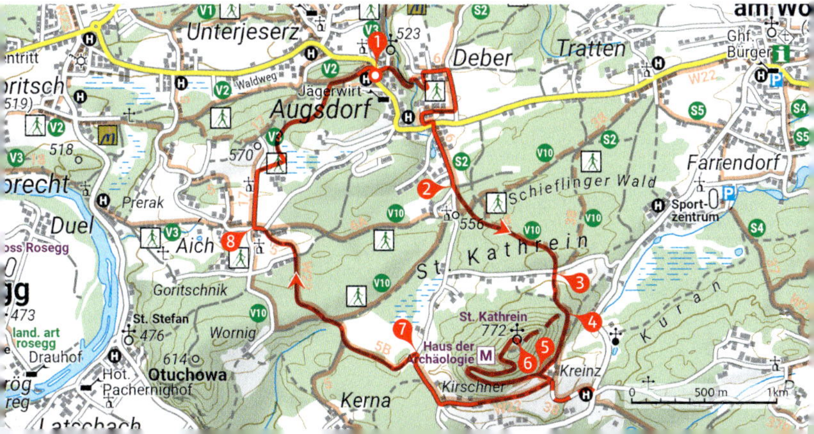

↗ 2100 m | ↘ 2100 m | 57.0 km

40 Wörthersee Rundwanderweg

4 Tage

Rund um Kärntens größten See – meist abseits des Trubels und durch viel Wald

Die Ufer des Wörthersees sind leider fast zur Gänze mit Hotels, Pensionen und privaten Seehäusern verbaut und deshalb nur an einigen Stellen zugänglich. Somit ist es auch nicht oder nur an wenigen Abschnitten möglich, in der Nähe des Seeufers zu wandern. Die Wörthersee Tourismus Gesellschaft hat aber einen Rundweg geschaffen, der den See, mehr oder weniger weit vom Ufer entfernt, umrundet. Die insgesamt rund 57 km lange Strecke lässt sich je nach Lust und Kondition in zwei bis vier Etappen unterteilen. Am Weg oder in seiner Nähe gibt es zahlreiche Bus- oder Bahn-Haltestellen oder auch Anlegestellen der Wörthersee Schifffahrt, von denen man zu den gewählten Ausgangspunkten zurückkehren kann. Ich schlage als Ausgangspunkt die Schiffsanlegestelle Velden vor, dann wandern wir gegen den Uhrzeigersinn um den See und unterteilen die lange Runde in insgesamt vier Etappen. Ich weise auf alle Orte hin, an denen man die Wanderung unterbrechen oder beenden kann. Selbstverständlich kann man den Weg auch in umgekehrter Richtung begehen.

Ausgangspunkt: Velden am Wörthersee, Schiffsanlegestelle, 442 m, gegenüber dem Schlosshotel Velden. Vom Bahnhof Velden am Wörthersee (S-Bahn-Linie 1 Klagenfurt–Villach, Halt fast aller Fernzüge) etwa 1 km; vom Busbahnhof Velden (Villacher Straße) 500 m. Auskünfte über die (Rück-)Fahrmöglichkeiten mit Bahn oder Bus erhält man unter fahrplan.oebb.at oder kaerntner-linien.at, für das Schiff unter woertherseeschifffahrt.at. Navi: N46.611865 E14.044079.
Anforderungen: Insgesamt unschwierige Wanderung ohne Gefahrenstellen, die aber je nach gewählter Länge der Etappen konditionell recht anspruchsvoll sein kann. Einige Abschnitte sind steil und/oder auch steinig, daher gute Wanderschuhe erforderlich. Vom Spätherbst bis zum Ende des Winters können einzelne feuchte Stellen eisig sein. Der sehr gut beschilderte und blau-weiß-blau markierte Rundwanderweg führt über alle Arten von Wegen und Straßen – von schmalen Steigen über Karrenwege und Forststraßen bis zu wenig befahrenen Asphaltstraßen.
Einkehr: In Velden, Auen, am Trattnig-

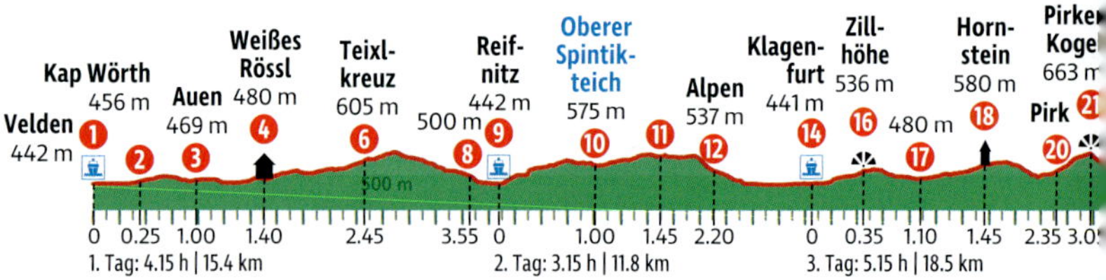

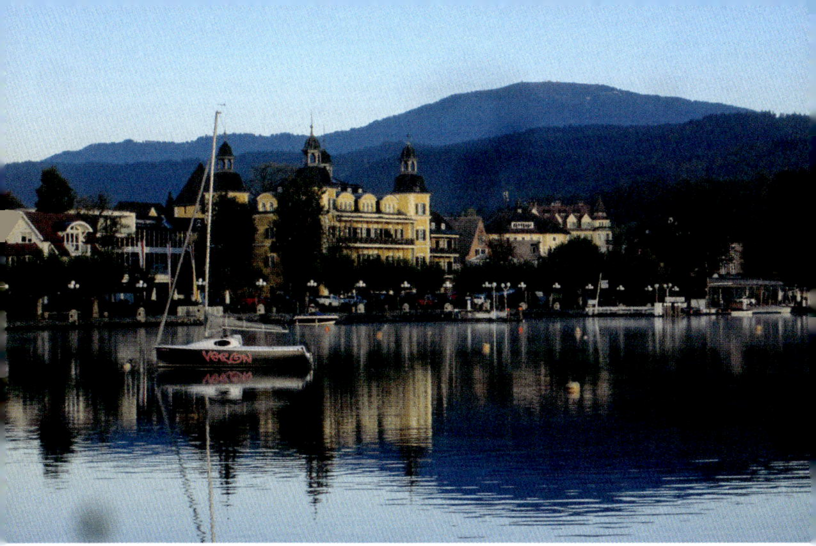

Rückblick zum Schlosshotel Velden.

teich, in Reifnitz, Klagenfurt, Drasing, Pirk, Sekull und am Forstsee; einige Gaststätten sind nur in der Sommersaison geöffnet.
Varianten: 1. Von der Etappe Velden–Reifnitz in 45 Min. Aufstieg zum Pyramidenkogel und Besuch des Aussichtsturmes. – 2. Vom Rundwanderweg gibt es beschilderte Abzweigungen zu den Orten am Wörthersee (mit Unterkünften, Einkehrmöglichkeiten, Bahn- und/oder Bushaltestellen, Schiffsanlegestellen).
Tipps: Besuch des Aussichtsturmes auf dem Pyramidenkogel (siehe Variante 1), von Minimundus (der »Kleinen Welt am Wörthersee«) oder des Reptilienzoos Happ (beide nur wenige Minuten von der Schiffsanlegestelle Klagenfurt entfernt).
Karten: f&b 0233; K 61, 061, 218, 294 (alle mit eingetragenem Wörthersee Rundwanderweg); ÖK 4107-W und 4107-O. Wander-, Rad- und Freizeitkarte »Lust auf Wörthersee« 1:26.000, herausgegeben von der Wörthersee Tourismus GmbH, erhältlich in allen Tourismusbüros. Auf dieser Karte ist Platz für Stempel von 10 gekennzeichneten Stempelpunkten. Je nach Zahl der Stempel ist der Lohn eine Wörthersee-Mandl-Pin in Gold, Silber oder Bronze.

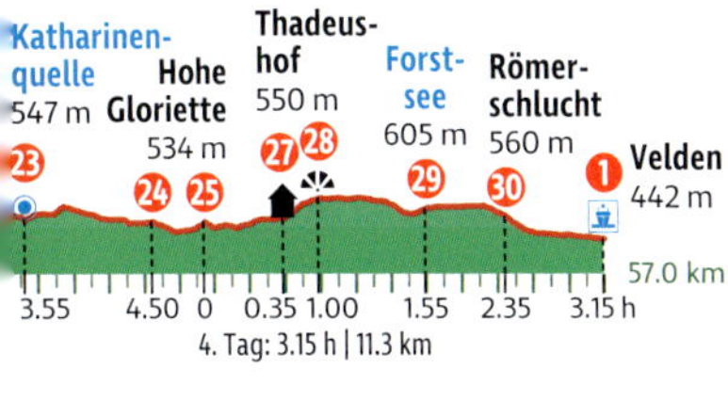

Etappe 1: Velden–Reifnitz (15,4 km, 4.15 Std.)

Von der **Schiffsanlegestelle Velden** 1 aus sieht man vor dem Schlosshotel WW für den Wörthersee Rundwanderweg. Wir folgen dem Ziel »Schiffsanlegestelle Dellach, 8,65 km«. Neben der Süduferstraße gehen wir zum **Kap**

Wörth ❷, 456 m, wo wir die Landesstraße überqueren. Auf einem Waldweg wandern wir hinauf zu einem Wasser-Spielplatz mit dem Wörthersee-Mandl, einer Sagengestalt, die uns auf unserem Weg wiederholt begegnen wird. Entlang des Baches gehen wir bergauf; nach der zweiten Brücke kommen wir auf einen Waldweg. Bei einem verlassenen Haus erreichen wir eine Schotterstraße, die uns bergab zu einer Asphaltstraße bringt (von hier wenige Minuten hinunter zu einer Bushaltestelle); hier kurz nach rechts zum **Stempelpunkt 6** ❸, 469 m, im Westen der Ortschaft **Auen**. Weiter geht es auf Waldwegen und auf kaum befahrenen Nebenstraßen. Nach einer Tafel mit Informationen über den Komponisten Alban Berg, der in der Nähe ein Waldhaus zum Arbeiten nutzen konnte, folgen einige kurze Steilstücke, ehe wir die **Gastwirtschaft Weißes Rössl** ❹, 480 m, erreichen. (Kurzer Abstieg zu einer Bushaltestelle und zur Schiffsanlegestelle möglich.) Nun geht es hinauf in den Wald, wo wir in großer Stille dahinwandern. Kurz vor dem Trattnigteich kommen wir zum **Stempelpunkt 5** ❺, 542 m. Am Ufer des 5,5 ha großen Teiches, der auch zum Baden einlädt, steht der Landgasthof Trattnig. Nach dem Teich steigt der Weg mit einigen felsigen Abschnitten hinauf zum **Teixlkreuz** ❻, 605 m, einem Bildstock. (Von hier kann man, am Bärenkreuz vorbei, in etwa 45 Min. nach Maria Wörth absteigen.) Vom folgenden Forstweg haben wir einen schönen Blick auf den Wörthersee. Bald erreichen wir eine **Abzweigung zum Pyramidenkogel** ❼, 670 m. (Der Aufstieg bis zum Aussichtsturm dauert etwa 45 Min.) Nach einem längeren Abstieg verlassen wir bei den ersten Häusern der Ortschaft St. Anna den Wald. Unterhalb der Kirche **St. Anna** (519 m) kommen wir zu einem Bildstock und zum **Stempelpunkt 4** ❽, 500 m. Nun geht es in die Ortschaft Reifnitz und entlang des Reifnitzbaches hinaus zum Wörthersee mit der **Schiffsanlegestelle Reifnitz** ❾, 442 m.

Etappe 2: Reifnitz–Klagenfurt (11,8 km, 3.15 Std.)

Von der **Schiffsanlegestelle Reifnitz** ❾ gehen wir kurz am Seeufer entlang, überqueren die Landesstraße zu WW und folgen dem Ziel »Spintikteiche«. Nach etwa 10 Min. halten wir uns bei neuen Häusern geradeaus (der WW ist in Gehrichtung angebracht und daher nur schwer zu sehen). Wir kommen auf einen Waldweg, erreichen bei einigen Häusern den Stempelpunkt 4, wenden uns nach rechts in den Wald und biegen nach etwa 20 Min. bei einem Wegkreuz und WW von der Straße scharf nach rechts auf einen Waldweg ab. Nach einer Kehre geht es leicht bergab zu einem Bauernhof am Unteren Spintikteich und weiter zum **Oberen Spintikteich** ❿, 575 m (WW, Info-Tafel zum Naturschutzgebiet Spintikteiche). Schöne Rastplätze! Nun halten wir uns mit dem WW »Schiffsanlegestelle Klagenfurt« nach links (und nicht mit dem anderen WW für den Wörthersee Rundwanderweg nach rechts). Erst entlang des Ufers, dann durch Wald kommen wir zu einer Forststraße, die um die Friedlhöhe herumführt. An der **Abzweigung eines Waldweges** ⓫, 641 m, gehen wir nach links. (Kurz danach könnte man bei

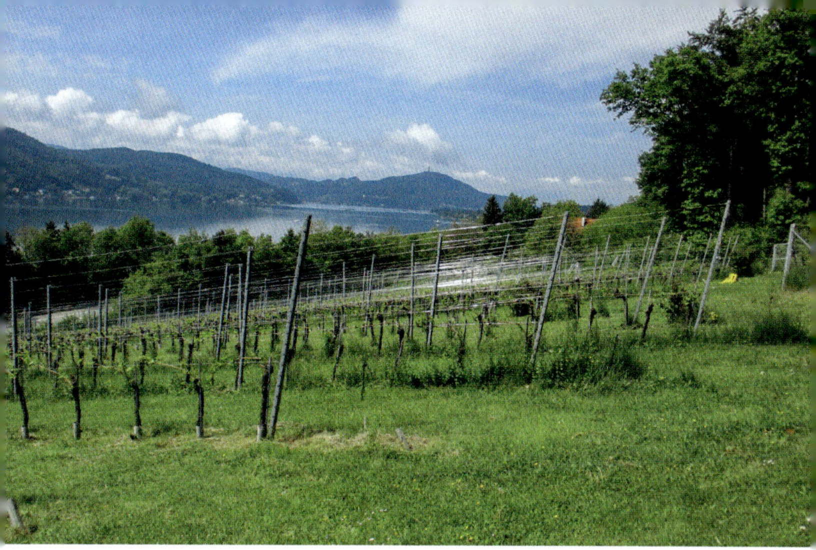

Der Weingarten der Stadt Klagenfurt.

einem WW zum Gustav-Mahler-Komponierhäuschen und nach Maiernigg absteigen; Strandbad und Bushaltestelle.) In einem großen Bogen führt uns der Weg in einen Graben und auf teilweise schlechtem, steilem und feuchtem Steig hinunter zu den Häusern des Klagenfurter Stadtteils **Alpen** ⓬, 537 m, sowie zum Stempelpunkt 2. Von hier zuerst auf der Jugenddorfstraße bergab zur **Wörthersee-Süduferstraße** ⓭, 446 m, mit Bushaltestellen, Geschäft und Restaurant, dann auf dem Gehsteig über die Glanfurt, beim Bürgerfrauenplatz nach links in den Schilfweg, an dessen Ende (hier weder WW noch Markierung) kurz nach rechts in die Wilsonstraße, auf dem Lorettosteg über den Lendkanal und, am großen Strandbad Klagenfurt (mit Bushaltestelle) und dem Campingplatz vorbei, zur **Schiffsanlegestelle Klagenfurt** ⓮, 441 m; Bushaltestelle.

Etappe 3: Klagenfurt–Pörtschach (18,5 km, 5.15 Std.)
Von der **Schiffsanlegestelle Klagenfurt** ⓮ wandern wir stadteinwärts und hinter dem Hotel Plattenwirt nach links. Wir unterqueren die Bundesstraße, die Eisenbahn und die Autobahn, gehen hinauf zum Schloss Freyenthurn, an ihm vorbei zum **Weingarten** ⓯, 486 m, der Stadt Klagenfurt und zu einem Rastplatz mit dem Stempelpunkt 1. Das folgende Wegstück zum Pavillon auf der **Zillhöhe** ⓰, 536 m, wird durch den Verkehrslärm von der Autobahn gestört. Von der Zillhöhe queren wir einen Graben, nähern uns der Autobahn, überqueren das Portal des Falkenbergtunnels und steigen zur **Hallegger Straße** ⓱, 480 m, ab. Hier halten wir uns links und

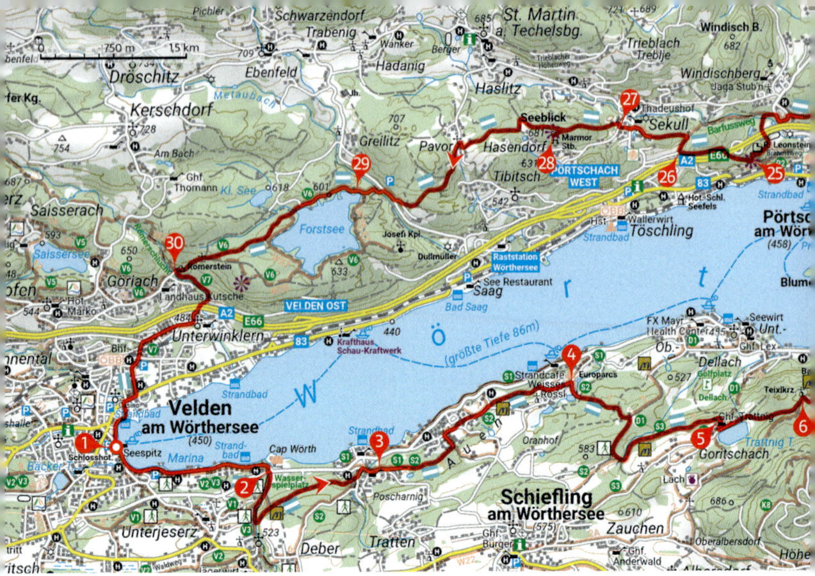

Schwarzendorf
St. Martin a. Techelsbg.
Dröschitz
Ebenfeld
Hadanig
Haslitz
Kerschdorf
Windisch B.
Windischberg
Trieblach Treblje
Seeblick
Sekull
Barfussweg
Greilitz
Pavor
Hasendorf
Tibitsch
PÖRTSCHACH WEST
Leonstein
Kl. See
Saisserach
Forstsee
Töschling
Pörtschach am Wörthersee
Goriach
Römerstein
Raststation Wörthersee
Saag
See Restaurant
Bad Saag
VELDEN OST
Unterwinklern
Wörthersee
(größte Tiefe 86m)
Velden am Wörthersee
(450)
Strandbad
Seespitz
Schlosshotel
Marina
Cap Wörth
Wasserspielplatz
Strandcafé Weisses Rössl
Europarcs
Dellach
Golfplatz
Oranhof
Goritschach
Trattnig
Poscharnig
Schiefling am Wörthersee
Unterjeserz
Deber
Tratten
Zauchen
Oberalbersdorf

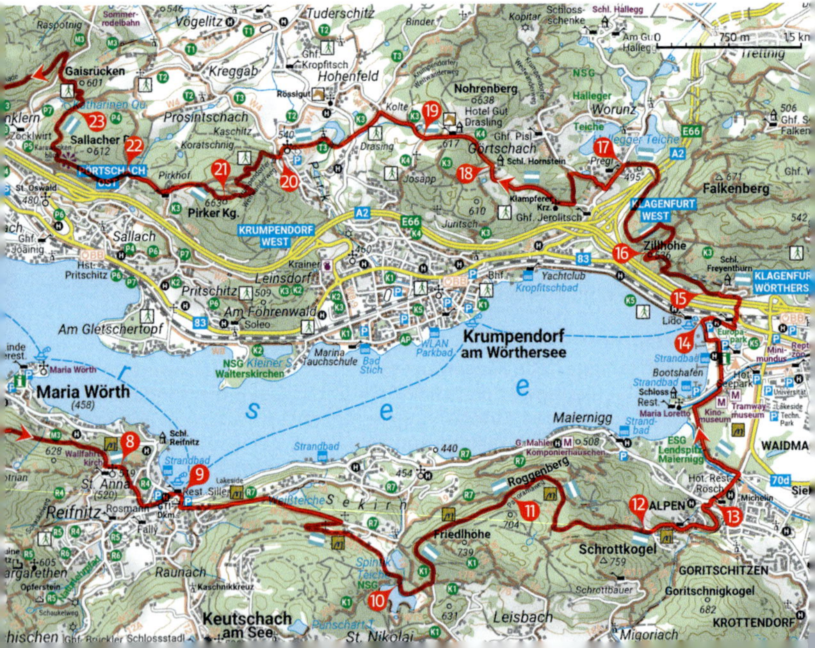

Vögelitz
Tuderschitz
Binder
Schl. Hallegg
Sommerrodelbahn
Gaisrücken
Kreggab
Hohenfeld
Nohrenberg
Hotel Gut Drasling
Sallach
Prosintschach
Drasling
Görtschach
Worunz
Falkenberg
PÖRTSCHACH OST
Pirkhof
Pirker Kg.
Josapp
Klampferer Krz.
Ghf. Jerolitsch
Pregl
KLAGENFURT WEST
Zillhöhe
KRUMPENDORF WEST
Leinsdorf
Yachtclub
Kropfitschbad
KLAGENFURT WÖRTHERSEE
Pritschitz
Am Föhrenwald
Lido
Am Gletschertopf
Krumpendorf am Wörthersee
Europapark
Minimundus
Maria Wörth
(458)
NSG Kleiner See
Walterskirchen
Marina Tauchschule
Bad Stich
Strandbad
Bootshafen
Schloss Maria Loretto
Maiernigg
Schl. Reifnitz
Strandbad
Rest. Sille
St. Anna (520)
Reifnitz
Sekirn
Roggenberg
Friedlhöhe
ALPEN
Schrottkogel
GORITSCHITZEN
Goritschnigkogel
Raunach
Keutschach am See
St. Nikolai
Leisbach
Migoriach
KROTTENDORF
WAIDMA

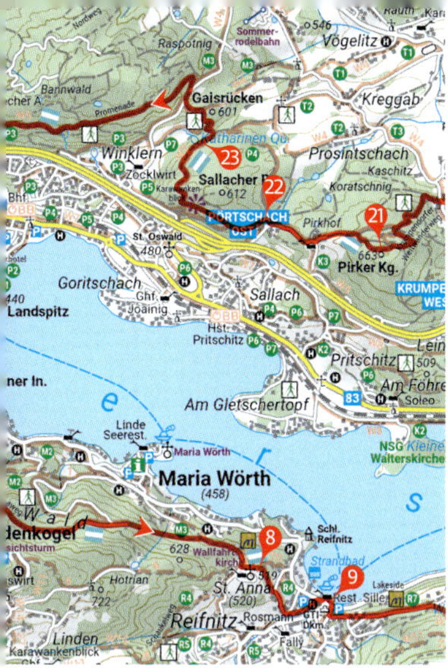

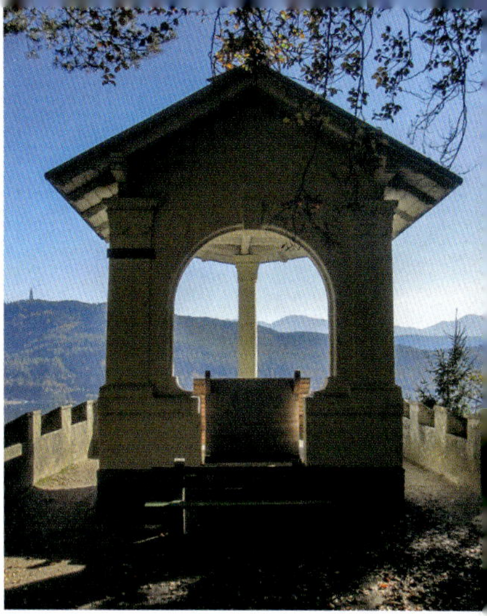
Auf der Hohen Gloriette.

beim km 1,0 rechts in die Görtschacher Straße. Kurz nach einem Teich geht es links in den Wald. Von einem WW können wir einen Abstecher zum Naturdenkmal Gletschertopf machen. Wir gehen zurück zum Wanderweg und erreichen bald eine Schotterstraße, die uns zur Muttergottes-Kapelle und zum **Schloss Hornstein** 18, 580 m, bringt. Durch Wald, später an Wiesen vorbei, kommen wir zum Schloss Drasing und zum **Gut Drasing** 19 mit seinem Reiterhof (im Sommer Gastwirtschaft, danach Info-Tafel und zahlreiche WW, 600 m); schöner Blick zur Villacher Alpe und zu den Nockbergen. Nach einem kurzen Abstieg erreichen wir den Stempelpunkt 10; wenig später überqueren wir die Tuderschitzer Landesstraße. Ein Schotterweg führt hinunter zum Pirker Bach und gleich wieder hinauf zu einer Wiese, über die wir einen Bildstock mit Rastplatz und Blick zur St.-Ulrichs-Kirche erreichen. Wir gehen weiter nach **Pirk** 20, 535 m, zum Gasthaus Pirkerhof und auf einem Forstweg zu einem Rastplatz mit Info-Tafel. Ein Waldweg bringt uns auf den **Pirker Kogel** 21, 663 m; Aussicht erst etwas weiter westlich, Bänke und Tische: Wörthersee, Pyramidenkogel, Karawanken und Julische Alpen. Von hier auf steilem Steig mit vielen Wurzeln hinunter zu einem Schotterweg mit Blick nach Westen. An einigen Häusern vorbei geht es mit Verkehrslärm hinab zu einer Wegkreuzung, **Stempelpunkt 9** 22, 540 m. (Von hier Abstieg nach Sallach und zur Bahn-Haltestelle Pritschitz möglich.) Wir halten uns erst links auf einen Waldweg, dann rechts auf einen steilen Steig in den Wald hinauf zu einem breiteren Waldweg. Nun sind wir endlich weg vom Lärm der Autobahn. Auf einem Steig gehen wir über einen steilen

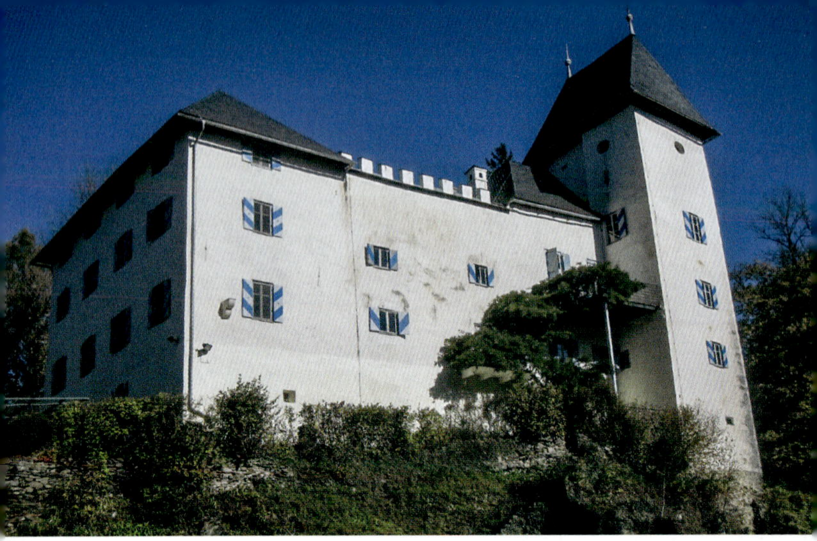

Das Schloss Drasing.

Hang geradeaus (!) hinunter zur **Katharinenquelle** ㉓, 547 m. Fast immer im Wald wandern wir taleinwärts und wieder heraus in den Bannwald mit einer Abzweigung zu einem Aussichtspunkt wenig unterhalb unseres Weges. In einem weiten Bogen geht es in einen ruhigeren Winkel hinein, wir kommen an einer Abzweigung Richtung Pörtschach vorbei und dann zur **Pörtschacher Alm** ㉔, 534 m. Bald sind wir wieder in der Nähe der Autobahn und bei den ersten Häusern an der Moosburger Straße (auf der man ebenfalls Pörtschach erreicht). Wir gehen hinunter zur Autobahnbrücke, kurz vor ihr nach rechts und beim Kilometer 1,0 der Landesstraße gleich wieder nach links. Nach Unterqueren der Autobahn ist es nur mehr ein kurzer Weg an der Ruine Leonstein vorbei und hinauf zur **Hohen Gloriette** ㉕, 534 m, einem Pavillon hoch über dem Wörthersee mit herrlicher Aussicht über den See und zu den Bergen im Süden. Hier können wir die Wanderung mit ihrer 3. Etappe unterbrechen und mit dem WW Pörtschach in etwa 10 Min. in den Ort absteigen.

Etappe 4: Pörtschach–Velden (11,3 km, 3.15 Std.)
Von der **Hohen Gloriette** ㉕ führen Stufen zu einem Waldweg, der sich mit dem WW Forstsee zur Autobahn wendet, diese unterführt und oberhalb der Autobahn ein **einsames Haus** ㉖, 500 m, erreicht, das man in etwa 10 bis 15 Min. auch von der Bushaltestelle Wallerwirt oder der ÖBB-Haltestelle Töschling erreichen kann. Wir wenden uns nach rechts in ein Tälchen und kurz vor einem Bach steil nach links hinauf zu einer Wiese mit WW, Bank

und Info-Tafel. Nach einem Waldstück mit Figuren aus Ästen und Wurzeln erreichen wir die Techelsberger Landesstraße mit dem **Hotel-Restaurant Thadeushof** 27, 550 m. Hinter dem großen Haus geht es nach links in eine Nebenstraße und zum Stempelpunkt 8, unmittelbar neben einem Bildstock. Nun führt ein Waldweg hinauf zu einem WW mit der Bezeichnung »Aussichtspunkt Seeblick«. Für diesen lohenden Abstecher halten wir uns genau in Richtung des Wegweisers (!), der zu einem steilen und etwas ausgesetzten Steig mit rot-weiß-roter Markierung zeigt; die wenigen Minuten über den unscheinbaren »Gipfel« (681 m) zum **Aussichtspunkt Seeblick** 28, 660 m, sind den Aufwand wert. Hier genießen wir eines der schönsten Panoramen des gesamten Wörthersee-Rundwanderwegs.
Wir kehren zum Hauptweg zurück, der zu einer Wiese und danach durch Wald in die kleine Ortschaft Pavor führt. Wieder geht es hinauf in den Wald, in dem große Findlinge (Felsblöcke) den Weg säumen. Es folgt ein Abstieg zu einer Asphaltstraße, auf der wir uns rechts halten; bald geht es nach links zum **Forstsee** 29, 605 m. Entlang seines Ufers kommen wir am Stempelpunkt 7 vorbei zu einem Steig, der streckenweise steil und feucht zum Eingang in die **Römerschlucht** 30, 560 m, führt. Wir gehen auf diesem Weg, der auch einige Stufen aufweist, zum Ende der Schlucht, unter der Autobahn durch, auf der Forstseestraße nach rechts und an einer Abzweigung links bergab. Hinter der Eisenbahnbrücke kann man nach rechts den **Bahnhof Velden** erreichen. Wir folgen der Forstseestraße, die in die Bahnhofstraße einmündet. Mit den WW »Schiffsanlegestelle Velden« kehren wir zum Ausgangspunkt unserer großen Rundwanderung, der **Schiffsanlegenstelle Velden** 1, zurück.

Über dem Südufer erhebt sich der Pyramidenkogel mit seinem Aussichtsturm.

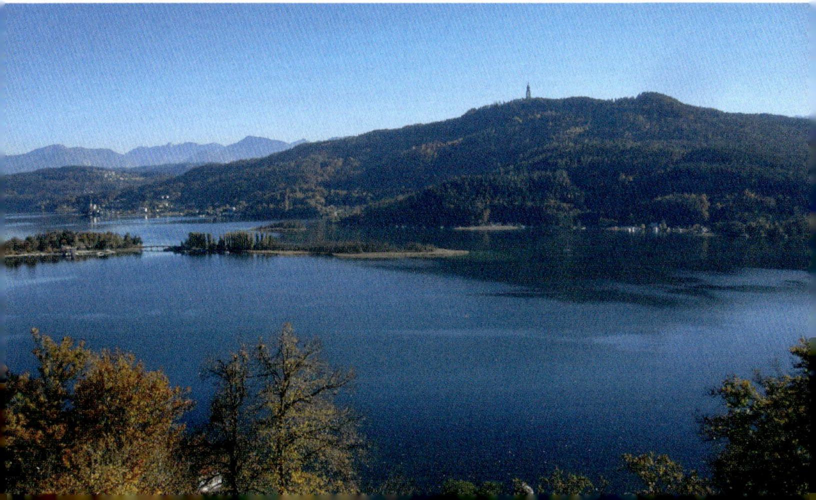

↗ 250 m | ↘ 250 m | 7.6 km

41 Rund um den Forstsee

2.15 h

Auf dem »Slow Trail Römerschlucht« zu einem versteckt gelegenen See

Die »Slow Trails Kärnten« sollen unter anderem Urlauber und Gäste auf ausgewählten, stressfreien Wanderungen in die Kärntner Seenlandschaft entführen. Durch die Römerschlucht, die ihren Namen wahrscheinlich gar nicht von den Römern hat, erreichen wir den ruhigen Winklernforst. Ein kurzer Abstecher bringt uns zum Hohen Kreuz, einem lohnenden Aussichtspunkt. Schließlich kommen wir zum Forstsee, den wir nahezu zur Gänze umrunden. Zahlreiche kleine Buchten laden zu einem erfrischenden Bad.

Ausgangspunkt: Velden-Unterwinklern, Beginn des Wanderweges an seiner Abzweigung von der Forstseestraße, 484 m. Zu Fuß vom Bahnhof Velden am Wörthersee (S-Bahn 1 von Klagenfurt und Villach, Mo–Fr im Halbstundentakt, sonst Stundentakt; Halt fast aller Fernzüge) 15 Min. (vom Bahnhof nach Osten zur Forstseestraße und weiter nach Unterwinklern). Von der Schiffsanlegestelle Velden auf dem markierten Wörthersee-Rundwanderweg 30 Min. Beschränkte Parkmöglichkeit für etwa 5 Pkw. Zufahrt von der B 83 im Osten von Velden über Unterwinklerner Straße und Forstseestraße. Navi: N46.622915 E14.053009.
Anforderungen: Leichte Wanderung, lediglich in der Römerschlucht und am Südufer des Forstsees einige schmale und auch etwas steilere Wegabschnitte. Gesamte Tour durchwegs gut markiert und beschildert.
Einkehr: Im Sommer Imbissstube am Nordufer des Forstsees.
Karten: f&b 224, 0233; K 61, 061, 218, 294; ÖK 4107-W.

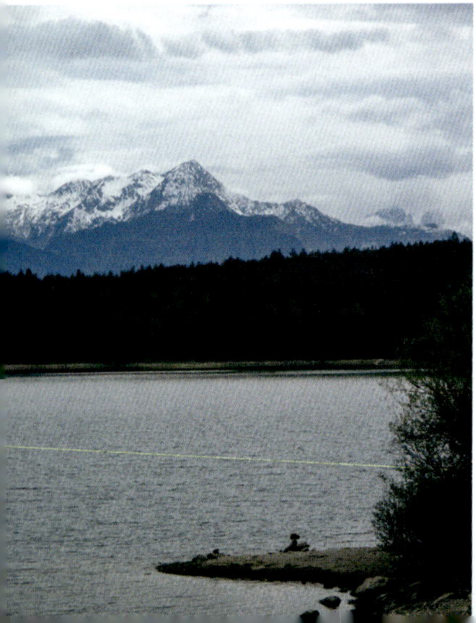

In **Unterwinklern** ❶ zweigen wir bei mehreren WW Richtung Forstsee ab. Wir gehen unter der Autobahn hindurch und biegen bald in die Römerschlucht ab. Der zu Beginn breite Fahrweg endet, und wir wandern auf einem schmalen, auch etwas steileren Steig entlang eines kleinen Baches zum sogenannten Römerstein. Hier halten wir uns rechts auf einen breiten Weg, in dem wir tatsächlich Spuren der einstigen Römerstraße entdecken können. Beim **Kramerkreuz** ❷, 600 m, verlassen wir mit den WW »Forstsee Südufer« und »Hohes Kreuz« den Wörthersee-Rundwanderweg. Durch Wald

Der Forstsee mit dem Mittagskogel.

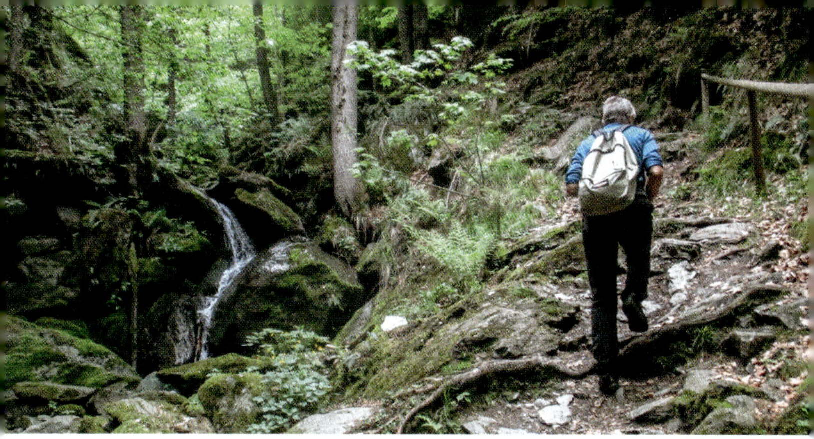

In der Römerschlucht.

geht es zu einer weiteren Abzweigung, von der es nur wenige Minuten zum Aussichtspunkt **Hohes Kreuz ❸**, 650 m, sind. Weit reicht der Blick von hier über den Wörthersee bis zu den Karawanken, den Julischen Alpen und dem Dobratsch. Leider stört der Lärm der unmittelbar unter uns verlaufenden Autobahn an diesem schönen Platz.

Wir kehren zum Hauptweg zurück und halten uns rechts Richtung Josefikapelle, Weg Nr. 16. Wir kommen zum Südufer des Forstsees, an dem ein schmaler Steig entlangführt. Der Weg zur Josefikapelle lohnt sich kaum, weil man von dort keine Aussicht hat.

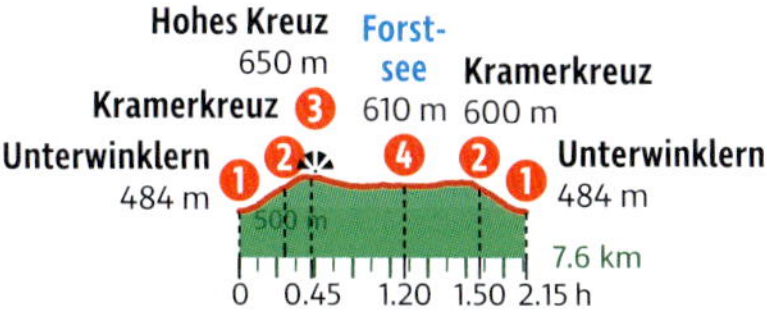

Der beschilderte und markierte Weiterweg weicht kurz vom See ab, kehrt aber bald wieder zum Ufer zurück und führt zu einer Brücke und einem Fahrweg mit Rastplatz und Info-Tafeln an der Nordostecke des **Forstsees ❹**, 610 m. Auf einem vorerst breiten Fahrweg, der später in einen Karrenweg übergeht, kehren wir mit der Beschilderung und Markierung »Wörthersee-Rundwanderweg« zum **Kramerkreuz ❷**, 600 m, und durch die Römerschlucht nach **Unterwinklern ❶** zurück.

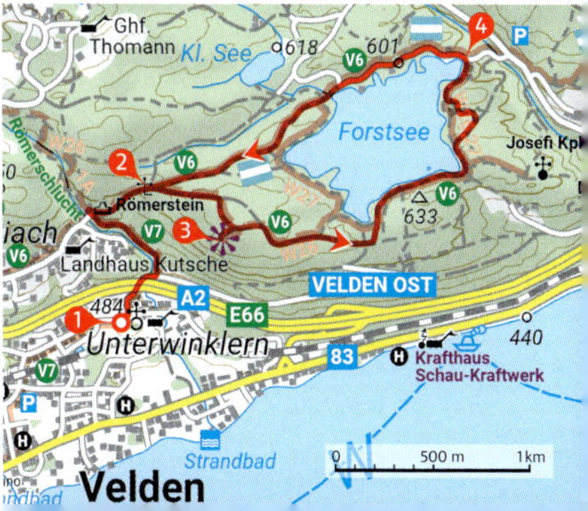

↗ 460 m | ↘ 460 m | 19.3 km

42 Panoramaweg Moosburg – Freudenberg, 802 m

5.15 h

Große Rundwanderung im ländlichen Hinterland des Wörthersees

Wer dem Trubel in den Orten am Wörthersee entfliehen will, findet mit dieser Wanderung die große Ruhe. Sie führt durch überwiegend landwirtschaftlich genutzte Gebiete auf den Freudenberg, eine kleine Erhebung im Hügelland zwischen dem Wörthersee und dem Glantal. In der Filial- und Wallfahrtskirche »Maria Sieben Schmerzen« auf dem Freudenberg hängt die um 1100 gegossene älteste Glocke Kärntens. Das in einer Urkunde von 879 Mosapurch genannte Moosburg ist eine der ältesten Siedlungen Kärntens.

Ausgangspunkt: Moosburg, 503 m, Feldkirchner Straße, Übersichtstafel und Wegweiser für alle Wanderwege. In unmittelbarer Nähe Haltestelle »Moosburg Platz« des Postbusses 5230 von Klagenfurt und von Feldkirchen in Kärnten (Mo–Fr im Halbstundentakt, Sa/So/Feiertag je 6 Kurse) und des Postbusses 5232 von Klagenfurt über Krumpendorf und von Feldkirchen über Klein St. Veit (Mo–Fr, nur wenige Kurse). In der Nähe großer Parkplatz »Schlosswiese«. Navi: N46.658935 E14.171963.

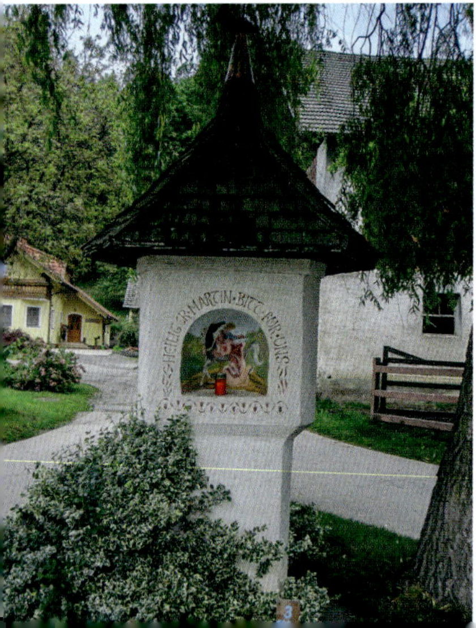

Anforderungen: Leichte Wanderung auf Nebenstraßen, Wald- und Wirtschaftswegen sowie kurz auch auf Fußwegen. Die Tour ist durchwegs mit W 3 beschildert.
Einkehr: Gasthof Mark und Gasthof Kramerwirt (Di/Mi Ruhetag) in Klein St. Veit. Mehrere Lokale in Moosburg.
Variante: Eine wesentlich kürzere Wanderung kann man unternehmen, wenn man von der Ortschaft Krainig zur Kirche auf dem Freudenberg aufsteigt und über Nussberg und einen aussichtsreichen Weg nach Krainig zurückkehrt. Zeitaufwand etwa 1 Std.
Hinweis: Das neben der Kirche am Freudenberg gelegene und in vielen Karten noch eingetragene Gasthaus »Freudenberg« ist geschlossen!
Karten: f&b 0233; K 61, 62, 294; ÖK 4107-O.

Vom Ausgangspunkt in **Moosburg** ❶ folgen wir in der Feldkirchner Straße auf 100 m dem Wanderweg W 3, dann biegen wir rechts in den Karl-Hauser-Weg ab, unterqueren die B 95 und gehen hinauf in den Ort **St. Peter** ❷, 545 m, zu einem Bildstock. Auf dem Brunnenweg wandern wir recht steil bergauf und – mit schönem Blick zu den Kara-

Typischer Kärntner Bildstock, ein »Marterl«.

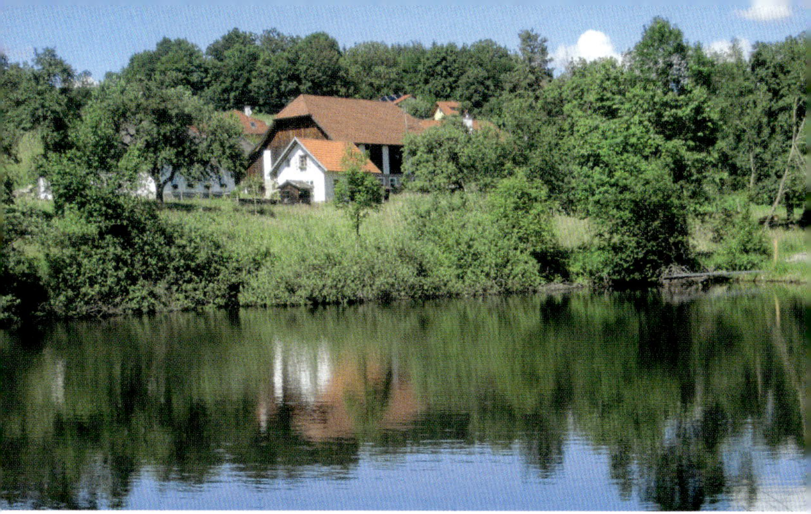

Einer der vielen Teiche um Moosburg.

wanken – an den Rand des Ortes Gradenegg. Über Albern erreichen wir eine Asphaltstraße kurz vor dem **Osterbauer** ❸, 562 m. Wir halten uns rechts, gehen zwischen den Gebäuden hindurch und gelangen bald zum Ort **Klein St. Veit** ❹, 614 m. Nach den beiden unter »Einkehr« erwähnten Gasthäusern folgen wir weiter dem Weg W 3, auf dem wir – mit Blick auf den Strußnigteich im Süden – zu den Häusern von Kreuth kommen. Hier gehen wir rechts auf einen Schotterweg, vor dem Wald geradeaus (!) und in den Wald hinein. Der streckenweise etwas feuchte Waldweg geht in eine Asphaltstraße über, auf der wir den kleinen Ort **Krainig** ❺, 700 m, erreichen. Nun sind es nur mehr etwa 15 Min. zur Kirche auf dem **Freudenberg** ❻, 802 m.

Auf einem recht groben, steilen Karrenweg, der zu seinem Beginn auch einen Kreuzweg darstellt, geht es hinunter nach **Nussberg** ❼, 680 m, und auf der Asphaltstraße hinab nach Arlsdorf. Scharf nach rechts wandern wir auf einem Feldweg an einem Umspannwerk vorbei zur Landesstraße und links nach **Windischbach** ❽, 563 m. Beim ehem. Gasthof Kohlweg biegen

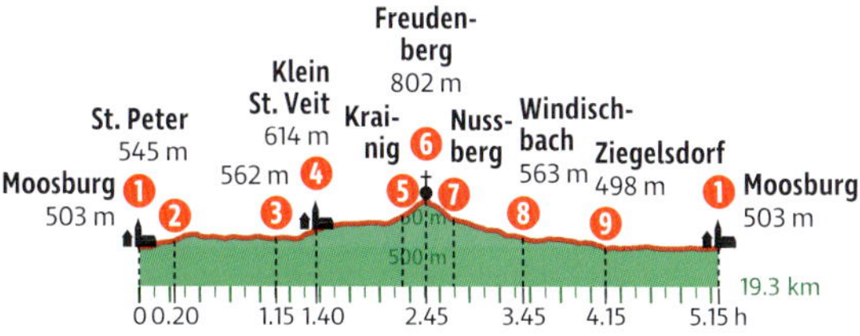

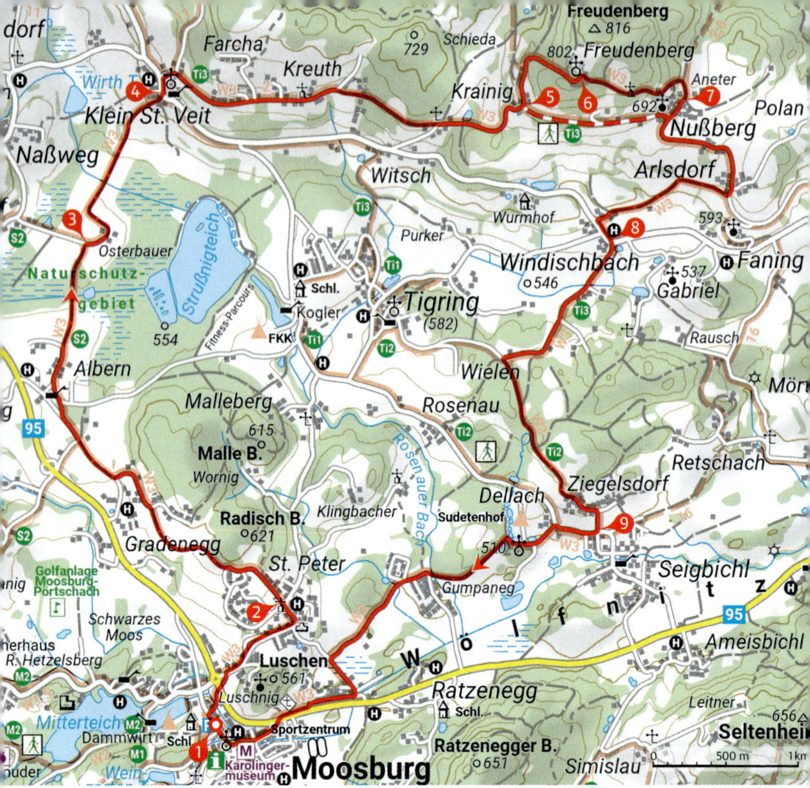

wir mit dem WW »Ziegelsdorf« ab und gehen erst auf Asphalt, bald auf einer Schotterstraße durch Wiesen und Wald zur kleinen Streusiedlung Wielen (WW mit Hinweis auf die Panoramatafel Tigring). Hier wenden wir uns im rechten Winkel nach links auf einen grünen Karrenweg, der uns nach wenigen Minuten in einen Hochwald bringt. An der nächsten Abzweigung müssen wir uns schräg nach rechts halten! Wir verlassen den Wald und haben nun einen schönen Blick zu den Karawanken.

In **Ziegelsdorf** ❾, 498 m, stoßen wir auf die Straße Seigbichl–Dellach. Wir gehen etwa 5 Min. Richtung Dellach und biegen beim nächsten WW links Richtung Moosburg ab. Wir passieren links zwei Teiche und nehmen nach dem nächsten Teich links einen teilweise feuchten Waldweg (WW). Von der Siedlung Gumpaneg/Klein St. Peter wandern wir auf dem Mühlweg zur St. Peterer Straße, auf ihr rechts hinaus zur B 95 und zurück nach **Moosburg** ❶.

↗ 620 m | ↘ 620 m | 12.4 km

3.45 h

Ulrichsberg, 1022 m, von Karnburg 43

Rundwanderung auf einen der heiligen Berge Kärntens

Nördlich von Klagenfurt erhebt sich mit dem Ulrichsberg einer der vier heiligen Berge Kärntens. Über ihn führt der seit 1335 durch Urkunden belegte »Vierbergelauf«, eine Wallfahrt am Dreinagelfreitag (zweiter Freitag nach Ostern). Auf der Kuppe des Berges befand sich ein keltisch-römisches Heiligtum für die einheimische Göttin Noreia-Isis. Heute finden wir dort die Ruine einer frühchristlichen Kirche, in der eine Gedächtnisstätte für die in den Weltkriegen gefallenen Soldaten eingerichtet ist.

Ausgangspunkt: Karnburg, 508 m, Kirchplatz. Dr.-Richard-Bus 8591 von Klagenfurt (Mo–Fr wenn Werktag, nur wenige brauchbare Kurse). Parkplätze unterhalb der Kirche und weiter westlich in der Nähe des Abzweigs des Ulrichsbergweges. Navi: N46.68531 E14.31553.
Anforderungen: Überwiegend leichte Wanderung, meist auf guten Wegen. Rückweg von St. Peter am Bichl auf verkehrsarmer Landstraße.
Einkehr: St. Peter am Bichl, Gasthaus Holzer.
Varianten: 1. Abstieg auf Wanderweg nach Zweikirchen. Von dort mit dem Bus 8591 zurück nach Karnburg (s. Ausgangspunkt); Gehzeit für Aufstieg von Karnburg und Abstieg nach Zweikirchen 3.30 Std. – 2. Abstieg wie Aufstieg (wird am häufigsten unternommen), Gesamtgehzeit etwa 3 Std.
Tipp: Besichtigung der Pfarrkirche von Karnburg, einer der ältesten Kirchen Kärntens; urkundlich erstmals 927 erwähnt.
Karten: f&b 0233, 0238; K 294; ÖK 4107-O.

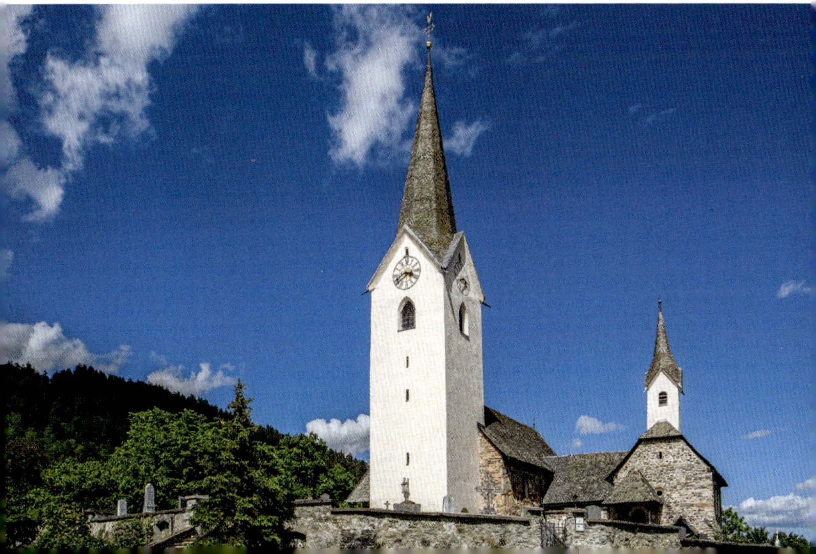

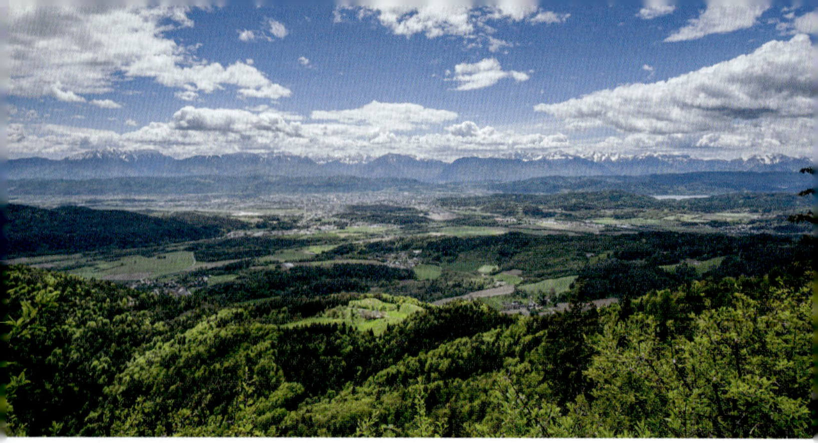

Oben: Weit reicht der Blick vom Ulrichsberg über das Klagenfurter Becken.
S. 163: Die Pfarrkirche von Karnburg, eine der ältesten Kirchen Kärntens.

Vom Kirchplatz in **Karnburg** ❶ gehen wir die Pfalzstraße hinab und biegen rechts in die Arnulfstraße ab (WW Dellach-Lind-Stegendorf). 100 m nach einer alten Hoflinde nehmen wir den rechts abzweigenden Ulrichsbergweg, auch Hemma-Pilgerweg. Nach zwei Serpentinen (Abkürzung ist möglich) geht es weiter durch den Wald hinauf zu einer Straße, der wir nach links folgen. Von den Wiesen im Bereich des verlassenen Gasthauses Kollerwirt öffnen sich schöne Blicke zu den Karawanken. Bei der nächsten Abzweigung halten wir uns rechts auf den Weg 22. Nach etwas mehr als 5 Min. biegen wir beim **WW Ulrichsberg–Vierbergeweg** ❷, 780 m, nach rechts ab. Der Weg wendet sich scharf nach Norden, wo wir bald entweder dem Hinweis Direttissima oder dem WW Ulrichsberg folgen können. Wir nehmen die Direttissima, einen Pfad mit vielen Wurzeln, der uns direkt auf den Gipfel des **Ulrichsbergs** ❸, 1022 m, bringt.

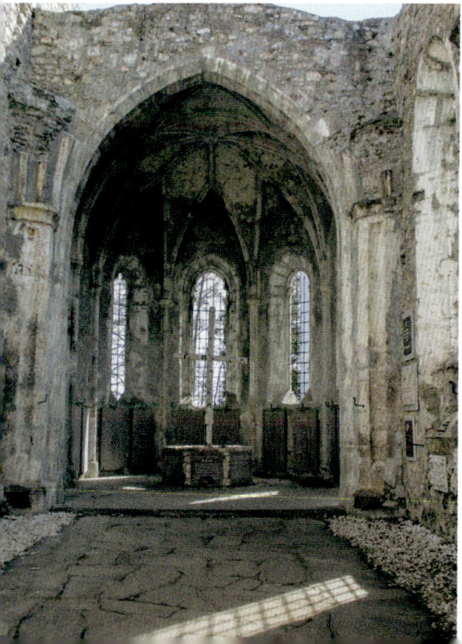

Die Ruine der frühchristlichen Kirche auf dem Gipfel.

Für den Abstieg nehmen wir den Fahrweg, der in großem Bogen gegen den Uhrzeigersinn um den Gipfel führt. Beim WW Preilitz-Vierbergeweg halten wir uns rechts, wandern an der Ulrichsberger Alm vorbei zu einem WW »St. Peter am Bichl, Weg 34«, an dem wir uns nach links wenden. Auch beim nächsten WW folgen wir nach links der Angabe St. Peter am Bichl. (Wenn man hier geradeaus weitergeht, kommt man nach Zweikirchen.) Nach nur 100 m biegen wir rechts ab, um nach langem Abstieg eine Straße zu erreichen, auf der wir links nach **St. Peter am Bichl** ④, 568 m, hinuntergehen; an der Kreuzung Landgasthaus Holzer und Bushaltestelle. Von hier wandern wir entlang der wenig befahrenen Straße zurück nach **Karnburg** ①.

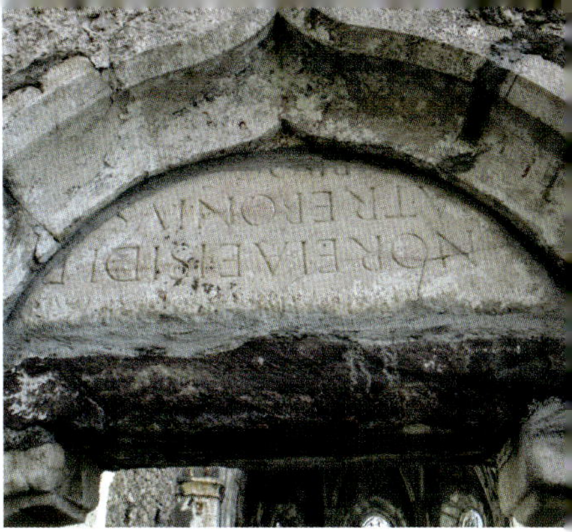

Inschrift aus der Römerzeit.

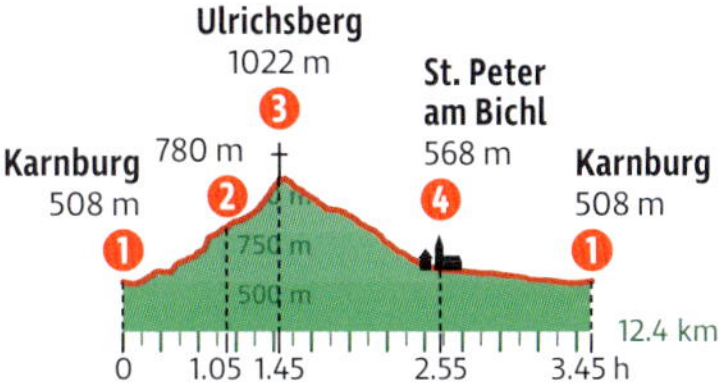

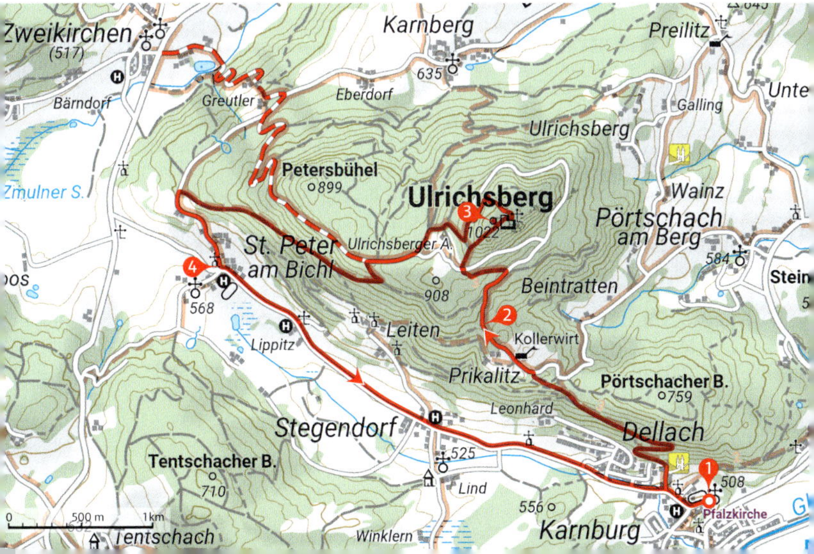

↗ 10 m | ↘ 10 m | 3.0 km

44 Klagenfurter Altstadtwanderung

1.30 h

Ein Spaziergang durch das Herz der Kärntner Landeshauptstadt

In Urkunden wird gegen Ende des 12. Jahrhunderts erstmals ein Markt Klagenfurt genannt; dieser Markt lag weiter nördlich als der heutige Stadtkern, den Herzog Bernhard von Spanheim um 1250 gründete. 1514 verheerte ein Brand die Stadt. Auf Bitten der Landstände schenkte ihnen Kaiser Maximilian I. im Jahre 1518 die zerstörte Stadt, die in der Folge planmäßig wieder aufgebaut wurde. Der historische Stadtkern liegt innerhalb der ehemaligen Stadtmauern, an deren Stelle heute die vier Ringstraßen verlaufen.

Ausgangspunkt: Tourismusinformation Klagenfurt, Neuer Platz 5, unmittelbar nördlich des Lindwurmbrunnens. Vom zentralen Busbahnhof »Heiligengeistplatz« etwa 200 m. Navi: N46.624444 E14.308056.
Anforderungen: Ganz leichter Spaziergang.
Einkehr: Zahlreiche Gaststätten, Imbissstuben und Kaffeehäuser entlang des Weges.
Varianten: Den vorgeschlagenen Rundgang kann man nach Belieben ändern, also abkürzen oder auch erweitern.
Tipp: In der Tourismusinformation erhält man kostenlos ein Faltblatt »Altstadtwandern«, in dem auch andere Rundgänge empfohlen und die einzelnen Sehenswürdigkeiten ausführlich erläutert werden. An den meisten Bauwerken findet man Tafeln mit Hinweisen auf ihre Geschichte und Bedeutung.
Hinweise: 1. Die angegebene Gehzeit gilt für ein gemütliches Schlendern durch die Altstadt ohne den Zeitaufwand für Besichtigungen. – 2. Die gesamte Innenstadt ist an Werktagen Mo–Fr 8–18 Uhr sowie an Samstagen 8–12 Uhr gebührenpflichtige Kurzparkzone. Dies gilt auch für einige Straßenzüge in der Nähe der Innenstadt. Wer nicht in den (teuren!) Tiefgaragen parken möchte, benützt am besten die öffentlichen Verkehrsmittel.

Von der **Tourismusinformation Klagenfurt** sehen wir auf dem Neuen Platz schon das Wahrzeichen der Landeshauptstadt, den **Lindwurmbrunnen**. Herkules schwingt seine Keule gegen das Untier. Etwas östlich steht ein Denkmal der Kaiserin Maria Theresia. An der Südostecke des Neuen Platzes zeigt die **Alte Apotheke** (heute Apotheke vorm Lindwurm) geschnitzte Holztüren und im Inneren eine Stuckdecke. Wenn wir durch die Paradeisergasse weitergehen, kommen wir nach Überqueren der Domgasse zur **Alten Burg** mit großem, zweigeschossigem Arkadenhof. Wir kehren zur Domgasse zurück und wenden uns nach links zum **Domplatz** mit der Dom- und Stadtpfarrkirche (Ende 16. Jh.). Nach dem Blick in den Dom halten wir uns links in die Paulitschgasse, der wir links zur Bahnhofstraße und über diese hinweg in die Mießtalerstraße folgen. Auf der rechten Straßenseite steht nach dem Gebäude der Kärntner Landesregierung das 2022 wieder eröffnete **kärnten.museum** mit sehenswerten Sammlungen (Mo und an bestimmten Feiertagen geschlossen).

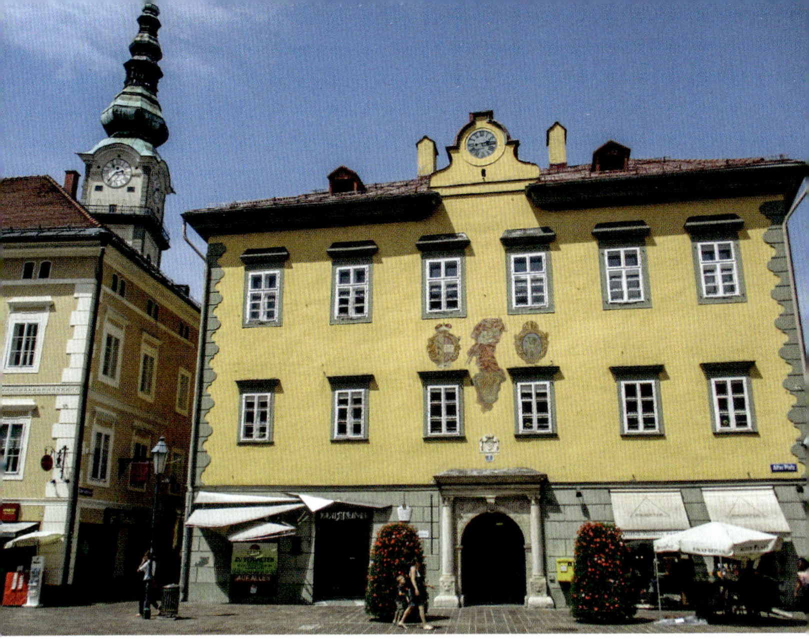

Oben: Das »Alte Rathaus« auf dem Alten Platz.
Unten: Der »Große Wappensaal« mit Gemälden von J. F. Fromiller.

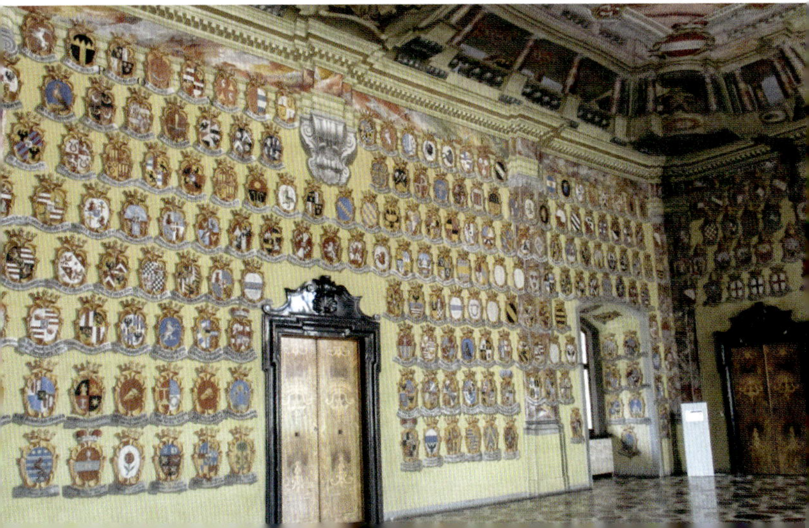

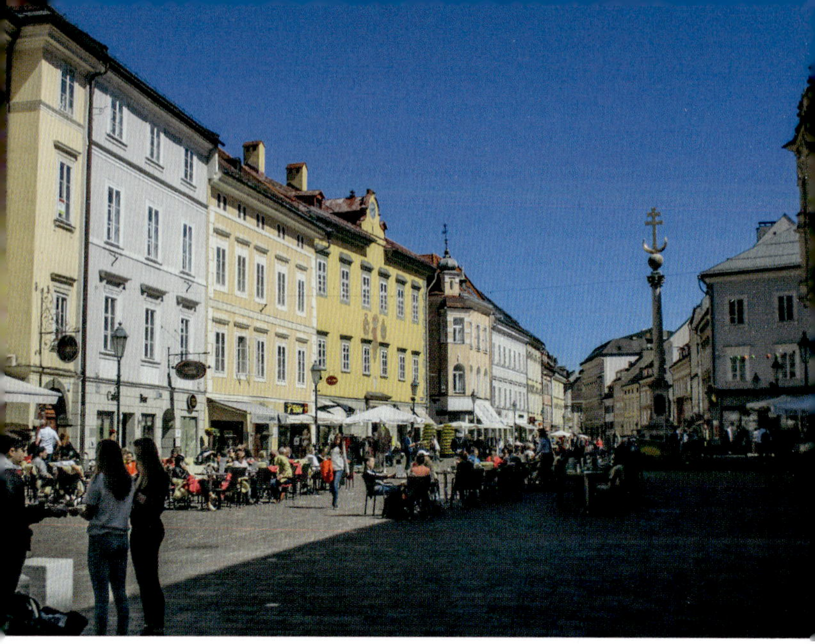

Der Alte Platz mit vielen Bauten aus dem 16. und 17. Jahrhundert.

Wir gehen durch die Mießtaler Straße und die Paulischgasse zurück bis zur Kaufmanngasse, wenden uns nach rechts und kommen zum Benediktinerplatz mit seinem Markt. Am westlichen Ende des Platzes steht der **Steinerne Fischer** mit der Inschrift »So lang will ich da bleiben sthan, pis mier meine Füsch und Khrebs abgan«. Nun halten wir uns rechts, überqueren die Pernhartgasse und die Wiesbadener Straße zum Heiligengeistplatz. Links sehen wir jenseits des Platzes die **Heiligengeistkirche** und rechts das monumentale Landhaus mit einer kleinen Parkanlage davor, in der die Kärntner Künstlerin Kiki Kogelnik einen modernen Brunnen geschaffen hat.
Wir gehen nach links an die Westseite des Landhauses und durch die Toreinfahrt in den Hof. Wenn wir über die Freitreppe zur Linken hinaufsteigen, erreichen wir zwei der eindrucksvollsten Sehenswürdigkeiten Klagenfurts, den **Großen und den Kleinen Wappensaal**. Dann überqueren wir den Landhaushof schräg nach links zum Alten Platz. Das erste Haus links ist das **»Haus zur Goldenen Gans«**, vermutlich das älteste Haus der Stadt. Wir gehen in derselben Richtung weiter und kommen zum Pfarrplatz mit der großen Stadthauptpfarrkirche St. Egid und ihrem 90 m hohen Turm. Durch die Theatergasse erreichen wir den Heuplatz, von dem wir uns nach rechts in die Wiener Gasse wenden. Sie bringt uns zum Alten Platz, an dem gleich

links das schöne **Alte Rathaus** steht. Es lohnt sich, diesen Platz mit seinen großen Bürgerhäusern und den Arkadenhöfen zu umrunden. Wenn wir dann in der Verlängerung der Wiener Gasse durch die Kramergasse zum Neuen Platz zurückkehren, kommen wir am »Wörthersee-Mandl« und an Mosaiken mit den Wappen der Partnerstädte Klagenfurts vorbei. Zuletzt werfen wir noch einen Blick nach rechts auf das **Rathaus** der Landeshauptstadt Klagenfurt, einen um 1650 errichteten Renaissance-Bau.

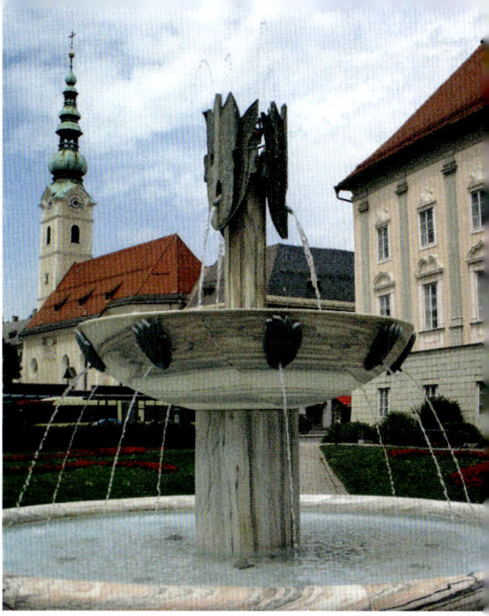

Brunnen von Kiki Kogelnik vor dem Landhaus.

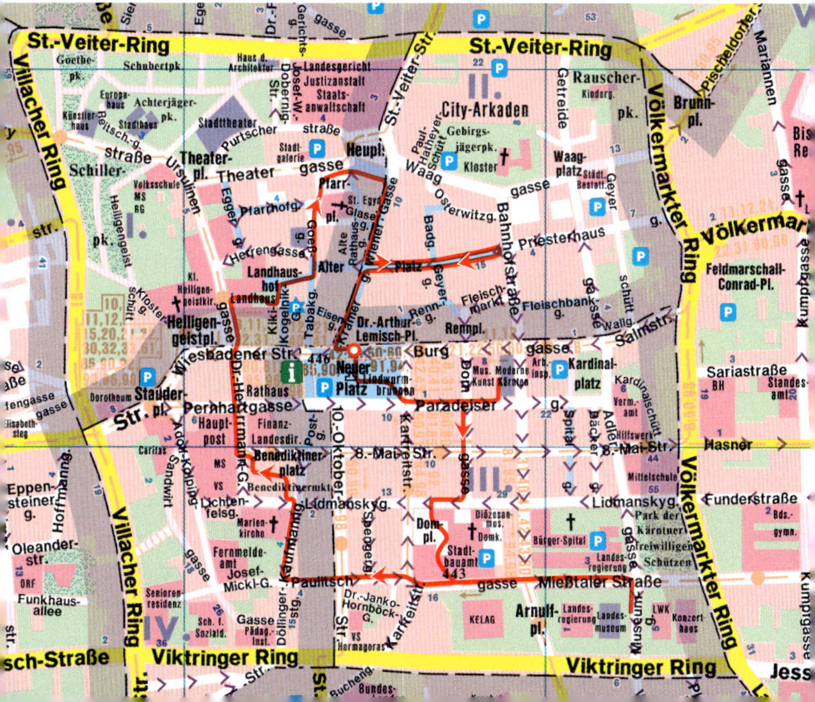

↗ 200 m | ↘ 200 m | 7.1 km

45 Klagenfurt – Kreuzbergl – Wörthersee

2.00 h

Aus der Stadt über das Kreuzbergl zum Wörthersee

Das Kreuzbergl ist sicher der Hausberg der Landeshauptstadt Klagenfurt. Mit knapp über 600 m Höhe überragt er die Stadt zwar nur um rund 150 m, aber der lang gezogene, bewaldete Rücken stellt ein beliebtes Naherholungsgebiet dar. Ich schlage eine Streckenwanderung vor, auf der man nach wenigen Kilometern dem Trubel der Stadt entflohen ist. Meist durch Wald kommen wir zu einem Aussichtspunkt und von diesem hinunter zum Wörthersee.

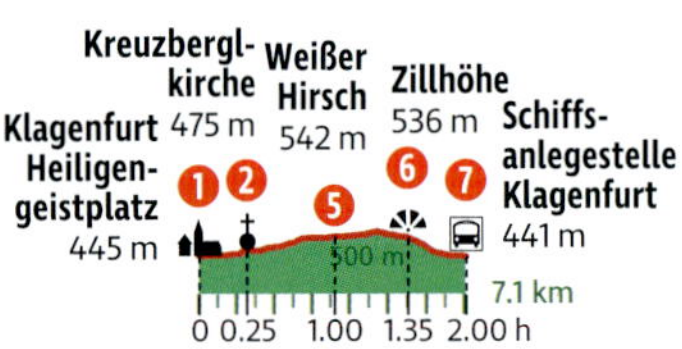

Ausgangspunkt: Klagenfurt, Heiligengeistplatz, zentraler Busbahnhof. Wegweiser vor dem Westportal des Landhauses, 445 m. Navi: N46.625148 E14.305286.
Endpunkt: Wörthersee, Bushaltestelle »Schiffsanlegestelle« der Stadtwerke Klagenfurt, 441 m. Rückfahrmöglichkeit zum Heiligengeistplatz mit den Buslinien C, 10 und 20.
Anforderungen: Leichte Wanderung. Im Stadtbereich auf Gehsteigen, am Kreuzbergl auf Schotter- und Waldwegen, teilweise etwas felsig, aber problemlos zu begehen. Mit der Weg-Nr. 11 beschildert und gut markiert, lediglich bei ❸ fehlten zur Zeit der Begehung ein WW und die Markierung.
Einkehr: Hotel-Restaurant Schweizerhaus (wenige Meter westlich der Kreuzberglkirche ❷); Gasthof-Pension Waldwirt (etwa 5 Min, abseits des Weges, zwischen ❹ und ❺ beschilderter Abzweig des Weges 34). Mehrere Lokale im Bereich des Wörthersees.
Hinweis: Der vor allem für Familien nicht sehr angenehme letzte Abschnitt des Weges lässt sich vermeiden, wenn man von der Zillhöhe ❻ auf dem Wörthersee-Rundwanderweg zur oben erwähnten Bushaltestelle »Schiffsanlegestelle Klagenfurt« geht.
Tipp: Besuch des Botanischen Gartens am Fuße des Kreuzbergls, ganzjährig geöffnet.
Karten: f&b 0233; K 61, 061, 218, 294; ÖK 4107-O.

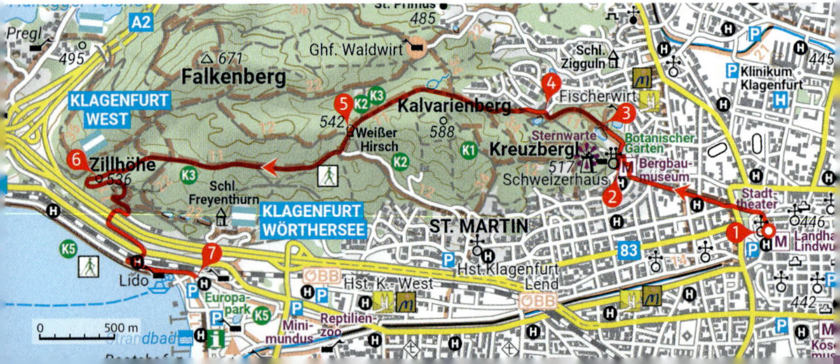

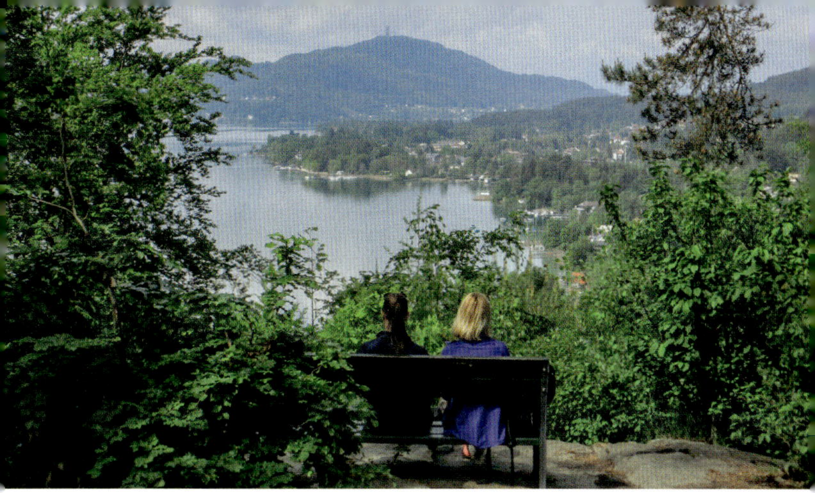

Blick von der Zillhöhe über den Wörthersee zum Pyramidenkogel.

Vom WW am **Heiligengeistplatz ❶** folgen wir dem Weg 11 Richtung Zillhöhe (mit der etwas zu knapp angegebenen Gehzeit 1 h). Durch die Ursulinengasse und die Radetzkystraße gehen wir zum Fuße des Kreuzbergls, hinauf zu einem WW und zur **Kreuzberglkirche ❷**, 475 m. Schöner Blick auf Klagenfurt und zu den Karawanken. Wir kehren zum WW zurück und folgen dem breiten Schotterweg durch eine Wiese und am Mittleren Kreuzberglteich vorbei zu einer dreifachen **Weggabelung ❸**, 470 m. Hier wählen wir den mittleren Weg. Durch schönen Wald kommen wir am Oberen Kreuzberglteich vorbei zur **Kellerstraße ❹**, 490 m. Nach etwa 100 m erreichen wir die Kreuzung Unterer Almweg/Atzgrubenweg. Wir folgen erst dem Atzgrubenweg, dann mehr oder weniger breiten Schotter- und Waldwegen, an der Abzweigung des Wanderweges 34 vorbei, zur Wegkreuzung **Weißer Hirsch ❺**, 542 m. Weiter geht es auf einem streckenweise etwas felsigen Waldweg zum Aussichtspavillon auf der **Zillhöhe ❻**, 536 m.

Der Abstieg führt über einige kleine, felsige Stufen zu einem Schotterweg und mit der Weg-Nr. 11 hinunter zur Autobahn, unter ihr hindurch und am ehemaligen Hotel Wörthersee vorbei zur B 83 (hier auch Bushaltestelle). In einer unübersichtlichen Kurve geht es über die Bundesstraße, unter der Eisenbahn zum Friedelstrand und nach links zur **Bushaltestelle Schiffsanlegestelle Klagenfurt ❼**.

Die Kreuzberglkirche.

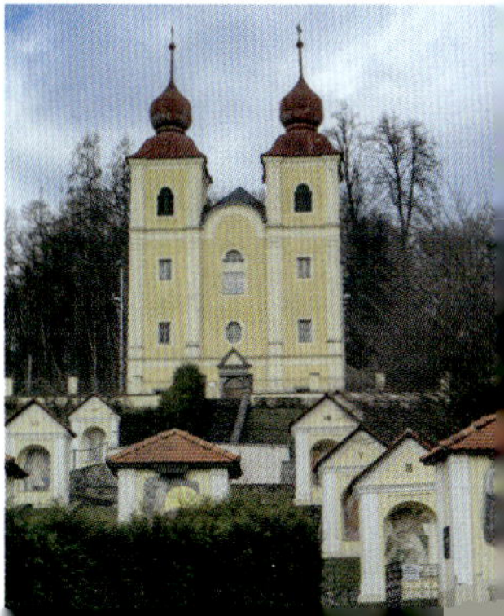

TOP

46

↗ 410 m | ↘ 410 m | 9.6 km

Pyramidenkogel, 850 m, vom Keutschacher See

2.45 h

Nette Rundwanderung zu einem der Top-Ausflugsziele Kärntens

Zwischen dem Wörthersee im Norden und dem Keutschacher Seental im Süden erstreckt sich ein stark bewaldeter Hügelzug. Seine höchste Erhebung ist der Pyramidenkogel, zu dem aus allen Richtungen markierte Wanderwege hinaufführen. Er ist auch über eine gut ausgebaute Straße leicht erreichbar. Auf seinem Gipfel steht ein 100 m hoher Aussichtsturm aus Holz. Wir wollen ihn im Zuge einer Rundwanderung vom Nordufer des Keutschacher Sees aus besuchen.

Ausgangspunkt: Keutschacher Landesstraße, Kreisverkehr an der Abzweigung der Straße auf den Pyramidenkogel, 510 m. 100 m östlich Haltestelle »Keutschach am See Gh. Brückler« der Postbus-Linien 5310 von/nach Klagenfurt–Maria Wörth–Velden am Wörthersee (Mo–Fr 7 Kurse/Tag, Sa/So/Feiertag nur wenige Kurse) und 5316 von/nach Klagenfurt–Keutschach am See–Schiefling–Velden am Wörthersee (Mo–Fr zahlreiche Kurse; Sa/So/Feiertag nur wenige Kurse) und des Sommerbusses Pyramidenkogel (Postbus Linie 5314, 1. Mai bis 1. Sept., 8 Kurse/Tag ab Gemeindebad Reifnitz, mit Halt in Keutschach, Gh. Brückler). Großer Parkplatz an der Abzweigung der Straße auf den Pyramidenkogel. Navi: N46.591471 E14.164287.
Anforderungen: Wegen einiger etwas steiler Abschnitte gerade nicht mehr »blaue« Wanderung auf allen Arten von Wegen und Steigen. Sehr gut beschildert.
Einkehr: Am Weg oder in seiner Nähe: Gasthof Mariandl, Restaurant Karawankenblick, Buschenschank Buchsbaum, Genusswirt am Pyramidenkogel, Gasthaus Hotel Höhenwirt, mehrere Lokale am Nordufer des Keutschacher Sees.
Varianten: Auf den Pyramidenkogel führen aus allen Richtungen markierte Wanderwege, die auch Überschreitungen ermöglichen.
Hinweis: Der 100 m hohe, architektonisch eindrucksvolle Aussichtsturm aus Holz ist ganzjährig zugänglich (mit Kärnten Card gratis).
Karten: f&b 0233; K 61, 061, 218, 294; ÖK 3113-W und 4107-W.

Der riesige Aussichtsturm auf dem Pyramidenkogel.

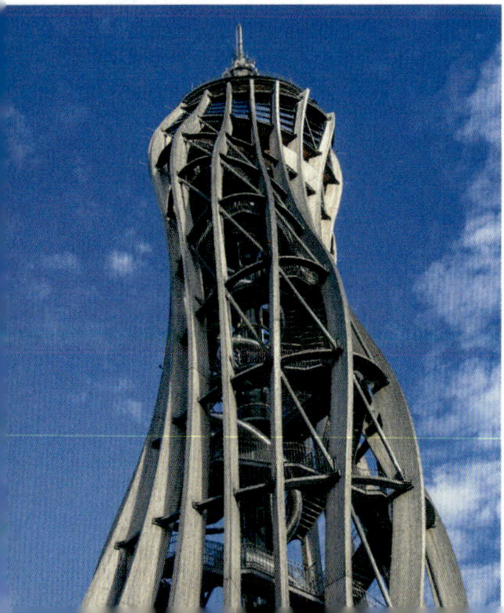

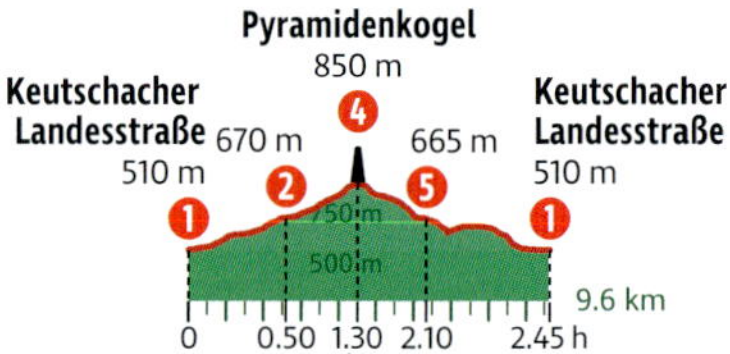

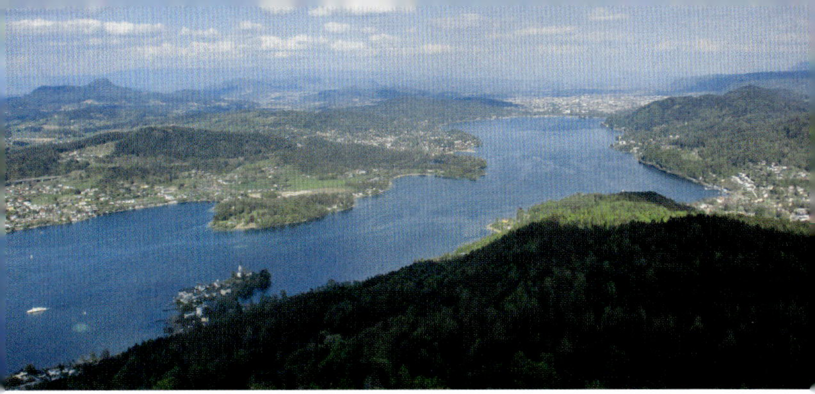

Weite Aussicht vom Pyramidenkogel – hier nach Osten Richtung Klagenfurt.

Knapp nördlich der Auffahrt zum Pyramidenkogel im **Kreisverkehr der Keutschacher Landesstraße ❶** beginnt der Wanderweg 27 (auch » Pyramidenkogelweg Keutschach W 14«) zum Aussichtsturm auf dem Pyramidenkogel. Wir kommen an Abzweigungen zum Opferstein Reifnitz und zur Bergkirche St. Margarethen vorbei und erreichen in der Nähe des Gasthofs Mariandl die Abzweigung der **Zufahrt nach Linden ❷**, 670 m. Bald schneiden wir in etwas verwickelter Wegführung eine große Kehre der Straße auf den Pyramidenkogel ab; dabei kommen wir am Buschenschank Buchsbaum vorbei. Wir überqueren die **Pyramidenkogel-Straße ❸**, 755 m, steigen durch den Wald zur Abzweigung des Weges 2 und zum Aussichtsturm auf dem **Pyramidenkogel ❹**, 850 m, auf.

Im Abstieg gehen wir zur erwähnten Abzweigung des Weges 2. Auf ihm kommen wir bald zu den Häusern der Ortschaft Höhe. Wir treffen auf eine Querstraße und gehen auf ihr etwa 5 Min. nach links zur **Abzweigung ❺**, 665 m, des Weges 25 Richtung Hafnersee, knapp oberhalb des Gasthauses Höhenwirt. Durch die Wiese steigen wir zu einem Querweg ab und auf ihm nach links zum Waldweg 26 Richtung Keutschacher See. Nach etwa 25 Min. biegen wir rechts zur Keutschacher Landesstraße ab. Auf dem Geh- und Radweg kehren wir zum Ausgangspunkt am **Kreisverkehr ❶** zurück.

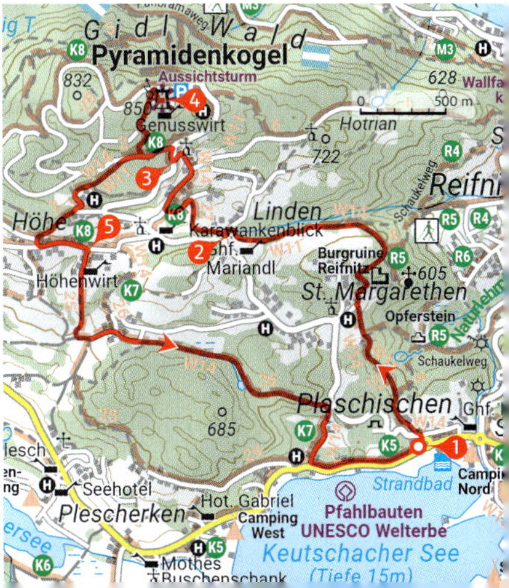

↗ 360 m | ↘ 360 m | 11.4 km

47 Plöschenberg, bis 780 m

3.45 h

Weite Aussicht und interessanter »Naturlehrpfad Zwergohreule«

Nach einem kurzen und steilen Aufstieg vom Rauschelesee bieten die Wiesen am Plöschenberg eine tolle Aussicht. Und der Naturlehrpfad »Zwergohreule« lädt dazu ein, mehr über diesen seltenen Vogel zu erfahren.

Ausgangspunkt: Bushaltestelle »Höflein/Rauschelesee« an der Keutschacher Landesstraße, 532 m, Abzweigung zum Bad am Rauschelesee. Postbus 5316 von Klagenfurt, Keutschach und Velden am Wörthersee (Mo–Fr zahlreiche Kurse; Sa/So/Feiertag nur wenige Kurse). Bei Anfahrt mit dem Pkw: Großer Parkplatz beim Bad am Rauschelesee, 350 m von der Landesstraße. Navi: N46.58917 E14.21972.
Anforderungen: Gerade noch »rote« Tour! Kurzer, steiler Auf- und Abstieg (z. T. mit Seilgeländer) bis/ab Karutschnik-Wiese. Auf dem Plöschenberg bequeme ebene Karren- und Fahrwege. Gut geeignet für ältere Kinder mit Interesse an der Natur.
Einkehr: Buschenschenken Pack vlg. Kesnar (Tel +43 4220 2755, ab 14 Uhr geöffnet, Öffnungstage siehe koettmannsdorf.at/betriebe/buschenschanken.html); Landgasthof Plöschenberg (Tel. +43 4220 2240 oder +43 664 2104643, Öffnungszeiten siehe ploeschenberg.at).
Hinweis: Der Naturlehrpfad »Zwergohreule« informiert mit seinen Info-Tafeln über diese vom Aussterben bedrohte Vogelart.
Karten: f&b 0233; K 61, 061, 218, 294; ÖK 4113-O.

Von der **Bushaltestelle Höflein/Rauschelesee** ❶ gehen wir hinunter zum **Strandbad Rauschelesee** ❷, 518 m, und weiter zum **Camping Reichmann** ❸ am Ostufer des Rauschelesees (516 m, WW). Mit den Zielen »Wurdach« und »Plöschenberg«, Wege W12 und 33, wandern wir auf einem Karrenweg bergauf, über zwei Kreuzungen mit einer Forststraße zu einem Steig, der bald sehr steil wird, und – durch Geländer gesichert – zum Rand der **Karutschnik-Wiese** ❹ (740 m, WW) führt. Wir halten uns mit ersten Hinweisen auf den »Naturlehrpfad Zwergohreule« Richtung Wurdach, Weg 36, und »Aussichtspunkt«, wo wir mit einer Panorama-Tafel einen sehr schönen Überblick über das Keutschacher Seental und das Klagenfurter Becken gewinnen. Am Rande der Karutschnik-Wiese gehen wir in den Wald und auf

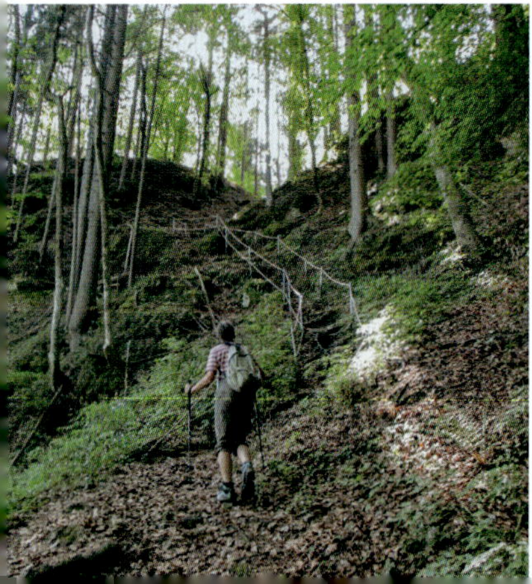

Steiler Aufstieg zum Hochplateau der Sattnitz.

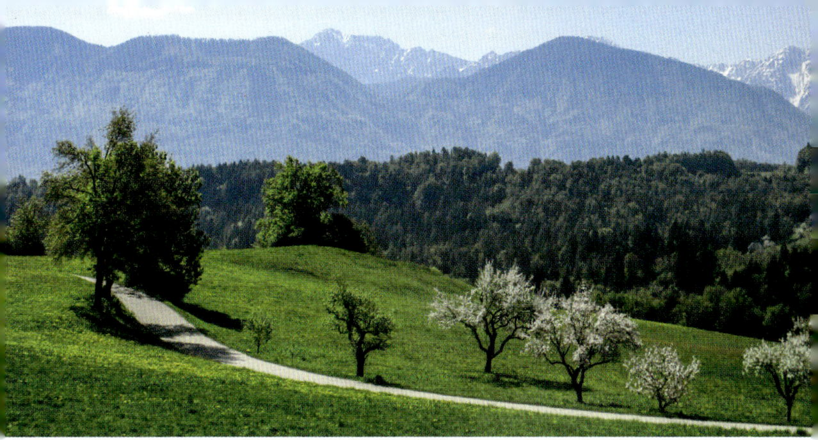

Frühling am Plöschenberg.

Forstwegen zu einer **Abzweigung** 5, 770 m, an der wir uns rechts halten. Nach wenigen Metern treten wir ins Freie; wir kommen in **Wurdach** 6, 745 m, zu einer Kreuzung mit Bildstock. Nun wenden wir uns mit den Bezeichnungen Wanderweg 12 und Naturlehrpfad Waldohreule gegen Osten. In einer herrlichen Panoramawanderung geht es, an der Buschenschenke Pack vulgo Kesnar vorbei, zur Streusiedlung Plöschenberg und zu einer **Abzweigung** 7, 766 m, an der wir auf unserem Rückweg nach Norden abbiegen werden. Wir verbleiben auf der kaum befahrenen Straße und erreichen nach etwa 20 Min. den **Landgasthof Plöschenberg** 8, 765 m.

Wir kehren zum Wegpunkt 5 des Naturlehrpfades an der **Abzweigung** 7 zurück und wenden uns über die Wiese nach Norden in den Wald. Etwa 30 Min. ab der Abzweigung erreichen wir den Rand der **Karutschnik-Wiese** 4, 740 m, von wo wir zum Rauschelesee und zur **Bushaltestelle Höflein/Rauschelesee** 1 zurückkehren.

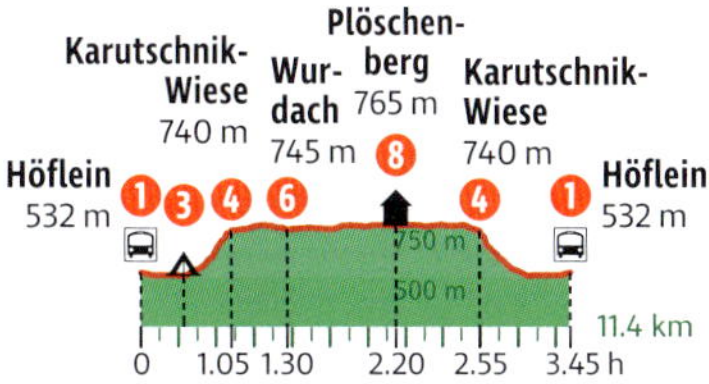

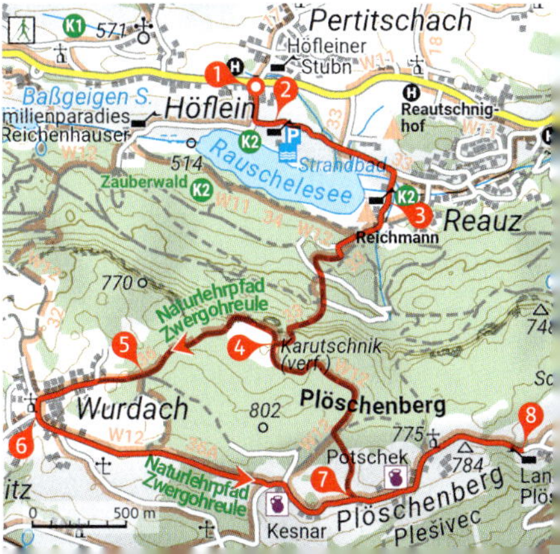

↗ 700 m | ↘ 700 m | 8.5 km

48 Sinacher Gupf, 1577 m

3.30 h

Kleiner Berg mit großer Aussicht

Südlich von Feistritz im Rosental sind die Karawanken bereits in zwei Ketten aufspaltet: Während sich im felsigen Hauptkamm mit dem Hochstuhl der höchste Berg der Karawanken erhebt, ist der Nebenkamm im Norden wesentlich niedriger und stark bewaldet. Nur einzelne Gipfel sind hier höher als 1500 m. Einer von ihnen ist der Sinacher Gupf, der sowohl von Süden als auch von Norden recht häufig besucht wird.

Ausgangspunkt: Bleiberger Graben, Beginn des Weges 661, etwa 1,9 km westl. der Kirche von Windisch Bleiberg, 1011 m. Kärnten-Bus 5332 von Weizelsdorf (hierher S-Bahn 3 von Klagenfurt) nach Ferlach, weiter mit Kärnten-Bus 5334; nächste Haltestelle Windisch Bleiberg Dusnjak, 1 km östlich des Ausgangspunktes (Bus verkehrt nur an Werktagen). Zufahrt über die B 91 Loiblpass-Straße bis zum Kleinen Loibl, dort Richtung Windisch Bleiberg–Bodental abbiegen; in der Kehre 1 km westl. der Kirche von Windisch Bleiberg geradeaus 900 m weiter bis zum Beginn des Weges 661, wenige Abstellplätze für Pkw. Navi: N46.489475 E14.216573.

Anforderungen: Im Aufstieg vom Oreinzasattel schmaler Steig, streckenweise steil und felsig. Vorsicht bei viel Laub im Herbst, bei Schneelage oder Vereisung, Absturzgefahr! Abstieg nach Westen auf gutem Steig. Zwischen ❶ und ❹ sehr gut markiert und beschildert, dann Straße bis zum Ausgangspunkt.

Einkehr: Unterwegs keine.

Variante: Aufstieg von Feistritz im Rosental (Bus von Villach, Kirschentheuer und Ferlach) über Sinach; hierher auch mit dem Pkw. Auf Weg 660 bis in den Oreinzasattel, dann wie unten beschrieben Weg 661 auf den Sinacher Gupf, Abstieg zu ❹ und weiter nach Feistritz im Rosental. 4.30 Std. (von Sinach etwa 45 Min. weniger).

Karten: f&b 0233, 0238; K 218, 294; ÖK 4113-O.

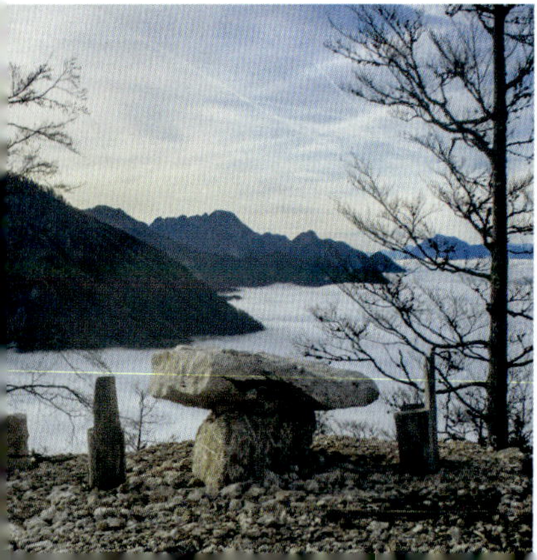

Vom Wegweiser im **Bleiberger Graben** ❶ gehen wir mit dem Ziel Sinacher Gupf auf einer Asphaltstraße zum Anwesen Oreinschnak, dann auf einem Forstweg in den **Oreinzasattel** ❷, 1120 m, WW. Nach wenigen Metern verlassen wir den nach links führenden Forstweg bei einer deutlichen Markierung auf einen Steig, der in zahlreichen Kehren auf den Ostrücken und weiter auf den **Sinacher Gupf** ❸, 1577 m, führt. Hier

Rastplatz im Abstieg vom Sinacher Gupf.

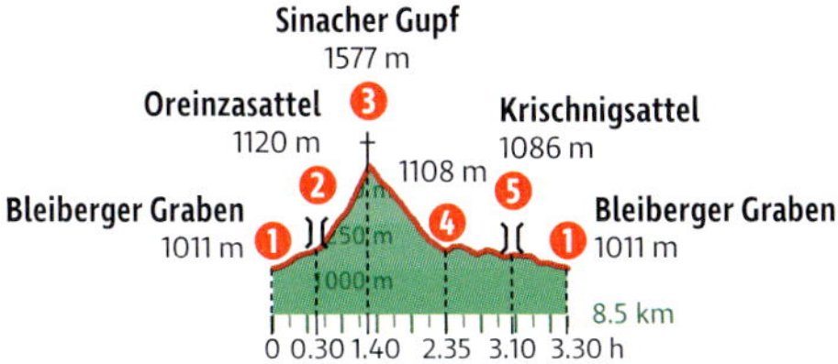

empfangen uns ein Gipfelbuch, ein Kreuz, eine Bank und eine weite Aussicht, vor allem nach Norden.

Der etwas sanftere Abstieg bringt uns entlang des Westrückens rasch bergab. Wir kreuzen eine neue Forststraße, in deren Kehre Obelix einen Rastplatz aus großen Steinen eingerichtet hat. Weiter geht es über einen Schlag hinunter zu einem zweiten Forstweg, dem wir nach links bis zur **Abzweigung nach Sinach** ❹, 1108 m, WW, folgen. Nun halten wir uns an das Ziel »Windisch Bleiberg«. Ein Steig führt uns kurz hinauf nach Strugarjach. Hier beginnt eine Straße, die uns über den sanften, in den Karten als Krischnig bezeichneten **Krischnigsattel** ❺, 1086 m, durch viel Wald zurück zum Ausgangspunkt im **Bleiberger Graben** ❶ bringt.

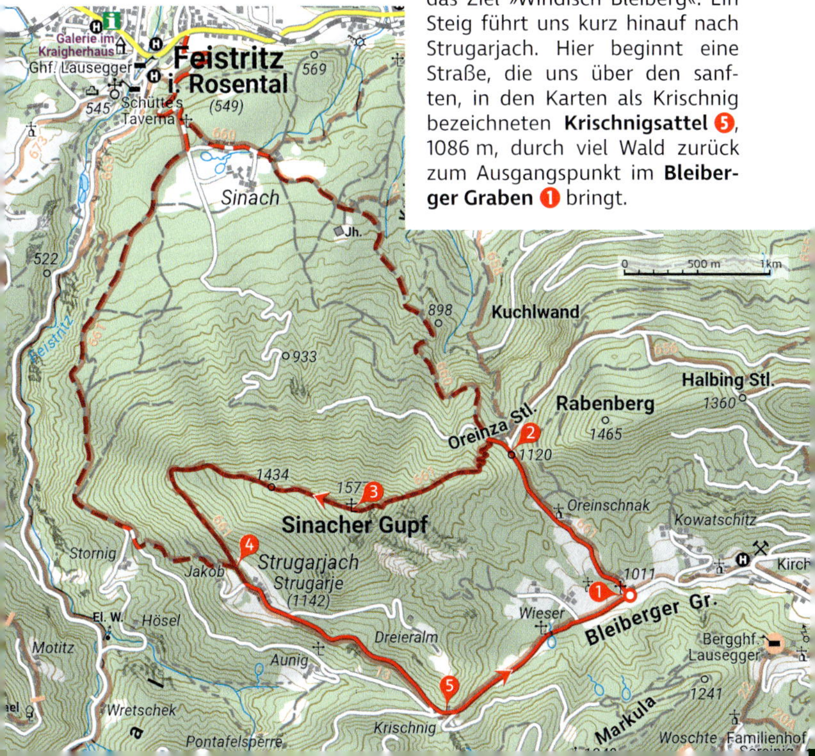

↗ 290 m | ↘ 290 m | 4.7 km

49 Schloss Frauenstein – Kraiger »Schlösser«, bis 840 m

1.30 h

Stille Wege zu den Ruinen ehemaliger Schlösser

Nur wenige Kilometer nördlich der ehemaligen Herzogstadt St. Veit an der Glan findet man in den Ausläufern der Wimitzer Berge eine liebliche, stille Landschaft, die durch sanfte Hügel, Wälder und Äcker gekennzeichnet ist. Eine kurze Familienwanderung bringt uns vom sehr gut erhaltenen, spätmittelalterlichen Schloss Frauenstein zu den sogenannten »Kraiger Schlössern«, die vermutlich bereits im 11. Jh. erbaut wurden. Während das Schloss Hochkraig bereits im 17. Jh. verfallen ist, blieb Niederkraig bis zum Beginn des 19. Jh. bewohnbar. Beide Schlösser sind heute nur mehr Ruinen. Dennoch werden sie von der Bevölkerung und auch auf den Landkarten noch immer als »Kraiger Schlösser« bezeichnet. Sie sind im Privatbesitz, werden in Teilen restauriert und dürfen daher nicht betreten werden. Die früheren Herren von Kraig gehörten zu den ältesten Geschlechtern in Kärnten; im 15. Jh. stellten sie die Landeshauptleute Kärntens.

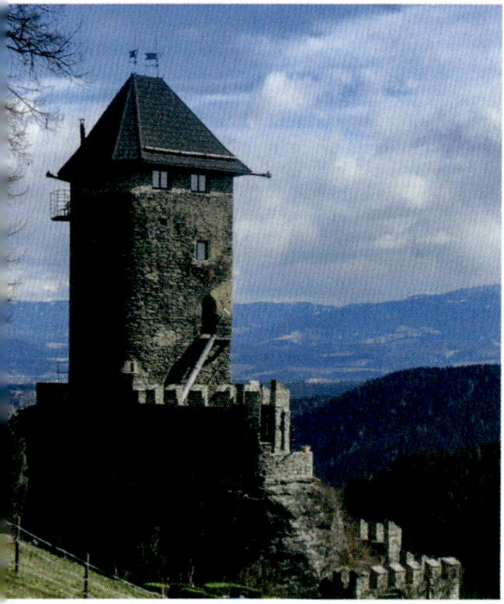

Die »Turmburg« der Kraiger Schlösser.

Ausgangspunkt: Schloss Frauenstein, 720 m. Zufahrt von St. Veit an der Glan über Obermühlbach, 5,4 km. Parkplatz westlich des Schlosses. Keine Busverbindung. Navi: N46.790126 E14.332460.
Anforderungen: Meist breite Waldwege. Aufstieg nach Hochkraig steil, zuletzt schmaler Steig.
Einkehr: Unterwegs keine. Nächste Möglichkeiten in St. Veit an der Glan oder mit der Variante.
Variante: Weiterweg vom Aquädukt ❺ auf dem Weg 27 gegen das Nordwestufer des Kraiger Sees, weiter auf dem Weg 28 (»Panoramaweg«) im Uhrzeigersinn um den Kraiger See (unterwegs »Sport-Cafe« als Einkehr) zur Pension Seebichlhof, wo wir wieder auf den Weg 27 treffen. Auf ihm über einen Höhenrücken in das Tal mit den Kraiger Schlössern und zurück nach Frauenstein. Mehraufwand etwa 2 Std.
Karten: f&b 231; K 294; ÖK 4102-W und 4108-W.

Vom **Schloss Frauenstein** ❶, das einem Märchenschloss gleicht, geht es auf dem örtlichen Weg 27 durch ein Tor nach links und mit dem Wegweiser »Kraigerschlösser« gleich nach rechts in ein sehr einsames Tal hinein. Nach

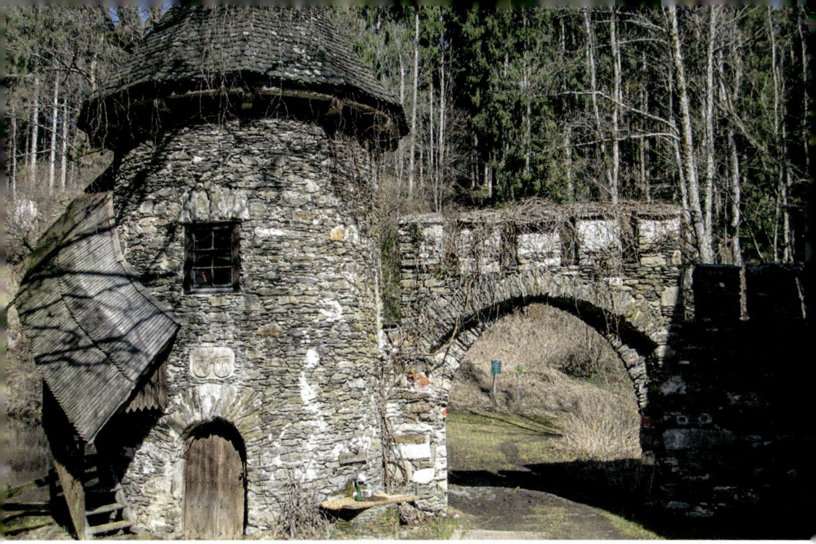

Tor und Turm beim Schloss Frauenstein.

etwa 15 Min. zweigt bei einem **Teich ❷**, 700 m, ein breiter Waldweg bergwärts nach links ab (kein Wegweiser, nicht markiert). Er bringt uns Richtung Burgberg mit der Ruine Hochkraig. Auf einem schmalen Steig gehen wir zuletzt links unter dem Berg aufwärts und durch eine felsige »Gasse« bis in die Nähe der **Ruine Hochkraig ❸**, 830 m. Wenige Minuten weiter steht auf einem kleinen Felsen die ehemalige **Vorburg ❹**, 840 m (auch »Turmburg«), die derzeit (Stand 2024) aufwendig restauriert wird.

Wir kehren ins Tal zur Abzweigung beim **Teich ❷** zurück und wenden uns nach links. Bald kommt der Hügel mit der Ruine Niederkraig und der bereits restaurierten Johannes-Nepomuk-Kapelle in Sicht. Auch zur Ruine Niederkraig ist der Zugang derzeit gesperrt. Wir gehen daher auf dem Hauptweg kurz weiter bis zu den sehenswerten Resten eines **Aquädukts ❺**, 700 m, der die beiden Burgen mit Wasser versorgte. Zum **Schloss Frauenstein ❶** wandern wir auf dem bereits bekannten Weg zurück.

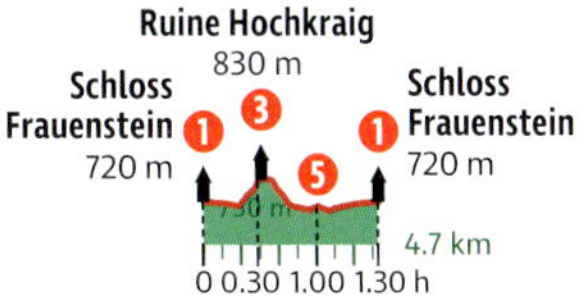

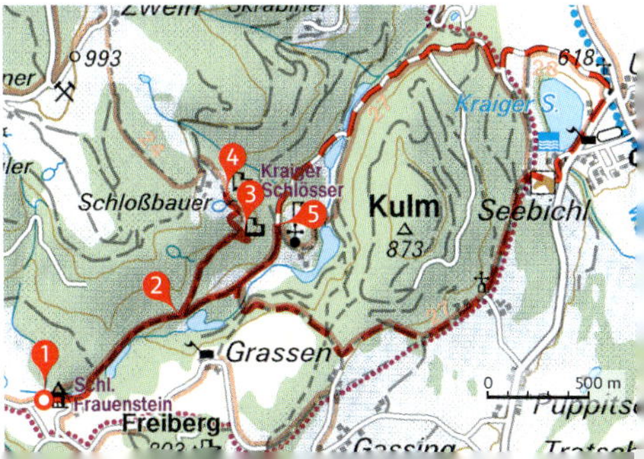

↗ 280 m | ↘ 280 m | 8.8 km

50 Längsee: Moorweg und Otwinskogel, 783 m

2.30 h

Wanderwege im Hügelland um St. Veit an der Glan

In der Nähe der früheren Herzog- und Hauptstadt Kärntens, St. Veit an der Glan, und nur wenige Kilometer von der Burg Hochosterwitz entfernt liegt der Längsee, ein beliebtes Badegewässer. Über dem See erhebt sich das kurz nach dem Jahr 1000 gegründete ehemalige Benediktinerinnenkloster St. Georgen. Von hier aus führt uns der »Weg durchs Moor« überwiegend durch Kulturland, während der Aufstieg zum Otwinskogel eine nette Aussicht verspricht.

Ausgangspunkt: Stift St. Georgen am Längsee, 593 m. Haltestellen »St. Georgen/Längsee Stift«, »Strandbad« oder »Schule Otwinusstraße« des Kärnten-Busses, Linie 5373/75 von den Bahnhöfen St. Veit/Glan und Launsdorf-Hochosterwitz (Mo–Fr wenn Werktag, nur wenige geeignete Kurse). Nächste Bahn-Haltestelle St. Georgen am Längsee, 2,5 km (an der S-Bahn-Linie 1 Klagenfurt–St. Veit/Glan–Friesach, Stundentakt). Großer Parkplatz in der Schlossallee. Navi: N46.780621 E14.430991.
Anforderungen: Ganz leichte, angenehme Wege und Forststraßen.
Einkehr: Stift St. Georgen, Bäder am Längsee (im Sommer geöffnet), Kulinarium im Georgium (nahe ❷), Otwinushof in der Otwinusstraße.
Varianten: Jeden der beiden Wege kann man auch für sich begehen.
Karten: f&b 231, K 294, ÖK 4108-W.

Von den WW vor dem **Stift St. Georgen** ❶ gehen wir auf dem Weg Nr. 2 durch die Schlossallee hinunter zur Landesstraße und auf dem Gehweg zum Südufer des Längsees. Am Schlossbad vorbei kommen wir zur Straßenkreuzung beim **Strandbad Längsee** ❷, 550 m. Nun leitet uns der WW für die weiterhin mit der Nummer 2 bezeichnete Rundwanderung »durchs Moor« erst über den Parkplatz, dann kurz durch Wald zu einem Fußweg, der über

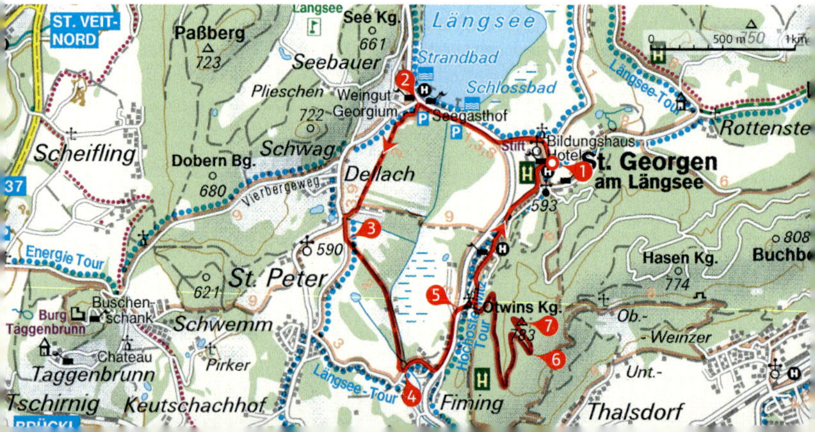

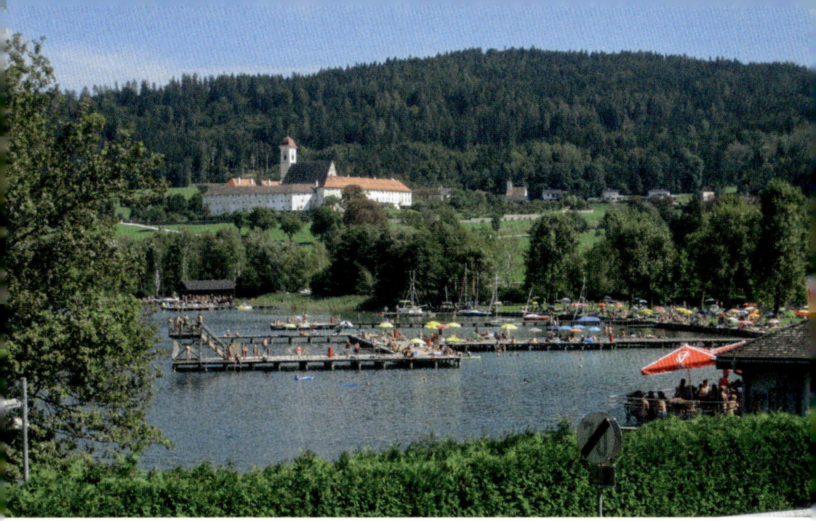

Der Längsee mit dem ehemaligen Kloster St. Georgen.

eine Wiese zu einem Bretterzaun führt. (Wenn man nur eine kurze Wanderung unternehmen möchte, kehrt man von hier nach links, also nach Osten, auf dem Weg 9 zum Stift St. Georgen zurück.) Wir halten uns leicht rechts in Richtung der auf einem Hügel gelegenen Kirche von St. Peter. Nach wenigen Metern kommen wir zu einem Bildstock und einer Bank neben der Straße am südlichen Ortsende von Dellach. Wir wandern nach links auf eine schmale Asphaltstraße und zu einer **Abzweigung** ❸, 555 m, von der unser Weg 2, am Mast einer Hochspannungsleitung vorbei, kurz durch einen Wald zu landwirtschaftlichen Gebäuden und Wiesen führt. Entlang des Lavabaches gehen wir bis zu einer **Brücke** ❹, 545 m, an der wir uns auf die Straße nach links halten. Bald erreichen wir die Landesstraße. Auf dem Gehweg wandern wir links 500 m Richtung St. Georgen. Bei der **Abzweigung Burgstallerfeld** ❺, 585 m, überqueren wir die Straße und gehen gleich rechts in die Otwinusstraße. Vom WW für den Otwinusweg, Weg Nr. 7, kommen wir auf eine Forststraße, die uns durch Wald zu einem Stein mit kleinem **Kreuz** ❻, 755 m, und einer Tafel mit der Otwinussage bringt. Wir biegen scharf nach links auf einen Waldweg ab. Von ihm geht es hinauf zu einer Bank mit schöner Aussicht und zum unscheinbaren Gipfel des **Otwinskogels** ❼, 783 m.

Wir steigen auf dem Anstiegsweg ab zur Otwinusstraße und kehren auf Nebenstraßen und einem Gehweg zurück zum **Stift St. Georgen** ❶.

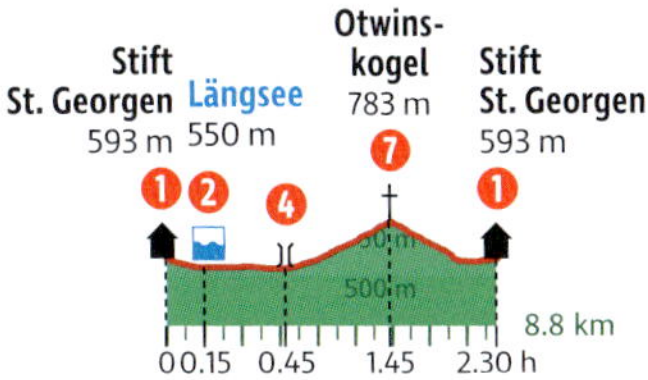

↗ 480 m | ↘ 480 m | 10.4 km

51 Magdalensberg, 1059 m, von Ottmanach

3.30 h

Bedeutende Ausgrabungen und Ausgangspunkt des Vierbergelaufes

Der 7 km südöstlich von St. Veit an der Glan gelegene Magdalensberg ist in mehrfacher Hinsicht ein ganz besonderer Ort: Auf seinem Gipfel befand sich ein keltisch-römischer Tempel und im sonnigen Südhang lag eine große, ebenfalls keltisch-römische Bergstadt. Seit rund 600 Jahren ist die spätgotische Kirche auf dem Magdalensberg Ausgangspunkt des Vierbergelaufes, der am zweiten Freitag nach Ostern stattfindet.

Ausgangspunkt: Ottmanach, Kirche, 611 m. Keine brauchbare Busverbindung. Parkplatz neben der Kirche für etwa 15 Pkw. Zufahrt von der S 37 Klagenfurter Schnellstraße ab Maria Saal oder St. Veit Süd zur Zollfeld Landesstraße und über St. Michael am Zollfeld oder von der B 82 Görtschitztal Straße über Pischeldorf. Navi: N46.706274 E14.417995.
Anforderungen: Leichte Wanderung auf meist breiten Wald- und Feldwegen sowie auf kaum befahrenen Nebenstraßen.
Einkehr: Gipfelhaus und Hotel Magdalensberg (viel besuchtes Ausflugsgasthaus, ganzjährig geöffnet, Tel +43 4229 2249, hotel-magdalensberg.at).
Variante: Will man auf dem beschriebenen Rückweg etwa 2,5 km Wanderung auf Asphaltstraßen vermeiden, biegt man etwa 5 Min. nach **5** links ab, um in weiteren 5 Min. den Aufstiegsweg zu erreichen und auf ihm nach Ottmanach zurückzukehren.
Tipp: Besuch des »Archäologischen Parks Magdalensberg«. Dieses Freilichtmuseum zählt zu den größten zugänglichen Ausgrabungsstätten im Ostalpenraum. Freigelegt sind zahlreiche Gebäude und Anlagen eines großen, keltisch-römischen Handelszentrums. Geöffnet 1. Mai bis 26. Oktober 10–16 Uhr, Mo geschlossen; freier Eintritt mit der Kärnten Card.
Karten: f&b 231; K 218, 294; ÖK 4108-W.

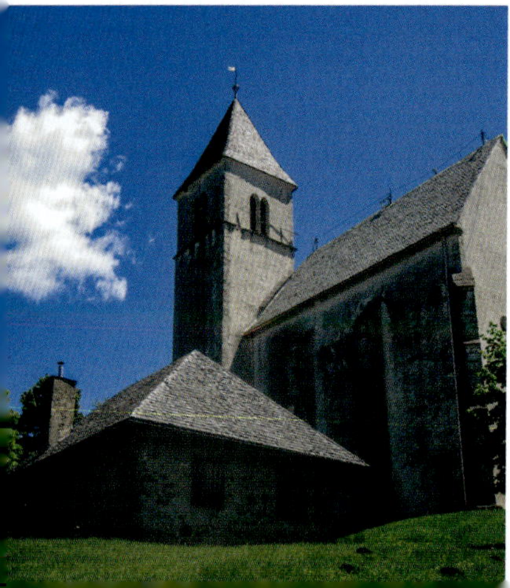

Vom WW nahe der Kirche in **Ottmanach** **1** halten wir uns immer an die Bezeichnung »Magdalensberg« und »Marienpilgerweg«. Bald geht es in den Wald, später über Wiesen zu einer **Abzweigung** **2**, 762 m, und in die Streusiedlung Göriach. Bei einer Wegkreuzung vor einem Trafo halten wir uns links, kurz danach bei einem Marterl rechts. Wie erreichen die Straße, die zu den Ausgrabungen und auf den Gipfel führt. Vom ersten **Parkplatz** **3**, 899 m, können wir in wenigen Minuten zum »Archäologi-

Die Kirche auf dem Gipfel.

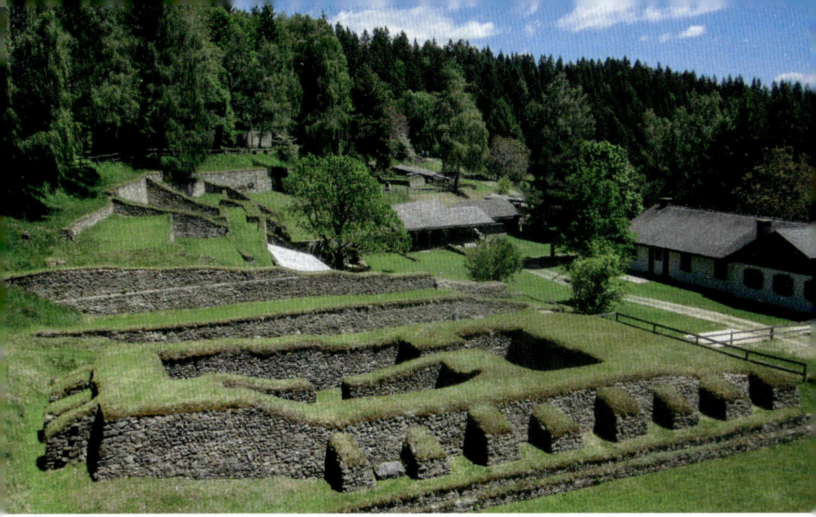

Der Archäologische Park Magdalensberg.

schen Park Magdalensberg« gelangen. Der weitere Anstieg führt durch den Wald zu einer Wiese und zur bereits sichtbaren Kirche und dem Gasthaus auf dem **Magdalensberg** ❹, 1059 m. Weite Aussicht nach allen Richtungen. Im Abstieg gehen wir kurz zurück zum letzten WW und von ihm mit den Bezeichungen »Klagenfurt« und »Maria Saal« vorerst durch Wald, später an Wiesen vorbei zur Kreuzung mit der **Gipfelstraße** ❺, 775 m. Wir überqueren sie und erreichen einen großen Bauernhof. Dort stoßen wir auf eine Querstraße, der wir nach rechts folgen (nach links siehe Variante). Auf einer schwach befahrenen Asphaltstraße kommen wir wiederum zur Gipfelstraße, von der wir nach links zu unserem Ausgangspunkt in **Ottmanach** ❶ zurückkehren.

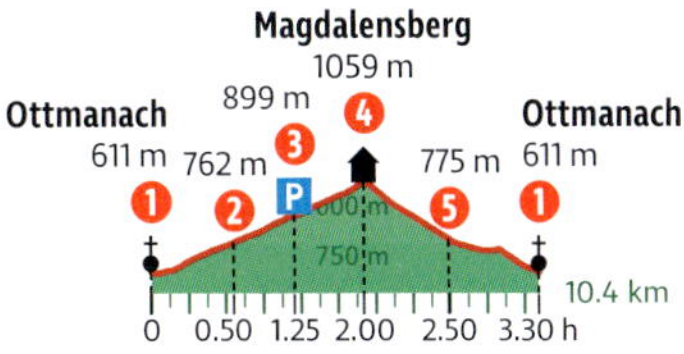

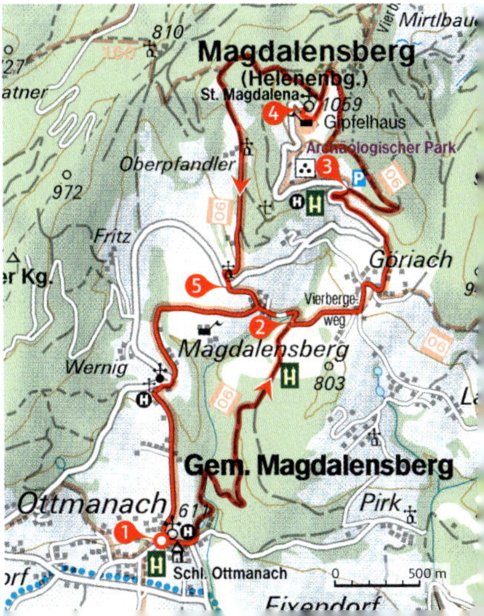

TOP

52

↗ 600 m | ↘ 600 m | 6.1 km

Hochobir, 2139 m, von der Eisenkappler Hütte

2.45 h

Leichte Bergtour auf den schönsten Aussichtsberg Unterkärntens

Der Hochobir bietet nicht nur eine weite Aussicht, sondern vor allem im Frühsommer auch eine große Vielfalt an seltenen Pflanzen. Für unseren Aufstieg wählen wir den leichtesten und kürzesten Weg. Auf dem Gipfel stand seit 1846 die älteste und bis zum Jahre 1886 auch höchste Wetterstation der Habsburger-Monarchie.

Ausgangspunkt: Eisenkappler Hütte, 1553 m (Parkplatz). Zufahrt: Von der B 82 Seeberg Straße in Bad Eisenkappel/Železna Kapla am nördlichen Ortsrand Richtung Ebriach–Schaidasattel. Nach etwa 3 km zweigt die asphaltierte Straße zur Eisenkappler Hütte rechts ab. Wenn man über den Schaidasattel kommt, biegt man 1 km nach der Trögerner Klamm links ab. Beide Straßen vereinigen sich kurz vor der Mautstelle. Achtung: Mautstraße mit Automat! Gebühr nur in Münzen zu entrichten (Stand 2023: 8 €). Navi: N46.501627 E14.510281.
Anforderungen: Bei gutem Wetter und geeigneter Ausrüstung wenig schwierige Bergtour.
Einkehr: Eisenkappler Hütte am Ausgangspunkt (Österr. Touristenklub, Sektion Südkärnten, bewirtschaftet Anfang Mai bis Ende Okt., 18 B./30 L., Tel. +43 664 4312824).
Varianten: Auf den Hochobir führen auch drei weitere, aber anspruchsvollere Anstiege. 1. Von Bad Eisenkappel erreicht man auf dem Weg Nr. 603 (»Pruggersteig«) in 3.30 Std. die Eisenkappler Hütte; von dort wie beschrieben auf den Gipfel. – 2. Vom Schaidasattel östlich von Zell-Pfarre führt der Weg Nr. 623 (»Simon-Rieger-Steig«) in 3 Std. auf den Gipfel. – 3. Der mühsamste und einsamste Aufstieg führt von Wildenstein bei Gallizien am romantischen Wildensteiner Wasserfall vorbei und über die Seealpe in 4–5 Std. auf den Gipfel.
Tipp: Besuch der Tropfsteinhöhlen im Hochobir. Auskünfte: Obir-Tropfsteinhöhlen, Tel. +43 4238 8239.
Karten: f&b 0238; K 65, 218, 294; ÖK 4114-W und O.

Bei der **Eisenkappler Hütte** ❶ beginnt der Aufstieg, der rechts (östlich) an der Hütte vorbeiführt. Es geht gleich ziemlich steil durch den Wald und über viele Wurzeln bergauf, unter den Wiesen der Seealpe nach Westen und auf einen breiten Rücken. Unterwegs sehen wir Abraumhalden des früheren Bergbaus. Im freien Gelände kommen wir an der »Kalten Quelle« vorbei zu den Ruinen des ehemaligen Rainer-Schutzhauses und zur Einmündung des **Simon-Rieger-Steiges** ❷, 2049 m, der vom Schaidasattel heraufführt. Von hier geht es noch einmal steiler aufwärts zum Kreuz auf dem breiten, viel besuchten Gipfel des **Hochobirs** ❸, 2139 m, mit seiner traumhaften Aussicht.
Abstieg wie Aufstieg.

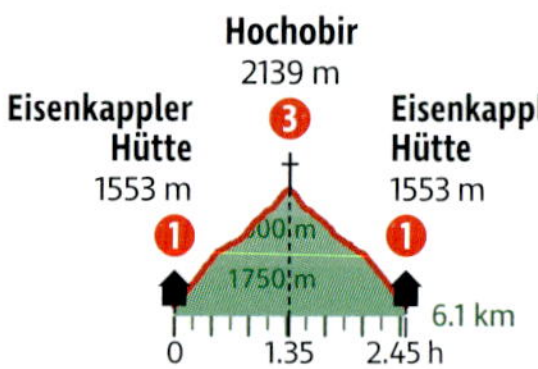

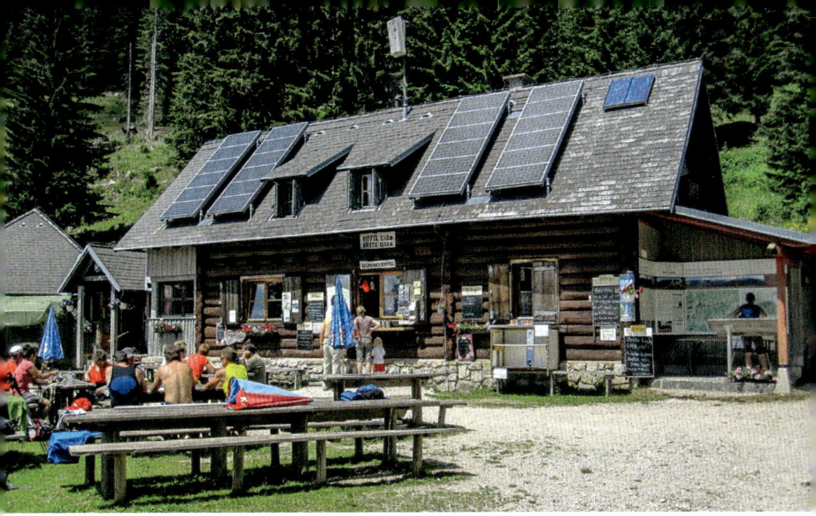

Beliebte Einkehr – die Eisenkappler Hütte.

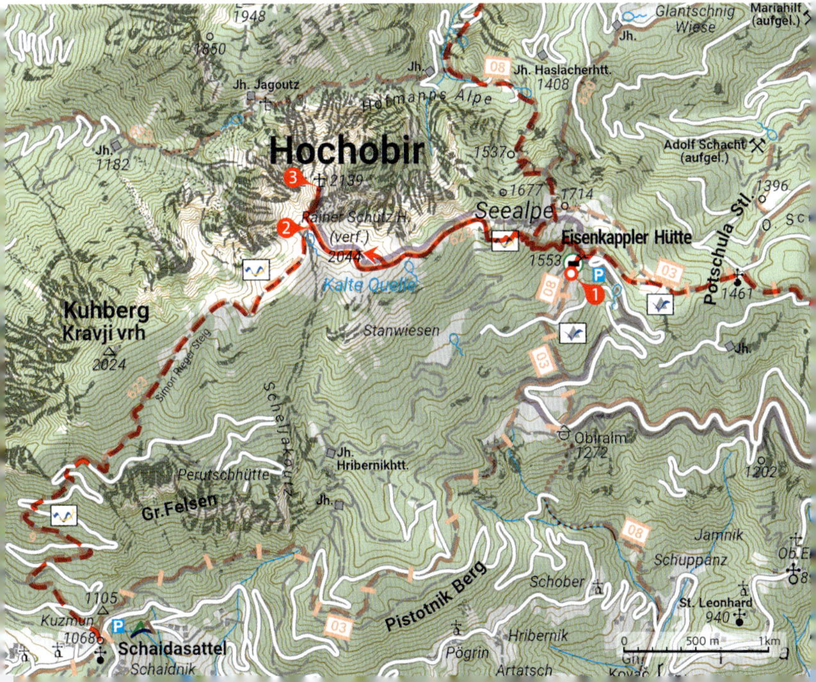

↗ 30 m | ↘ 30 m | 5.4 km

53 Rund um den Klopeiner See

1.30 h

Spaziergang um den wärmsten See Kärntens

Der viel besuchte Klopeiner See, die »Badewanne Kärntens«, bietet in seiner näheren und weiteren Umgebung zahlreiche Wandermöglichkeiten. Um einen ersten Eindruck des Sees und seines Gebiets zu gewinnen, bietet sich eine kurze und ganz leichte Rundtour an. Auf dieser Wanderung wird man wahrscheinlich nie allein unterwegs sein – zu sehr sind vor allem das West- und das Nordufer durch Hotels, Pensionen und Gaststätten »besetzt«. Sehen und gesehen werden, so könnte die Devise lauten. Doch es gibt auch andere Seiten: Die vielen unterschiedlichen Blicke auf den See, vor allem aber die Möglichkeit, eines der öffentlichen Strandbäder für einen Sprung ins warme Wasser zu nützen.

Eine Villa am Klopeiner See.

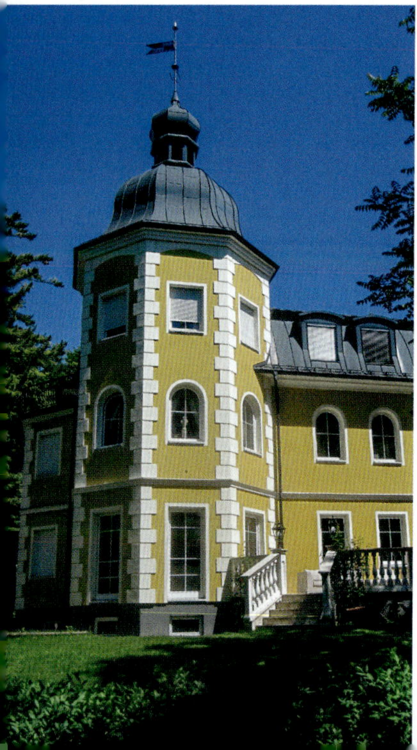

Ausgangspunkt: Seelach, südliches Ortsende, Abzweigung der Süduferstraße von der Westuferstraße, 457 m. Postbus 5412 von Völkermarkt über den Bhf. Kühnsdorf-Klopeiner See (hier Halt der S-Bahn-Linie 3 Klagenfurt–Wolfsberg) nach St. Kanzian am Klopeiner See. Mehrere Bushaltestellen »St. Kanzian am Klopeiner See/Am See« in etwa 800 m Entfernung. Es sind aber auch alle anderen Punkte dieser Runde für den Einstieg geeignet. Parkmöglichkeit für 8 Pkw, weitere Parkplätze an der Süduferstraße (400 m vom Ausgangspunkt entfernt). Navi: N46.602809 E14.571866.
Anforderungen: Ganz leichte Wanderung, überwiegend auf befestigten Wegen und kaum befahrenen Straßen. Durchwegs mit »Weg Nr. 1 Klopeiner See Tour« beschildert. Am Südufer rund 600 m Schotterweg direkt entlang des Seeufers. Gesamte Runde auch für Kinderwagen geeignet.
Einkehr: Unterwegs zahlreiche Möglichkeiten.
Varianten: Kombination mit den Touren 54 und 55.
Karten: f&b 0238; K 65, 218, 294; ÖK 4108-O; Übersichtskarte Wanderwege St. Kanzian/Klopeiner See (erhältlich in der Tourismus-Information, Schulstraße 10, Klopein).

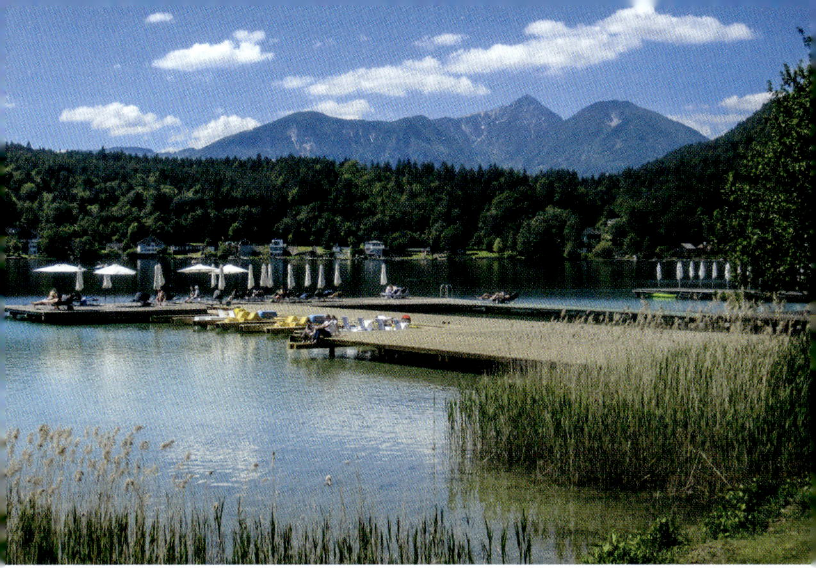

Klopeiner See mit Hochobir im Süden.

Vom Ausgangspunkt in **Seelach ①** wandern wir entlang der recht stark befahrenen Westuferstraße bis zum WW an der Abzweigung der Seepromenade mit der Bezeichnung »Am See«. Die Promenade ist nach wenigen Metern für den Verkehr gesperrt. Links von uns sehen wir viele Hotels und Appartements und rechts gibt der Zaun hie und da den Blick auf den See mit den weit hinausragenden Stegen für die Badegäste frei.
An der Kreuzung mit dem **Römerweg ②**, 447 m, biegen wir rechts in diesen Weg ab und erreichen bald die Ostuferstraße, die nahtlos in die Süduferstraße übergeht. Wir kommen an einem in den Hang gebauten Hotelresort vorbei und zweigen kurz danach zum Seeufer hinunter ab. Vor einem Zeltplatz geht es wieder hinauf zur Süduferstraße und – teils etwas abseits von ihr – zurück zum Ausgangspunkt in **Seelach ①**.

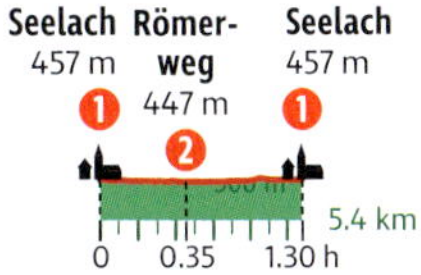

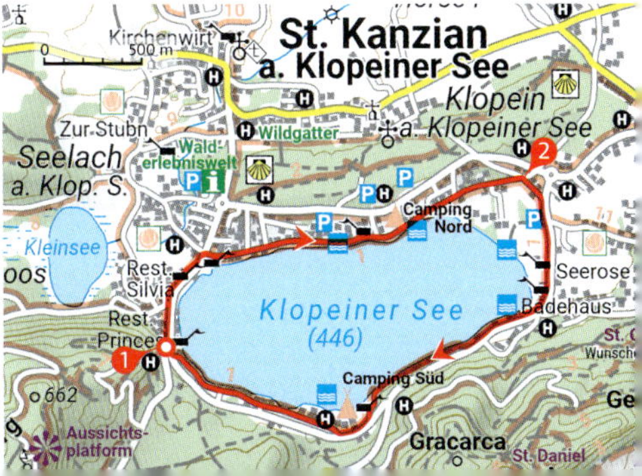

↗ 280 m | ↘ 280 m | 5.5 km

54 Im Süden des Klopeiner Sees: Georgiberg und Gracarca

2.00 h

Zur Wunschglocke auf dem Georgiberg und zum Ort einer bronzezeitlichen Siedlung

Diese Wanderung führt uns auf den bewaldeten Höhenrücken im Südosten des Klopeiner Sees. Wir ersteigen zuerst den östlichsten Gipfel, den Georgiberg, mit seiner vor fast 1000 Jahren erstmals erwähnten Kirche. Sodann wenden wir uns gegen Westen auf die Gracarca, wo uns die Tafeln des Gracarca-Kulturwanderweges über die schon in der Bronzezeit bestandene befestigte Siedlung (Grad = Burg) und die hier entdeckten Funde informieren.

Ausgangspunkt: Unterburg am Klopeiner See, Georgibergstraße, Beginn der Wanderwege 3, 4 und 5, 480 m. Nächste Bushaltestelle: St. Kanzian Südpromenade; Postbus 5410 von St. Kanzian Ortsmitte; Postbus 5412 von Völkermarkt über den Bhf. Kühnsdorf-Klopeiner See (hier Halt der S-Bahn-Linie 3 Klagenfurt–Wolfsberg) nach St. Kanzian am Klopeiner See. Parkmöglichkeit für etwa 5 Pkw; weitere Parkplätze an der Ostuferstraße (1 km) oder nahe der Bushaltestelle »Klopeiner See Erholungsheim« (ebenfalls Postbus 5410) an der Süduferstraße (500 m). Navi: N46.604503 E14.603140.

Anforderungen: Ganz leichte Wanderung auf unterschiedlich breiten Waldwegen und Steigen. Gut als Weg 4 Georgiberg-Tour und Weg 5 Noreia-Tour beschildert.

Einkehr: Unterwegs keine.

Varianten: Kombination mit den Touren 53 und/oder 55.

Karten: f&b 0238; K 65, 218, 294; ÖK 4108-O oder 4114-O; Übersichtskarte Wanderwege St. Kanzian/Klopeiner See (erhältlich in der Tourismus-Information, Schulstraße 10, Klopein).

Im Osten erhebt sich die mächtige Petzen.

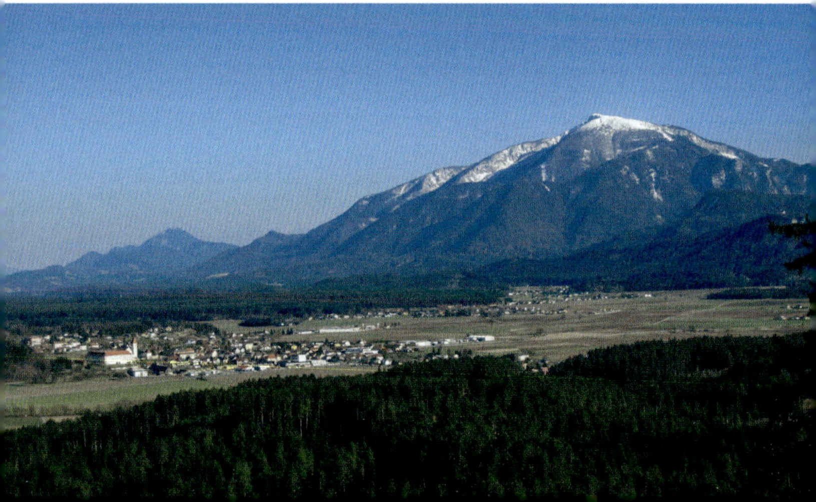

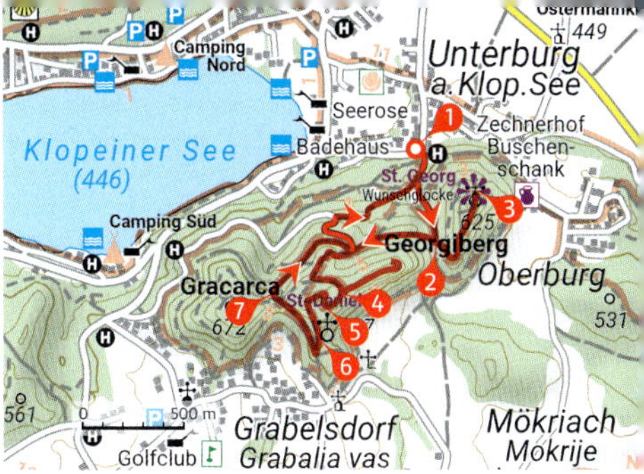

Von der ausgeprägten Kurve der Georgibergstraße im Süden von **Unterburg** 1 gehen wir mit der Weg-Nr. 4 (Georgiberg-Tour) kurz auf einer Asphaltstraße hinauf zu einem Wasserbehälter samt benachbartem Brunnen. Geradeaus weiter erreichen wir den **Georgisattel** 2, 548 m, mit zahlreichen WW. Wir wenden uns nach links und stehen bald vor der kleinen Kirche auf dem **Georgiberg** 3, 625 m, mit ihrer Wunschglocke und dem sehr schön mit Steinplatteln gedeckten Dach. Schöner Blick auf den Klopeiner See und zu den östlichen Karawanken.

Wir kehren zurück in den **Georgisattel** 2 und gehen geradeaus weiter Richtung Gracarca, Danielkapelle. Bald treffen wir auf den Wanderweg der mit Nr. 5 bezeichneten Noreia-Tour. Wir kommen zu einem **WW** 4, 672 m, der nach links zu einem Aussichtspunkt zeigt; er liegt zwar nur wenige Minuten entfernt, bietet aber lediglich einen beschränkten Blick nach Süden. Nach rechts gelangen wir auf die durch eine Infotafel gekennzeichnete **Gracarca-Gipfelkuppe** 5, 676 m. Bei Ausgrabungen fand man Reste einer Ringbefestigung und Scherben, von denen man annimmt, dass hier eine Siedlung von der Bronzezeit über die Hallstattzeit bis in die Römerzeit bestanden hatte.

Nun geht es leicht begab zur einsam gelegenen, spätgotischen Kirche **St. Daniel** 6, 627 m. Wir steigen wenige Meter weiter ab und wenden uns dann scharf nach rechts zum **Gracarca-Sattel** 7, 621 m. Auf Forststraßen und Waldwegen kehren wir nach **Unterburg** 1 zurück.

Die Georgikirche.

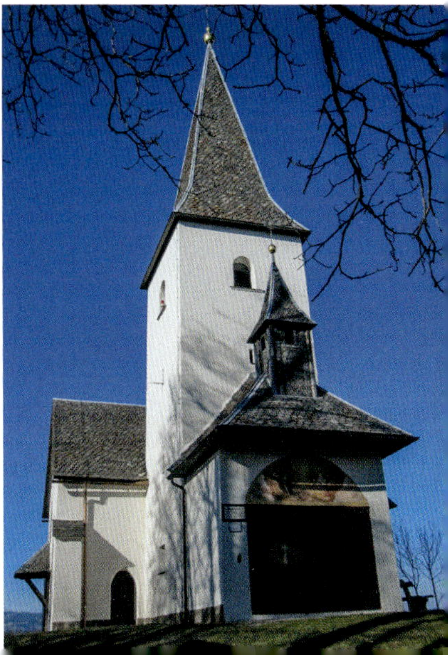

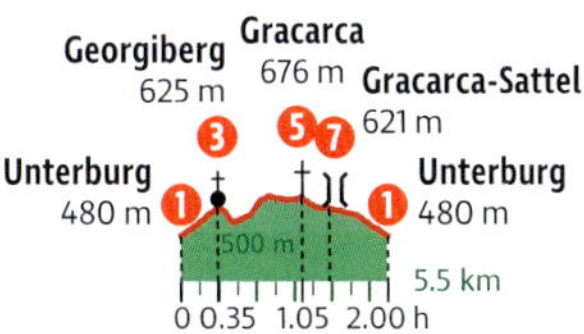

↗ 260 m | ↘ 260 m | 5.1 km

55 Kitzelberg, 687 m

1.45 h

Herrlicher Blick über den Klopeiner See und Unterkärnten

Der im Südwesten des Klopeiner Sees gelegene Kitzelberg (auch Kitzelsberg) ist die höchste Erhebung in unmittelbarer Nähe dieses Sees. Wir überschreiten den Berg auf einer angenehmen Rundwanderung, die über weite Strecken durch Wald führt. Der Kitzelberg trägt auf seinem Gipfel eine Flugleitstation, von der es nur wenige Meter zu einem sehr schönen Aussichtspunkt sind.

Ausgangspunkt: Seelach, südliches Ortsende, Abzweigung der Süduferstraße von der Westuferstraße, 457 m. Postbus 5412 von Völkermarkt über den Bhf. Kühnsdorf-Klopeiner See (hier Halt der S-Bahn-Linie 3 Klagenfurt–Wolfsberg) nach St. Kanzian am Klopeiner See; mehrere Haltestellen in der Nähe des Klopeiner See-Nordufers; von ihnen etwa 1 km zum Ausgangspunkt. Parkmöglichkeit für 8 Pkw, weitere Parkplätze an der Süduferstraße (400 m entfernt). Navi: N46.602809 E14.571866.
Anforderungen: Leichte Wanderung auf guten Waldwegen und -steigen, mit einigen etwas steileren Abschnitten. Rückweg zum Teil auf asphaltiertem Geh- und Radweg. Einwandfrei als Weg 7 »Kitzelberg-Tour« beschildert. Vorsicht am Aussichtspunkt in der Nähe des Gipfels, steiler Abbruch nach Osten!
Einkehr: Unterwegs keine.
Varianten: Kombination mit den Touren 53 und 54.
Karten: f&b 0238; K 65, 218, 294; ÖK 4114-O; Übersichtskarte Wanderwege St. Kanzian/Klopeiner See (erhältlich in der Tourismus-Information, Schulstr. 10, Klopein).

Am Ausgangspunkt in **Seelach** ❶ beginnt ein Geh- und Radweg, der neben der Landesstraße Richtung Turnersee führt. Wir folgen diesem Weg für rund 100 m und biegen dann beim WW Kitzelberg-Tour nach rechts

Der Klopeiner See – von der Aussichtsplattform auf dem Kitzelberg.

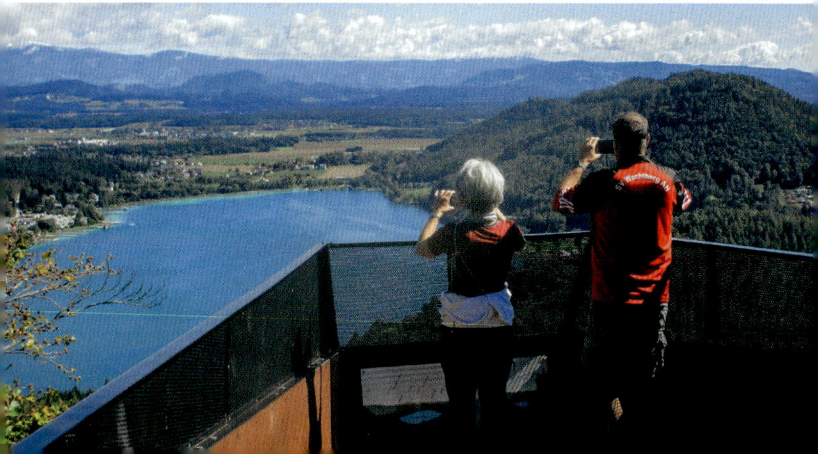

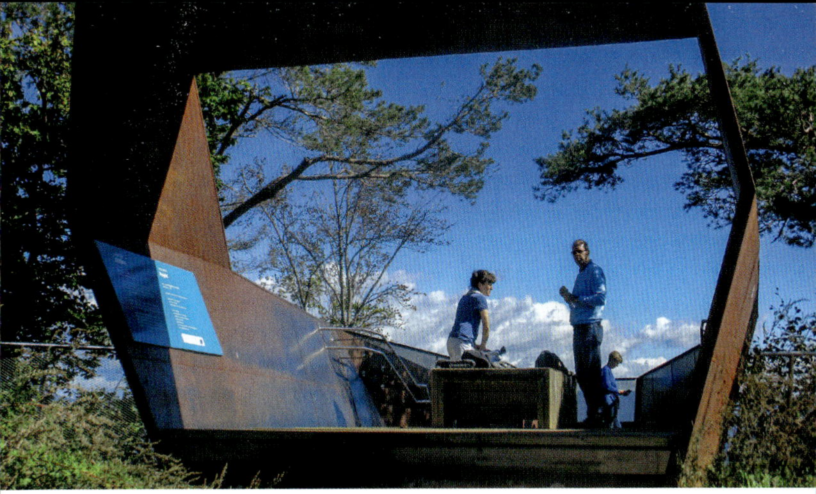

Die Aussichtsplattform auf dem Kitzelberg.

in einen streckenweise ausgewaschenen Waldweg ab. Nach der Kreuzung mit einer Forststraße kommen wir auf einen breiten Waldweg und an einer Abzweigung mit einem WW zu einem Aussichtspunkt. Er ist nur wenige Minuten entfernt und lohnt den Abstecher zu mehreren Tischen und Bänken. Wir gehen zurück zur Abzweigung und wandern auf einer für den allgemeinen Verkehr gesperrten Schotterstraße zur Flugleitstation und dem nur 1 Min. von ihr entfernten Aussichtspunkt auf dem **Kitzelberg ❷**, 687 m. Von dieser Felskanzel aus haben wir einen sehr schönen Blick auf den Klopeiner See, den Turnersee, die Karawanken und zur Koralm.

Der Abstieg bringt uns auf einem guten Waldweg nach Süden bis zu einer Wiese mit der **Abzweigung nach Unternarrach ❸**, 533 m, vor der wir nach links zu den Häusern von Unternarrach/Spodnje Vinarje abbiegen. Auf dem Geh- und Radweg wandern wir entlang der Landesstraße zurück nach **Seelach ❶**.

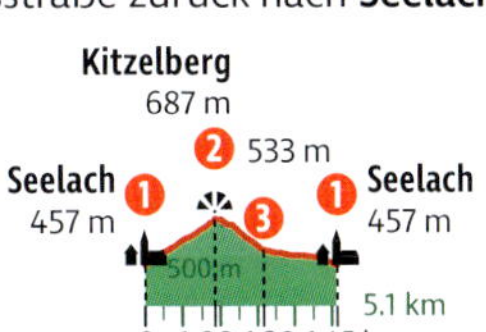

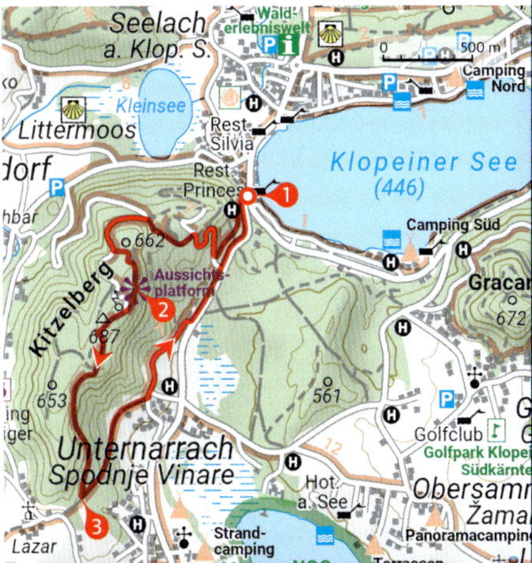

↗ 800 m | ↘ 800 m | 10.3 km

56 Oistra, 1577 m

4.45 h

Einsamer Karawankengipfel mit großartiger Aussicht

Zwischen Bad Eisenkappel und der Petzen erhebt sich im Süden des Jauntals ein stark bewaldeter Teil der Karawanken-Nordkette. Er hat nur zwei ausgeprägte, etwa 1600 m hohe Gipfel – die Oistra im Westen und die Topitza im Osten. Die Oistra hat einen recht spitzen Gipfelaufbau, daher ihr slowenischer Name, der sich von »oster = scharf, spitz« herleitet. Wir wollen die Oistra auf einer netten Rundwanderung überschreiten. Dabei werden wir kaum einem Menschen begegnen.

Ausgangspunkt: Lobniggraben, Abzweig zu den Anwesen Schlöschitz und Mikej, 848 m. Zufahrt: Von der Kirche in Bad Eisenkappel/Železna Kapla 3,5 km Richtung Lobnig (rund 700 m nach einer ausgeprägten Kehre der Straße). Wenige Abstellplätze am Straßenrand. Navi: N46.490440 E14.625334.
Anforderungen: Mäßig schwierige Bergtour auf zum Teil steilen und schmalen Steigen. Als Weg 671 durchwegs gut markiert und beschildert. An zahlreichen Kreuzungen mit zum Teil neuen Forststraßen die Markierungen beachten!
Einkehr: Unterwegs keine.
Variante: Auf- und Abstieg vom Gehöft Wögel, insgesamt etwa 2.15 Std.
Karten: f&b 0238: K 65, 218, 294; ÖK 4114-O.

An der Abzweigung zu den Gehöften Schlöschitz und Mikej im **Lobniggraben ❶** verlassen wir die Straße und folgen dem Fahrweg zum ehemaligen **Gasthaus Schlöschitz ❷**, 880 m. Wir gehen an den Häusern vorbei und halten uns beim folgenden WW rechts Richtung Oistra. Ein erst breiter, dann schmaler Waldweg bringt uns im Graben zu einer asphaltierten **Straße ❸**, 995 m. Durch Wiesen kommen wir zu einer Kehre mit WW. Der Steig führt – teils auch als Karrenweg – steil hinauf in den Wald, erreicht die Kehre einer Forststraße und folgt dieser bis zur **Abzweigung zum Preverniksattel ❹** (1135 m, WW). In etwa 10 Min. geht es nun über eine schöne Wiese hinauf in den **Preverniksattel ❺**, 1171 m. Ab hier folgen wir meist am Kamm oder in seiner Nähe dem steilen Steig zum Gipfel der **Oistra ❻**, 1577 m, mit Gipfelkreuz, Gipfelbuch und herrlicher Aussicht.

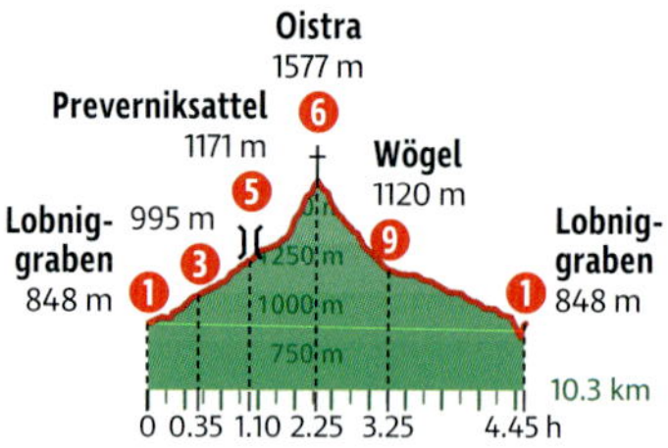

Der Abstieg bringt uns auf einem steilen Steig vorerst entlang der Nordabbrüche der Oistra zu einem WW, von dem wir nach rechts einen **Forstweg ❼**, 1360 m, erreichen. Wir folgen wenige Minuten der Forststraße bis zu einem weiteren WW, wo wir uns wiederum rechts halten.

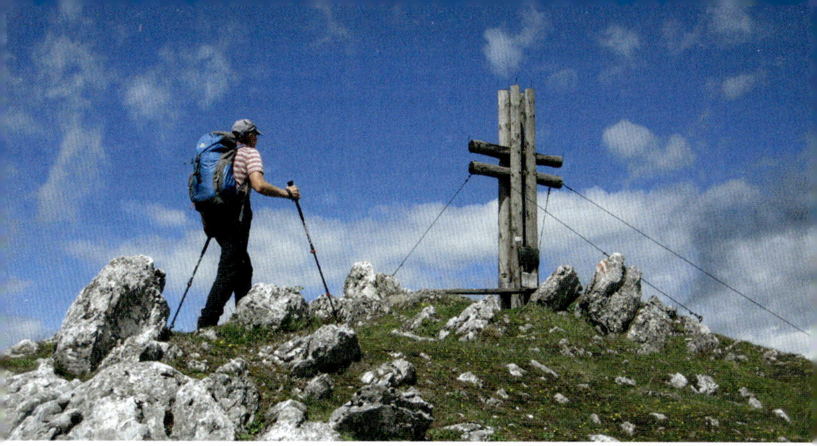

Der Gipfel der Oistra ist erreicht!

Auf einem Waldweg gelangen wir zu einer schönen Wiese, an deren unterem Ende wir (Markierung auf einem Baum!) schräg nach links hinunter zu einem groben Karrenweg gehen; WW mit **Abzweig zur Topitza** 8, 1190 m. Kurz danach kommen wir auf eine Forststraße und auf ihr zum großen **Gehöft Wögel** 9, 1120 m, ebenfalls einem ehemaligen Gasthaus. Am Rande großer Wiesen, die uns eine schöne Aussicht bieten, und streckenweise durch Wald kehren wir auf Fahrwegen und Steigen zum **Anwesen Schlöschitz** 2, 880 m, und kurz danach zum Ausgangspunkt im **Lobniggraben** 1 zurück.

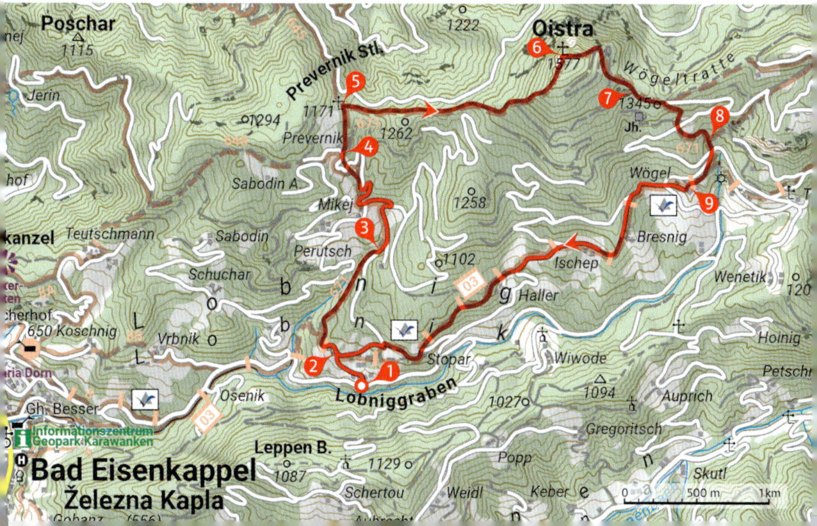

TOP

↗ 700 m | ↘ 700 m | 7.5 km

57 Feistritzer Spitze (Hochpetzen), 2114 m

3.30 h

Lohnende Rundtour auf den östlichsten Zweitausender der Karawanken

Die Petzen ist ein gewaltiger Bergstock – rund 11 km lang und 7 km breit. Weil der sehr lange und anstrengende Aufstieg von Bleiburg oder auch von der Talstation der Kabinenbahn Petzen kaum mehr unternommen wird, schlage ich eine interessante und nicht allzu lange Rundwanderung von der Bergstation der Seilbahn vor.

Ausgangspunkt: Talstation der Kabinenbahn Petzen, 630 m. Gut beschilderte Zufahrt von der A 2 Süd Autobahn über Bleiburg, 7 km von Bleiburg. Große Parkplätze. Navi: N46.540563 E14.773698.
Anforderungen: Mäßig schwierige Bergtour durch teils steile Hänge, einige kleine Felsstufen, Trittsicherheit erforderlich. Gut markiert und beschildert.
Einkehr: Panoramarestaurant »oben« und einige Hütten in der Nähe der Bergstation der Kabinenbahn.
Hinweise: 1. Betriebszeiten der Kabinenbahn Petzen: Etwa Mitte Mai bis Mitte Juni an Wochenenden, dann bis Mitte September täglich (ausgenommen montags im Juni), dann bis Ende Oktober an Wochenenden, jeweils 9–16.30 Uhr. Mit Kärnten Card Fahrt mit der Petzenbahn gratis. – 2. Neues Besucherzentrum »Geo.Dom« des Karawanken UNESCO Global Geoparks im Untergeschoss des Panoramarestaurants »oben«.
Karten: f&b 0238; K 65, 218, 294; ÖK 4115-W.

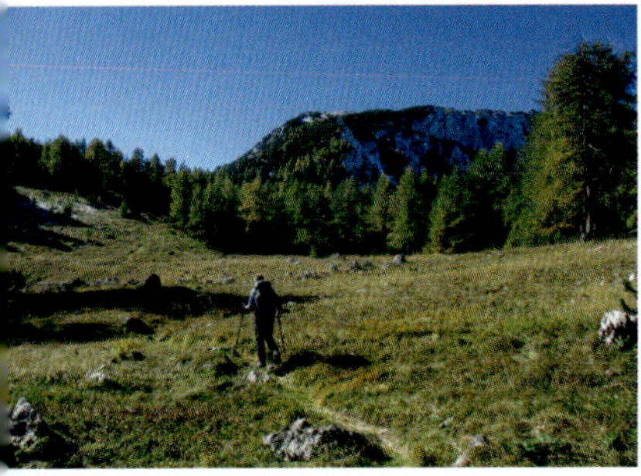

Ein sanftes Stück vor dem Gipfelaufstieg.

Von der **Talstation** ❶ der Kabinenbahn Petzen fahren wir mit der Seilbahn bequem zur **Bergstation** ❷, 1711 m, hinauf. Wir gehen rechts an der Kapelle St. Anna vorbei und mit den WW für die Wege P3 und P4 auf einem guten Steig hinunter zum WW nahe der **Krischahütte** ❸, einer Jagdhütte, 1578 m. Ab hier bringt uns der Wanderweg P4 (Hochpetzensteig) durch steilen Wald auf einen sanften Rücken mit einigen Wiesen und über ihn auf den breiten Gipfel der **Feistritzer Spitze** ❹, 2114 m, auch Hochpetzen genannt. Die weite Aussicht in alle Richtungen lädt zu einer ausgiebigen Gipfelrast: Das Panorama umfasst ganz Kärnten bis zum 170 km entfernten Großglockner sowie der Hochalmspitze weit im Nordwesten. Im Südwesten beherrschen die nahen Steiner Alpen das Bild und rechts von ihnen sehen wir die Julischen Alpen samt ihrem höchsten Gipfel, dem Triglav.
Entlang des Abbruches zur Oberen Krischa oder knapp daneben wandern wir mit einigem Auf und Ab, häufig durch Latschen, nach Osten auf den

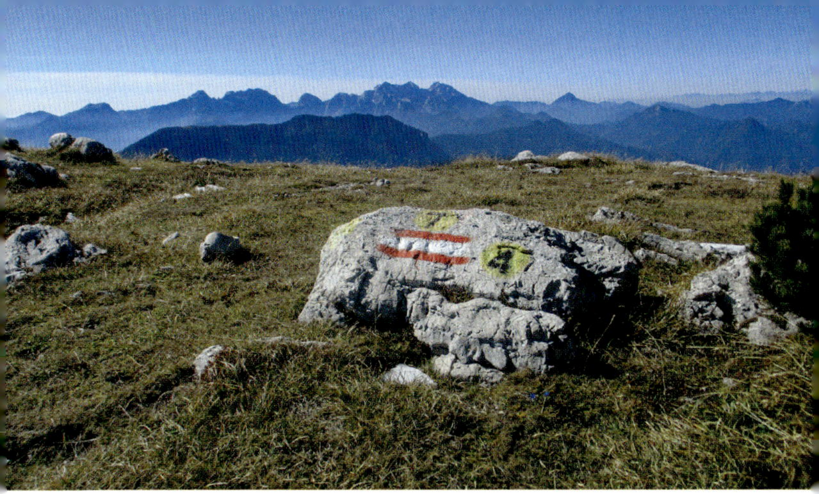

Weiter Blick zu den Steiner Alpen im Südwesten.

wenig ausgeprägten Gipfel des **Knieps** 5, 2110 m. Von dort geht es etwas steiler hinunter in den **Kniepssattel** 6, 2012 m, und an der Bergstation eines **Schleppliftes** 7, 1903 m, vorbei – meist auf der Piste oder etwas neben ihr – zurück zur **Bergstation** 2, 1711 m. Bequem schweben wir mit der Gondel hinunter zur **Talstation** 1 der Kabinenbahn Petzen.

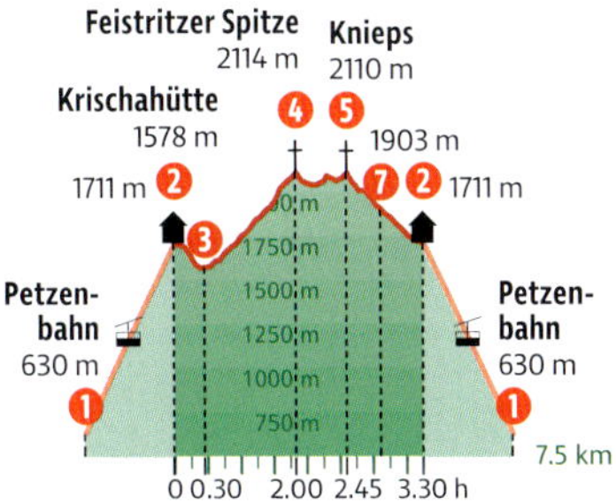

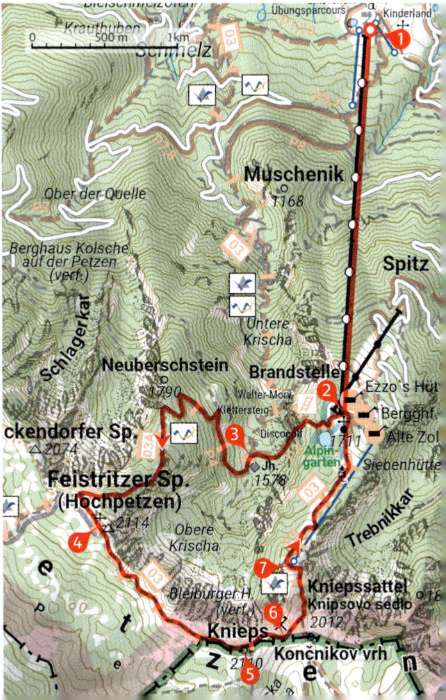

↗ 600 m | ↘ 600 m | 11.0 km

58 Wandern im Mostland

3.30 h

Auf gemütlichen Wegen über Hügel und Kirchen zum Most

Auf dieser landschaftlich abwechslungsreichen Wanderung kommen wir am großen Stift St. Paul vorbei, weiters an zwei einsam auf Hügeln gelegenen Kirchen und an der Ruine einer Burg, die bereits 1091 zum Schutz des Stifts St. Paul errichtet worden ist. Zwei Gaststätten laden zur Einkehr mit heimischen Produkten wie Most und Wurstwaren.

Ausgangspunkt: St. Paul im Lavanttal, Lobisserplatz in Ortsmitte, 380 m. Bushaltestelle »St. Paul im Lavanttal Markt«. Postbus 5467 vom Bahnhof »St. Paul im Lavanttal« der neuen Koralmbahn in den Ort St. Paul i. L. (zahlreiche Kurse von/zu jedem Zug, Mo–Fr wenn Werktag). Große Parkplätze östlich des Stiftes. Navi: N46.700781, E14.869776.
Anforderungen: Überwiegend leichte Wanderung. Aufstieg zum Johannesberg mit einigen steileren Abschnitten, teils durch Geländer gesichert. Insgesamt sehr gut beschildert.

Einkehr: Gasthof-Jausenstation Johannesmesner am Johannesberg und Gasthof Rabensteiner unterhalb der Ruine Rabenstein. Zahlreiche Lokale in St. Paul.
Tipp: Besichtigung des Benediktinerstifts St. Paul. Bedeutende Wandmalereien und Kunstschätze. Weitläufiges Stiftsgebäude mit wertvollen Sammlungen und jährlich wechselnden Sonderausstellungen. Geöffnet 1. Mai bis 31. Okt., 10–17 Uhr, Mo/Di geschlossen; Eintritt mit Kärnten Card gratis.
Karten: f&b 237, 0238; K 218, 294; ÖK 4109-O.

Vom Lobisserplatz in der Ortsmitte von **St. Paul** ❶, WW, gehen wir auf dem Kulturwanderweg 2 die Hauptstraße zum Stift (412 m) hinauf. Vor der **Stifts-Meierei** ❷, 390 m, biegen wir bei zahlreichen WW rechts und kurz danach – ebenfalls WW – links Richtung Johannesberg ab (auch Weg 336). Bald beginnt ein Steig, der streckenweise etwas steil durch den Wald hinaufführt. Wir kommen am Ölbründl und der Einsiedler-Klause vorbei und erreichen bald die Kirche auf dem **Johannesberg** ❸, 611 m; schöner Blick zur Koralm. Unmittelbar neben der Kirche liegt der Gasthof Johannesmesner.

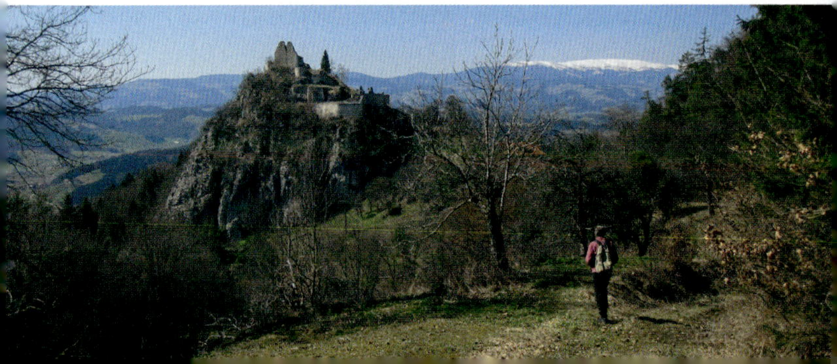

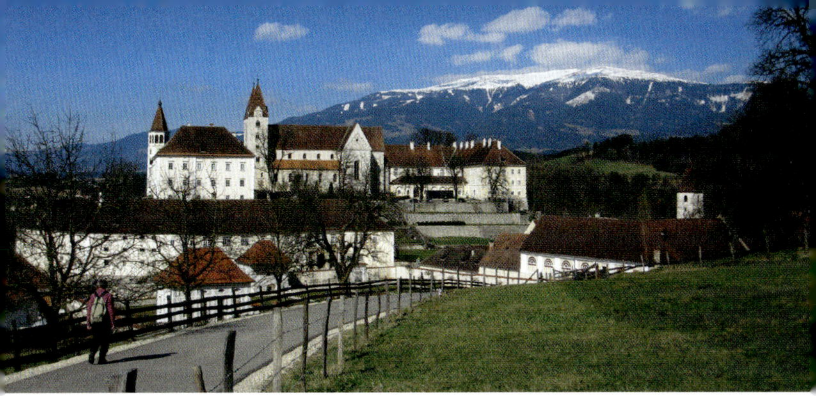

Oben: Das große Stift St. Paul mit der verschneiten Koralm.
Links: Im Abstieg zur Ruine Rabenstein.

Von ihm wandern wir auf der Straße kurz bergab, bald wieder bergauf zur **Abzweigung** 4, 585 m, und weiter zur Kirche auf dem **Josefberg** 5, 686 m. Wir kehren zurück zur **Abzweigung** 4, wo wir dem WW Richtung Rottensteiner Kreuz folgen. Durch Wiesen und Wald geht es am Birnerkreuz und am Bauernhof Rottensteiner vorbei zum **Rottensteiner Kreuz** 6, 645 m. Hier treffen wir auf einen Geopfad mit Schautafeln, auf denen wir Interessantes über die Geologie, die Flora und die Fauna des Gebiets erfahren.
Auf einem breiten Waldweg erreichen wir – kurz vor dem Sternitzkreuz – die **Abzweigung** 7, 718 m, des Weges 306A, dem wir zur Ruine Rabenstein folgen. Am einsam gelegenen, verlassenen Anwesen Weißegger gehen wir geradeaus vorbei zu einer **Abzweigung** 8, 694 m, an der wir uns links halten. Weiter wandern wir zur bald sichtbaren Ruine Rabenstein (696 m); an ihrem Fuße lädt der **Gasthof Rabensteiner** 9, 635 m, zur Einkehr.
Gegen den Uhrzeigersinn geht es um die Ruine herum bergab zurück zur **Stifts-Meierei** 2 und in die Ortsmitte von **St. Paul** 1.

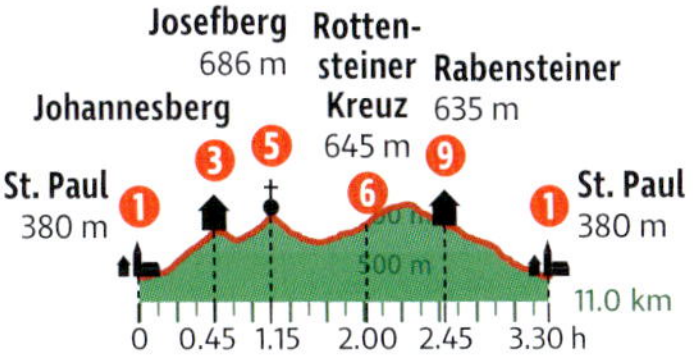

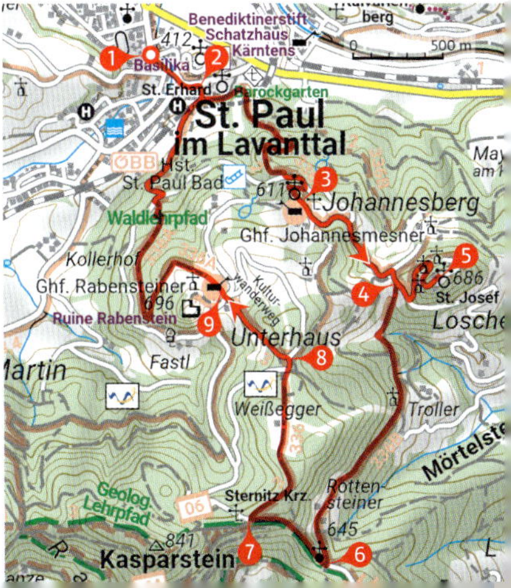

TOP

↗ 600 m | ↘ 600 m | 10.8 km

59 Ladinger Spitze (Saualm), 2079 m

3.45 h

Über einen breiten Rücken auf den höchsten Gipfel der Saualm

Der große Bergstock der Saualm (auch Saualpe genannt) erstreckt sich über rund 27 km vom Klippitztörl im Norden bis nach Völkermarkt und Griffen im Süden. Auch die Breite zwischen dem Görtschitztal im Westen und dem Lavanttal im Osten ist mit rund 23 km beträchtlich. Über riesigen Wäldern, die bis in eine Höhe von rund 1700 m hinaufreichen, dehnen sich weite Almmatten. Aus ihnen erheben sich an einigen Stellen große Felsblöcke, die hier »Öfen« genannt werden.

Ausgangspunkt: Steinerhütte, 1560 m, großer Parkplatz. Beschilderte Zufahrt von Eberstein im Görtschitztal, 11,5 km. Fast durchwegs schmale, aber gute Asphaltstraße. Navi: N46.829214 E14.633244.
Anforderungen: Überwiegend leichte Bergwanderung auf meist gut markierten Wegen und Steigen. Kurze Strecken etwas steil und grob. Im Aufstieg etwa 1,5 km ohne Markierung, aber eindeutiger Weg. Vorsicht bei Gewittergefahr!
Einkehr/Übernachtung: Steinerhütte am Ausgangspunkt (privat, 1560 m, geöffnet Mitte Juni bis Ende Oktober); Wolfsberger Hütte (ÖAV, 1827 m, geöffnet Mitte Mai bis Ende Oktober, 6 B./18 L., Tel. +43 664 73130530); Druckerhütte (privater Alpengasthof, 1470 m, etwa 1 km westlich der Steinerhütte, ganzjährig geöffnet, außer in den Sommermonaten Mo Ruhetag).
Karten: f&b 237; K 218, 294; ÖK 4102-O.

Von der **Steinerhütte** ❶ wandern wir auf dem breiten Karrenweg rechts an der Talstation des Skilifts vorbei in den Wald. Nach etwa 25 Min. erreichen wir eine große, allein auf einer Wiese stehenden Fichte mit zwei **WW** ❷, ca. 1665 m. Wir folgen dem WW, der zum Großen Sauofen zeigt, und halten uns über die Wiese bergauf zu einer Markierung, die nach rechts in den Wald weist. Bald kommen wir in freies Gelände und sehen schon unser

Das Kreuz auf dem Großen Sauofen.

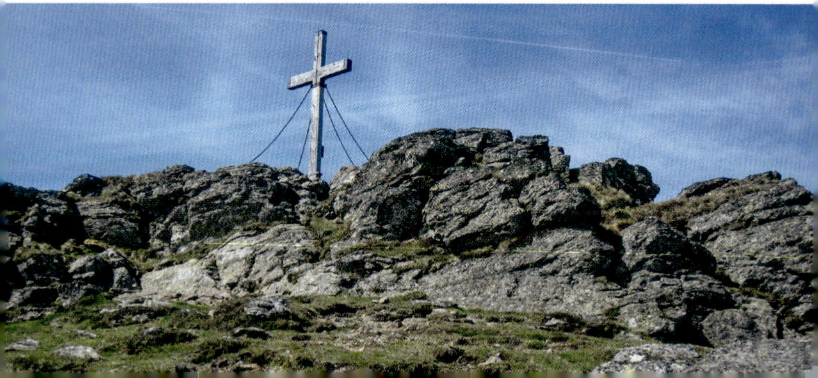

erstes Ziel, die Felsformation des Großen Saufofens. Vom folgenden WW steigen wir entlang eines Zaunes hinauf und über ganz leichte Felsen zum Kreuz auf dem **Großen Sauofen** 3, 1895 m. Nach wenigen Minuten erreichen wir einen weiteren WW neben der unscheinbaren Kuppe des Speikkogels. Ab hier wandern wir mit nahezu grenzenloser Aussicht genau nach Norden. Wir sehen rechts unten die Wolfsberger Hütte und kommen zu WW an einer **Kreuzung** 4, 1872 m. Von ihr werden wir später zur Steinerhütte absteigen. Weiter geht es vorerst ohne Markierung, aber auf deutlichem Steig zu einigen Felsen, bei denen wir den markierten Weg erreichen, der uns – zuletzt mit der Nummer 308A – auf die **Ladinger Spitze** 5, 2079 m, bringt (großes Kreuz, Gipfelbuch und eine halbe Panoramascheibe).
Im Abstieg folgen wir ab den oben erwähnten Felsen dem markierten Weg zur **Wolfsberger Hütte** 6, 1825 m, die zur Einkehr einlädt. Von der Hütte steigen wir dann zum Rücken mit der **Kreuzung** 4, 1872 m, auf und von dieser erst über Almböden, dann durch Jungwald und später durch Hochwald ab zu unserem Ausgangspunkt, der **Steinerhütte** 1.

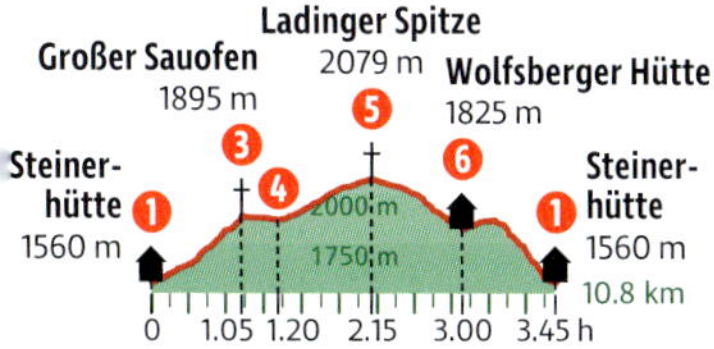

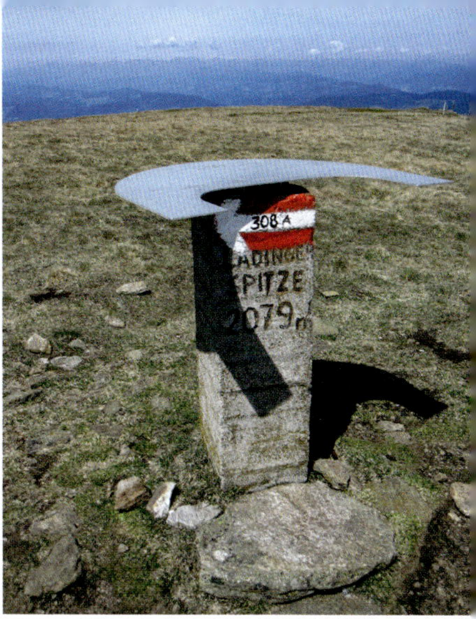

Der Gipfel der Ladinger Spitze.

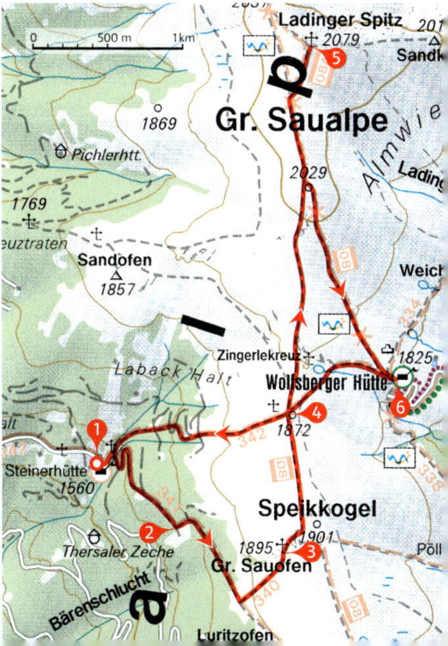

↗ 580 m | ↘ 580 m | 6.6 km

60 Großer Speikkogel (Koralm), 2140 m

3.00 h

Lohnende Bergwanderung zu den »Goldhauben« auf der Koralm

An der östlichen Landesgrenze von Kärnten zur Steiermark erstreckt sich mit der Koralm (auch Koralpe) ein mächtiger, etwa 35 km langer und fast 30 km breiter Bergrücken. Er erreicht im Großen Speikkogel mit 2140 m seine größte Höhe. Auf diesem besonders aussichtsreichen Gipfel befinden sich zwei »Goldhauben«, wie diese Anlagen zur österreichischen Luftraumüberwachung genannt werden. Etwa 3 km südlich des Großen Speikkogels unterquert zwischen dem Lavanttal bei St. Andrä und der weststeirischen Bezirkshauptstadt Deutschlandsberg ein neuer, fast 33 km langer Eisenbahntunnel die Koralm.

Ausgangspunkt: Alpengasthaus Sonnhof, 1614 m, große Parkplätze. Zufahrt von St. Andrä oder Wolfsberg mit den WW »Koralpe« und »Koralpe–Goding« über Eitweg nach St. Ulrich, von hier 11,5 km auf guter Bergstraße zum Sonnhof (8 km Asphalt, 3,5 km Schotter). Navi: N46.786656 E14.943037.

Anforderungen: Leichte Bergwanderung auf markierten Wegen und Steigen, einige Abschnitte etwas steil. Im Gipfelbereich und im Abstieg zum Koralpenhaus kurze steinige Strecken.

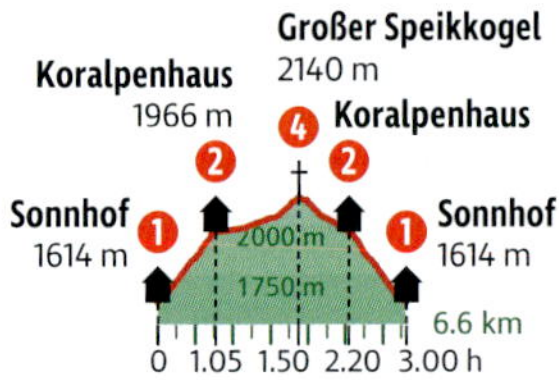

Einkehr/Übernachtung: Koralpenhaus (1966 m, ÖAV, Neubau 2021, ganzjährig geöffnet, 24 B., Tel. +43 664 5219797 oder +43 699 10877387); Alpengasthof Sonnhof am Ausgangspunkt (ganzjährig geöffnet, Di/Mi Ruhetag, großer Parkplatz, 10 B., Tel. +43 4355 26092 oder +43 664 2519602); Godinger Hütte am Ausgangspunkt (im Sommer tgl. geöffnet, sonst Mo Ruhetag, Tel. +43 664 9244411).

Karten: f&b 237; K 218, 294; ÖK 4109-O.

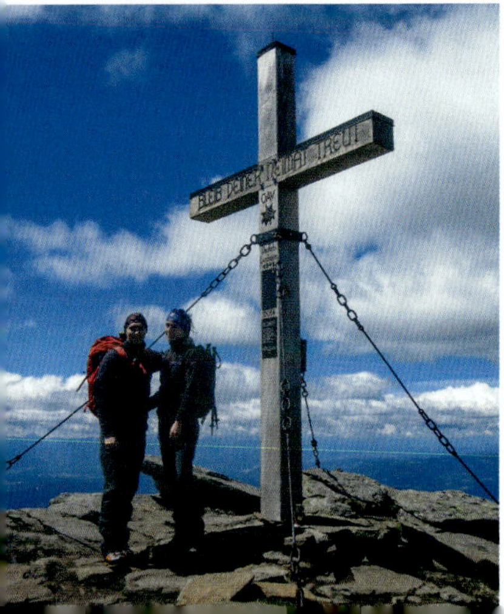

Vom WW neben dem **Sonnhof** ❶ und der Godinger Hütte gehen wir auf dem vorerst breiten Karrenweg durch Wald bergauf Richtung Koralpenhaus. Nach etwa 30 Min. zweigen wir nach rechts auf einen Steig ab, der uns durch blumenreiche

Gipfelkreuz auf dem Großen Speikkogel.

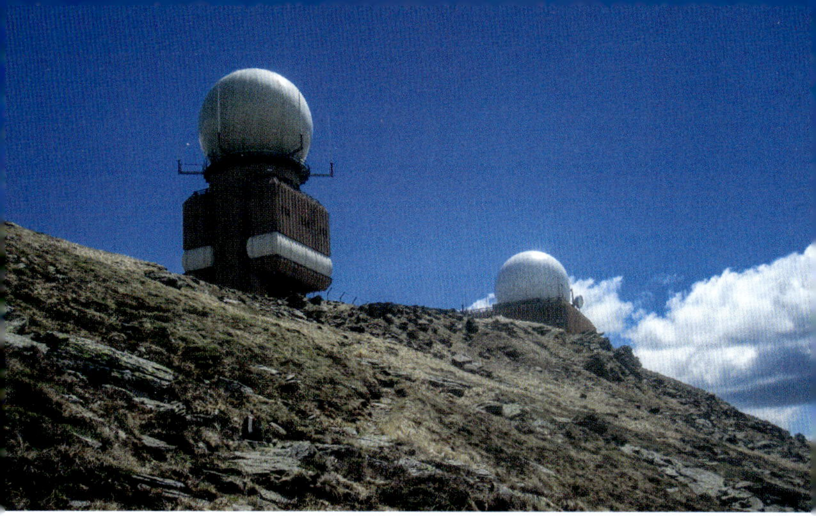

Die »Goldhauben« auf der Koralm.

Almwiesen zum **Koralpenhaus ❷**, 1966 m, bringt. Wir wandern links am Haus vorbei und folgen mit dem WW Gr. Speikkogel dem unteren der beiden Wege, der in angenehmer Steigung in den breiten **Sattel ❸**, 2043 m, zwischen dem Krakaberg und dem Großen Speikogel zieht. Vom Steher mit den vielen WW-Tafeln ist es nun nicht mehr weit zum Gipfelkreuz auf dem **Großen Speikkogel**, ❹, 2140 m. Er bietet eine wahrhaft grenzenlose Aussicht über ganz Kärnten, weite Teile der Steiermark und nach Slowenien.
Für den Abstieg wählen wir den Weg, der zuerst rechts am großen Gebäude der südlichen Goldhaube vorbeiführt und dann die Zufahrtsstraße erreicht. Von ihr zweigen wir bald nach links auf einen teilweise steinigen Steig ab, auf dem wir das **Koralpenhaus ❷**, 1966 m, erreichen.
Die Rückkehr zum **Sonnhof ❶** erfolgt auf dem schon vom Aufstieg bekannten Weg.

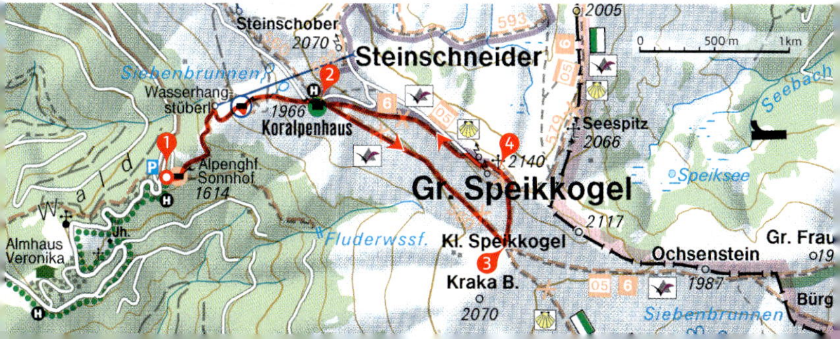

STICHWORTVERZEICHNIS

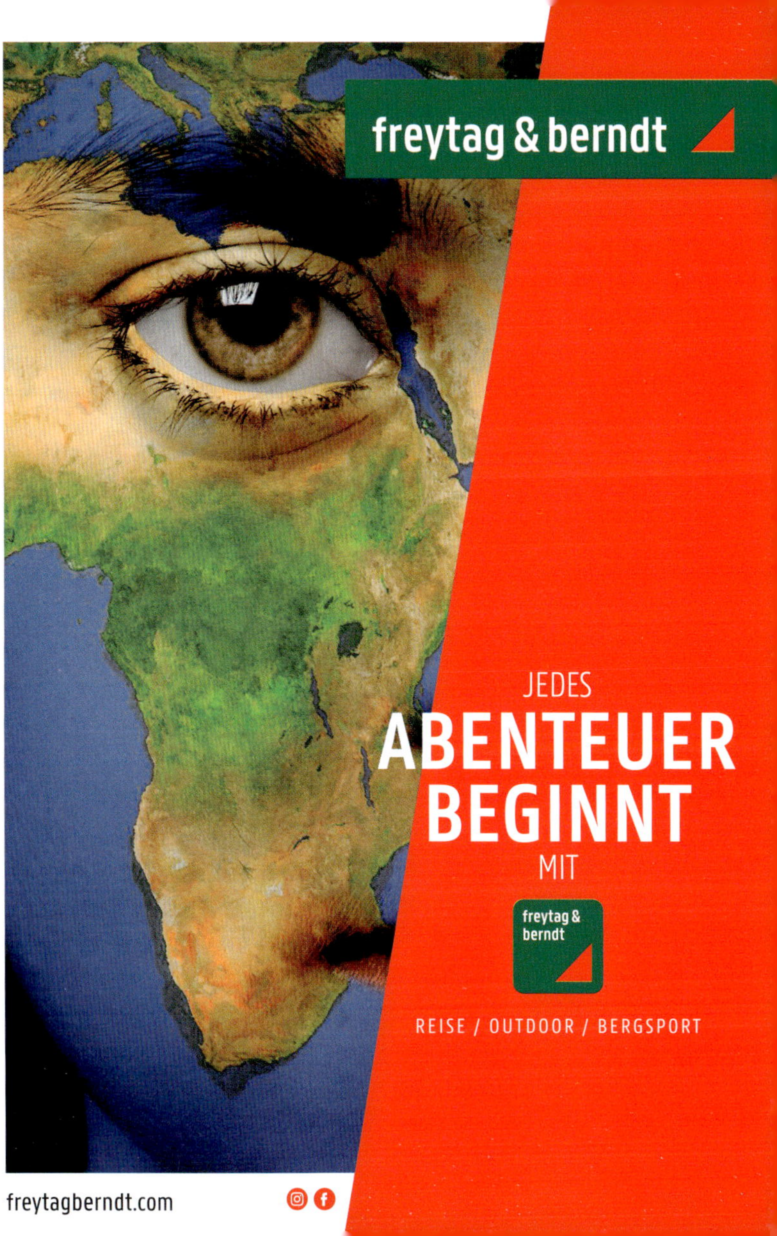

Umschlagbild: Eines der bekanntesten Motive Kärntens – der Faaker See mit dem Mittagskogel (Tour 34).

Bild im Innentitel: Vom Mirnock blicken wir über den Millstätter See zum Großglockner (Tour 23).

Bild Seite 46/47: Gipfel der Villacher Alpe (Dobratsch) mit der Windischen Kapelle (Tour 29).

Alle Fotos vom Autor, ausgenommen die Fotos der Seiten 61, 94, 163 und 164 oben (Alois Aichholzer); 25 (Björn Zedrosser); 52, 54, 71, 73 (Heiner Zechmann).

Kartografie:
60 Wanderkärtchen im Maßstab 1:10.000, 1:16.000, 1:50.000 und 1:75.000 sowie zwei Übersichtskärtchen im Maßstab 1:800.000 und 1:2.000.000

Werk-Nr.: 4187

10., vollständig neu bearbeitete Auflage 2024

ISBN 978-3-7633-4696-7

MIX
Papier | Fördert gute Waldnutzung
FSC® C147178
FSC www.fsc.org

Wir freuen uns über jeden Korrekturhinweis zu diesem Wanderführer!
Bitte per E-Mail an: leserzuschrift@rother.de

ROTHER BERGVERLAG · Keltenring 17 · D-82041 Oberhaching
Tel. +49 89 608669-0 · rother.de